社会学视野中的教育丛书　　吴康宁／主编　·······························

SOCIOLOGY OF EDUCATION

"接班人"的诞生

学校中的政治仪式考察

程天君 著

南京师范大学出版社

图书在版编目(CIP)数据

"接班人"的诞生——学校中的政治仪式考察 / 程天君著.
—南京：南京师范大学出版社,2008.12(2022.1 重印)
(社会学视野中的教育丛书/吴康宁主编)
ISBN 978-7-81101-829-5

Ⅰ.接… Ⅱ.程… Ⅲ.学校教育:思想政治教育－研究　Ⅳ.G41

中国版本图书馆 CIP 数据核字(2008)第 207982 号

书　名	"接班人"的诞生——学校中的政治仪式考察
作　者	程天君
责任编辑	戴联荣　张　莉
出版发行	南京师范大学出版社
地　址	江苏省南京市玄武区后宰门西村 9 号(邮编:210016)
电　话	(025)83598919(总编办)　83598412(营销部)　83373872(邮购部)
网　址	http://press.njnu.edu.cn
E－mail	http://press.njnu.edu.cn
印　刷	江苏扬中印刷有限公司
开　本	787×960　1/16
印　张	21.5
字　数	320 千
版　次	2008 年 12 月第 1 版　2022 年 1 月第 2 次印刷
书　号	ISBN 978-7-81101-829-5
定　价	68.00 元

出版人　张志刚

南京师大版图书若有印装问题请与销售商调换
版权所有　侵犯必究

社会学视野中的教育
（代 序）

吴康宁

一、学科之眼与学科视野

作为一个日常用语，人们通常是在对"眼睛看到的空间范围"[①]的"大小"加以比较的基础上使用"视野"这个词的。比如，对于"全局视野"、"世界视野"、"开阔的视野"的强调或呼吁，总是同对于"局部视野"、"民族视野"、"狭窄的视野"的反思与批评联系在一起的。在这里，涵包更"大"的视野通常被视为要优于涵包相对较"小"的视野，视野的大小往往被视同于目光的长短，甚至被视同于心胸的宽窄，带有明显的褒贬色彩。

这样一种日常用法并不完全适用于学术研究，尤其是很难适用于对学科特性的分析。其原因在于，不同的学科都有其自己的"眼睛"，即所谓"学科之眼"。这些学科之眼本身是自足的，是不依附于其他的学科之眼的，它们相互之间具有不可比性。用这些不同的学科之眼所"看到的空间范围"——亦即所形成的"学科视野"——也就具有了不可比性，无

[①] 现代汉语词典. 商务印书馆,2005.1248.

所谓哪个学科的视野宽,哪个学科的视野窄。

比如,在笔者看来,政治学使用的是"权力"之眼,经济学使用的是"利润"之眼,这便是两种不同的学科之眼。权力之眼看到的是与权力的形成及运作有关的一切现象,如此而构成政治学的学科视野,或曰政治学的空间范围。利润之眼看到的则是与利润的产生及分配有关的一切现象,如此便形成经济学的学科视野,或曰经济学的空间范围。在这两种学科视野——学科的空间范围——中,一个单位、一个地区、一个国家或者整个国际社会都可成为审视对象。在这个意义上,政治学视野与经济学视野便没有宽窄之分。

进一步来看,当政治学与经济学把目光投向同一个单位、同一个地区、同一个国家或者整个国际社会时,各自搜寻的目标是不同的。政治学搜寻的是上述单位、地区、国家乃至国际社会中的"权力"现象,或者说所关注的是这些"空间范围"的政治学层面;经济学搜寻的则是这些单位、地区、国家乃至国际社会中的"利润"现象,或者说所关注的是这些"空间范围"的经济学层面。这样,在不同的学科之眼的审视下,表面上相同的空间范围(群体、地区、国家、国际社会等)实际上便具有了不同的内涵。确切地说,在各自的学科之眼的审视下,不同学科所看到的其实是区别于其他学科的本学科自身的空间范围,或者说形成的是本学科自己的视野。

因此,学科之眼乃是学科赖以相对独立的一个首要条件。这就与人们迄今关于学科相对独立之基本条件的一般观点有了不同。① 这种一般观点认为,作为一门相对独立的学科,有两个基本条件,即"独特的研

---

① 这里所说的"学科相对独立"是从学科的"专业性内涵"的意义上讲的,区别于学科的"形式上建立"。一般来说,一门学科在形式上建立起来的标志主要有:在有关大学普遍设置了本学科课程,成立了本学科的全国性学术团体,出版了本学科的全国性专业刊物(包括非正式出版)等。

究对象"与"独特的研究方法"。① 将独特的研究对象作为学科相对独立的一个基本条件似乎也没有什么不可,但有必要指出的是,独特的研究对象并不是凭空产生或任意指定的,而恰恰是用"独特的学科之眼"看出来的结果。也就是说,先于独特的研究对象而存在、比独特的研究对象更基本更重要的条件,乃是独特的学科之眼。至于独特的研究方法,就很难说是学科相对独立的一个基本条件了,因为在学科发展的当今时代,可以说已经没有任何一种研究方法是哪个学科的专利了。现在当我们说"××学科的研究方法"时,其含义并不是指这些研究方法就是该学科所特有的,而是说该学科可以运用这些研究方法。

用学科之眼这一首要条件来衡量,如今被列入我国学科制度框架中的许多学科——譬如"××教育学"之类——就很难称之为相对独立的学科了,因为这些学科并没有自己的学科之眼,其学科名称所标示的其实只是一个问题域,是对该问题域的基于任何学科(如哲学、心理学、社会学、政治学、经济学、人类学等)的研究的总称。这些学科之所以被列入所谓的"学科目录",被视为独立学科,主要不是根据"学科之眼"这一学科相对独立的首要条件,而是基于国家对整个学术研究队伍进行制度管理的需要,基于向在这种制度管理的作用下被激发、被放大的专职研究人员配置研究资源的需要。对于这一现象,就需要从科学社会学或知识社会学角度另文分析了。

与此同时有必要指出的是,尽管学科之眼是学科相对独立的首要条件,但就某一特定的人文社会学科而言,在其学科之眼的问题上,研究者们未必能形成共识。至少从迄今为止的人文社会学科发展史来看,我们尚未见有任何一个学科的研究者们在该学科的学科之眼问题上形成真

---

① 瞿葆奎与唐莹曾专门论述了学科的根本特征与成熟标志问题,认为:"不管人们从各自角度提出了多少标准,只要是一门学科,其最根本的特征主要体现在两个方面:对象与方法。如果说有第三个方面,则是在此基础上形成的理论体系。学科的命名也概略地出现这样的分布:或以对象命名,或以方法命名。"并认为,"评判一门教育科学分支学科是否成熟,其指标可从两方面看:一是属于'理论'方面的——对象、方法(即理论体系);一是属于'实践'方面的——是否有代表人物、著作、学术组织、学术刊物等"。(瞿葆奎、唐莹:《教育科学分类:问题与框架》,瞿葆奎主编:《教育科学分支学科丛书》代序,人民教育出版社1998版)

正的共识。这是因为，不同研究者在其生活经历、价值取向、利益寻求、知识积累及能力特征等因素的综合作用下，对于特定学科确立了自己的学科观，从而形成了自己的学科之眼。前面提到的"权力"与"利润"，便是笔者认为的政治学与经济学分别应具有的学科之眼，换为其他研究者，也许会将"秩序"与"生产"或者其他核心范畴分别视为政治学与经济学的学科之眼。对于学科之眼的不同观点，当然无法通过投票表决或权威认定的方式来强求思想上的统一，只能通过交流与论辩，求得认识上的沟通与相互理解。倘若硬要学科的所有研究者均使用完全相同的学科之眼，采用完全相同的研究方式，则这种学科之眼与研究方式也就在实际上被意识形态化了，也就离其终结之时为之不远了。

二、社会学的学科之眼与学科视野

那么，什么是社会学的学科之眼？沿用上面的逻辑，确切地讲：什么是笔者所认为的社会学的学科之眼？

没有比较就没有鉴别。学科之眼既然是将一个学科同其他学科相区别的首要条件，那么，认识与确定一个学科的学科之眼的合理方式，就是把它同其他学科的学科之眼相比较。这里，我们不妨将社会学的学科之眼同哲学的学科之眼稍加比较。①

哲学的学科之眼是"人类幸福"。用这种学科之眼来审视，哲学所看到的便既不是特定的有名有姓的具体个人，诸如张三、李四、王五等等；也不是具有相同的社会或文化特征的各种具体的人群，诸如政治精英、高级白领、下岗工人、农民工等等；而是整个人类意义上的、"大写的人"，是这种意义上的人的生活幸福问题。如此而形成的哲学视野中，自然也就包括了以人类幸福为核心的一系列范畴，诸如人的天性、人的意义、人的理想、人的潜能、人的价值等等。哲学家们殚思竭虑，力图为人类寻觅精神家园，建立理想世界。至于他们想要寻觅的究竟是什么样的精神家园，所欲建立的究竟是什么样的理想世界，则因哲学家个人而异。

与之不同，社会学的学科之眼是"社会平等"。用这种学科之眼来审视，社会学所看到的就既不是特定的有名有姓的具体个人，也不是整个

---

① 吴康宁.通向根基与转向：哲学视角与社会学视角的比较.《教育参考》,2004(5).

人类意义上的人、大写的人,而是具有相同的社会或文化特征的各种人群——这些人群在社会的阶层结构与文化场域中处于一定位置——是这些人群之间的平等问题。如此而形成的社会学视野中,便包括了以社会平等为核心的一系列范畴,诸如社会结构、社会分层、社会流动、社会建构、社会变迁等等。

社会学并不否认对于整个人类幸福的追求,不否认对于每一个人的幸福生活的追求,但社会学更关注社会中的那些被忽视、被轻视、被歧视、被鄙视的人群——"社会处境不利人群"、"弱势人群"——的价值、尊严及机会问题,因为倘若这些弱势人群的价值、尊严及机会问题得不到保障,那么,所谓每一个人的幸福生活便是一句空话,所谓的整个人类的幸福更是无从谈起。

这样,对于不同人群的"比较"也就成了社会学研究所惯常使用的一种基本方式。由于社会学往往希望通过研究来揭示不同人群之间的差异,尤其是可能会导致社会不公的等级差异,因而作为社会学之比较对象的人群——包括作为人群之制度化形式的"组织"、作为人群之集聚地的"区域"——便常常是处于"两极"位置的,如"政治精英"与"普通大众","富人"与"穷人","男性"与"女性"等;或者是处于不同层级的人群,如"高收入人群"、"中等收入人群"与"低收入人群","发达地区"、"一般地区"与"贫困地区","优等生"、"中等生"、"差等生"等。

于是,完整的学理意义上的社会学研究一般应涵盖三个层面。

一是揭示人群之间的等级差异。从某种意义上讲,在社会学研究中,作为比较之对象的不同人群的确定本身,乃是研究者进行假设的一种结果。这个假设便是:存在着根据某种标准而区分的不同人群,这些人群之间可能存在着某些社会不平等。譬如,研究者可以根据经济收入的水平,设想如今社会成员已分化为富人、非富非穷者及穷人这三大经济阶层,然后通过量化与质性两种研究方式,弄清这三大经济阶层的比例、贫富差异程度以及同其生活状况、教育机会、社会参与等之间的关联。

二是查询社会产品的人群属性。在揭示了人群之间的等级差异之后,可以跟进查询相关社会产品的人群属性。这里所说的"社会产品"包括制度、政策、知识、活动等。社会学经常要问:某一特定的社会产品对谁有利？或对谁更有利？其真实的人群属性是什么？之所以要问这样的问题，是因为在任何一个社会中，真正造福于"所有社会成员"的社会产品(不论是制度、政策，还是知识、活动)都微乎其微，许多社会产品往往都只是有利于"部分社会成员"，或更有利于部分社会成员。当然，这里所说的部分社会成员有时指的是"大部分社会成员"。但即便如此，也意味着这些社会产品对小部分社会成员不利或相对不利，从而在实际上不属于这部分社会成员。可是，在社会舆论中，在人们的日常生活中，这样的社会产品通常仍然会被说成是全社会的，人们通常也就不假思索地接受了下来。其结果，这些社会产品也就在具有了合法性的同时，仿佛也具有了合理性，成了一种不言自明的前提性社会事实。社会学则对此发出疑问：这些社会产品果真是全社会的吗？它们会否实际上是某个或某些特定人群的谋利品呢？由此，一系列发问也就随之产生。譬如，"医疗制度：谁的制度？""税收政策：谁的政策？""市政建设：谁的建设？"等等。这种"谁的"式发问，也可以说是社会学的一种基本发问。

三是探询人群属性的社会建构。在查明特定社会产品的人群属性之后，社会学要进一步探询具有特定人群属性的社会产品——也可理解为某种特定的社会状况——究竟是怎样形成的。准确地说，这些社会产品究竟是怎样被社会地建构出来的？[①] 社会学要摸清其来龙去脉，理清其各种关系的关联纠葛。更重要的是，在此基础上尽可能发现、提示或明确指出在这一社会建构过程中起主要作用的角色、力量或因素，以便为社会产品的改造提供社会学依据。

三、社会学视野中的教育

以"社会平等"这一学科之眼来审视教育，所看到的便是影响着教

---

① 高水红."谁的"与"何以可能"——教育社会学研究的两种知识学设问.《南阳师范学院学报》(社会科学版)，2004(10).

育、发生在教育及受制于教育的各种各样的公平问题。[①]

所谓"影响着教育的社会平等",指的是"教育前的社会平等",亦即狭义的教育机会均等问题。诸如义务教育阶段辍学率的地区差异、性别不平等对农村女童入学机会的影响、家庭经济状况与考生高考志愿选择之间的关系等,即属此类。有些问题表面上看似乎与社会平等并无多少关联,而是更多地关系到惠及或损及所有社会成员的问题,但在"社会平等"这一学科之眼的审视下,结论可能会恰恰相反,或者至少会揭示出同时也关涉到社会平等等问题。比如,近十年来,尤其是上个世纪末以来,我国高等教育的规模取得了巨大发展,按照美国教育社会学家马丁·特罗(Martin Trow)提出的标准[②],从精英化阶段(高等教育毛入学率在15%以下)迅速跨进了大众化阶段(高等教育毛入学率 15%～50%)[③]。按照通常的审视方式,这无疑是社会进步、教育兴旺的极大成果,是教育前的社会平等之重要标志。但若是社会学来研究这一过程,则会在承认其发展成果的同时,还会至少审视两个基本问题:一是大众化阶段中未能享受高等教育机会的人群的社会处境,二是大众化阶段中享受到高等教育机会的人群的社会处境。

审视"大众化阶段中未能享受高等教育机会的人群的社会处境"这一问题,便可能会询问:既然大众化阶段中未能享受高等教育机会者的比例远远低于精英化阶段,且随着教育的发展,适龄青年中这部分人的比例逐步减少,而享受到高等教育机会者的比例逐步增加,那么,与精英化阶段中的同类人群相比,大众化阶段中未能享受高等教育机会的人群

[①] 这一观点由托尔斯顿·胡森(Torsten Husen)对教育机会平等之涵义的归类衍生、拓展而来。胡森认为:"就个体而言,'平等'可以有下述三个涵义:第一,'平等'首先可以指个体的起点;第二,'平等'也可以指中介性的阶段;第三,'平等'还可以指最后的目标,或者是指这三方面的综合。"(托尔斯顿·胡森:《平等——学校和社会政策的目标》,张人杰主编:《国外教育社会学基本文选》,华东师范大学出版社 1989 年版,第194～195 页。)即所谓教育机会的起点平等、过程平等、结果平等。

[②] Martin Trow. Problem in the transition from elite to mass higher education. Berkeley, CA: Carnegie Commission on Higher Education, 1973.

[③] 1996 年我国高等教育毛入学率仅为 6%,1999 年便增至 10.5%,2002 年则增至 15%,进入大众化阶段,2004 年为 19%,2005 年则达 21%,为 1996 年的 3.5 倍。此速度在世界高等教育发展史上迄今未有。

的失落感、不满感乃至相对被剥夺感是否会更强?

与之相关联,社会学便可研究一系列问题,诸如大众化阶段高等教育机会的地区差异、性别差异、阶层差异等。譬如,以地区差异问题为例。尽管我国高等教育毛入学率在 2002 年便已达到 15%,从所谓的精英化阶段跨进了大众化阶段,但这只是一种"平均水平"。在当年,上海的高等教育毛入学率已达 51%,而云南却只有 8.64%,只略高于全国平均水平的一半,仅为上海的六分之一。2004 年,全国高等教育毛入学率为 19%,但上海已达 55%,几近全国平均水平的三倍,进入到所谓的"普及化阶段"(50%以上),而云南却还只有 11.20%,仍只略高于全国平均水平的一半,仅为上海的五分之一。这种地区差异在"社会平等"的层面上究竟导致了什么?除了经济因素之外,这种地区差异的形成是否还有"社会"方面的原因?诸如此类的问题便成为社会学审视"高等教育规模迅速发展"这一"总体平均现象"时的关注重心。

审视"大众化阶段中享受到高等教育机会的人群的社会处境"这一问题,则可能会发现,随着有机会享受高等教育者的比例不断增加,来自贫困家庭乃至极度贫困家庭的大学生人数也不断增加。这些学生的父母为了改变家庭的贫困境遇,通常都是不得不高筑债台甚至倾家荡产来供子女上大学的,这就至少会导致两个困境:一是家庭的困境。家庭因供子女上大学而变得更加贫穷,且子女大学毕业后是否就一定能改变家庭贫困境遇,尚不得而知。二是学生的困境。贫困学生因家庭无法为自己提供经济支援而不得不放弃需要支付经费的诸多享用资源、参加活动、参与竞争的机会,甚至不得不将日常生活费用降低到几乎难以维持正常营养标准所要求的水平。他们同家庭经济条件宽裕的学生相比,生活上有天壤之别,以致于构成了校园中的"穷人"与"富人"两个阶层。这种状况很容易导致贫困学生产生自卑、封闭、焦虑、不满乃至愤恨的心理。这意味着,对于贫困学生及其家庭而言,上大学的结果往往会使原先的"一个贫困"(家庭生活贫困)分解并扩展成"两个贫困"(家庭生活贫困与子女在校生活贫困),由原先的"一种贫困"(经济贫困)变成"两种贫困"(经济贫困与心理贫困)。于是,上大学的代价问题、大学生及其家庭的社会分层问题等,便成为社会学审视"享受到高等教育机会者日益增多"这一"社会进步现象"时的关注重心。

所谓"发生在教育的社会平等",指的是"教育中的社会平等"。教育是整个社会场域中的一种成分、一种力量,同时其自身也是一个复杂的社会场域。这个场域中同样存在着利益诉求、角色期待及文化特性各异的种种人群。譬如,在学校中就有管理者与教师、主科教师与副科教师、优秀教师与普通教师、教师与学生、成绩优生与成绩差生、干部学生与群众学生等各种各样的人群。在社会学看来,这些不同人群虽然在同一个学校里工作着、学习着、生活着,但学校"给予"他们的资源与奖惩是不一样的,他们从学校所"获得"的物质资源与文化体验也是极不相同的。这样来看,譬如说同一所学校、同一个课堂对于成绩优生与成绩差生、干部学生与群众学生来说,便具有了不同的文化意涵与社会标识。所谓"同一个学校"、"同一个课堂",其实只是从表面上、制度上、形式上来说的,确切地讲,不同的学生人群实际上是在对他们而言文化及社会价值各不相同的学校与课堂中学习着、生活着。成绩差生及群众学生在学校中的失落感、不满感及被剥夺感总体上通常会强于成绩优生及干部学生。事实上,在社会学视野中,教育过程中实际运作的几乎所有范畴,包括教育目标、教育制度、教育政策、教育组织、教育内容、教育方法等,都有一个人群属性问题以及与之相伴的社会平等问题,都有必要首先审察这些范畴的人群属性——包括单一的人群属性与复杂的人群属性——并继而察询导致形成这种属性的原因。

所谓"受制于教育的社会平等",指的是"教育后的社会平等"。这是用社会学的学科之眼对于教育之社会功能的审视。过去我们在论述教育的社会功能时,通常会列举出教育有促进(或阻碍)社会的政治、经济与文化发展的功能,促进(或阻碍)个体社会化的功能等等,这些论述也许并没有错,但仅此尚难称之为到位的社会学认识。社会学对于教育之社会功能的认识,最终要揭示出教育对于受教育者接受教育之后所获社会地位的影响,以及对于与之相伴的社会结构及社会平等状况的影响。由于在社会结构中处于不同层次的人群在参与活动(包括各种决策活动)、占有资源、获得机会及谋取利益等方面往往会存有诸多差异乃至相当的不平等,而教育可能是导致形成这种状况的重要原因,因而,教育便既可能是减少或消除社会不平等的途径,也可能反而会成为增加或放大社会不平等的因素,或者可能是在减少与消除某些社会不平等的同时,又造成新的社会不平等。这些因教育的作用而导致产生的社会不平等可称之为"教源性社会不平等"。

　　与此同时,在我国,由于高等教育发展与行业需要之间的严重的结构性失衡,大众化阶段中大学毕业生的就业问题日趋明显,日趋普遍,从而逐步形成了一个高文化层次的新失业群体。这样,这个群体便不仅没有能够如其本人及家长所期待的那样改变家庭命运,或增进家庭幸福,反而导致家庭雪上加霜,或使家庭生活蒙上阴影。这就很容易导致这部分人也产生失落感、不满感乃至被剥夺感,并因此而成为新的社会不稳定因素。

　　可以这么说,在整个教育领域中,社会平等问题几乎无处不在。从宏观的教育制度、教育政策,中观的教育管理、教育组织、直到微观的教育内容、教育方法等,都与社会平等问题有密切关联,或者说,都可以通向社会平等问题。当然,这并不意味着研究者在对教育进行社会学审视时,其言说与论著张口闭口都是"社会平等"这个词,而是说,其研究之出发点与归宿点、其所论述的问题之要害,都可归结到影响着教育、发生在教育或受制于教育的社会平等问题上来。

　　本文所述只是笔者的学科观、社会学观及教育社会学观(因比较的缘故也连带涉及了政治学、经济学、哲学的学科观)。妥当与否,有待读者批评。事实上,即使是笔者自己,对于学科、社会学及教育社会学的认识也经历了一个过程,这种认识过程也还会再延续下去。

目　　录

总　序	001
导　论	001
第一章　"我们是共产主义接班人"：共和国教育之魂	035
第二章　革命/反动：政治教育的一个仪式化母题	050
一、灵魂的朝圣仪式：五阶段论的中国历史教学	054
二、革命总在反动后：目的论制导下的历史叙事	087
三、朝圣仪式的逆转：历史认知的意外基因递传	102
第三章　教育在仪式中进行："接班人"的日常锻造	135
一、团员、党员及群众：政治面貌的授礼	136
二、守则、章程及组织：政治长跑的设计	151
三、记忆、身体及实践：政治行动的操演	173
第四章　打鬼的钟馗：仪式在制度化的学校教育中	189
一、权位的象征：开学典礼的社会逻辑	191
二、身份的转换：毕业典礼的学校逻辑	204
三、细节的权力：在此期间的学校纪律	222

第五章　学校教育与社会民主：杯水何妨救车薪　　237

一、经学校改进社会——教育的社会功能　　239

二、从失衡臻于和谐——学生的自由发问　　253

三、藉冲突达致共识——学校的班级建设　　266

第六章　迈向学校政治社会学　　297

参考文献　　318

后　记　　327

导　论

> 具体的事物是无穷的，高度概括的理论并不能给予足够的指导；一切科学中，区别高手和生手的关键就在中层命题。①
>
> ——罗伯特·金·默顿（1956年）

> 我们有理由认为，共产主义文明及其转型，对社会学的发展来说，具有极为独特的意义；对这个文明的特点、运作逻辑及其转型过程的研究应当成为当代社会学乃至整个社会科学发展的新的灵感来源和动力源泉。②
>
> ——孙立平（2002年）

　　本书由我的博士学位论文修订而成。忆当时，对博士生来说，学位论文的选题是一件绞尽脑汁的事情，至少不会轻而易举。曾经窃喜的，是自己的选题不仅得到了导师的认可，竟或与导师的思想有些不谋而

---

①　［美］罗伯特·金·默顿：《论理论社会学》，何凡兴等译，华夏出版社1990年版，第76页。

②　孙立平：《实践社会学与市场转型过程分析》，载《中国社会科学》2002年第5期。

合。所谓"不谋而合",绝不是说师徒脑子里各装有一个题目,摊开一说,所见略同。这是天方夜谭。而是说,在我与导师关于选题意向的最初交流中,导师关于"问题研究"的建议与我的想法不谋而合。紧接着,导师"问题当然并不意味着是细枝末节或者是无谓的小问题,最好能够一滴水见太阳!"这句话旋即打消了我对于"问题研究"的唯一隐忧:好歹是个博士学位论文,倘若总拘泥于一些个细小问题而顾影自怜,即便不是没有多大出息,也是没有多大价值。

一滴水见太阳!

这就意味着,这一滴水不能是随随便便一滴太大或者太小的水,而必须是太阳之下的一滴水。也就是说,这一滴水必须类似"中层命题",方可使其本身不是太阳而又能够见到太阳。正如导论篇首格言所表明,中层命题(理论)有着久远的历史根源,但直到20世纪40年代以后,经由默顿(Robert K. Merton)的发扬光大而在社会学研究中产生了广泛影响。中层命题(理论)既非日常研究中大批涌现的微观而且必要的操作性假设,也不是一个包罗一切,用以解释所有我们观察到的社会行为、社会组织和社会变迁的一致性的自成体系的统一理论,而是介于这两者之间的理论,不妨称之为"理论性经验研究"或"经验性理论研究"[①]。基于这样的考量,在与导师几经运筹之后,选定这个题目:《"接班人"的诞生——学校中的政治仪式考察》。

在这个长篇导论里,笔者有必要向读者呈现"问题研究—什么样的问题研究—为何选这样的问题来研究"这样一个选题过程及其依据,有必要评估相关文献及其未来趋势,有必要宣示自己的研究旨趣及研究方法,有必要言明相关概念的基本涵义及其学理依据,并概要说明本书框架结构。

[①] [美]罗伯特·金·默顿:《论理论社会学》,何凡兴等译,华夏出版社1990年版,第54、71、75~85页。需说明,默顿关于"社会学只有(但不仅仅)侧重中层理论的研究,才会有所进展"的论断,是针对早期及至其时(二十世纪四五十年代)社会学研究沉迷于宏大、抽象的综合体系这种偏好而作出的。具体到我国当下的教育社会学研究,情况可能刚好相反:它们似乎在另一个倾向即在微观或者细小问题上用力颇多。若然,笔者选择一个中层命题来研究似也可起到某些补正作用。

一、选题依据

1. 基于一个魂灵性的教育主题:"接班人"的培养

培养"接班人"是中国大陆自1949年以来逐步形成,且一以贯之的教育方针和教育目的,尽管其喻指随境而异、其表述因时而调。培养"接班人"这一教育目的,蕴涵着国家权力的运作及其对政治资源的分配,个体对国家、民族、文化的想像及其对自我身份的认同和社会流动的预期,交织着各种象征性关系的维持、争斗及妥协。这一问题似乎无法以实体化、具形化的方式来量化和表达,惟多借助政治仪式这种象征性实践来表征和操演。这些初浅的"疑惑"及"假设",便是本书正副标题——"'接班人'的诞生"与"学校中的政治仪式考察")——的由来与关联。

仪式,作为坎贝尔(J. K. Compbell)所说的母腹之外的"第二子宫",对于人的二次诞生(第一次是生命的诞生)意义重大。仪式之于我国的教育,作用更是不可小觑。因为自民国以降,中国逐渐成为一个现代民族—国家。其间,中国社区与国家关系的变化经历了传统时代县以下社区的相对独立性向一个世纪以来的行政"细胞化"(cellularized)转变。① 尤其是1949年以后的中国,国家权力日隆,社会控制直达乡村(所谓"村落中的'国家'"②),国家与社会高度融合;而随着义务教育的普及,"生在新中国长在红旗下"的每一个适龄儿童都几无例外地在"少先队"加入仪式中被"赋予"了第二次诞生——"我们是共产主义接班人",并在以后的学校政治仪式中朝向这个规格而不断被培养、锻造。这,几乎是一个常识,一个由"国家保证"的常识。然而,中国社会的社会学与人类学研究所面临的一个问题始终是:中国人的象征和社会世界是一个一体化的体系,还是大小传统分立、区域分立的多元体系?再者,"接班人"虽是个涵义复杂的概念,而其要者不外乎两点:一是国家(支配阶层)对于未来一代(现时的学生)的社会角色(政治社会化)期待,二是学生个人(连同家庭)对自己未来社会角色的想像或预期。这两者之间存在着怎样的关

---

① 王铭铭:《社会人类学与中国研究》,广西师范大学出版社2005年版,第38、47页。
② 李书磊:《村落中的"国家"——文化变迁中的乡村学校》,浙江人民出版社1999年版。

系？是协调一致、互不吻应还是彼此矛盾？于是,这一由国家保证的"常识"似乎又陌生起来:作为培养"接班人"的教育目的是如何诞生的？作为培养结果的"接班人"诞生了吗？接谁的班、如何接班、怎样方算接班？其间的关系、力量及紧张若何？……这一切,都勾起了研究者的欲望。

2. 基于教育社会学的学科使命:问题研究,"融通的"解释

1979年以来,中国大陆教育社会学完成了学科制度重建、学科基本建设、专业人才培养"三级跳"等三大任务;研究进展实现了从以学科概论性研究为主、分支领域性研究为辅的阶段,到学科概论性研究与分支领域性研究并重的阶段,再到以分支领域性研究为主、学科概论性研究为辅的阶段这"两次转型";而今,只有更好地基于本土境脉、"跨领域地"对我们自身的各种教育问题进行实实在在的研究,并作出有说服力的社会学解释,才有可能最终为教育决策与教育实践之科学化和合理化提供社会学依据,从而体现出这门学科的终极价值;于是,在分支领域研究中实现从以概论性研究为主、具体问题研究为辅到以具体问题研究为主、概论性研究为辅的转变已是学科发展的必然要求。① 本研究选题其实也正是积极迎应这一趋势及要求,置身于教育社会学学科发展的脉络,以培养"接班人"教育目的为切入点,对学校中的政治仪式进行融通(社会学、人类学、政治学、历史学等)的解释,从而展现一幅学校教育的政治社会学图景。

3. 基于个人经历与研究旨趣:实践的积淀,分析的偏好

笔者曾从教中学八年,攻读课程与教学论专业硕士研究生三年。前者使自己谙悉教育实践,尤其是学校中的各种仪式,后者令自己反省各种教学与课程理论体系的构造以及纸上谈兵式的实践指令研究,两者相加则教自己慎言那种陈义过高或梦里求真式的教育取向研究,"厌倦主观的冥想而倾向于客观的考察"②,倾向于对教育的过往以及现实进行解释、分析与批判。而这不仅恰好与自己的生性相宜,也契合社会学的致思精神与研究使命:"社会学不能像电子学的突破之于彩电发展那样,提供一种简便的实际应用……如果社会学能作出社会贡献的话,那就

---

① 吴康宁:《现代教育社会学研究丛书》,北京师范大学出版社2003年版,总序。
② 梁启超:《中国三百年学术史》,上海三联书店2006年版,第1页。

是:如果我们能以更现实主义的态度对待我们的世界,对社会组织的各种困境更为警觉,对社会协作的必要性和社会压制的危险性有更多的认识,以及更清楚地认清那些幻象(各种机制就是用这些幻象来构造社会现实的),那么我们也许能使我们的世界变得宜人些。"①

当然,笔者此言,绝不是说没有教育实践经验积淀就不能搞教育研究,也丝毫没有贬斥其他类型教育研究的意思——教育研究或者关于教育的研究,只有"有无自己的视角(特色)"之别,而无"高低贵贱"之分②,而仅仅是交代笔者的个人际遇以及由此而形成的研究旨趣和一己选择而已。

二、文献评估

在科学论文中,文献综述已成为一种规章化的格式,它要求对所研究问题的有关理论和调查予以总结,这样做的理由很清楚:不知道过去的研究成果,常常使得研究者去发现那些早已为人所知的东西。自然科学尤其如此,它往往是"站在巨人的肩上"前进的。而人文社会科学研究或许稍有不同,它即便不是经常"踩在别人脸上"走过的,也是不可能,甚至没有必要事无巨细地检索每一项既往的相关研究。正是在此意义上,默顿主张要在"博学"与"独创"之间保持必要的平衡,提倡一种孔德(Auguste Comte)所说的"大脑卫生"原则,不能耽溺于故纸堆里而不能自拔,要在既有研究中首先阅读与我们手头问题相关的资料,其次是需要辨别工作,也就是说要弄明白既有研究与自己当下研究之间到底是什么关系,最后才有可能得出自己的创见。③ 为此,以下对与本选题有关的主要文献作一简要评估。

1. 关于培养"接班人"教育目的之研究

自"接班人"教育目的提出以来,就不断有研究者对其予以探讨,惟

---

① [美]兰德尔·柯林斯、迈克尔·马科夫斯基:《发现社会之旅——西方社会学思想述评》,李霞译,中华书局2006年版,第19页。
② 吴康宁:《社会学视野中的教育》,载《教育研究与实验》2006年第4期。
③ 关于"博学"与"独创"的辩证关系,默顿有精到的论述。详见[美]罗伯特·金·默顿:《论理论社会学》,何凡兴等译,华夏出版社1990年版,第42~53页;田耕:《为什么写作社会学理论历史——读默顿〈论理论社会学〉》,载《社会学研究》2006年第1期。

早期的探讨多有"我注六经"抑或"六经注我"之嫌:或是流于对这一教育目的的转述、引用与注脚,或是专注于对这一教育目的的应用、操作与策略。近年来,就此问题出现了新的研究特点及动向:郑金洲就"接班人"与"建设者"的表述及其关系进行了细致的批判性分析①;杨东平基于 20 世纪中国现代化的历程这一恢弘背景对"接班人"教育的历史脉络进行了梳理②;石中英对中国大陆 1985—2001 年间的基础教育目的之历史、逻辑与价值进行了"反思性研究"③;方晓东着眼于考察"邓小平的历史贡献"这一题旨也对我国教育方针的发展进行了历史的描述④;扈中平则对新中国成立以来我国教育方针的特点进行了总结,并主张弃"接班人"而代之以"人"为教育目的⑤。与之类似,另有学者认为"培养接班人"教育目的定位失之偏差,语义含混,主张代之以"合格公民"为教育目的⑥。

综观而言,这些研究大致经历了从对国家⑦文件的注脚,到对历史资料的收集,再到对这一教育目的反思、批判、完善乃至革新的认识过程;这些研究大多为描述性、史料性或工具性的研究,亦即大都定格在"如何落实或改进"这样一个实践操作的层面上。笔者拟定的研究旨趣(容详下文)与之不同,尽管可以从中汲取经验或启示。

这里尤为一提的是,石中英教授提出了一个连他自己都觉得奇怪的概念:"国家基础教育目的"。观其所陈,字面的辨析和行间的潜台词无

---

① 郑金洲:《略析我国当前的教育目的》,载《教育理论与实践》1997 年第 5 期。
② 杨东平:《艰难的日出:中国现代教育的 20 世纪》,文汇出版社 2003 年版。
③ 石中英:《中国大陆国家基础教育目的的反思性研究》,载《教育研究杂志》(大陆版)2003 年创刊号。
④ 方晓东:《从我国教育方针的发展看邓小平的历史贡献》,载《教育研究》2004 年第 8 期。
⑤ 扈中平:《教育目的应定位于培养"人"》,载《北京大学教育评论》2004 年第 3 期。
⑥ 墨公等:《"素质教育"能培养现代公民吗?》,载《南方周末》2005 年 8 月 18 日,第 D27 版。
⑦ 虑及中国的国情及现实,本文除非特别言明以外,都是在相同意义即"支配阶层"上使用"国家"、"祖国"、"政党"、"政府"等用语的,并没有对它们作基于西方法哲学或政治哲学义理上的区分。一是因为这不是本文的主题,二是笔者能力所不逮,三也是最为关键的,是由于众所周知的原因,鉴于国情无甚必要进行区分。

非是要表明:教育目的(即他所谓的"国家教育目的")在"遭遇"学校、家庭、学生等不同"主体"时,它们之间会有一致之处,更会有差别,因此,在说教育目的时要加限定语,比如是"国家的"教育目的还是"学校的"抑或"学生的"教育目的。然则无论是在教育的公约性定义下,还是在教育辞书或研究者的术语里,抑或是在人们的常识及语境中,教育目的实乃国家教育目的。以此说来,"国家教育目的"这一概念就难免有蛇足之虞,或者借用布迪厄(Pierre Bourdieu,也译"布尔迪厄"或"布尔迪约")的话来说,就成了一个"学究常识"①。类似地,陈桂生先生也在早先提出过"'谁'的教育目的"②这一问题。这两位学者的研究触及了教育目的的厘定、教育目的的推行及教育目的的实施结果等问题,或者说是"应然的教育目的"与"实然的教育目的"之间的错位与紧张等问题。这与其说是教育学问题,不如说是很好的社会学问题! 笔者以为,这种"学究常识"之所以出现,盖在于混淆了"教育目的本身"同"与教育目的有关的范畴",前者即以法定文本形式呈现的教育目的,后者涉及这一目的的制订、推行及实施的结果等问题。为此笔者主张,"教育目的"即教育目的,亦即国家或法定的教育目的,而无必要问"谁"的目的或者加以"国家的"等限定语;否则,也就取消了"教育目的"本身,也就无所谓"教育目的"了。

2. 关于仪式的人类学研究

作为传统和历史的"储存器"(container),仪式素来为人类学家所重视并成为其研究的主阵地,因为仪式为人类学研究提供了观察和体验社会历史生活的一个不可多得的实践场域。"仪式"虽是人类学论述中一个很突出的概念,但是对它的确切含义从来没有达成一致的意见③。"仪式"一词作为一个分析的专门性词语出现在 19 世纪,其原初所指主

---

① 布迪厄说,所谓"学究常识",就是为了代替常人常识中天真幼稚的信念,使用各种技术术语,在科学话语的正规限制下,拙劣地模仿常识话语;而这也不过是些同样幼稚的信念。见[法]皮埃尔·布迪厄、[美]华康德:《实践与反思:反思社会学引论》,李猛、李康译,中央编译出版社 1998 年版,第 368 页。
② 陈桂生:《"教育学视界"辨析》,华东师范大学出版社 1997 年版,第 33~36 页。
③ [英]埃德蒙·R·利奇:《从概念及社会的发展看人的仪式化》。见史宗主编:《20 世纪西方宗教人类学文选》(下卷),上海三联书店 1994 年版,第 504 页。

要是将欧洲文化和宗教与其他文化和宗教进行对比,所以,以"神话—仪式"学派为代表的早期人类学仪式研究基本上可以置入一种比较文化视野下的"异文化"研究范畴(other culture studies)。后来,以马林诺夫斯基(Bronislaw Malinowski)为代表的"功能学派"和以博厄斯(Franz Boas)为代表的"历史学派"则不甘囿于仪式的宗教理解,强调通过仪式来分析社会以及社会现象的自然特性;同时他们对田野调查的强调使得仪式研究从古典人类学的恢弘研究转到当代仪式的精致化研究,即注重仪式之数据化的、工具性的、器物性的个例研究(这无疑缩小了仪式的"文化诗学价值"及其解读空间)。更晚近的解释人类学和象征人类学则在仪式的符号"隐喻性叙事"中发现所谓文化的"动力",从而对仪式的意义进行探求。①

虽然(西方)人类学曾作出要拯救那些独特的文化与生活方式,使之免于激烈的全球西方化破坏,以及要使自己的研究成为对西方自己的文化进行批评这样两个十分"开明"的承诺②,也尽管人类学及其仪式研究似乎昭示出通过"他者"展望"自我"、通过"传统"反思"现代"、通过"边缘"窥探"中心"、通过"多元"反驳"一元"的研究特性与学术魅力③,但人类学尤其是传统人类学及其仪式研究往往怀着挥之不去的"残留物"情结④,回到"历史的垃圾箱"中"拾破烂"⑤,这难免有异文化猎奇、西方中心主义抑或对现实的"浪漫式逃避"之嫌。这是人类学仪式研究的一个主要缺憾。另一个缺憾是,关于仪式的(传统)人类学研究,往往有意无意地把无文字社会中仪式的"社会功能一体"假设、"泛功能"假设或者"不可或缺性"假设等推演或"转移使用"于高度复杂分化的文明社会,过分倚重了仪式对于社会的整合功能(即便在无文字的"原始"部落,是否

---

① 彭兆荣:《文学与仪式:文学人类学的一个文化视野》,北京大学出版社2004年版,第17页。
② [美]乔治·马尔库斯、米开尔·费彻尔:《作为文化批评的人类学:一个人文学科的实验时代》,王铭铭、蓝达居译,生活·读书·新知三联书店1998年版,第16页。
③ 此乃笔者据王铭铭《人类学是什么》(北京大学出版社2002年版)所作的概括。
④ 郭于华:《仪式与社会变迁》,社会科学文献出版社2000年版,第3页。
⑤ [法]埃里蓬:《今昔纵横谈:克洛德·列维-斯特劳斯》,袁文强译,北京大学出版社1997年版,第155页。

具有这种"整合"功能也有待深入分析),其实质就是默顿所说的,是研究者的主观期待或目的而非仪式的客观功能;而这忽略了仪式这种文化事项的"多种可能后果"。①

好在关于仪式的人类学研究现在出现了一些新的趋势。在福柯(Mickel Foucault)"知识考古"谱系式的检索和解读方法以及布迪厄的社会理论出现以后,人们日益不满于对仪式作单一行为、物器层面的实物说明,而是出现了将其置于更广阔的背景下予以重估和再解的倾向与趋势;一些颇具"后学"之风的研究也表明,仪式的权力色彩已经成为一个制衡社会结构和个人行为的重要因素。正如政治仪式研究的主将科尔泽(D. Kertzer)指出,仪式、神话、信仰体系并非源于政治真空的环境中,它们反映、增强并弥散于政治权力之中,所以应该探讨谁为了什么目的创造出这些意识形态,其创造和运用除了揭露出心智逻辑外,还揭露出权力的运作。② 郭于华就此对仪式研究的趋势进行了归结:权力与政治视角的引入;突破功能主义的局限,动态、变迁式分析;超越小传统,强调"地方性知识"与国家意识形态的互动及国家权力实践与民间生存技术的博弈,透视国家、社会与个人的复杂关联;走出纯器物层面的考察,放置在更广阔的背景下重新解释,增大解读空间。③ 这些都将对本研究有所警戒、有所借鉴、有所启发,其借鉴意义至少有两点:第一,仪式绝不仅仅专属于传统社会、前现代社会、简单社会,现代社会生活及政治、权力的运作同样离不开仪式。为此,直面学校中的政治仪式就显得不仅有必要而且有可能。第二,仪式研究不啻为一条勘察国家与社会及个人之关系的有效途径,即中层途径。

3. 关于仪式的文学及教育学研究

人类学蔚为大观的仪式理论,以其神奇的魅力吸引着其他领域研究者的眼球。近30年来,文学批评叙事中大量出现仪式理论,"仪式"成了一个高频词。对这种趋之若鹜的词汇新潮,文学人类学研究者宁愿将其

---

① [美]罗伯特·金·默顿:《论理论社会学》,何凡兴等译,华夏出版社1990年版,第106~131页。
② David I Kertzer. Ritual, Politics and Power, Yale University Press, 1988.
③ 郭于华:《仪式与社会变迁》,社会科学文献出版社2000年版,第3~5页。

称许为一种回归——"诗性"的回归,即现代诗学在它的"原生纽带"上找回丰富的元语言叙事;一种发现——"批评"的发现,即文学研究在比较文化的学术背景下发现了人类学仪式理论具有非凡的整合价值。① 这样,加拿大学者弗莱(Northrop Frye)所确立的"原型批评"(archetypal criticism)观就意义非凡了,因为仪式作为"记忆的识别物",内存和积淀了大量的原型要素;惟仪式的表现更具实践行为的特征,而原型的文学叙事更具形象化而已。20世纪90年代以来,我国学者如叶舒宪、胡志毅、彭兆荣等人正是运用原型模式分析的原则和方法开始对上古神话、戏剧以及文学的原型叙事等进行文学的人类学研究。无疑,文学的人类学研究为我研究学校中的仪式提供了一个可资参照的对象和典型的"案例",尤其是文学人类学研究中的"推原"(genetic,即专事对宇宙万物起源做解释的叙事)对于考察学校教育以及其中的仪式的发生与机理颇有借鉴作用。

就教育学而言,近年与仪式相关的研究日渐增多,似有时新之势:从起先注重(现在依然如此)培养教师及学生礼仪或加强道德教育(职业道德)的"操作指南"(礼仪手册)②,到后来具有社会学意味的稀有分析③,再到新近作为硕士学位论文之专题研究(华东师大、曲阜师大各一篇,分别是关于"升国旗"仪式及课堂教学仪式的分析)。这些"礼仪手册"及专题研究,有一个大致的共性,即多是基于"实践操作"的视角,进行"教育学"的研究。显然,本文所拟研究旨趣及视角与之有别。至于把"接班

---

① 彭兆荣:《文学与仪式:文学人类学的一个文化视野》,北京大学出版社2004年版,第2页。

② 譬如,见杨继英、董广萍:《小学生节日纪念日活动的组织与指导》,中国轻工业出版社2002年版;谢莹、娄程:《中学生节日纪念日活动的组织与指导》,中国轻工业出版社2002年版;骆汶、马丁一:《小学生主题班队会活动的组织与指导》,中国轻工业出版社2002年版;王铁军:《国旗下的讲话——校长晨会必备》,江苏教育出版社2002年版;张咏晴:《千千礼仪》,上海三联书店1998年版;李兴国、田亚丽:《教师礼仪》,华东师范大学出版社2006年版;畲炎生:《大学礼仪读本》,广西师范大学出版社2004年版。

③ 譬如,见刘云杉:《学校生活社会学》,南京师范大学出版社2000年版,第299~318页;王有升:《理想的限度——学校教育的现实建构》,北京师范大学出版社2003年版,第123~147页。

人"教育与政治仪式结合来考察的研究,笔者尚未目及亦无耳闻。

4.关于仪式理论的借鉴路径

本研究将显著倚重对于仪式理论的借鉴。如何借鉴呢?在洋洋大观而又千头万绪的仪式理论海洋中,呈现出整体的"面"似无可能亦不必要,有益且有效的做法是找出一条仪式理论的趋势线、萃取其中若干关键点。"线"的勾勒前文已述。在"点"方面,头号人物必推迪尔凯姆(Emile Durkheim,又译"涂尔干")。标志迪尔凯姆晚年(1890年以后)"重要转向"[①]的著作《宗教生活的基本形式》[②],起着阐明世俗社会生活中主要过程的模式作用。其中他认为,世界可区分为神圣和世俗两大类,"而仪式告诉人们在神圣的情况下该如何举手投足",但迪尔凯姆并非因对教会的事物感兴趣才投身宗教社会学研究,而是因为他坚信宗教现象乃所有其他现象的起源,他期待着能够在现代社会中寻觅到宗教的"功能性等价物",即能够发挥整合功能的世俗性组织和仪式,这是一种"超验的宗教形式",它能够概括"某些普遍的进程"——因为他早期著作中认为,社会整合建立在经济性的劳动分工基础之上,但现代社会的异化和失范预示着整合的失败,这促使了他的转向。[③] 后期迪尔凯姆思想已经,或至少预示着他从关注宗教社会转向世俗社会、从前现代社会转向现代社会、从人类学转向政治社会学,因为他按照象征归类的方法研究了教育、政治、职业组织、道德以及法律等诸多现代领域,指出它们的主要社会变化过程是仪式主义的[④];对他来说,在一种仪式中上帝的观念

---

① [英]杰弗里·亚历山大编:《迪尔凯姆社会学》,戴聪腾译,辽宁教育出版社2001年版,导言"迪尔凯姆的社会学与当代文化研究"。

② [法]爱弥尔·涂尔干:《宗教生活的基本形式》,渠东、汲喆译,上海人民出版社1999年版。

③ [美]约翰·霍尔、玛丽·尼兹:《文化:社会学的视野》,周晓虹、徐彬译,商务印书馆2002年版,第90~91、99页。

④ 兰德尔·柯林斯正是沿着迪尔凯姆的此一思想路线强调:"我的论点并不只是仪式可以用来达到各种政治目的的——……限定在非国家社会的一种现象,而且还是,政治本身在所有社会中都是仪式。"见[英]杰弗里·亚历山大编:《迪尔凯姆社会学》,戴聪腾译,辽宁教育出版社2001年版,第173页。

实际上就是社会的一种象征,社会即上帝①。正是在此意义上,亚历山大(Jeffrey C. Alexander)说,"我们能够追溯到当代文化研究的迪尔凯姆根源"②:譬如,不管他们本人声言与否,索绪尔(Ferdinand de Saussure)的结构语言学、斯特劳斯(Claude Levi-Strauss)的结构人类学、巴特(Roland Barthes)的符号学研究都与迪尔凯姆后期思想存在着"类似的平行状况";又譬如,尽管他们从来不承认甚或还批评过迪尔凯姆,但福柯、格尔茨(Clifford Geerts)、杰内普(Arnold Van Gennep,亦译"范·根纳普"、"范·格内普"或"A·旺·热纳普")及其继承者特纳(Victor Turner)等人的相关研究都与后者的后期思想有着相当的共鸣与明显的联系,而他们没能把与迪尔凯姆的关系说清楚这一事实,除了说明有人(如福柯)"不中肯"而外,"只不过反映出迪尔凯姆后期的思想已经渗透到一般的知识界"。迪尔凯姆奠定的基业是我们后来者研究仪式的沃土与源泉。

二号人物当推与迪尔凯姆同时代的杰内普。他因提出(1908年)"通过仪式"③(the rite of passage,亦译"过渡仪式"或"入门仪式")而为仪式研究作出了里程碑式的贡献,使仪式本体研究成为了人类学的专门学问,从而超越了古典人类学家停留在将仪式作为"原始社会"的所谓"交感"联系的水平。这即是说,他实现了从研究"社会中的仪式"到研究"仪式中的社会"的跃迁。④ 把杰内普称誉为"形态过程的分析之父"的,是当代人类学界对仪式研究最具影响力的特纳。他承袭前者"通过仪式"之分离/阈限/聚合(separation/limen/aggregation)三段论的原始意义,丰富并发展了仪式阈限理论,尤以"朝圣仪式"著称于世。同时,与偏重结构功能和稳定整合的仪式分析不同,特纳更为强调仪式的另一种图

---

① [美]约翰·霍尔、玛丽·尼兹:《文化:社会学的视野》,周晓虹、徐彬译,商务印书馆2002年版,第90页。
② [英]杰弗里·亚历山大编:《迪尔凯姆社会学》,戴聪腾译,辽宁教育出版社2001年版,导言"迪尔凯姆的社会学与当代文化研究"。
③ A. Van Gennep. The Rite of Passage, London: Routlege & Kegan Paul, 1965.
④ 彭兆荣:《文学与仪式:文学人类学的一个文化视野》,北京大学出版社2004年版,第2页。

景,即其文化动力的、能动的、颠覆性的、创造性的、社会批评的图景,探讨了仪式过程的结构与反结构特征。由此他指出,"仪式"(ritual)一词更适用于与社会变迁相联系的宗教行为的形式,而"典礼"(ceremony)一词则与社会地位有关的宗教行为有着更紧密的联系;仪式是转变性的,典礼则是确认性的。①

特纳的研究影响广泛。譬如,安德森(Benedict Anderson)就是征用特纳"朝圣仪式"理论,指出"民族主义"的起源的第一波,即18世纪末19世纪初的美洲模式,乃是"受到束缚的朝圣之旅"而导致的结果:在欧洲国家内部,专制主义的官员到国家中心接受封爵后,其任职之旅可以在国内进行水平移动和垂直移动;而欧裔海外移民出身的官员,其朝圣之旅最终只能在殖民地领土内服务,在这种"被束缚的朝圣旅途"上,这些官员找到了旅伴——这些旅伴逐渐感觉到他们之间的伙伴关系不只建立在那段朝圣之旅的特定范围之上,也建立在他们都出生于大西洋彼岸的共同宿命之上。由此并辅以其他因素,民族主义的第一波即美洲模式就诞生了,它实为殖民地领主反母国运动的结果。② 又譬如,布迪厄也是借助于杰内普的通过仪式理论,对法国名牌大学预备班这一"精英群体"的神化与圣化仪式进行了详尽而精到的考察。③ 再譬如,美国加州大学教授麦克莱仑(Peter Maclaren)则萃取特纳关于结构与反结构的仪式理论洞见及相关符号理论,开创性地将其运用于学校教育的具体分析,呈现出一幅"教育符号的政治经济学"图景。④

---

① [英]维克多·特纳:《仪式过程:结构与反结构》,黄剑波、柳博赟译,中国人民大学出版社2006年版,第三章;郭于华:《仪式与社会变迁》,社会科学文献出版社2000年版,第2页;彭兆荣:《文学与仪式:文学人类学的一个文化视野》,北京大学出版社2004年版,第45页。

② [美]B.安德森:《想像的共同体:民族主义的起源及其散布》,吴睿人译,上海人民出版社2003年版,第四章。

③ [法]P.布尔迪厄:《国家精英——名牌大学与群体精神》,杨亚平译,商务印书馆2004年版,第二部分"圣职授任礼",尤见其中第二章。

④ Perter Mclaren. Schooling as a Ritual Performance: toward a Political Economy of Educational Symbols and Gestures, 3rd ed., Rowman & Littlefield Publishers, Inc., 1999. (感谢台湾师范大学张建成先生惠寄此书影印本)

再一重要人物就是戈夫曼(Erving Goffman)。他抛开"标准化的、宏大的行为"这一仪式的传统含义,另辟蹊径地致意于日常互动中"作为习惯"的简略仪式,从而打响了现代社会中反"反仪式主义"的先声(详见导论"概念说明"部分)——这是否就是对迪尔凯姆"未竟的(最好说是"开创的")事业"的一种实现?——为包括特纳在内的人类学家如道格拉斯(Mary Douglas)、梅尔霍夫(Barbara G. Myerhoff)在继后的制胜开拓中奠定了基础。以上种种,都为笔者的研究,尤其是为第二章中"五阶段论的灵魂朝圣仪式"的创构带来深刻启迪与想像灵感,为第三章"教育在仪式中"与第四章"仪式在教育中"的架构及其具体分析指引了操作方向与着力关节。

三、研究旨趣

然而,无论是"培养接班人"教育目的,还是学校中的仪式,即便不是"陈词滥调"之类的问题,也是司空见惯的现象,实乃"一般化的"问题。按社会学家米尔斯(C. Wright Mills)的说法,思想起点低的人才会想这种一般化的问题。正因为是一般化的问题,人人都知道一些;而凡是大家都知道的事情都不太好讲出新意,也很难让人家满意。这正如画家所言:画鬼易,画人难!因没有谁真的见过鬼,乱画不要紧,兴许还是自己的"原创";人呢,大家见得多了,乱画不得。所以,我这个选题,近乎画家画人,难度委实不小! 就此而言,我们倒更能领悟列维-斯特劳斯那句话的深意:"我们(人类学家)是从历史中拾破烂的人,我们在历史的垃圾箱中寻找我们的财产。"这虽有"文化猎奇"之嫌,却也更能吸引读者,更易让人耳目一新。而笔者虽"勇于"直面大家司空见惯的学校中的仪式,尤其是围绕政治仪式考察教育目的,却无疑也在冒着"徒手变戏法"的难度以及"走钢丝"的危险。我之所以敢于"知难而进"而又矢志不渝,除却上述"选题依据"的驱使而外,还有我对社会学"化熟为生"之研究理路的信仰,更有我对"一滴水见太阳"之研究目标的守望。

要想做到"一滴水见太阳",就不能就教育目的说教育目的、就仪式说仪式、就教育说教育。随着研究过程的推进,我逐渐形成"学校政治社会学"的研究预期目标(领域)。学校政治社会学,正如我将在本书第六章里将要阐明的那样,这是对亚里士多德(Aristotle)"人在本性上是政治动物"这一主题的回归,其核心就是研究学校教育中及与学校教育有关的各种权力关系,简言之,就是学校教育的权力学。"人在本性上是政治动物"这一主题,既是本研究的出发点与研究主题,也是其归宿点与研究关怀所在。要而言之,人是政治动物,人自幼就政治地生活;学校里的人怎样政治地生活,为着他们现在以及将来更好的政治地生活,学校教育可有怎样的新作为?这便是本研究围绕此一出发点与归宿点所要阐述的主题思想与核心内容。

毫无疑问,"学校"政治社会学研究的不是真空里的学校,笔者所关注的是我们自己的即中国(尤其是1949年以后中国大陆)的学校及其教育。于是,同样毫无疑问的是,这里的学校"政治"社会学便是对我国学校政治的社会学考察,尽管不排除域外视野的参照。而最能体现我国学校政治的,莫过于教育目的——"培养接班人"——这一滴水了;学校中的政治仪式,似乎又是考察这一教育目的较为理想的途径或把手。于是,"'接班人'的诞生——学校中的政治仪式考察"作为"学校政治社会学"这一研究目标(研究领域)的题目,是恰切的,并无矛盾之处。但同时它也仅仅是个题目而已,因为题目之为题"目",就在于它的灵动与醒目(若径直以"学校政治社会学"这一整个"躯体"为题,似也未尝不可,只是那样就"有题无目",因为"学校政治社会学"只是个研究领域)。说它仅仅是个题目,有两层涵义。第一,"培养接班人"教育目的只是(我国)"学校政治社会学"这一研究的一条暗线,本书各章内容均围绕它而逐层推进;而学校中的"政治仪式"则是"学校政治社会学"这一研究的一条明线,说白了,它只是研究的一个"把手"、"借口"或者"形式"而已,各章行文均依托它而次第展开。第二,说它仅仅是个题目,还在于笔者想通过"'接班人'的诞生——学校中的政治仪式考察"这一滴水,见到"学校政治社会学"这个太阳。这有无可能呢?回答是肯定的。正如前文已述,仪式绝不仅仅专属于传统社会、前现代社会、简单社会,现代政治生活与权力的运作同样离不开仪式。所以,围绕"培养接班人"这个牵一发而动全身的教育目的来考察学校中的政治仪式,不仅有必要有可能,而且仪式研究不啻为一条勘察国家与社会及个人关系的有效途径,学校中的政治仪式,上涉国家,下抵个人;于是,研究者就可居中掌控,上下勾联、左右逢源,勾勒出学校教育的政治社会学画面与图景,同时牵引出研究者最终的研究关怀,即探明学校教育与社会民主的逻辑与机理。

若通过这个选题果真能够见到"学校政治社会学"这个太阳,那么进一步,还有一个更大的"太阳"可以窥见:政治社会学与社会学的相通关系。之所以说是一个更大的"太阳",绝不是说政治社会学是社会学的一个分支或领域,而是说政治社会学、社会学、政治学乃至更广阔的人文社会科学很多时候,或者最终都是相通的,这就像武术的最高境界乃是"手中无剑"。就这里的话题而言,无妨这么说:政治社会学即社会学,社会学即政治社会学;至少,政治社会学是更能体现社会学旨趣的,或者说,政治社会学是最社会学的。法国著名学者迪韦尔热(Maurice Duverger)曾述及这三者的关系:其一,政治学和政治社会学几乎是同义词。譬如,美国许多大学在探讨同样的问题,在政治学系便把它称为"政治学",在社会学系便称为"政治社会学"。在法国,"政治社会学"这种提法也只是用来表示与传统的政治学研究方法决裂和要用更科学的方法进行研究的一种意愿,并没有实质性的差别;实际上的差别只是大学间的门户之见造成的。其二,如果人们不是仅仅拘泥于法学或哲学的视角而固守"政治社会学=国家学"的褊狭观念,而是顺应"最流行的"政治社会学研究趋势,把政治社会学研究扩大到所有社会和所有团体(群体)中的权力而不仅仅是国家权力,形成"政治社会学=权力学"这一流行概念,那么,"政治社会学就会取代整个社会学而代之了"。[①] 鉴于此,迪韦尔热对政治社会学中两派大相径庭的重要观点(政治社会学是国家学与政治社会学是权力学),以及相应的两种权力观(政治权力即国家权与非政治权力)的分歧与区分并不认帐,他纳闷道:为什么非要在政治社会学与普通社会学的其他方面划一条实在的界限呢?为什么非要进行政治权力与非政治权力这种"事倍功半"而又效果寡然的区分呢?他雄辩地分析道,"人类社会的一个基本特点,可能就是无论怎样掩饰,影响、统治、权力和权威都无处不在。政治学家的第一项工作就是认识这个特点。从这个意义上讲,政治社会学入门不过就是通观普通社会学中各种权威的形式而已。只有这样,才能明确权力的概念"。所以,政治不能构成一个独立

---

① [法]莫里斯·迪韦尔热:《政治社会学——政治学要素》,杨祖功、王大东译,华夏出版社1987年版,第1、118、13页。

于社会以外的领域，政治社会学则是社会学这个主干及其许多分支的一个不可或缺的方面，"一切——或几乎一切——都带有政治性。没有——或几乎没有——任何事物完全是政治性的"①。

进一步，迪韦尔热把政治社会学与宗教相比拟：各种宗教的信徒或远或近地分布在各个国家，而不能囊括任何一个国家的全体居民。他认为只有这个（比拟的）概念，才符合政治社会学是权力学的看法。迪韦尔热的这种权力观(1973年)与米歇尔·福柯几乎与之同时(1975年)提出的"全景敞视主义"(panopiticism)权力观以及"权力毛细渗透功能"的观点②可谓异曲同工，与马克思(Karl Marx)和恩格斯(Friedrich Engels)早于他一又四分之一世纪(1848年)所作的"到目前为止的一切社会的历史都是阶级斗争的历史"③这一著名论断有着某种因承相继，也与为美国现代政治学研究作出开创性贡献的拉斯韦尔(Harold D. Lasswell)先于他近半个世纪(1936年)提出的如下见解义理相通：传统的政治学研究已经难于适应对各种变化的论述了，它只有"主权"与"非主权"、"国家"与"非国家"、"集中"与"分散"的区别；但是，大多数事件似乎处于这些"非此即彼"的用语之间，要求我们的语言能够在"多或少"之间作出区分……因此，对不同程度的"权力"或"势力"的兴趣，和对"权势"一词采用实验性及局部性表示法的兴趣正在增长。④事实上，无论如何我们不该忘记，相较于人类的悠久历史，国家及政府权力之类的概念的凸现只是晚近才有的事情。一如福柯所说："在对权力进行分析时，我们不应假

---

① [法]莫里斯·迪韦尔热：《政治社会学——政治学要素》，杨祖功、王大东译，华夏出版社1987年版，第11、120、15页。王沪宁也表达过与此几无二致的观点："政治，从来就不是独立于、脱离于社会整体而抽象生长的东西，而是与社会水乳交融，不可分离的一种力量。"见[美]安东尼·奥罗姆：《政治社会学——主体政治的剖析》，张华青等译，上海人民出版社1989年版，中译本序，第3页。

② [法]米歇尔·福柯：《规训与惩罚》，刘北成、杨远婴译，生活·读书·新知三联书店2003年版，第219～255页。

③ [德]马克思、恩格斯：《共产党宣言》。见《马克思恩格斯选集》（第一卷），人民出版社1972年版，第250页。

④ [美]哈罗德·D·拉斯韦尔：《政治学——谁得到什么？何时如何得到？》，杨昌裕译，商务印书馆1992年版，第15页。

定国家主权、法律形式或某国行使于全球各地的宗主权早已存在,不应假定它们是不可否认的事实,其实它们只是后来才产生的。"①总之,政治"不能被局限为一种制度,也不能被设想成仅仅构成了特定的社会领域或社会阶层,它必须被构想为内在于所有人类社会并决定我们真正的存在论条件的一个维度"②;与此同时,(尤其是近代社会以降)国家当然是其中重要的力量,"拒绝国家意味着否认政治学的中心概念"③。

经过这样的梳理与分析,便找到了对"政治"、"政治仪式"、"权力"这些关键词语的涵义进行如下"扩解"("合理化语义内涵调整"④):政治社会学即权力学,很大程度上亦即社会学;学校政治社会学也是权力之学,无非是把研究的视阈落在学校上,是用社会学的眼光来审视学校教育的政治与权力;其特殊价值在于,学校政治社会学是以"人是'天生的'政治动物、人'自幼'就政治地生活"为研究出发点和人性假设的,是以现时的学生即未来的成人如何更好地政治地生活为研究归宿和终极关怀的。同时需要说明的是,正如下文"研究方法"一节将要论述的那样,抓住了经过"扩解"的政治、权力这类核心概念,也就找到了不同学科之间的连结纽带,因为它们可是说是社会学、人类学、政治学关注趋势的共同焦点;也正因为政治,尤其是现代政治必然包含国家力量但又不仅限于国家力量,才为一滴水见太阳的实现提供了可能性与必要条件。

四、研究方法

一如罗伯特·默顿在写完《论理论社会学》这部名著之后所言,"没有人完全了解是什么铸就了自己的思想,我也很难详细说明本书提出的

---

① [美]麦克尔·赫兹菲尔德:《什么是人类常识》,刘珩等译,华夏出版社2005年版,第138~139页。
② [英]尚塔尔·墨菲:《政治的回归》,王恒、臧佩洪译,江苏人民出版社2005年版,第4页。
③ [美]艾伦·沃尔夫:《合法性的限度》,沈汉等译,商务印书馆2005年版,第10页。
④ [法]克洛德·列维-斯特劳斯:《野性的思维》,李幼蒸译,中国人民大学出版社2006年版,第358页。

各种概念的来源"①一样,我真的也很难说清楚我的思想及现在的文本究竟是如何得来的。

"究竟如何得来?"这便是我所理解的研究方法(毋宁说是方法论)。至于访谈、实证、调查之类,我以为都是在此之下,或包含于其中的次一级的技术性问题。但不管怎样,在此节标题之下,我是要尽量说明拙作究竟是如何得来的,借用论文题目的关键词来说,就是要说明这个文本究竟是如何"诞生"的。

"诞生"这个词原本为日常概念,当我们用诞生来指称某一现象时,往往带有一种赞赏、欣慰、自豪及至期盼的含义,如科学共产主义的诞生,《义务教育法》的诞生,等等;但自从福柯《临床医学的诞生》一书问世(1963年)以来,"诞生"便成了研究者们对"文本"(包括知识、学科、思想、制度等)的社会学考察中不时使用的一个概念;社会学研究者们常常用"诞生"来指称文本得以建构出来的社会过程及其结果,并无特别的褒义或贬义。② 我以为,惟"诞生"一词"并无特别的褒义或贬义",社会学研究者们才不时援用这一概念。其精妙之处就在于,正因为它"并无特别的褒义或贬义",所以才蕴涵着或褒义或贬义,或兼有褒贬二义的幽深意味与奇妙效果。它,看似"别无所有",却又"应有尽有";它,"此中有真义",而又"欲辩已忘言";即便所考察的"诞生"之物"流产"了,也不会影响,甚至反而会加强这个词的使用效果。如此,你可以把"诞生"一词换成比较中性的表达,比如"出台"、"形成"、"发展"、"构建"等;你也可以把它换成比较褒义的表达,比如"谱写"、"绘制"、"成就"、"铸就"等;或者,如果你乐意,还可以把它换成比较贬义的表达,比如"型塑"、"打造"、"编造"、"捏造"等;而如果你觉得这些替代之词都不够传神或者意犹未尽,那就索性使用"诞生"好了!③

---

① [美]罗伯特·金·默顿:《论理论社会学》,何凡兴等译,华夏出版社1990年版,致谢。

② 吴康宁:《关于"思想"的若干问题:一种社会学分析》,载《教育理论与实践》2005年第12期。

③ 笔者关于"诞生"的这点体会,是在与导师吴康宁的交流过程中的体悟所得;当然,若是错"悟"了,那当是笔者愚鲁之过。顺便带言,笔者这里在"诞生"一词上的着墨,无妨可视为对论文的"解题"。这已经在谈"研究方法"了!

那么,本书是如何"诞生"的呢?

按照"文本发生学"的原理,若要真正搞清楚一个文本(作品)的发生过程,那需要通过草稿或准备性资料对作品进行诠释,这意味着至少要校勘自腹稿、草稿、手稿、直至定稿的全部过程。① 因为论文或专题著作本身"代表了一种纯净的样式(appearance),这种样式不会再现直觉的跳跃、错误的起步、失误、夭折以及其中的某些巧合,而这些实际上贯穿于整个探索过程";所以我们不能指望只凭所发表(成文)的规范化报告来再现探索的实际历史(过程),在呈现文本时,作者的"本能反应是掩盖他的踪迹"②。然而,追踪并校勘腹稿、草稿之类的事情,显然几乎是任何人都力所不逮的,且不说有无必要。就此而言,这里我所能竭力而为、所能交代的研究方法,也就不过是"掩盖了探索的实际过程"的"人为的(合理化的)方法"而已(这跟懒惰或者道德问题不搭界,实乃一个迄今为止尚无人能够解决的"难题"),其要者有三:

第一,约略而言,本研究主要是理论研究,但并不脱离笔者在长期教育实践中所积淀的"累积的教育事实"③作为经验依托,不排除与实践中的经验变量(empirical variables)保持必要的接触和适宜的征用。换言之,本研究试图在质性研究与量化研究相结合,理论分析、案例("累积的教育事实")实证与文本分析相融通方面作一尝试,"事实上,社会学家在进行研究时,两种方法(定性法与定量法)都会用到,只是程度不同而已"④。也可以说,这是一种"理论性经验研究"或"经验性理论研究",这一点在前文关于"中层理论"的特征时已有所述及,此不赘言。这种研究方法类似近年在美国兴起的一种新的教育研究方法,即"混合方法研究"

---

① [法]皮埃尔-马克·德比亚齐:《文本发生学》,汪秀华译,天津教育出版社2005年版。

② [美]罗伯特·金·默顿:《论理论社会学》,何凡兴等译,华夏出版社1990年版,第5~8页。

③ 此概念系马维娜提出。见马维娜:《局外生存:相遇在学校场域中》,北京师范大学出版社2003年版,第44~45、53~54页。

④ [美]乔恩·威特:《社会学的邀请》,林聚任等译,北京大学出版社2008年版,第28页。

(mixed methods research)①。后者是指研究者在同一种研究中综合调配或混合使用定量和质性研究的技术、方法、手段、概念或语言的研究类别,它是在美国质性与定量两种研究方法范式的争论中产生的;其理论基础是实用主义;混合方法研究程序设计包括研究问题、研究目标、选择研究方法、收集资料、分析资料、解释资料、合法化、得出结论并撰写最终报告等步骤;它的突出优势是在研究中能增加交叉性优势和压缩非重叠性弱势,提高研究的效度和信度。

第二,本研究是基于教育社会学学科性质的研究,即"教育"问题,"社会学"方法。不过,国内外研究者对教育社会学的学科性质有过长期争论,至今仍余音未了,且当下冠以(教育)社会学研究之名的著述也是见解纷纭,难期一律。于是,不同研究者持不同的(教育)社会学观也就不足为奇。故此,笔者有必要交代,我所信奉的教育社会学研究,乃是对既姓"教"又姓"社",即对具有社会学意味的教育问题进行的事实性研究②,或简曰"对事实的事实性研究"③。笔者对这一教育社会学观的信奉,并非未加反思的盲从,而是有着对社会学精神的些许体悟作依据的。因为这种教育社会学观秉承了社会学的科学研究精神,凸显了社会学的

---

① 参见田虎伟:《混合方法研究——美国教育研究方法的一种新范式》,载《比较教育研究》2007 年第 1 期;邓猛、潘剑芳:《论教育研究中的混合方法设计》,载《教育研究与实验》2002 年第 3 期。
② 吴康宁:《教育社会学》,人民教育出版社 1998 年版,第 5~8、16~20 页。
③ 陈桂生:《"四分法":教育理论成分解析的新尝试》,载《教育研究与实验》1995 年第 2 期。

学科视野及研究特色。这种研究精神,不同于"教育学"①研究——它往往基于"世界应该怎么样"的实践视角而投注于实践操作指南的绘制——而是主要秉持"价值中立"原则,而致力于"社会怎么样"(是什么、为什么、会怎样)的研究旨趣。用齐美尔(George Simmel)的话说,社会学要追问"社会是如何可能的?",用布迪厄的话说,社会学要不断地"揭示被掩盖的事物",用柯林斯(Randall Collins)的话说——也许是最为精当的表达——社会学就是要"discover society"(发现社会)②——这与伯格(Peter Berger)将"揭露"作为的社会学的主旨真乃灼见相同:社会学对人们视作当然的一切说法都表示怀疑,以某种审视的眼光去揭穿人们用来相互掩饰自己行为的各种借口。③ 古今中外,凡对社会学研究作出

---

① 其实,何谓"教育学"亦是一个难以形成共识的问题。难就难在,迄今为止,教育学称霸的雄心未泯而又霸业未遂(关于这段冗长而又辛酸的历史,不是本文关心的主题),如此,教育学就有名实两种义项:在实质上,"教育学"是指以改变和优化教育实践为直接目的、对教育领域的各种规范加以系统研究的一门学科(如果算得上一门事实上的亦即有专业性内涵的学科的话);而在形式也即在学科建制上,它又是作为一个"一级学科"而存在的,包括教育哲学、教育心理学以及教育社会学等教育学的母(基础)学科在内的其他相关学科,则必须"屈身"其下。于是,麻烦便接踵而至,正如有人所言,"在19世纪末之前,一个人若说自己是研究'教育学'的,人们不会对它提出疑问,因为那时'教育学'无论在名称上还是在内容上都很简单、明白……然而,在19世纪末之后,情况发生了巨大变化,一个人再说自己是研究'教育学'的,就必须对自己的研究对象做出清晰的界定。"(石中英:《教育学的文化性格》,山西教育出版社1999年版,第2页)其实,何止是"说自己是研究教育学时"需要界定,就连涉及到"教育学"这个词时也必须立马交代其究竟何指。这里也不例外。本文所说的"教育学"自然是实质意义上的教育学,简言之,亦即对教育实践进行规范研究的一门学科。关于"教育学"的两义理解,综合参见吴康宁:《教育社会学》,人民教育出版社1998年版,第6、12、14页;瞿葆奎、唐莹:《教育科学分类:问题与框架——〈教育科学分之学科丛书〉代序》,人民教育出版社1998年版。

② 兰德尔·柯林斯和迈克尔·马科夫斯基致力于阐述社会学伟大经典传统及其当今脉流的专著之书名即为"The Discovery of Society"。不知何故,这部杰作的中文本题目被画蛇添足地——这可能是"中国式的学究气"要求"准确限定"题目的俗套思维在作祟——译为《发现社会之旅——西方社会学思想述评》(李霞译,中华书局2006年版),致使作者之匠心与题"目"之灵动寂然消逝。

③ 卢晖临:《历史视角与社会学想像力》,载《社会学家茶座》(总第十六辑)2006年第3期。

贡献的人物，大概都在"discover society"方面有所建树。马克思发现资本主义剥削的秘密，韦伯(Max Weber)解开资本主义兴起的精神源头，涂尔干求索道德的本质及其社会作用，齐美尔细察"三人世界"的神奇与奥妙，弗洛伊德(Sigmund Freud)和帕累托(Vilfred Pareto)征服人之非理性(非逻辑)，库利(Charles H. Cooley)和米德(George H. Mead)发现人之本性，托马斯(William I. Thomas)和帕克(Robert E. Park)揭开日常世界，米歇尔斯(Robert Michels)和曼海姆(Karl Mannheim)暴光希特勒的阴影，科塞(Lewis A. Coser)反求社会冲突的(正)功能，费孝通揭晓中国乡土社会的"差序格局"……这也正是为什么被誉为"社会学先生"的罗伯特·默顿潜心致意"潜性功能"研究的主要原因，他骄人地写道：社会学家不是工程学家或者气象学家，不是仅限于研究外显文化(overt culture)的日常行为记录员，社会学家常常发现某种潜在的文化(covert culture)；其特殊贡献不但主要在于研究社会行为的预期后果(显性功能)，而且主要在于研究社会行为的非预期后果(隐性功能)；而发现隐性功能则表明社会学知识的重大进步。①

诚然，社会学很难做到纯粹的(因而是一种相对的中立、尽量的客观②)价值中立，即便是"价值中立"原则之倡导者韦伯，也同时是"价值关联(value-relevance)"的拥护者。但他强调价值关联只是涉及研究课题的选择，而不是对研究对象的解释；帕累托则更加直白地表达了与韦伯类似的价值中立思想，他言道："我们首先要拒绝的原则之一，就是将

---

① [美]罗伯特·金·默顿：《论理论社会学》，何凡兴等译，华夏出版社1990年版，第157、150、158、160页。

② 实际上，无论是社会学的先驱还是当代的名宿，虽大都一贯秉持科学的研究精神，但鲜有人天真到声称能做到纯粹的客观。譬如，就连社会学主义的巨擘迪尔凯姆(涂尔干)，也只是"力求"进行完全客观的分析；柯林斯、迪韦尔热也承认社会学研究过程只是"更客观一些"或"尽可能的客观"，且并不讳言自己的价值观，认为这也许比没有任何意识形态倾向的"纯粹的客观"(且不说能否做到)要好。分别见[法]迪尔凯姆：《社会学研究方法论》，胡伟译，华夏出版社1988年版，第117页；[美]兰德尔·柯林斯、迈克尔·马科夫斯基：《发现社会之旅——西方社会学思想述评》，李霞译，中华书局2006年版，第10页；[法]莫里斯·迪韦尔热：《政治社会学——政治学要素》，杨祖功、王大东译，华夏出版社1987年版，第10页。

一种理想的社会效用同它的经验真理联系起来……当我说一种理论荒谬的时候,并不意味着它对社会有害,相反,对社会而言它可能大有裨益,反之,当我肯定一种理论对社会有益时,也不意味着它在经验上是可靠的"①;就连乐观的米尔斯也坦言:"我向来不能根据一个事物是否导致好的结局来对它下结论"②;托克维尔(Alexis de Tocqueville)则从反面警告人们不要将熟悉的制度与必要的制度相混淆③。在本研究中,笔者也是尽量基于上述社会学的研究旨趣对学校政治进行社会学分析,坚持一种相对的、尽力而为的"客观性"研究。倘若招致"这究竟有什么用?"之类的基于实践操作视角的诘问,那纯属学科文化之间的误解④;假如遭遇"这是不是'教育学'研究"之类的疑问,那不是失败,反倒表明笔者达到或者接近了自己的研究旨趣。

第三,这里所说的"社会学"方法是强调其为主要的研究方法(论),与"融通的"、"跨领域的"(社会学、政治学、人类学、历史学、心理学)解释并不矛盾。

关于社会学、政治学及政治社会学之间的相通关系,前文"研究旨趣"部分已有所论及。而社会学与人类学或民族学,本就缘生相联,两者的"差别"究竟若何仍属存疑之题⑤;这一"差别"甚至被持"全面综合观点"而身兼社会学家、人类学家和民族学家三重身份的布迪厄(他说:"我

---

① 周晓虹:《西方社会学历史与体系》(第一卷),上海人民出版社2002年版,第358~359、213页。

② [美]C·赖特·米尔斯:《社会学的想像力》,陈强、张永强译,生活·读书·新知三联书店2001年版,第81页。

③ [美]罗伯特·金·默顿:《论理论社会学》,何凡兴等译,华夏出版社1990年版,第121页。

④ 关于此点,可见程天君:《教育社会学的学科发展及其生存困境》,《教育研究与实验》2007年第1期。需补充说明的是,教育社会学虽与教育学研究旨趣不同,但前者的研究结果是可以,也应该为教育学及教育实践的优化提供科学依据。就本研究所揭示的事实而言,它可以为教育目的的科学化乃至政治文明建设提供思想启迪与优化依据。

⑤ 王铭铭:《社会人类学与中国研究》,广西师范大学出版社2005年版,第13、187页;《"裂缝间的桥":解读摩尔根〈古代社会〉》,山东人民出版社2004年版,第9、122~125、145页。

这一辈子就在与各种任意分割的学科疆界做斗争……哪里突破了学科的藩篱,哪里就会取得科学的进展。"①)贬斥为"一种典型的错误界限","纯粹是殖民时代的历史产物,没有任何正当的逻辑"②;柯林斯也声言,社会学与人类学之间"历史性的"区分,已随着西方与非西方界限的模糊而被打破了③。

人类学与政治学④之间的"区别"表现在制度和政治两个方面:传统人类学着力于边缘与异域的研究,注重的并非"中心"而是"边缘",它对政治的研究是从"下面"看国家;而政治学家擅长的是研究现代民族—国家庞杂的文职系统和不同等级层层部署的官僚机构,它对政治的研究往往是从"上面"看政府制度和国家权力。人类学与政治学各自的优势也同时暴露了双方的不足,并决定了彼此弥补与相互融合的可能性。一方面,(传统)人类学研究就向政治学表明,任何政治在一定程度上都是地方文化的产物,许多政治家都是在氏族和家族王朝中建立自己的势力的,民族—国家本身也具有许多地方政体的特点——尽管以前人类研究学者常常因地方政体缺少政府统治而将其与民族—国家进行鲜明对比。与此同时,(正如前文文献评估中业已提及的那样)现代人类学研究本身也出现了新的动向:人类学不再遵循传统的主题分类(如政治、经济、宗

---

① [法]皮埃尔·布迪厄、[美]华康德:《实践与反思:反思社会学引论》,李猛、李康译,中央编译出版社1998年版,第197页。

② 高宣扬:《布迪厄的社会理论》,同济大学出版社2004年版,第6页。

③ [美]兰德尔·柯林斯、迈克尔·马科夫斯基:《发现社会之旅——西方社会学思想述评》,李霞译,中华书局2006年版,第21页。这种"历史性的"区分就是人类学与社会学研究的一个传统分工,即社会学研究近代工业化社会,人类学研究原始的非西方社会。其实,即便如美国人类学奠基人摩尔根(1818—1881),与许多早期的人类学家一样,其思路也绝对没有脱离社会学的关怀;而且摩尔根的人类学调查,并没有像后来的田野工作者那样寻求"远方的召唤",到离家乡极远之地(非西方)去探访"野性文化模式"对于"文明"的启发,而只是"就近"(印第安人离他丝毫不远)展开对易洛魁人的调查,并于1877年写出了对马克思、恩格斯以及苏联和中国的"共产主义"信仰产生关键性影响的名著《古代社会》。见王铭铭:《"裂缝间的桥":解读摩尔根〈古代社会〉》,山东人民出版社2004年版,第146、23、118~139页。

④ 关于人类学与政治学之间的关系分析,参见[美]麦克尔·赫兹菲尔德:《什么是人类常识》,刘珩等译,华夏出版社2005年版,第五章。

教等),也不再将哪些东西是政治、哪些东西不是政治划分得清清楚楚、泾渭分明;人类学目前所要探求的是各种权力关系之间如何纠结交错,其衍生物是什么,导致的后果又是什么。也就是说,人类学将焦点放在了权力运作方面,将研究目标转向了权力的实践和规则;如此,"任何人类学研究在本质上都是政治学研究"。在另一方面,政治学研究者也意识到其惯用的方法——往往将视线囿于法律和制度所直接代表的事实,而昧于法律和制度体系中权力关系及其运行策略——的弊端,并深受福柯"切勿将权力视为铁板一块,亦勿认为权力集中在某些人身上"这一观点的启迪,不再流于"权力的表象"分析,而意识到社会生活中的一切其实都是政治。同时政治学也给人类学研究带来启迪:人类学家毕竟是在国家的架构下工作,人类学绝不能仅仅将视野局限在微观世界、封闭的乡村或者与世隔绝的地方性政治结构当中。就这样,人类学和政治学在"扬长避短"中走向对话与互补。譬如,有些人类学家已经开始将研究范围扩展到现代工业社会,而一些政治学家也开始涉足比如仪式和象征体系这些到目前为止还不属于其研究领域但又与政治学息息相关的问题。

关于社会学与心理学,它们之间好像也有区别:即前者主要是在生理心理学、感知、学习和动机研究领域中对个人行为的非社会性因素的研究;而后者往往主张社会现象及社会结构不能通过个体来进行解释。但这些只是看起来有道理的说辞,是由"误解"而造成的,心理学虽长期以来区别于社会学,但它更与社会学交织在一起。① 心理学与社会学交叉的领域是社会心理学,即研究个体与他人之间的关系,其机理在于:不管怎么说,社会是由个人创造出来的,对社会秩序的解释是建立在个人如何运行,尤其是个人如何与他人发生关系(情境之链)的基础之上的;"'组织'、'国家'和'社会'除了作为人们将其付诸行动的真实的链条范围之外,只不过是人们使用的一些词儿"②。换言之,个体与群体是紧密相联的,个人与社会是不可分割的,两者是一而二、二而一的东西。正如

---

① [美]兰德尔·柯林斯、迈克尔·马科夫斯基:《发现社会之旅——西方社会学思想述评》,李霞译,中华书局2006年版,第21～22页。
② [美]兰德尔·柯林斯、迈克尔·马科夫斯基:《发现社会之旅——西方社会学思想述评》,李霞译,中华书局2006年版,第466页。

美国社会心理学的开创者之一库利(Charles H. Cooley)所言,社会和个人并不是两个事物,而只是表示同一事物的个体方面与集体方面,把二者分裂并将它们置于对立的位置上这样一种普遍的观点是一个"极大的错误"①。如今,方兴未艾的社会心理学研究,让人看到的更多的是心理学与社会学的联袂与共生,而不是彼此的错位或分离,更多的是融通与契合而不是歧义或对立。

就历史学与社会学而言,毋宁说社会学是"出身"于历史学的②,创立之初的社会学正是以解释法国大革命和工业革命的历史而获取在学科阵营中的合法性的,早期的社会学家如韦伯、马克思、涂尔干、托克韦尔、曼海姆等都强调"尊史"的重要,其研究都可称作"历史研究"。但在韦伯去世以后不久即20世纪20年代,受马林诺夫斯基功能论的影响,社会学与历史学便渐次分手,出现了社会学"向当下退却"非历史倾向,结果导致了历史学与社会学的双重衰落;及至20世纪50—60年代,结构功能主义如日中天,历史取向和历史敏感性在主流社会学中逐渐沦丧,出现了"没有时间"和"没有地点"的社会学研究。③ 如日中天也预示着行将没落,正是在此时,米尔斯和伯格的写作时代到来了,尤其是前者的《社会学的想像力》,一举成为社会学的经典,而社会学想像力的重要一途就是历史视角。在史学方面,1929年《年签》的创建,标志着历史学向社会学的进军。法国年鉴学派第一代费弗尔(Lucien Febver)、布洛赫(Gustave Bloch)等人出而扬其波,第二代布罗代尔(Fernand Braudel)继后坚其志,年鉴学派遂蔚为学术上的"大国"。第三代则有杜比(Georges Duby)、勒高夫(Jacques Le Goff)、勒华拉杜里(Emmanuel Le Roy Ladurie)等当代史学家的打拼。④

总之,关于跨学科研究的问题,或者说社会学与其他学科的关系问

---

① [美]查尔斯·霍顿·库利:《人类本性与社会秩序》,包凡一、王源译,华夏出版社1999年版,第27~29页。
② 王炎:《纵与横》,载《社会学家茶座》(总第十六辑)2006年第3期。
③ 卢晖临:《历史视角与社会学想像力》,载《社会学家茶座》(总第十六辑)2006年第3期。
④ 关于年鉴学派,可见[英]彼得·伯格:《法国史学革命:年鉴学派,1929—1989》,刘永华译,北京大学出版社2006年版。

题,正像柯林斯的精准总结所表明的那样,"社会学的历史与很多其他社会科学的历史交织在一起。过去,不同学科之间相互受益良多,现在以至将来,它们将相互为对方提供更多的东西,只要我们能够超越狭隘的分科标签"①。笔者这里对"培养接班人"教育目的所作的跨领域(学科)考察,当然不排除有顺应当代学科综合发展之趋势的主动选择,但更主要的,还是研究问题本身的客观需要使然。事物原本就是一体的、复杂的,研究时只是为了方便,才把研究对象按照某种方法(比如学科)划分成几部分,但这只是思想上的分开,且划分的也只是研究对象的正面或侧面,而不是组件或割裂的部分;"分述"的理论并不意味着,也不能够肢解"整体"的研究对象。② 这就从根本上决定了对于一个复杂的问题需要进行跨学科的审视,从不同方面、侧面或层面对它进行融通的解释,以使研究尽量地接近客观。政治学、人类学、历史学研究者也许会认为笔者是在他们各自的学科方面班门弄斧,这也不足为奇,笔者赞同迪韦尔热之言:"关键是应该在不同学科之间架起桥梁"③;也愿为此甘冒班门弄斧之险,通过"学术偷猎"④进行一种创造性的探求。

五、概念说明

关于"政治"和"权力"。

这两个概念,在上文已经进行了"扩解",这里补充说明如下。

---

① [美]兰德尔·柯林斯、迈克尔·马科夫斯基:《发现社会之旅——西方社会学思想述评》,李霞译,中华书局2006年版,第23页。

② 这是很多学者都强调的一点。参见吴康宁:《学校的社会角色:期待、现实及选择——基于社会学的审视》,载《教育研究与实验》2005年第4期;[美]查尔斯·霍顿·库利:《人类本性与社会秩序》,包凡一、王源译,华夏出版社1999年版,第118页;[法]莫里斯·迪韦尔热:《政治社会学——政治学要素》,杨祖功、王大东译,华夏出版社1987年版,第17~18、54、180页;[法]皮埃尔·布迪厄:《实践感》,蒋梓骅译,译林出版社2003年版,第17~18页。也许正是由于这个原因,不少学者,譬如吉登斯,不愿意自己的研究被称作"社会学",而宁愿说它是"社会理论"。

③ [法]莫里斯·迪韦尔热:《政治社会学——政治学要素》,杨祖功、王大东译,华夏出版社1987年版,第2页。

④ [美]伊曼纽尔·沃勒斯坦:《知识的不确定性》,王昺等译,山东大学出版社2006年版,第107页。

在我们的日常语境中,有不少这样的"常识性谬误",比如说到"作用"、"功能",就认为是"褒义的"或"正面的"词语;言及"批评"、"政治",则想当然地以为是"贬义的"或"负面的"言辞。实则不然。譬如,"作用"显然就是一个中性词,可以是正面的作用,也可能是负面的作用,所谓"无毒无负作用"便是一例。再譬如,"批评"也是一个中性词,在人类学尤其是文学人类学中,所谓"批评"实乃"分析"、"评论"之意,并不必然是"否定性的"或"贬义性的"涵义,文学人类学中的"原型批评"亦即"推原"(genetic,即专事对宇宙万物起源做解释的叙事),主要是探求文学、诗学叙事中的母题和原型的学问。又如"功能",自社会学家默顿提出与"正功能"(eufunction)相对的"负功能"(dysfunction)概念之后,再少有人认为功能必然是正向的。至于"政治",自近代西方民族—国家发展以来,"政治"这个概念经常被人们与"国家"(the state)、"权力"(power,其实"权力"、"控制"等概念又何尝不经常被"误解"!)这另两个概念联系起来,似乎"国家"是所有政治活动的组织者和政治组织的最高代理机构,而"权力"——一种政治力量上的支配——是一切政治过程之所以能够超越并制约社会现实的其他层面的动因。然而,单纯把政治与现代式国家和权力格局联系起来,忽略了一个重要的事实,即"非国家"的权力关系在许多社会中的重要作用(正如前文已述,在人类的历史长河中,国家权力毕竟是很晚近才出现的)。政治社会学及人类学的"政治"研究并不局限于国家及其权力的考察,它同时注重各种力量和权力(国家的、非国家的以及介乎其间的)及其相互关系的彰显和揭示。而这,与美国人类学家雷德菲尔德(Robert Redfield)所开创的大传统和小传统的二元分析框架[①]有着异曲同工之妙;而大小传统的分析进路,又恰好与现代人类学之仪式研究的新取向相暗合,因为与传统人类学研究所不同的是,反映现代人类学潮流的人类学研究不再执著于功能主义的视角,在阐明仪式象征意义及其内在逻辑的同时,更为关注仪式在现代复杂社会中的存在和应用,关注仪式行为、象征符号与政治权力的关系,并且注意到仪式作为社会认同与社会动员的方式之一,既可以有整合、巩固功能,又可能具有瓦解、分化的作用。所以,本书中的"政治"、"权力"是政治社会

---

① 王元化:《思辨录》,上海古籍出版社2004年版,第5～7页。

学、人类学意义上的概念，而非法学或者哲学意义上的概念，它要揭示和彰显的是各种权力（国家的与非国家的，亦即福柯所谓复数的权力）关系在学校中的作用、互动及紧张。

关于"仪式"与"政治仪式"。

尽管仪式一向为人类学家所重视并成为其研究的主阵地，也尽管人类学仪式理论洋洋大观，但对仪式的确切的含义却从未达成完全一致的意见。不过大致说来，"在人类学研究的视野范围和意义范围内，仪式首先被限定在'社会行为'这一基本表述上"①，仪式乃是一种"行为层面"的社会操演、权力实践及行为模式；它通常与"观念层面"的宗教神话、价值观念或意识形态信仰相伴而生，并与之相辅相成、彼此应和。譬如，涂尔干解释宗教仪式的基本命题即为：宗教仪式是社会统一性的表现，由于一些人有着相同的信仰和搞相同的仪式，而认为他们有一个共同的终极价值体系和"集体良知（意识）"，进而组成一个"道德共同体"。② 又譬如，汉族人民间宗教观念层面和仪式层面的对应关系，最明显的例子如武雅士所指出，神、祖先、鬼分别代表存在于农民世界中的三种人：官、家族与外人。神的祭拜是社区性的，以庙为中心；祖先的祭拜是家族性的，以祠堂和祖灵为中心；鬼的祭拜是对家和社区外的亡灵的祭祀，以家与社区的边界为中心。这显示，"观念层面与仪式层面的对应，在一定意义上说明仪式是意识形态的形式化表达"③。这就难怪哈里森（Jane Ellen Harrison）说，就人与诸神的关系，他"做"什么，相对于他"想"什么，必定总有一条线索，或许是最令人满意的线索……对于宗教的理解，第一步必须细致地考察它的宗教仪式。④ 列维-斯特劳斯也曾言，神话与仪式

---

① 彭兆荣：《文学与仪式：文学人类学的一个文化视野》，北京大学出版社2004年版，第18页。

② ［美］T·帕森斯：《社会行动的结构》，张明德等译，译林出版社2003年版，第485页；［美］兰德尔·柯林斯、迈克尔·马科夫斯基：《发现社会之旅——西方社会学思想述评》，李霞译，中华书局2006年版，第164页。

③ 王铭铭：《社会人类学与中国研究》，广西师范大学出版社2005年版，第147、151页。

④ ［德］恩斯特·卡西尔：《国家的神话》，范进等译，华夏出版社1999年版，第29页。

"相互复制,神话存在于概念的层次上,而仪式存在于行为的层次上"①。

困境在于,现代世俗社会里,仪式常常遭遇这样的质疑:"仪式不仅是标准化的、重复的,而且还是毫无意义的。"人类学家道格拉斯(Mary Douglas)把现代社会中这种"反仪式主义"的倾向视为"对仪式的反叛",她强调,"仪式主义并非只出现在土著民族中",并欲图为描述有意义的活动重申仪式的概念:"使用仪式一词去指毫无意义的遵从的符号,而我们却没有一个恰当的词去指真实的遵从的符号,这对宗教社会学来说是严重的无能。无意义的问题,同时也是与符号间关系和社会生活有关的一个问题,这一问题的解决需要一个不带偏见的术语"。② 为她打前站的是戈夫曼,他了然于胸的是,旧有的仪式种类比如面对超自然的神的替身而操演的那种仪式,或涉及长时期职责仪式的大典在现代社会已经没有什么市场了,因而他抛开"标准化的、重复的行动"这一传统仪式概念,独具慧眼地审视了"那些最主要的行为素材"(眼神、走姿、坐态以及语言表达,无论一个人有无意识,这些都是他与情境相互间不断反馈的内容),从而致意于人际间"作为习惯"的简略仪式的研究,它由面对面的互动过程中小片段的行为呈现或接受所组成。继其后的道格拉斯、特纳、梅尔霍夫都认为日常生活是例行的,不同的是他们认为仪式是对日常生活的突破,是一种象征性的和富于表现性的行动,一种制度化的创造特殊时空的手段。③ 据此可以认为,政治仪式,宽泛地说,就是表现政治意识形态信仰及各种权力关系的行为操演与程式化的社会实践;狭义地讲,政治仪式就是一个被规定了的意识形态,一种心理上的诉求形式,一种具有制度性功能的行为,一种政治场域内的操演策略。

关于本研究的关键概念,除了给出以上约略的含义说明和操作性定义外,我无法也不想给出一个精确的或标准的定义。这是因为,在社会科学的词汇中,"政治"或许是含义最为模糊、人们争论最多的词语之一,

---

① 胡志毅:《神话与仪式:戏剧的原型阐释》,学林出版社2001年版,第37页。
② [美]约翰·霍尔、玛丽·尼兹:《文化:社会学的视野》,周晓虹、徐彬译,商务印书馆2002年版,第92、98页。
③ [美]约翰·霍尔、玛丽·尼兹:《文化:社会学的视野》,周晓虹、徐彬译,商务印书馆2002年版,第91~98页。

对它的涵义人们很难达成共识。如果再把它与"仪式"联系起来,就更难以给"政治仪式"这一概念下一个精准的定义,因为对于"仪式"的含义同样也是没有达成共识。

从主观上来说,笔者也是不赞同所谓下定义的方法的。一定程度上讲,那种打破沙锅问到底式的下定义方法,可能是传统哲学的迷思,这种哲学仗恃概念之武而进行的体系性思考在很大程度上是虚构的,或者是逻辑地根据所定义的概念"推"出来的,这种思考还原掉了太多的东西而成了不真实的思考。因为语言是一条不确定的道路,它可以通向任何一个可能世界,作为最后的解释的观念都没有道理——有道理就可以接着解释下去,因此最后就只能不讲道理;"追问必须是有限的,过分追问不是深刻,反而会把问题一点一点引向荒谬"①。倘若非要追问或者解释到底,那结果恐怕就会如拉扎斯菲尔得(Paul Lazarsfeld)所言:"人们一旦真正试图为明显的事实提供证据时,明显的事实也就不那么明显了。"②或者有点像维特根斯坦(Ludwing Wittgenstein)所说的哲学那样:把不太明显的胡说变成明显的胡说③。

其实,在各种研究当中这种情理恐怕都是现实地存在着的。就拿教育研究来说,有谁能说清楚究竟什么是"教育"、什么是"教育学"呢?很多时候,不客气地讲任何时候,我们都不能指望生活或世界长得像(理论)逻辑。这正像歌词里所唱的,"有些事情你永远不必问","有些人你永远不必等";我们还是"留一半清醒留一半醉"的好,不要去等待"一扇不开启的门",总有些事情"你永远不懂"。所以,有时候我们不能去过分追问,那样的话"伤心总是难免的"。一千年前的思想家德尔图良(Tertullianus)就尝言:"不可理喻而可信之";奥古斯丁(St. Auqustine)也曾道:"信之而可知之";今人也有这样通透的见识:如果没有道理(无法追问到底)的观念是足够迷人的,那为什么不相信呢?对于它,我们只能说,现实就是这样了,生活形式就是这样了,即使悖谬百出,又能再说什

---

① 赵汀阳:《长话短说》,东方出版社2001年版,第280~286、139页。
② [美]伊曼纽尔·沃勒斯坦:《知识的不确定性》,王昺等译,山东大学出版社2006年版,第114页。
③ 赵汀阳:《没有世界观的世界》,中国人民大学出版社2003年版,第210页。

么呢?① 这提示我们,面对作为工具的概念,有时不妨采取像在宗教或祭祀中那样的"诗的态度"(make believe):② 兼顾感情和理智两方面(明知其非而姑且信之,便是诗的态度),姑且信之,以济眼见之穷罢了,换句话说,就是自己欺骗自己。这正如艺术家粉墨登场,本非所拟之人,然犹揣摩化身,姑且拟之。

六、框架结构

培养"接班人"是1949年以后中国大陆一以贯之的教育方针及教育目的。紧扣这一魂灵性的教育主题并持守"一滴水见太阳"的研究意识,笔者求索于教育"内外",游走于学科"之间",试图对学校教育中的政治仪式进行分析、批判与建构三位一体的打通性研究,呈现一幅学校教育的政治社会学图景,显扬一种改良国人心理基因的教育担当,尝试开拓一个新的研究领域,即"学校政治社会学"(political sociology of schooling)。

具体而言,本书在梳理1949年以后中国大陆教育目的之演进时,抓住了"培养接班人"这个一以贯之的主旨(第一章)。紧接着,基于"'接班人'是如何培养的?"这一社会学的问题意识,选取《中国历史》教科书作为代表文本,发现并批判性地分析了其中以"革命/反动"为母题、旨在传授这一主旨的灵魂朝圣仪式,即"五阶段论"的中国历史叙事框架及其教学模式,这是"接班人"诞生的"子宫"(第二章)。在揭开这一"天幕"(宏观)之后,又就此主题进行了细查内里(微观)的考察,以"政治面貌的授礼"、"政治长跑的设计"及"政治行动的操演"三重仪式揭示了"接班人"的日常锻造过程与机理(第三章)。随后,本书继续在微观即学校层面进行分析,并特意用"仪式在教育中"(第四章)与"教育在仪式中"(第三章)相对应(比),从而实现了由"意识形态批判"(第二、三章)到"制度化批判"(第四章)的延伸,以揭橥国家(社会)与学校及个体之间的动态复杂关系。基于以上(第一至四章)的分析及批判,并从排戒"培养接班人"教

---

① 赵汀阳:《长话短说》,东方出版社2001年版,第139页。
② 李安宅:《〈仪礼〉与〈礼记〉之社会学的研究》,上海人民出版社2005年版,第14页。

育实践的负向功能计议,笔者(在第五章)以"藉冲突致和谐(共生)"的现代社会观作学理依据,以"良好社会生活"及相应的"公民教育"为价值指针,伸张了经由教育增进社会民主的改良理念,厘定了教育促进社会与个体和谐发展的教育功能观,建构了"基于抗衡的合作主义"之班级建设策略。由此,本书抒展了"一滴水见太阳"的研究关怀(出发点与归宿点),即"人天生就是一种政治动物",人自幼就政治地生活,成人的政治生活是由儿童开始的;学校里的人怎样政治地生活?为着他们现在以及将来更好的政治地生活,学校教育可有怎样的新作为?最后,在分析、批判与建构的基础上,本书以"迈向学校政治社会学"收笔。这不仅是对既有行文的一种提升性总结,也是一个有待继续拓展的新领域。

第一章 "我们是共产主义接班人":共和国教育之魂

> 民族国家的教育政策,尤其是义务教育阶段,首要的任务即在从事心理建设,期以精耕细作的国族认同,滋长国民的忠诚,繁荣国家的命脉。①
>
> ——张建成(2002年)
>
> 社会学没有着手建构理想,反而把理想接纳成为既定的事实和研究的对象,并试图分析和解释它们。②
>
> ——爱弥尔·涂尔干(1899年)

导论中曾说,培养"接班人"是中国大陆自1949年以来逐步形成,且一以贯之的教育方针和教育目的,尽管其喻指随境而异、其表述因时而调。本章的任务,就是对此一教育目的的形成、调整及意涵进行梳理和考察。鉴于我国教育方针及教育目的的制定具有较强的"从上至下"的传统和特色,从而1949年以来教育方针随着几代领导人强调重点的不

---

① 张建成:《批判的教育社会学研究》,学富文化事业有限公司2002年版,第20页。
② [英]爱弥尔·涂尔干:《社会学与哲学》,梁栋译,上海人民出版社2002年版,第105页。

同而进行了三次较大的调整,故笔者赞同以"接班"式的方法考察教育目的,即以国家第一代领导人、第二代领导人、第三代领导人及其以后为依据,把考察大致分为"革命教育"阶段(1949—1980年前后)、"知识教育"阶段(1980—1995年前后)、"素质教育"阶段(1995年至今)。①

1."革命教育"阶段(1949—1980年前后)

时任教育部长马叙伦在第一次全国教育工作会议(1949年10月23日)上的开幕词中说,中国的旧教育是帝国主义、封建主义和官僚资本主义统治下的产物,是旧政治旧经济的一种反映,和旧政治旧经济借以持续的一种工具。它提倡封建的、买办的、法西斯主义的思想,它是为帝国主义和封建买办的统治者服务的。现在,随着帝国主义和封建买办的统治在中国宣告终结,中国旧教育的政治经济基础是基本上被摧毁了。代替这种旧教育的应该是作为反映新的政治经济的新教育,作为巩固与发展人民民主专政的一种斗争工具的新教育。这种新教育就是新民主主义的,即民族的、科学的、大众的教育。我们中央和各级人民政府的教育工作,就是要推行这种教育,而以提高人民的文化水平,培养国家的建设人才,肃清封建的、买办的、法西斯主义的思想,发展为人民服务的思想为我们的主要任务,我们要实施的这种新教育和旧教育是性质上完全相反的东西,是势不两立的。因此,我们对于旧教育不能不作根本的改革,而这种改革正如我们的共同纲领所规定,必须是有计划有步骤地来进行。

稍早时候,《中国新民主主义青年团中央关于建立中国少年儿童队的决议》(1949年10月13日)认为,目前在全国各地有建立少年儿童队的必要,并将中国少年儿童队章程草案公布;中国少年儿童队是在中国新民主主义青年团领导下的少年儿童组织,吸收9到15岁的少年儿童参加,这个组织是在学习和各种集体活动中,团结和教育少年儿童,培养

---

① 关于这三个阶段的划分,综合参考王长乐:《教育方针的形态演变与教育本性的回归》,载《西北师范大学学报》(社科版)2006年第4期;胡斌武:《我国学校培养目标的历史转换》,载《当代教育论坛》2006年第1期;墨公等:《"素质教育"能培养现代公民吗?》,载《南方周末》2005年8月18日,第D27版。另,笔者之所以将这样划分的"三个阶段"拿来使用,只是为了行文方便而已;其实正如下文的分析将要表明的那样,三个阶段亦有连续性和继承性。

他们成为爱祖国、爱人民、爱劳动、爱科学和爱护公共财物的新中国的优秀儿女。随后,冯文彬在第一次全国少年儿童工作干部大会(1950 年 4 月 27 日)上的报告中强调,我们教育的目的是要把新的一代培养成为具有正确的思想意识与革命的气质、具有文化科学的基础知识和健康的体魄,即德智体健全的新社会未来的主人、新中国优秀的儿女。因此,我们对于新的一代必须从少年儿童的时代起,贯彻一种正确和适当的政治思想教育。认为对于少年儿童不必进行政治思想教育是错误的,是不合乎新民主主义的教育方针的,是我们所反对的。但同时我们也反对那种脱离少年儿童的实际,用对待成年人老年人的政治内容,以抽象的政治八股的方法来对待少年儿童。而在 1953 年,中国新民主主义青年团第二次全国代表大会为了更确切地反映少年儿童队的性质、任务和适应少年儿童们的愿望,一致通过了把"中国少年儿童队"改名为"中国少年先锋队"。会议说明,"先锋"是开辟道路的人,是为了人民的利益走在前面的人。以"先锋"这样一个富于教育意义的称号,加之于少年儿童的组织,主要是教育儿童学习先锋们的榜样,继承他们的事业,沿着中国共产党和毛主席及其战友们为我们开辟的道路勇敢前进!"中国少年儿童队"改名为"中国少年先锋队"并没有改变队的性质和任务,中国少年先锋队仍然是广泛性的少年儿童自己的组织,这个组织在学习和各种集体活动中,团结和教育少年儿童,培养他们成为爱祖国、爱人民、爱劳动、爱科学、爱护公共财物,健壮、活泼、勇敢、诚实的新的一代。

  20 世纪 50 年代初,由于加快了实行社会主义的进程,1949 年确定的新民主主义教育方针即"民族的、科学的、大众的文化教育"很快就过时了。1957 年 2 月,毛泽东在最高国务会议上的讲话中提出了新的教育方针:"我们的教育方针,是使受教育者在德育、智育、体育几方面都得到发展,成为有社会主义觉悟的有文化的劳动者。"[①]之后,1958 年的教育革命(在三个层面展开:一是政治挂帅,加强党对教育的领导,开展资产阶级思想和学术权威的批判斗争;二是"全党办学"、"全民办学",加速普及和发展教育;三是改革学校教育和教学,核心是理论与实践相结合,

---

  ① 毛泽东:《关于正确处理人民内部矛盾的问题》。见《毛泽东论教育革命》,人民教育出版社 1967 年版,第 26 页。

教育与生产相结合)是新中国教育史上一个重要的转折点,在批判了"无产阶级教条主义"和"资产阶级教条主义"之后,毛泽东开始走自己的路。① 是年 8 月,毛泽东在视察天津大学时说:"高等教育应抓住三个东西,一是党委领导;二是群众路线;三是把教育和生产劳动结合起来。"② 同年,毛泽东关于教育的一次讲话强调,教育必须为无产阶级政治服务,必须与生产劳动相结合;劳动人民要知识化,知识分子要劳动化。③ 在此背景之下,1958 年 9 月 19 日《中共中央、国务院关于教育工作的指示》提出了一个新的体现毛泽东教育思想核心的教育方针:"党的教育方针,是教育为无产阶级政治服务,教育与生产劳动相结合;为了实现这个方针,教育工作必须由党来领导。"有分析认为,第一代领导人(毛泽东)的教育思想,奠定了 1949 年以后中国大陆教育思想和制度的基础,其思想影响深远而久长,不仅建国初期的教育是在这个思想的主导下进行的,而且现在的教育仍然遵循的是这种思想④;贯彻这一突出强调党的领导的教育方针,建立起政治标准优先的价值,政治凌驾于学术之上,逐渐形成了一整套制度架构,包括教育人事、高等学校的领导体制、政治理论课和政治工作制度、对知识分子的思想改造等许多内容,学校教育的制度化、正规化建设与政治化、革命化之间的对立、冲突,构成了 20 世纪 50—60 年代教育制度的形成和变迁中一个重要的线索。⑤

相应地,稍早时候,1958 年 6 月 28 日通过的《共青团三届三中全会关于改进少年先锋队工作 开展共产主义少年儿童运动的决议》规定,为了适应社会主义建设全面跃进的新形势,为了培养社会主义和共产主义伟大事业的优秀接班人,党要求我们更好地培养教育少年儿童,使他们

---

① 杨东平:《艰难的日出:中国现代教育的 20 世纪》,文汇出版社 2003 年版,第 160 页。
② 《中华人民共和国教育大事记(1949—1982)》,教育科学出版社 1983 年版,第 190 页。
③ 《毛主席论教育革命》,人民教育出版社 1967 年版。
④ 王长乐:《教育方针的形态演变与教育本性的回归》,载《西北师范大学学报》(社科版)2006 年第 4 期。
⑤ 杨东平:《艰难的日出:中国现代教育的 20 世纪》,文汇出版社 2003 年版,第 135 页。

成为有社会主义觉悟的有文化的劳动者,成为敢想敢说敢做、敢于革新创造、敢于坚持真理的具有共产主义风格的一代新人。《中共中央转发共青团中央关于改进少年先锋队工作的报告》(1958 年 8 月 9 日)也要求,少年儿童运动必须和全国人民建设社会主义的伟大斗争相结合,少先队除了协助学校搞好课堂学习以外,应当大力引导少年儿童参加力所能及的生产劳动和社会活动;决定今后少先队都由团的基层组织来领导。稍后,胡启立在全国学生第十七届代表大会上,以《又红又专,攀登科学文化高峰》为题的报告(1960 年 2 月 4 日)中说:"亲爱的同学们,我们敬爱的领袖毛主席是我们最崇高、最伟大、最光辉的学习榜样。毛主席是我国英勇无产阶级的杰出代表,是我们伟大民族的优秀传统的杰出代表。他是天才的创造性的马克思列宁主义者。他创造性地把马克思列宁主义普遍真理和中国革命的具体实践结合起来,为我国人民的彻底解放指出了唯一正确的道路——毛泽东道路,从而在一系列的问题上全面地发展了马克思列宁主义。历史已经反复证明,还将继续证明,毛泽东思想就是马克思列宁主义的真理,就是我国人民和青年胜利前进的灯塔。凡是按照毛泽东思想去做,就一定无往而不胜;凡是违背了毛泽东思想的,就一定失败。学习毛泽东思想,是关系到培养青年成为共产主义事业接班人的问题,它对于提高同学的政治思想觉悟,树立无产阶级的世界观,对于同学一生的健全发展都将起着伟大的决定性的作用。因此,我们同学应当把学习毛泽东作为自己的重大的政治任务,下决心以毛泽东思想武装自己,掀起一个认真学习毛泽东著作的热潮。我们相信,同学们只要立下大志,刻苦学习,就一定能够培养自己成为毛泽东的好学生,在社会主义和共产主义事业里作出更大的贡献。"

20 世纪 60 年代初,毛泽东反对修正主义、防止和平演变、培养接班人的思想逐渐形成。[①] 1964 年 6 月,毛泽东关于培养接班人的谈话说,苏联出了修正主义,我们也有可能出修正主义。如何防止出修正主义,怎样培养无产阶级为革命接班人? 我看有五条:第一条,要教育干部懂得一些马列主义,懂得多一些更好。就是说,要搞马列主义,不搞修正主

---

① 杨东平:《艰难的日出:中国现代教育的 20 世纪》,文汇出版社 2003 年版,第 166 页。

义。第二条，要为大多数人民谋利益，为中国人民大多数谋利益，为世界人民大多数谋利益，不是为少数人，不是为剥削阶级，不是为资产阶级，不是为地、富、反、坏、右。没有这一条，不能当支部书记，更不能当中央委员。赫鲁晓夫是为少数人的利益，我们是为大多数人的利益。第三条，要能够团结大多数人。所谓团结大多数人，包括从前反对自己反对错了的人，不管他是哪个山头的，不要记仇，不能"一朝天子一朝臣"。第四条，有事要跟同志们商量，要充分酝酿，要听各种意见，反对的意见也可以让他讲出来。要讲民主，不要"一言堂"，一开会就自己讲几个钟头，不让人家讲话。不要开会时赞成，会后又翻案，又说不赞成。共产党人要搞民主作风，不能搞家长作风。第五条，自己有了错误，要作自我批评。但是，接班人的问题还是要部署一下。要准备好接班人。无产阶级的革命接班人总是要在大风大浪中成长的。据此，《人民日报》、《红旗》杂志编辑部发表评论说：

> 培养无产阶级革命事业接班人的问题，从根本上说，就是老一代无产阶级革命家所开创的马克思列宁主义的事业是不是后继有人的问题，就是将来我们党和国家的领导能不能继续掌握在无产阶级革命家手中的问题，就是我们的子孙后代能不能沿着马克思列宁主义的正确道路继续前进的问题，也就是我们能不能胜利地防止赫鲁晓夫修正主义在中国重演的问题。总之，这是关系到我们党和国家命运的生死存亡的极其重大的问题。这是无产阶级革命事业的百年大计，千年大计，万年大计。帝国主义的预言家们根据苏联发生的变化，也把"和平演变"的希望，寄托在中国党的第三代或者第四代身上。我们一定要使帝国主义的这种预言破产。我们一定要从上到下地、普遍地、经常不断地注意培养和造就革命事业的接班人。①

又一次，青少年学生走在了这种突出政治和革命的教育要求的前面

---

① 《关于赫鲁晓夫的假共产主义及其在世界历史上的教训——九评苏共中央的公开信》，载《人民日报》1964年7月14日。

(或紧跟其后)。《共青团中央关于在全国青少年中广泛开展"学习雷锋"的教育活动的通知》(1963年2月15日)说,雷锋在1962年8月15日因公殉职。雷锋同志光辉的一生,为我国青年树立了一个具有坚定的无产阶级立场和高尚的共产主义思想品德的榜样。团的组织要引导青少年着重学习雷锋同志的①忠实于党,忠实于社会主义事业的无产阶级立场;②自觉地服从祖国的需要,以人民利益为重,做一个"永不生锈的螺丝钉",全心全意为人民服务的精神;③关心同志,助人为乐,毫不利己,专门利人的共产主义风格;④坚韧不拔、勇于克服困难的意志和克勤克俭、艰苦朴素的作风;⑤坚持又红又专的方向,下苦功夫,努力学习毛主席著作,刻苦钻研业务技术,模范地完成工作任务。这一要求在30年后的《国家教委、共青团中央关于在全国中小学深入开展学雷锋活动的意见》(1992年4月7日)再次提出:30年来,雷锋精神深入地植根于群众,特别是中小学生之中。在新的历史时期,继续提倡和发扬雷锋精神以强化人们的精神支柱,促进我国良好社会风气的形成以及切实把德育落到实处,必将起到巨大的推动作用。雷锋对社会主义无比热爱,对中国共产党具有坚定的信念。发扬雷锋精神,对坚持正确的育人方向,培养德、智、体全面发展的社会主义建设者和接班人,既有重要的现实意义,又有深刻的历史意义。

1958年的教育方针在1966年8月8日通过的《中共中央关于无产阶级文化大革命的决定》中被突出强调并推向顶峰,其中关于"教学改革"的规定是:改革旧的教育制度,改革旧的教学方针和方法,是这场无产阶级文化大革命的一个极其重要的任务;在这场文化大革命中,必须彻底改变资产阶级知识分子统治我们学校的现状;在各类学校中,必须贯彻执行毛泽东同志提出的教育为无产阶级政治服务、教育与生产劳动相结合的方针,使受教育者在德育、智育、体育几方面都得到发展,成为有社会主义觉悟的有文化的劳动者;学制要缩短,课程设置要精简,教材要彻底改革,有的要删繁就简,学生以学为主,兼学别样,也就是不但要学文,也要学工、学农、学军,也要随时参加批判资产阶级的文化革命的斗争。随后的"文革"时期的教育将在第二章中具体分析,这里宜继续沿着"接班人"教育目的的发展脉络推进行文。

2."知识教育"阶段(1980—1995年前后)

与毛泽东1958年关于教育的讲话(核心是教育必须为无产阶级政治服务,必须与生产劳动相结合)标示"革命教育"阶段的教育方针及目的("教育为无产阶级政治服务,教育与生产劳动相结合;为了实现这个方针,教育工作必须由党来领导。")相仿,"知识教育"阶段是由邓小平1983年为北京景山学校的题词("教育要面向世界、面向未来、面向现代化")而开启的,这也是20世纪80年代中国大陆教育发展的战略方针,核心是"三个面向"和"四有人才"。基于此,1985年《中共中央关于教育体制改革的决定》对教育方针及目的进行了调整:"必须极大地提高全党对教育工作的认识,面向现代化、面向世界、面向未来,为90年代以至下世纪初叶我国经济和社会的发展,大规模地准备新的能够坚持社会主义方向的各级各类合格人才。要造就数以亿计的工业、农业、商业等各行各业有文化、懂技术、业务熟练的劳动者。要造就数以千万计的具有现代科学技术和经营管理知识,具有开拓能力的厂长、经理、工程师、农艺师、经济师、会计师、统计师和其他经济、技术工作人员。还要造就数以千万计的能够适应现代科学文化发展和新技术革命要求的教育工作者、科学工作者、医务工作者、理论工作者、文化工作者、新闻和编辑出版工作者、法律工作者、外事工作者、军事工作者和各方面党政工作者。所有这些人才,都应该有理想、有道德、有文化、有纪律[①],热爱社会主义祖国和社会主义事业,具有为国家富强和人民富裕而艰苦奋斗的献身精神,都应该不断追求新知,具有实事求是、独立思考、勇于创造的科学精神。"很明显,较之于1958年的教育方针,1985年的教育目的以"三个面向"为指导方针,以"四有"为人才规格,重点由"政治挂帅"(突出革命)调整到"经济优先"(突出人才与知识),并强调"献身精神"与"科学精神","改革开放"的时代色彩较浓。

随后颁布的《中华人民共和国义务教育法》(1986年)与之一脉相承,规定:"义务教育必须贯彻国家的教育方针,努力提高教育质量,使儿童、少年在品德、智力、体质等方面全面发展,为提高全民族的素质,培养

---

① 这里的"四有"是对邓小平在20世纪80年代初期对人才素质提出的一般要求的套用。

有理想、有道德、有文化、有纪律的社会主义建设人才奠定基础。"不过也可看出,这里既有对"四有"人才规格的贯彻,也有对毛泽东1957年讲话("使受教育者在德育、智育、体育几方面都得到发展,成为有社会主义觉悟的有文化的劳动者")的继承,即"使儿童、少年在品德、智力、体质等方面全面发展"。稍有不同之处在于:一是它用发展的"内涵"或"对象"(品德、智力、体质)代替了发展的"领域"(德育、智育、体育)而显得更准确;二是它用"全面发展"替代了"几方面都得到发展"而显得更全面;三是这里使用的"建设人才"(以经济建设为中心)一词既是对1949年《中国人民政治协商会议共同纲领》所提出的"培养国家建设人才"目标的继承,也是对毛泽东最早(1957年)为中国教育提出的培养"劳动者"(与剥削者相对,防止"变修")一词的"新阐释"。①

实际上,"知识教育"阶段的教育方针与目的,是基于工作重点的转移而调整的。早在1979年9月5日的《教育部印发全国中小学思想政治教育工作座谈会纪要》就提出:当前,我们正处于全党工作重点转移的新的历史时期,中小学教育应当为提高整个中华民族的科学文化水平服务,为社会主义现代化建设服务。具体地说,中小学担负着双重培养任务,既要为高一级学校培养合格的新生,又要为社会输送优良的劳动后备力量,无论是哪一项培养任务,都必须使受教育者在德智体几方面都得到很好的发展,成为有社会主义觉悟的有文化的劳动者。中小学教育工作应当朝着这个方向去做,面向全体学生,全面完成培养任务。随后,《共青团十届三中全会关于加强少先队工作的决议》(1981年8月15日)也说,少先队虽然在"文化大革命"中遭受到严重破坏,但在粉碎"四人帮"后,共青团十届一中全会决定恢复少先队的名称以来,共青团组织根据党在新时期总任务的要求,逐步加强了对少先队工作的领导,贯彻了"把全体少年儿童组织起来"的方针,队的组织日益发展壮大,经过全团和广大辅导员的努力,少先队工作已经开始出现了一个新的局面。并提出要求:中央指出,做好少年儿童工作,具有十分重要的战略意义,是关

---

① 参见成有信:《不全面、不准确、不科学——评五十年代后期提出的教育方针和教育目的》,载《教育研究与实验》1988年第4期;石中英:《中国大陆国家基础教育目的的反思性研究》,载《教育研究杂志》(大陆版)2003年创刊号。

系到国家前途命运的大事；培养教育好下一代是全党全社会的共同责任，必须动员和组织各方面的力量，共同加强和做好这项工作，全面关心少年儿童的健康成长；要引导少年儿童立志成为有共产主义理想、有道德、有知识、有体力，为人民、为祖国、为人类作贡献，勤劳勇敢的一代新人；培养教育少年儿童的工作由妇联牵头，所有原来承担这项工作的有关部门均应各自负责，切实做好分工承担的工作；要重视少年儿童工作者的培养训练，提高他们的政治水平和业务能力；要大力加强少年先锋队工作，建设一支优秀的辅导员队伍，充分发挥少先队组织的作用。

到了20世纪80年代末90年代初，由于社会环境的变化，教育方针及目的的强调点又有微调。其前奏，再一次表明了"培养什么样的人"（学生）的重要性和敏感性。《国家教委办公厅关于在小学生中开展"热爱中国共产党、热爱社会主义祖国、热爱中国人民解放军"教育活动的通知》(1989年7月20日)提出，开展"三热爱"教育活动，应根据小学生的年龄特点，把平息这场(发生于1989年春夏之交的)政治动乱和北京反革命暴乱作为教材，结合《小学德育纲要》提出的教育内容为要求进行。教育学生要珍惜安定的学习环境，要把自己的学习同祖国的社会主义现代化建设联系起来，按照祖国的需要，沿着德、智、体、美全面发展的方向健康成长。

随后，在邓小平1992年"南方谈话"要求将改革开放和现代化建设推向前进，以及中共十四大确立由社会主义计划经济向社会主义市场经济转轨的背景之下，1993年的《中国教育改革和发展纲要》(2月13日中共中央、国务院印发)提出了一个新的教育目的："中小学要由'应试教育'转向全面提高国民素质的轨道，各级各类学校要认真贯彻'教育必须为社会主义现代化建设服务，必须与生产劳动相结合，培养德、智、体全面发展的建设者和接班人'的方针，努力使教育质量在90年代上一个新台阶；教育体制改革要有利于坚持教育的社会主义方向，培养德智体全面发展的建设者和接班人。"不难看出，80年代突出强调"知识"的教育方针已依稀显现出需要纠正的偏倾，故这里提出"由'应试教育'转向全面提高国民素质的轨道"的要求；同时，"教育必须为社会主义现代化建设服务"是对80年代"经济优先"战略的继承；"教育必须与生产劳动相结合"以及"培养德、智、体全面发展的……"是对毛泽东教育思想的回归;而"建设者"和"接班人"的"首次并提"①与捆绑式表述,则又蕴涵着针对时局的"政治性要求"的加强。

此后颁布的《中华人民共和国教师法》(1993年10月31日)及《中华人民共和国教育法》(1995年3月18日),都是基于1993年的教育目的并对之进行补充和完善的。前者规定:教师是履行教育教学职责的专业人员,承担教书育人、培养社会主义事业建设者和接班人、提高民族素质的使命,教师应当忠诚于人民的教育事业;后者强调:教育必须为社会主义现代化建设服务,必须与生产劳动相结合,培养德、智、体等方面发展的社会主义事业的建设者和接班人。而1997年《中共中央组织部、国家教委、共青团中央关于加强对中学生进行党的基本知识教育的意见》,则是对此一教育目的的贯彻落实,它要求:"青少年是国家的未来,党的事业的希望。中学阶段是青少年世界观、人生观形成的重要时期。抓住有利时机,充分利用学校教育的良好环境,加强对小学生进行党的基本知识教育,是帮助广大学生提高对党的认识,增强对党的热爱的需要;是壮大入党积极分子队伍,保证党的事业后继有人的需要;是帮助广大青少年坚定社会主义信念和共产主义理想,保证党的基本路线一百年不动摇,把建设有中国特色社会主义伟大事业不断推向前进的需要。"

3."素质教育"阶段(1995年至今)

1993年《中国教育改革和发展纲要》提出"中小学要由'应试教育'转向全面提高国民素质的轨道",这已预示需要对"知识教育"阶段的问题(所谓"应试教育")进行纠偏,而进入一个新的阶段,即"素质教育"阶段(1995年至今)。② 1999年《中共中央国务院关于深化教育改革全面推进素质教育的决定》明确提出:"实施素质教育,就是全面贯彻党的教育方针,以提高国民素质为根本宗旨,以培养学生的创新精神和实践能力为重点,造就'有理想、有道德、有文化、有纪律'的、德智体美等全面发展

---

① 石中英:《中国大陆国家基础教育目的的反思性研究》,载《教育研究杂志》(大陆版)2003年创刊号。

② 与第一、二代领导人相比,此一阶段的教育方针"个人色彩更加弱化",而"关于教育方针的发布和表述的途径几乎都是正规的会议及会议文件"。参见王长乐:《教育方针的形态演变与教育本性的回归》,载《西北师范大学学报》(社科版)2006年第4期。

的社会主义事业建设者和接班人。"这一教育目的既是对1993年《中国教育改革和发展纲要》精神的延续，也是对毛泽东"德、智、体"几方面发展之教育思想的坚守，还是对80年代提出的"四有"、"全面发展"之人才规格要求的继承，并在"全面发展"的内涵上增加了"美"〔这是1949年以后首次将"美"（的素质）列为基础教育的培养目标①〕。

2001年《国务院关于基础教育改革与发展的决定》则进一步提出了一个补充性的教育方针："高举邓小平理论伟大旗帜，以邓小平同志'教育要面向现代化、面向世界、面向未来'和江泽民同志'三个代表'的重要思想为指导，坚持教育必须为社会主义现代化建设服务，为人民服务，必须与生产劳动和社会实践相结合，培养德智体美等全面发展的社会主义事业建设者和接班人"；并就"深化教育教学改革，扎实推进素质教育"方面作出规定：②"实施素质教育，促进学生德智体美等全面发展，应当体现时代要求，要使学生具有爱国主义、集体主义精神，热爱社会主义，继承和发扬中华民族的优秀传统和革命传统；具有社会主义民主法制意识，遵守国家法律和社会公德；逐步形成正确的世界观、人生观和价值观；具有社会责任感，努力为人民服务；具有初步的创新精神、实践能力、科学和人文素养以及环境意识；具有适应终身学习的基础知识、基本技能和方法；具有健壮的体魄和良好的心理素质，养成健康的审美情趣和生活方式，成为有理想、有道德、有文化、有纪律的一代新人。"

2006年修订的《中华人民共和国义务教育法》中的教育目的，可谓是一个集大成式的表述："义务教育必须贯彻国家的教育方针，实施素质教育，提高教育质量，使适龄儿童、少年在品德、智力、体质等方面全面发展，为培养有理想、有道德、有文化、有纪律的社会主义建设者和接班人奠定基础。"这比1986年的义务教育法关于教育目的的表述——"义务教育必须贯彻国家的教育方针，努力提高教育质量，使儿童、少年在品德、智力、体质等方面全面发展，为提高全民族的素质，培养有理想、有道

---

① 石中英：《中国大陆国家基础教育目的的反思性研究》，载《教育研究杂志》（大陆版）2003年创刊号。

② 这一规定成为指导1949年以后中国大陆推行的第八次基础教育课程改革的总目标。

德、有文化、有纪律的社会主义建设人才奠定基础"——更加全面而适度,涵容了1993年特别是1999年以来所主张的"素质教育",1958年特别是1985年以来一直主张的"德、智、体等方面全面发展",1985年所主张的"四有人才"("建设人才"),以及1993年《中国教育改革和发展纲要》首次并提的"建设者和接班人"等提法;惟淡化了"三个面向"、"教育为现代化建设服务"以及"美"(的素质)之色彩,凸显了"适龄"儿童、少年的"奠基性"素质的培养以及教育为社会主义接班人"奠基"的意涵。

纵观1949年以来中国大陆教育方针和教育目的之演进可发现,虽然其表述因社会环境有所调整,其突出重点随时代要求而有所不同,但其内涵也有继承性、连续性和发展性。其中,始终不渝的强调之点就是:坚持教育的社会主义方向,培养德、智、体(有时增加美)全面发展的社会主义事业的建设者和接班人。① 正是在此意义上,可以说,培养社会主义"接班人"是中国大陆20世纪50年代以来一以贯之的教育方针和教育目的,是共和国教育之魂。

惟近年来,研究者对于"建设者"和"接班人"这一表述多有批判性的分析。譬如,郑金洲认为"建设者"和"接班人"的并用属于"术语失当",认为它表示要培养的未来人才主要有两种不同的类型:一种是建设者,一种是接班人;从事"建设"的不司"接班"之职,专司"接班"的不负"建设"之责,否则就难有各自独立出来且加以并列的必要。② 在非常清楚"作为我国教育目的的制定者来说,并不一定是站在这样一个出发点上的,也许不是这样去理解这两个术语"的情况下,郑金洲教授却"一定"要这样来解读"建设者"和"接班人"的并用,难免显得有些过于拘泥于字面意义而有牵强肢解或"解读失当"之嫌。实际上,"建设者"和"接班人"之所以并用与链接,蕴涵的不是两者可以或必须独立、分开,而恰恰是一种人才规格的两个方面,即专业方面与政治方面,说白了,就是"又红又专"之义。对此,有比较精准的分析认为:其中的"建设者"可以说是一个普

---

① 参见王长乐:《教育方针的形态演变与教育本性的回归》,载《西北师范大学学报》(社科版)2006年第4期;石中英:《中国大陆国家基础教育目的的反思性研究》,载《教育研究杂志》(大陆版)2003年创刊号。

② 郑金洲:《略析我国当前的教育目的》,载《教育理论与实践》1997年第5期。

遍性概念,与劳动者同义(毋宁说是由劳动者发展而来);"接班人"则是一个政治性概念,内涵的是一种政治的理想和追求,意思是指无产阶级革命思想(以及通往共产主义的社会主义事业——笔者按)的继承者、发扬者、传播者;教育方针中的"接班人"显然不是干部工作中特定的领导干部的继承者(尽管它最初是从毛泽东关于革命接班人、干部接班人的思想套用而来的——笔者按),而是普遍性的革命思想和精神的继承者。① 以此说来,哪有从事"建设"的不司"接班"之职、专司"接班"的不负"建设"之责这样的道理或实践呢?

笔者以为,(教育方针和目的中的)"接班人"是一个表达"教育为无产阶级政治服务"、"教育为社会主义现代化服务"以及"坚持教育的社会主义方向"之类的教育方针的传神式概念;相较"建设者"而言,"接班人"是"统领性"的或"钳制性"的概念,"建设者"(包括劳动者)必须是社会主义(共产主义)事业的"建设者"(劳动者)。一言以蔽之,"接班人"教育方针表达的是一种共产主义信仰,以及在信守这一信仰时投身社会主义事业(革命和建设)的期待与要求。这就是为什么在国际、国内环境吃紧时教育目的的表述便更突出"接班人"(或者是其具体的表述变式如"教育为无产阶级政治服务"等)的原因,也是为什么把"接班人"与"建设者"并用,且后置(统摄)的原因,更是为什么笔者以"'接班人'(而不是'建设者')的诞生"作为研究题目的一个重要原因。

若"接班人"教育方针和目的表达的是一种"共产主义"信仰,以及在信守这一信仰时投身社会主义事业(革命和建设)的期待与要求,则"接班人"教育思想仍需向前追述,因为它早在马克思主义在中国的起源时就已经孕育。尤其是起源于 20 世纪 20—30 年代、定型于 40 年代的"五阶段论"(原始社会—奴隶社会—封建社会—资本主义社会—社会主义社会)的中共马克思主义史学框架,就是"接班人"教育思想孕育的子宫,因为这一框架对 1949 年以后的中国历史认知,从而对受教育者的共产主义信仰教育产生了决定性的影响,迄今依然。只有溯源至此,才能从根本上解释"培养'接班人'"何以在中共执政(1949 年)以后成为了一以

---

① 王长乐:《教育方针的形态演变与教育本性的回归》,载《西北师范大学学报》(社科版)2006 年第 4 期。

贯之的教育方针,成为了共和国教育之魂。

需要补叙的是,在1949年以前,"接班人"理念及实践就在中国共产党领导下推行。这一点从中国少年先锋队的形成和发展史中可窥一斑:从劳动童子团(1924—1927年)、共产主义儿童团(1927—1937年)、抗日儿童团(1937—1945年)经儿童团和地下少先队(1946—1949年),到中国少年先锋队(1949年至今)的历史叙述,一向是以"光荣的历程"和共产主义"接班人"为基调、以继承和发扬这一优良传统为主旨的。少先队加入仪式中呼号的"准备着,为共产主义事业而奋斗!"——"时刻准备着!"这一内容,连同红领巾这一标志以及五指并拢高举过头的队礼,都是从当时的列宁少先队那里学来的。在俄国革命遇到困难的时刻,列宁(V. I. Lenin)为了指导斗争,写了一本叫《做什么》的书,书中他向俄国革命者发出了"准备好"、"时刻准备着"的号召。[①] 第一次国内革命战争时期,劳动童子团模仿列宁少先队,把"准备着!"这一口号作为自己的口号,只是赋予了中国革命的具体内容:"准备着打倒帝国主义! 准备着打倒军阀! 准备着做全世界的主人!"后来,"准备着,为共产主义事业而奋斗!"——"时刻准备着!"就被写入了中国少先队的队章,作为"我们的呼号"。

中国共产党的酝酿成立及发展壮大,依靠和推行的就是共产主义信仰;中国共产党的革命成功及夺权执政,预示并实践的也是共产主义信仰;对其受教育者贯彻的教育方针必然还是"我们是共产主义接班人"。这正是本书的研究对象,诚如本章篇首涂尔干的格言所说,"社会学没有着手建构理想,反而把理想接纳成为既定的事实和研究的对象,并试图分析和解释它们"。以下章节,我将努力就此对象进行宏大而精细的描述和分析。

---

① 共青团湖南省委:《少先队辅导员手册》,湖南少年儿童出版社1983年版,第38～39页。

第二章 革命/反动：政治教育的一个仪式化母题

任何想成为某种政治运动的意识形态或一个国家的官方信条的理论，都应当具有适合于思想单纯的人的简洁性和适合于喜欢探其细微末节的人的耐人寻味性。毫无疑问，马克思思想高度体现了这些性质，每个人都可以从中各取所需。……（而）如果没有几百万马克思主义者，那么任何人都不会怀疑马克思的指导思想是怎样的。①

——雷蒙·阿隆（1960年）

我们生存的这个世界，并非是我们所有的想法都能被我们的观察所证实的一个理想化的地方，因此没有理由来美化这一世界。尤其是在政治领域，美化我们的现实将会贬低研究者的智能。②

——安东尼·奥罗姆（2001年）

在上一章陈述了"培养接班人"教育目的这一史实和事实之后，接下来要追问的是，它是如何得以体现与实施的？这当然是与学校日常教育

---

① [法]雷蒙·阿隆：《社会学主要思潮》，葛智强等译，华夏出版社2000年版，第94、91页。

② [美]安东尼·奥罗姆：《政治社会学导论》（第4版），张华青等译，上海人民出版社2006年版，第7页。

教学活动紧密结合的。众所周知,1949年以后中国大陆的教育方针始终是以德育(毋宁说是思想政治教育)为首的,德育与学科教学的结合与渗透也即"教育性教学"是其一贯的教育原则。所以,在深入细致考察日常教育教学活动之前,有必要开启这种特殊的"泛政治化"的、强调"政治社会化职能"的"德育"①之天幕,因为正是它,从根本上和总体上决定并体现了"培养接班人"的教育方针和教育目的。

  天幕何在?它远在天边近在眼前,我们对此是如此熟悉以至于视而不见,一如我们对于空气。假若稍作提醒,问题便依稀明朗。试问每一个受过学校教育的人:你也许记不清了"牧野之战"究竟发生在何时,你也许忘却了曾经背记的"太平天国运动"失败的原因,你也许答不出来"淮海战役"时解放军歼灭敌军的具体数目……但是,你、我、他、我们都知道(哪怕是在无意识里)"我们从何而来?我们身处何处?我们将奔向何方?"我们从"原始社会"而来,经过"奴隶社会"、"封建社会"、"半封建半殖民地社会"(伴随着"资本主义社会"的产生),我们现在身处"社会主义社会"的初级阶段,我们将奔向的理想目标是"共产主义社会"。至少,这是政治教育课程(特别是"中国历史"及"社会发展史"之类的课程)教授给我们的。哪怕曾经的学生和现时的学生对这些课程的背记有些枯燥,哪怕学习过程中有过不少疑问或者不解,也哪怕若干年后我们对于学过的细枝末节淡忘了或者不以为然了,这些都无关紧要;重要的是,我们知道,并久久不会忘记:我们从何而来—我们身处何处—我们将奔向何方——"我们是共产主义接班人!"这种认知,这种意识或无意识,会像那首少先队队歌一样永远、随时在我们耳际响起,萦绕于我们的脑际。

  何以如此?因为作为受教育者,我们都要通过一个"灵魂的朝圣仪式",这个仪式表征的恰是"培养接班人"教育目的之要旨。"灵魂的朝圣仪式"是笔者借助于人类学的仪式理论(同时也乞灵于"人类灵魂工程师"这一隐喻)而提出的一个概念。在具体分析这种仪式之前,有必要说明此一概念提出的依据。

---

① 葛新斌:《关于我国道德教育的泛政治化问题》,载《教育研究与实验》1997年第1期。

一般认为，朝圣仪式与普通的过渡仪式有五点不同：①第一，它一般是自愿的信奉而非义务的仪式，主体是世俗性的个体而非仪式性的集体；第二，它带有一种游玩的性质，是一种令人愉快的闲暇活动而非庄严肃穆的礼仪；第三，它的功能不在于转换个体的社会定位，而在于培养个体的自主性；第四，它具有一种"反结构性"（anti-structural），在这个地方会产生新颖的观念构型；第五，它酝酿一种共同的体验，一种普世团契的纽带感。笔者以为，这种区分不尽合理。首先，它有自相矛盾之处，比如第一、二点与第五点之间。其次，朝圣仪式并不必然是自愿信奉而非义务性的，也并不必然是令人愉快的闲暇活动。正如安德森指明（1983年），宗教的朝圣或许是最动人而壮观的想像之旅，但是比较有限的"世俗的朝圣"也一直都存在着。②

安德森这种谨慎的观点（所谓"比较有限的"世俗的朝圣）并不足以鼓起我提出"灵魂的朝圣仪式"这一概念的勇气；鼓足勇气的，倒是在早于安德森的时候，迪尔凯姆的"一个敏悟的终身弟子"③贝拉（Robert N. Bellah）继承迪氏"从宗教向世俗转向"（详见导论）及其"掌握象征变化过程的清晰原理"的致知理路而创造性地提出的一个传神概念（1970年）："国民宗教"（civil religion，亦译"民间宗教"）。④ 贝拉认为，非宗教国家有"国民宗教"，即那些把国家的政治机构及事件与某种限定"基本的"社会含义的超宇宙、超政治的框架联系起来的象征体系。贝拉把这种框架说成是宗教的，并非因它必须涉及上帝，而是为了强调其象征的

---

① 参见［英］布赖恩·特纳：《BLACKWELL 社会学理论指南》，李康译，上海人民出版社 2003 年版，第 518 页"译者注"；彭兆荣：《文学与仪式：文学人类学的一个文化视野》，北京大学出版社 2004 年版，第 46—47 页。

② ［美］B. 安德森：《想像的共同体：民族主义的起源及其散布》，吴睿人译，上海人民出版社 2003 年版，第 64 页。

③ ［英］杰弗里·亚历山大编：《迪尔凯姆社会学》，戴聪腾译，辽宁教育出版社 2001 年版，致谢。

④ Bellah. Robert N, "Civil Religion in America". In R. N. Bellah, Beyond Belief. Essays on Religion in a Post-Traditional World, New York: Harper and Row, 1970; Introduction. In R. N. Bellah and Philip Hammond, Varieties of Civil Religion, p. vii~xv. San Francisco: Harper and Row, 1980.

神圣化及其所掌握的仪式权力。亚历山大就此评论道:"照此说法,甚至连无神论的共产主义国家也有民间(国民)宗教。"①不仅如此,如果我们不被"civil religion"的汉译名称"民间宗教"之表面含义所拘囿,而是去查看 civil 之"公民的"、"国民的"、"民用的"、"国民间的"、"根据法律的"、"非宗教的"、"历法规定的"等诸多义项,我们将更能领悟"civil religion"那种"普遍而深远"的蕴涵所在,也不会将其变得狭隘。

同样令笔者鼓舞的,是贝拉的同道蒂赖亚基安(Edward A. Tiryakian)所提出的"宗教复兴"命题,他致力于把迪尔凯姆的后期理论模式"推出"人类学或宗教学的范畴,并把它"推入"政治社会学领域,认为国家与民族就像世俗化和神圣化那样是相互联系的:"民族"就是一种理想化的基本团结;革命试图复兴的是那种与国家世俗化形成对照的民族的神圣。蒂赖亚基安把革命中这种明显的旺盛精力和非凡的仪式主义特征比作宗教复兴。② 实际上,西塞罗(Marcus Tullius Cicero,前106—前43年)早就考察过 religio(宗教)一词的来源,认为它来自 relegere(重复)这个词(意思是读了又读);佩尔尼奥拉(Mario Perniola)更是基于颇具哲理的分解而在新近提出了"仪式的仪式",即"没有神话的仪式"这一概念,认为社会的行为规范再也不能依赖于习俗或个人廉耻心了,仪式可以甚至也应该与信念、神话有所区别而拥有自主权;但仪式的非神话化(也就是非神话的神话)虽然是个空无一物的过程,但却是行之有效和圣洁无比的(它把神话原型复制得尽善尽美以至自身替代了原型),神话内涵的缺失既不意味着世俗化过程的形成,也不会损害神话的神圣特质。③

正是乞灵于"世俗的朝圣"、"国民宗教"、"宗教复兴"以至"没有神话的仪式"这些观点,笔者为考察共产主义信仰而提出了"灵魂的朝圣仪式"概念,并作如下释义:①这种灵魂的朝圣仪式是世俗性的朝圣,这一

---

① [英]杰弗里·亚历山大编:《迪尔凯姆社会学》,戴聪腾译,辽宁教育出版社2001年版,第10页。
② [美]爱德华·蒂赖亚基安:《从迪尔凯姆到马那瓜:宗教复兴的革命"》。见[英]杰弗里·亚历山大编:《迪尔凯姆社会学》,戴聪腾译,辽宁教育出版社2001年版,第59~89页。
③ [意]马里奥·佩尔尼奥拉:《仪式思维》,吕捷译,商务印书馆2006年版,第33~45、67~99页。

仪式的母题(原型)是"革命/反动",或者是类似的"先进/落后"、"光明/黑暗"、"正面/负面"、"善/恶"、"忠/奸"、"是/非"、"新/旧"、"好/坏"之类——这主要体现于中国马克思主义"五阶段论"的历史教学。②它并不必然,或者首先并不是自愿的,而是强制性的(无论是"教育"的"上所施,下所效"之中文含义一解,还是涂尔干"教育在于使年轻一代系统地社会化"①之西方界说一种,都表明了教育的强制性)——其强制性鲜明地体现在"先进/落后"这一母题制导下的中国历史叙事及其教学。③这种朝圣仪式,在带来正向功能与预期效果的同时,也可能发生逆转而产生"反结构"的效果,造成历史认知的意外基因递传。以下将对这三项主题逐作探讨。

一、灵魂的朝圣仪式:五阶段论的中国历史教学

为了考察"接班人"教育及其蕴涵的共产主义信仰,笔者选择1981年版《中国历史》(初级中学课本,共四册)作为分析的文本。依据有三:首先,它是从20世纪70年代末到90年代初几乎全国通用的中国历史教科书。这套教材前承20世纪20—30年代逐步形成、40年代定型的中国马克思主义史学的基本框架,继后的20世纪90年代以来的义务教育中国历史教材,除了对某些细枝末节稍作修改以外,基本思想及框架结构与之一脉相通。可以说,这套教材的历史效应与思想影响涉及到一代人乃至1949年以后所有受教育者及其历史记忆。其次,这套历史教科书本身已成为"历史"(已更换为新"形式"的教材),成为一种"实在的事实",而笔者对此的分析所追求的是一种"历史的事实"②(人群所记忆的事实)。尽管这种作为"历史的事实"之分析未见得可以"定论",但那套作为"实在的事实"之《中国历史》教科书已经"盖棺"——有研究之必要。

---

① [法]埃米尔·涂尔干:《教育及其性质与作用》。见张人杰主编:《国外教育社会学基本文选》,华东师范大学出版社1989年版,第9页。

② 据李大钊思想,"历史"这个词本身就有两重性,它既指已有的事实或实在(所谓"死的历史"),又指人们对这种事实或实在的记录与解喻(所谓"活的历史");是以事实也有"实在的事实"和"历史的事实",前者相当于所谓的"客观知识",后者则是经过史学家记录解喻和人群所记忆的事实。李大钊:《史学要论》。见高瑞泉编:《向着新的理想社会——李大钊文选》,上海远东出版社1995年版,第441~447页。

第三,虽然作为"社会控制中介"①的课程(包括历史、语文、音乐、艺术乃至科学、医学等科目)大都体现国家的主流意识形态,都传达民族国家"归化万民"的教育政策之使命,但更具社会蕴涵与社会学分析着力点的课程,则主要是历史与社会、思想政治教育之类的"文科"课程,其中首要的,当推历史科目。② 正如迈克尔·欧克肖特(Michael Oakeshott)所指出:"每一个社会,都通过在其历史书中作出的强调,建构了它自己命运的学说,它将其保持至今,其中隐藏着它自己对它政治的理解;对这传说的历史研究——不是暴露它的错误,而是理解它的偏见——必定是政治教育的一个突出部分。"③

1."五阶段论"的朝圣旅途(中国历史教科书的架构)

在《中国历史》的教学中,教育者与受教育者一起经历了一次灵魂的朝圣仪式。朝圣之地不是他们的"肉身"所要到达的远处的山洞或者森林,也没有外显的庄严肃穆的"身体"修行;朝圣之地就在教室里,就在课堂上,就在书本中。这主要是"灵魂"的朝圣,目的是要领受"我们从何而来—我们身在何处—我们将奔向何方?"这一教化要义,这是一次漫长而又潜移默化的朝圣之旅。

"旅途"就在《中国历史》中。从始发站即第一编第一章"我国境内的原始人群",到归宿点即第五编最后一章"伟大的中华人民共和国的成立",《中国历史》共用四册五编57章的篇幅呈现出一个路线图。为了清

---

① 需说明,"社会"这个词在中国的语境中有着特别的涵义:它不同于西方语境中那种与国家对峙或对应的市民社会或公民社会;而主要是指支配阶层或者国家,因为中国自古就有国-家同构以及国家社会化、社会国家化的文化传统,至今也难说有所谓的"市民社会"。因此说,"课程是社会向教师与学生提供的教与学的基本依据"与阿普尔(M. W. Apple)"课程即法定知识"的观点是义理是相通的。尽管支配阶层(国家)在课程编制过程中也会与作为"知识分子"的课程专家合作乃至"合谋",但此间作为"知识分子"的课程专家仍是统治阶级(支配阶层)中的被统治(支配)者。关于"支配阶层中的被支配者",可见包亚明主编:《文化资本与社会炼金术——布尔迪厄访谈录》,包亚明译,上海人民出版社1997年版,第79~91页。

② 张建成:《批判的教育社会学研究》,学富文化事业有限公司2002年版,第24页。

③ [英]迈克尔·欧克肖特:《政治中的理性主义》,张汝伦译,上海译文出版社2003年版,第55页。

晰呈现这一"旅途",兹摘其"章"及章以上要目如下:

第一编　原始社会
第一章　我国境内的原始人群
第二章　氏族公社

第二编　奴隶社会
第一章　奴隶社会的形成和发展——夏、商
第二章　强盛的奴隶制国家——西周
第三章　奴隶社会的瓦解——春秋

第三编　封建社会

封建社会的形成和初步发展——战国、秦、汉
第一章　封建社会的形成时期——战国
第二章　秦的统一和秦末农民战争
第三章　强盛的西汉
第四章　东汉的统治和黄巾大起义
第五章　秦汉时期的文化

封建国家的分裂和民族大融合——三国、两晋、南北朝
第一章　三国和两晋
第二章　南朝和北朝
第三章　三国两晋南北朝时期的文化

第三编　封建社会(续)

封建社会的繁荣——隋朝、唐
第一章　隋的统一和隋末农民战争
第二章　唐朝前期的繁荣
第三章　唐朝的衰落和唐末农民战争
第四章　隋唐时期的文化

民族融合的进一步加强和封建经济的继续发展——五代、辽、宋、夏、金、元
第一章　北宋和辽、夏、金的关系
第二章　南宋和金的对峙
第三章　元朝的统治

第四章　宋元时期的文化
统一的多民族国家的巩固和封建制度渐趋衰落
——明、清（鸦片战争以前）

第一章　明朝的政治、经济和对外关系
第二章　明末农民战争和清军入关
第三章　清朝前期的统治
第四章　明清时期的文化

第四编　半殖民地半封建社会（上）
鸦片战争　太平天国运动

第一章　鸦片战争
第二章　太平天国运动
第三章　捻军和少数民族人民起义

中国资本主义的产生　甲午中日战争

第一章　中国资本主义的产生
第二章　中国边疆地区的新危机和中法战争
第三章　甲午中日战争和帝国主义瓜分中国的狂潮

戊戌变法　义和团运动

第一章　戊戌变法
第二章　义和团运动

辛亥革命

第一章　辛亥革命
第二章　反动北洋军阀的黑暗统治
第三章　中国资本主义的进一步发展和中国无产阶级的壮大

中国近代的文化与科学

第一章　思想和文学
第二章　科学技术和新文化运动的兴起

第五编　半殖民地半封建社会（下）
中国共产党的创立和第一次国内革命战争

第一章　"五四"爱国运动——中国新民主主义的开始
第二章　中国共产党的成立
第三章　中国工人运动的第一次高潮

第四章　革命统一战线的成立
第五章　全国工农运动的发展和广东革命根据地的巩固
第六章　北伐战争和上海工人武装起义
第七章　国民党右派叛变革命

第二次国内革命战争

第一章　中国红色政权的成立
第二章　中国人民反抗日本帝国主义侵略的斗争
第三章　中国工农红军的长征
第四章　中国共产党领导的抗日民族统一战线的初步形成

抗日战争

第一章　全国抗日战争的开始
第二章　中国共产党坚持抗战反对投降的战争
第三章　抗日战争的胜利

第三次国内革命战争

第一章　中国共产党争取和平民主和准备自卫战争的斗争
第二章　人民解放战争的开始
第三章　人民解放战争的发展
第四章　人民解放战争的胜利
第五章　伟大的中华人民共和国的成立

从《中国历史》要目中可以清晰看出,中国历史教学采取的是"五阶段论"的历史分期,即原始社会、奴隶社会、封建社会、半殖民地半封建社会(伴随着民族资本主义与民族资产阶级的产生)、社会主义社会。各个历史阶段的起讫时间在《中国历史》各分册附录的"中国历史大事年表"这一年代记中有着更为明晰的体现,譬如:

原始社会(约170万年前到公元前21世纪)
奴隶社会(约公元前21世纪到公元前476年)
封建社会(公元前475年到公元1840年)
19世纪四五十年代　中国无产阶级产生
19世纪70年代　中国民族资本主义产生　中国民族资产阶级

产生

1912年(民国元年)中华民国成立 国民党成立

1921年7月 中国共产党成立

1949年4月23日 中国人民解放军解放南京 国民党反动统治灭亡

1949年10月1日 中华人民共和国成立

观察以上纲目和年代记不难发现,《中国历史》教科书的编写及其教学,依循的是典型的中国马克思主义史学框架,采取的是"五阶段论"——原始社会、奴隶社会、封建社会、半殖民地半封建社会(伴随着民族资本主义和民族资产阶级的产生)及社会主义社会——的整体认知方式,执行的是目的论历史叙事体例。它所要对学生进行政治教化的,正是"我们从何而来—我们身处何处—我们将奔向何方"的历史主题,亦即通过"过去—现在—未来"的通史写作方式而谋求并赋予学生一种共产主义信仰,以便后者继承先人的事业,做"共产主义接班人"。

截至目前,我仅仅指出了中国历史教学的政治题旨"所在"的问题,接下来,还需回过头来查询一下问题的"何在",即这种"五阶段论"的整体历史认知方式本身从何而来? 这就需要对《中国历史》之源头即中国马克思主义历史学的起源作一简要回顾。

2."为了未来清算过去"("五阶段论"的成因)

自1919年"五四"运动时期起,马克思主义在中国日益传播开来,伴随着20至30年代中国马克思主义历史学的起源以及中国社会史的论战,出现了中国现代思想史上的大争论。进化史观、民族主义和社会主义是其时中国普遍的意识形态,这三种基本的意识形态相互促进、相互支持、相互争论,成为现代中国思想的基本预设,构成了现代中国思想的遗传密码[①];及至40年代,中国马克思主义史学的"五阶段论"渐趋定型。不过,"不应否认,30年代的社会史研究传统曾经积累了大量经验研究的资料和相关的成功解释,但相当一部分经验研究却被埋没在了如何使中国史符合'五阶段论'式的世界史叙事的游戏解说中……甚至削足适

---

① 张汝伦:《现代中国思想史研究》,上海人民出版社2001年版,自序,第13页。

履地弥补'五阶段论'社会发展公式在中国历史脉络中留下的缺环"①。这一引证提示的是,"五阶段论"式的中国历史框架有着复杂的诞生过程。

考察这一复杂过程,需要对《中国历史》进行深入的课程政治学分析。这是一个鲜有人涉足的领域,正如《国际教育百科全书》中"课程政治学"词条的撰写者弗雷(K. Frey)所说:"课程政治学描述所有目的在于有意识地对有计划的学习情境施加影响的活动特性,(而)社会主义国家通常没有'课程政策'(课程政治学和课程政策有时可互换使用)这个术语,因为政策过程一般由党的领导机构来制定,这不是一个令人感兴趣的研究课题,大多数探讨课程政策和课程政治学的研究都关注学校计划。"②这表明三点启示:第一,课程政治学(笔者把它看作学校政治社会学的核心部分)在社会主义的我国鲜有研究③,即便偶有,其分析也多是"关注学校计划";第二,课程政策"由党的领导机构来制定",并不表明它没有研究的必要,相反,它是"描述所有目的在于有意识地对有计划的学习情境施加影响的活动特性"的课程政治学之重要乃至核心组成部分,因而需要"拔高一步"、可以探及"党的领导机构来制定这一过程"的(教育之上或之外的)研究,换言之,在此问题上不能就教育论教育;第三,不管是人们主观上对此领域不感兴趣还是不愿/敢涉足,在客观上,它却恰好因此存在着有待探索的空间及研究价值。鉴于此,笔者才着意以《中国历史》为例,考察承载共产主义信仰的"五阶段论"中国马克思主义史学的诞生过程。无疑,这种考察不能仅仅"关注学校计划",而恰恰需要上升到那个"不太令人感兴趣的研究课题",即中国共产党对此的制订过程。这需要回溯中国马克思主义史学的起源。

---

① 杨念群:《中层理论——东西思想会通下的中国史研究》,江西教育出版社2001年版,第8~9页。

② 江山野:《简明国际教育百科全书·课程》,教育科学出版社1991年版,第81~83页。

③ 也有罕见的例外,譬如,见吴康宁:《课程社会学研究》,江苏教育出版社2004年版,第三章"价值的定位与架构:课程标准的社会学研究";高水红:《课程知识的合法性问题——对〈基础教育课程改革纲要(试行)〉的社会学分析》,载《学科教育》2002年第8期。

在"五四"时期,李大钊、戴季陶、胡汉民等知识分子认识到了理解历史对于社会分析的重要性,但他们大都对马克思主义史学思想进行了"选择性的使用":①即在形式上都公开忠于马克思主义,但实质上多注重"历史的经济解释",而很少注意历史上的阶级关系问题。因而,彼时的唯物史观呈现为建基于经济变革之上的进化论的一种理论变体,亦即一种简化的唯物史观。这种简化的唯物主义理论气息在其时很是盛行,其教科书式的表述格式在直到20世纪80年代的《社会发展简史》乃至迄今的政治类教材或宣传中还清晰可见:

> 唯物史观地要义,大要如左:(1)经济组织(生产及分配方法),是社会的基础,一切法律、政治、宗教、艺术、哲学等精神的文化,都是筑在这个基础上面的"上部构造"。(2)社会地"物质生产力"发达到一定程度,就要同既存的生产关系发生冲突。只有解决了这个冲突,社会才会进步。社会革命,为的是解决这个冲突。这个冲突解决了,经济的基础变动了,于是那些上部建筑也都跟着变动了。(3)一切精神的革命(不管是法律的、政治的、宗教的、艺术的、哲学的),根本的原因,都基于生产力和生产关系地冲突。人类因为要解决这个冲突,所以才发生了精神的变革。一切"危险思想",都不过是经济事情的反应。(4)一切革命的阶级斗争(不论是政治的、经济的、思想的),其根本原因,都源于生产关系和生产力地冲突。人类意识到了这个冲突,越努力阶级斗争,也就越能早一天解决这个冲突。(5)一切问题,只有具备了"物质的条件"时才能够解决。②

固然,此一"经济"维度的社会进化论对其倡导者们的初衷即"文化"

---

① [美]阿里夫·德里克:《革命与历史:中国马克思主义历史学的起源,1919—1937》,翁贺凯译,江苏人民出版社2005年版,第17~27页。

② 施存统:《唯物史观在中国的应用》。见《社会主义探讨集》(上海:新青年社1922年版,第429~430)。转引自[美]阿里夫·德里克:《革命与历史:中国马克思主义历史学的起源,1919—1937》,翁贺凯译,江苏人民出版社2005年版,第23页。明眼人一看即知,施存统的论述源于马克思关于历史唯物主义基础的最有力的论著《〈政治经济学批判〉序言》。

启蒙——他们本冀望以此来为新文化运动擂鼓——来说意外地造成了一种背离①；但不可忽略的是，正是这个把自己装扮成"历史的天使"②、怀揣着"历史的客观"那个"高贵的梦"的历史唯物主义，为日后中国"革命"与"历史"关联性书写埋下了伏笔，并悄然奠定了此后"革命—反动—革命"式的中国历史"通史"写作的基调与路径，直至最终完成"五阶段论"的历史合法化叙事。而更为直接的效应则是，这种马克思主义的历史观念，继20世纪之初王国维、梁启超以至20年代顾颉刚等人之后，最终有利于催生一套取代传统儒家历史观念并能解释历史现象与历史变革动力的相互关系的史学理论，进而实现从此前的史学家按照政治的（无论是个人的、王朝的还是制度的）或思想的变化划分时代，到注重社会经济结构的变化并将其作为确定具有重大意义的历史变革的标准的转向。

20世纪20年代中期以后，随着中国革命化进程的日益加剧，中国思想界发生了社会学转向，关于社会和社会问题的著作骤然增多。尽管其时普遍将社会学混同于社会主义、将社会史混同于唯物史观，但在客观上，这一社会学转向提供了使马克思主义的社会理论可以引起广大群众关注的媒介。1927年国民党的右转及其对革命活动的大肆镇压，反而增强了知识分子对于革命问题的兴趣，并转向对于革命失败原因的探询。一个重要变化就是，1927年之前，列宁和斯大林的中译著作超过了马克思和恩格斯；而是年之后，马克思、恩格斯的中译著作数量急剧增长〔及至1937年，所有马克思、恩格斯以及其他欧洲马克思主义思想家如普列汉诺夫（George Plekhanov）、考茨基（Karl Johann Kautsky）的重要著作都已被译为中文〕。③ 中国马克思主义者这一试图回到理论源头的举动，使他们逐渐从对苏联的依赖中解脱出来；而将马克思主义运用于中国社会的分析，也促进了马克思主义思想在中国的渐趋成熟。随之而

---

① ［美］阿里夫·德里克：《革命与历史：中国马克思主义历史学的起源，1919—1937》，翁贺凯译，江苏人民出版社2005年版，第27页。

② 郭军、曹雷雨：《论瓦尔特·本雅明：现代性、寓言与语言的种子》，吉林人民出版社2003年版，第376页。

③ ［美］阿里夫·德里克：《革命与历史：中国马克思主义历史学的起源，1919—1937》，翁贺凯译，江苏人民出版社2005年版，第27～33页。

来的持续在 30 年代的"社会史论战",既是中国知识分子对于马克思主义普遍兴趣高涨的结果,又是使马克思主义史观成为主流的重要一步。随着这场论战的展开及其决断,"一种新的史学观进入了中国人的思想,并对他们的历史产生了不可改变的影响"①。

在上述背景下,产生了中国第一批马克思主义史学家。不过,正如德里克(Arif Dirlik)所提醒的那样,当那些知识分子在 1927 年之后转入历史的写作时,他们并不是作为职业历史学家(大多数的马克思主义史学家都于此前以某种身份参加了革命运动),而是在历史中寻找革命实践问题答案的革命者,"找到正确的革命策略"乃是《读书杂志》发起社会史论战的"首要目标"。1937 年,马克思主义历史学者何干之在对于社会史论战目的的描述中,提出了将革命同现在、过去及未来联系在一起的"锁链",这道出了五阶段论"通史"写作的天机:

> 社会史、社会性质、农村社会性质的论战,可以说是关于一个问题的多方面的探讨。为着彻底认清目下的中国社会,决定我们对未来社会的追求,迫着我们不得不生出清算过去社会的要求。中国社会的性质,社会史的论战,正是这种认识过去、现在与追求未来的准备工夫。这一场论争所关涉的问题是非常复杂的——由目前的中国说起,说到帝国主义入侵以前的中国,再说到中国封建制的历史,又由封建制说到奴隶制,再说到亚细亚生产方法。所有这一切,都是为了决定未来而生出彻底清算过去和现在的要求。②

"为了决定未来而生出彻底清算过去和现在的要求!"原来,历史研究是为了探求革命的出路与答案。这表明中国马克思主义史学的兴起,是由其时中国的思想和政治背景所塑造和决定的,也就是说,中国早期

---

① [美]阿里夫·德里克:《革命与历史:中国马克思主义历史学的起源,1919—1937》,翁贺凯译,江苏人民出版社 2005 年版,第 37 页。
② 何干之:《中国社会性质问题论战》(上海,1937 年,第 5 页)。见[美]阿里夫·德里克:《革命与历史:中国马克思主义历史学的起源,1919—1937》,翁贺凯译,江苏人民出版社 2005 年版,第 35~36 页。

马克思主义史学家对其时中国革命性大变革的专注塑造了他们处理理论和历史问题的方式。① 不难理解，这种方式其实就是以革命需求制导历史研究、以政治需要决断社会史论争的目的论历史论认知方式。显然，"为了决定未来而彻底清算过去和现在"是一种"由果说因"和"按图索骥"的逻辑；藉此，以"由于革命、通过革命、为了革命"而把过去、现在和未来串联起来，这为最终通过顺藤摸瓜式的"我们将奔向何方—我们身处何处—我们从何而来"而绘制出"我们从何而来—我们身处何处—我们将奔向何方"的朝圣路线图作了奠基。

沿循这一路线图的走游，学生被赋予、因而也在一定程度上获得了"我们是共产主义接班人"这种历史认知的始基性定势和支配性想像。这一朝圣仪式的意义并不仅仅是个形式，"五阶段论"这一形式本身就是内容。形式即内容，两者同等重要，我们无法将其扯开。② 这样说来，如下见地确实不无道理：历史是一锻造连结、串结实践的持续斗争历程，是一部可视为持续解串与重串的斗争史，经由不断串结的历程，将各种实践作为，置于变动不居的力场中，发现差异，找出结构。③《中国历史》五编57章所呈现的，就是一个承载着共产主义信仰的朝圣仪式的结构，惟我们尚需进一步探究这一结构是如何串结成"五个阶段"而吻合了世界史叙事模式的。其中关键的一串，便是中国马克主义者对于马克思所说的"亚细亚生产方式"的论争（多种"解串"与"重串"）及其最终被决断的问题。这需从社会史论战的三大论题中逐层剖析。

3. 社会史论战中的三大论题（"五阶段论"的枢纽工程）

在20世纪30年代关于中国社会史的论战中，"总体的历史分期问题"是中国马克思主义史学关注的中心。④ 这一中心的焦点则是中国古

---

① 这正是阿里夫·德里克：《革命与历史：中国马克思主义历史学的起源，1919—1937》一书的题旨所在。

② [美]海登·怀特：《形式的内容：叙事与历史再现》，董立河译，文津出版社2005年版。

③ 张建成：《批判的教育社会学研究》，学富文化事业有限公司2002年版，第68~69页。

④ [美]阿里夫·德里克：《革命与历史：中国马克思主义历史学的起源，1919—1937》，翁贺凯译，江苏人民出版社2005年版，第115页。

代历史分期尤其是奴隶制的起讫时限问题,其合法化靠的是前文所说的"由果说因"、"为了未来清算过去"的历史决断。这事关三大论题,由近及远(由"由果说因"所致)地说分别是:"商业资本主义社会"问题、奴隶制生产方式的普适性问题、亚细亚生产方式问题。① 直至1934年,这些激起论战的问题仍然是马克思主义史学所面临的任务,1937年抗日战争的爆发才把这些即便条件允许继续讨论也解决不了的问题搁置了。

关于"商业资本主义社会"的问题,中国共产党人及马克思主义者主要倚重列宁关于国家解放的著作中对于殖民地和半殖民地国家的评论②而坚守了"只有社会主义才能保证国家的独立和发展"的远景信仰,采取了"统一战线"的现实策略。同时,鉴于20世纪20年代末期托洛茨基(Leon Trotsky)和斯大林(Joseph Stalin)对于"中国革命和社会"的不清不白、看似矛盾又非常接近的论战③——两者都没有阐明或暗示其时他们所谓的中国社会究竟是已跨入了资本主义阶段还是仍然保留着封建的系统;也鉴于随后由这种"共产国际内部的争论"所引起的中国人(包括国共两党之间及其不同派别之间)类似的互相指责而又失之精确的争论④——主要有三派观点:中国主要是一个封建社会,或者中国主要是资本主义的,又或者中国既不是封建社会也不是资本主义社会,而是一个阶级结构模糊的社会;还鉴于几年之后马克思主义者孙倬云勇敢

---

① 吕振羽:《史前期中国社会研究》(北京,1934)。见[美]阿里夫·德里克:《革命与历史:中国马克思主义历史学的起源,1919—1937》,翁贺凯译,江苏人民出版社2005年版,第173页。

② 列宁在1920年提交给共产国际"二大"的报告中指出,帝国主义势力在殖民地和半殖民地发挥着矛盾的双重作用:促进本土资本主义的发展但又不允许其成熟;于是又支持(半)殖民地本土的落后的政治势力。由此,资产阶级和新兴的无产阶级具有反帝国主义和传统统治的共同利益;而由于两者的力量均不足以独立地进行民族解放的斗争,因而只要它们的共同利益大于分歧,就应该合作争取民主革命的胜利。

③ [美]阿里夫·德里克:《革命与历史:中国马克思主义历史学的起源,1919—1937》,翁贺凯译,江苏人民出版社2005年版,第47~55页。

④ [美]阿里夫·德里克:《革命与历史:中国马克思主义历史学的起源,1919—1937》,翁贺凯译,江苏人民出版社2005年版,第55~69页。

而又不乏矛盾的统一论证①——他说,中国现阶段(20世纪20年代末30年代初)的社会基础,封建经济已经被摧毁,但在政治、法律和其他意识形态等上层建筑方面仍保存着强大的封建势力,亦即当代(其时的)中国在财产关系上已经是资本主义的,而剥削方式上仍然是封建性质的,于是,就有了后来《中国历史》中的第四编"半殖民地半封建社会"部分,并且夹记着"中国资本主义的产生及其进一步发展",以及"革命统一战线的成立"、"中国共产党领导的抗日民族统一战线的初步形成"等内容;于是,中国直接从半殖民地半封建社会(伴随着资本主义的产生和发展)进入"社会主义"也就成了合理合法的选择。至于后来以至现在,面对(未充分发展资本主义的)社会主义中国与西方发达资本主义国家的比较劣势,中国马克思主义者是以诸如"中国属于第三世界国家"、"中国社会发展的历史过程既有整个人类社会发展的一般规律,又有自己的特殊性"②,以及"中国现在处于并将长期处于社会主义初级阶段"之类的表述而巩固性地完善并坚守了"五阶段论"的历史框架,圆通了中国马克思主义史学的后续性、补正性合法化叙事。

  在社会史论战的主题中,一个相对维持不变的讨论就是有关奴隶制问题。其焦点是:奴隶制概念是否适合于中国的应用?也就是说,中国是否像世界历史发展那样,有"奴隶制社会";以及,若有,其起讫时间问题。而这又与第三个问题即"亚细亚生产方式"问题紧密关联。

  1930年,郭沫若《中国古代社会研究》引发了关于中国奴隶制度的讨论。"再没有哪一部著作比郭沫若的《中国古代社会研究》更能激发论战者对于早期中国历史的兴趣了",郭著"种下了要求解决奴隶制度问题的因子","提出了一些中国历史分期的重要课题",其所代表的史学观点"至今仍然主导着中华人民共和国的史学研究"。③ 在30年代的社会史论战中,有两种不同的历史分期基本结构:以郭沫若等为主要代表的"四

---

① [美]阿里夫·德里克:《革命与历史:中国马克思主义历史学的起源,1919—1937》,翁贺凯译,江苏人民出版社2005年版,第69~70页。
② 河南省基础教育教学研究室:《思想政治》(全一册)(九年义务教育九年级教科书,修订本),河南人民出版社2003年版,第145页。
③ [美]阿里夫·德里克:《革命与历史:中国马克思主义历史学的起源,1919—1937》,翁贺凯译,江苏人民出版社2005年版,第113、107、114、80页。

阶段论"(截至30年代)与第二种模式即"三阶段论"的不同之处就在于，主张中国历史上存在着奴隶制的发展阶段(尽管在关于奴隶制起讫的具体时间上，"四阶段论"者内部亦有争执)。

　　作为在30年代论战之前就已经在中国知识界享有声誉的马克思主义史学家，郭沫若深受马克思《〈政治经济学批判〉序言》(1859年)、恩格斯《家庭、私有制和国家的起源》(1884年)以及摩尔根《古代社会》(1887年)的影响，他以良好的文学声誉和驾驭能力，创造性地使用历史史料，对于甲骨文和青铜铭文进行了"具有长久价值"的解读。他的历史分期模式在30年代晚期取得了正统地位，而且从此以后就一直主导着中国的马克思主义史学。① 郭沫若大胆地宣称，他的研究是恩格斯《家庭、私有制和国家的起源》一书在中国的续篇。这不仅使他在当时被讥议为"中国的恩格斯"，而且直至今日仍遭学人的质疑与批判：

> 　　郭沫若在《古代中国社会研究》一书的导论即"中国社会历史的发展阶段"中，不但把中国社会历史与中国社会革命阶段的划分一一加以对应，比如把殷周之际对应于奴隶制的革命；把周秦之际对应于封建制的革命；把清代末年对应于资本制的革命，甚至为了符合"五阶段论"的诠释步骤，不惜寻求有利于己的相关史料并使之纳入既定框架，削足适履地弥补"五阶段论"社会发展公式在中国历史脉络中遗留下的缺环。……郭沫若完全参照斯大林的社会进化"五阶段论"框架来安排"亚细亚社会"的历史位置，他把马克思的意图完全理解为按生产方式的递进更替界定社会发展形态。按此标准衡量，"亚细亚社会"不过是奴隶社会以前存在的一个历史阶段而已。……这一诠释明显违背了马克思的原义……郭氏没有意识到，马克思对"亚细亚社会"这一概念的使用，特别是对中国社会的描述，恰恰不是按西欧社会发展阶段设计的，而是解说东方社会长期

---

① ［美］阿里夫·德里克：《革命与历史：中国马克思主义历史学的起源，1919—1937》，翁贺凯译，江苏人民出版社2005年版，第115页。

停滞状态的一个专门术语……①

在这里,杨念群指认郭沫若为使中国历史吻合"五阶段论"的世界历史发展模式而刻板抱守后者乃至不惜曲解史料的做法,不无一定道理;但他仅仅依据"反共理论家"(德里克语)魏特夫(K. Wittfogel,亦译"维特福格尔")的一面之词②——魏特夫和一些具有自由主义倾向的马克思主义者,拒斥在由中国革命所引发的有关"亚细亚生产方式"的争论之后,由"官方马克思主义"所认可的"马克思假定了一个适用于所有社会发展的单一普世模式"的观点,而赞成历史发展的多元论,认为"亚细亚生产方式"概念恰好是马克思以及列宁、普列汉诺夫等其他主要马克思主义者看到了亚洲社会与欧洲根本不同的有力证据③——来指摘郭沫若关于"亚细亚社会"的诠释背离了马克思的"原义",未免染有"孤证不立"的史学避讳之嫌。实际上,关于"亚细亚生产方式"问题,马克思本人的原义本身就是"似清实混"的;有关"亚细亚社会"的问题也有着两种不同的主要看法(诠释);加上苏联斯大林对于这一问题的"利己"解释以及中国革命的"需要",这些都为包括郭沫若在内的不同诠释者提供了支持性、引诱性或者制约性因素。在本部分和下一部分的写作中,我将对此逐作分析。

首先有必要长篇援引马克思有关"亚细亚社会"阐述的原文,它就记载于马克思有关历史唯物主义基础的最有力的论著《〈政治经济学批判〉序言》中:

> 人们在自己生活的社会生产中发生一定的、必然的、不以他们的意志为转移的关系,即同他们的物质生产力的一定发展阶段相适合的生产关系。这些生产关系的总和构成社会的经济结构,即有法

---

① 杨念群:《中层理论——东西思想会通下的中国史研究》,江西教育出版社 2001 年版,第 9~12 页。

② [美]魏特夫:《东方专制主义——对于极权力量的比较研究》,中国社会科学出版社 1989 年版,第 393、397 页。

③ [美]阿里夫·德里克:《革命与历史:中国马克思主义历史学的起源,1919—1937》,翁贺凯译,江苏人民出版社 2005 年版,第 188 页。

律的和政治的上层建筑竖立其上并有一定的社会意识形式与之相适应的现实基础。物质生活的生产方式制约着整个社会生活、政治生活和精神生活的过程。不是人们的意识决定人们的存在,相反,是人们的社会存在决定人们的意识。社会的物质生产力发展到一定阶段,便同它们一直在其中活动的现存生产关系或财产关系(这只是生产关系的法律用语)发生矛盾。于是这些关系便由生产力的发展形式变成生产力的桎梏。那时社会革命的时代就到来了。随着经济基础的变更,全部庞大的上层建筑也或慢或快地发生变革。在考察这些变革时,必须时刻把下面两者区别开来:一种是生产的经济条件方面所发生的物质的、可以用自然科学的精确性指明的变革,一种是人们借以意识到这个冲突并力求把它克服的那些法律的、政治的、宗教的、艺术的或哲学的,简言之,意识形态的形式。我们判断一个人不能以他对自己的看法为依据,同样,我们判断这样一个变革的时代也不能以它的意识为依据;相反,这个意识必须从物质生活的矛盾中,从社会生产力和生产关系之间的现存冲突中去解释。无论哪一个社会形态,在它们所能容纳的全部生产力发挥出来以前,是决不会灭亡的;而新的更高的生产关系,在它存在的条件在旧社会的胎胞里成熟以前,是决不会出现的。所以人类始终只提出自己能够解决的任务,因为只要仔细考察就可以发现,任务本身,只有在解决它的物质条件已经存在或者至少是在形成过程中的时候,才会产生。大致说来,亚细亚的、古代的、封建的和现代化资产阶级的生产方式可以看作是社会经济形态演进的几个时代。①

从整段话的语气和基调上看,马克思在这里确实暗示了(无论是否出于本意)人类历史发展的普遍性和必然性。正如德里克所分析的那样,马克思将"新的更高的生产关系,在它存在的条件在旧社会的胎胞里成熟以前,是决不会出现的"这一论断,与"社会经济演进的几个时代"(亚细亚的、古代的、封建的和现代化资产阶级的生产方式)"并置",清楚

---

① [德]马克思:《〈政治经济学批判〉序言》。见《马克思恩格斯选集》(第二卷),人民出版社1972年版,第82~83页。

地表明这四种生产方式代表着社会演进的四个连续的、必经的阶段;而按照这段话普适性的语境,它们似乎也可以用来界定所有地区的历史发展。① 也许正因为如此,郭沫若对马克思的论述作出了如下诠释:

> 他(马克思)这儿所说的"亚细亚的",是指古代的原始社会,"古代的"是指希腊罗马的奴隶制,"封建的"是指欧洲中世纪经济上的行帮制,政治表现上的封建诸侯,"近代资产阶级的"那不用说就是现在的资本制度了。这样的进化的阶段在中国的历史上也是很正确的存在着的。大抵在西周以前就是所谓"亚细亚社会",西周是与希腊罗马的奴隶制时代相当,东周以后,特别是秦以后,才真正进入了封建时代。②

郭沫若(以及李季)根据《〈政治经济学批判〉序言》中有关社会形式的排列提示,认为马克思所说的亚细亚社会乃是指早期的社会,即一种原始社会形式。这是有关亚细亚问题的第一种看法,这种看法在中国马克思主义者中有相当多的支持者。另一种看法则认为亚细亚社会是原始社会之后、资本主义社会之前的一种社会形式,它是和欧洲历史上的奴隶社会和封建社会相对应的。这种主要由国外理论家所提倡的观点多半只会激起绝大多数中国马克思主义者的负面反应,他们拒绝认为中国在历史演化中有任何特别或唯一之处。③ 质言之,这两种对立的观点最为重要的区别,在于它们关于历史发展概念的不同:前者即亚细亚生产方式的反对者、奴隶制社会的支持者认为,全世界的历史发展模式都是一致的,亦即历史模式是一元的;后者即亚细亚生产方式的提倡者则认为,历史是多样而非划一的,坚持中西发展不同的观点。问题的关键就在于:一元论的历史观究竟是来自马克思本人,还是历史唯物主义的

---

① [美]阿里夫·德里克:《革命与历史:中国马克思主义历史学的起源,1919—1937》,翁贺凯译,江苏人民出版社 2005 年版,第 190 页。
② 郭沫若:《中国古代社会研究》,人民出版社 1954 年版,第 133 页。
③ [美]阿里夫·德里克:《革命与历史:中国马克思主义历史学的起源,1919—1937》,翁贺凯译,江苏人民出版社 2005 年版,第 156、159~161 页。

诠释者们对马克思观点的一种附丽、误解或扭曲?

若据前引马克思的原文来看,马克思的原义不谓不明白。问题是,"人们要么是马克思主义的坚定支持者,要么就是马克思主义的坚定反对者,而不管其具有何种内在的真实性与洞察力"①。这并不仅仅是马克思的身后事,就在19世纪70年代末期,当法国有人以"马克思主义者"自居,将唯物主义史观绝对化、公式化、标签化,"把它当作不研究历史的借口"时,马克思本人为了与他们划清界限,就曾经讲过一句沉痛的话:"我只知道我自己不是马克思主义者。"②但若据马克思的其他相关文献来看,似也发现马克思本人的历史撰作确实是有"含混"性的③,这无疑增大了对它诠释的空间。其"含混"性的要津就在于:人们可以据之得出、但并不必然得出一元论的历史观。正像本章篇首格言中阿隆(Raymond Aron)精辟指出的那样,"任何想成为某种政治运动的意识形态或一个国家的官方信条的理论,都应当具有适合于思想单纯的人的简洁性和适合于喜欢探其细微末节的人的耐人寻味性。毫无疑问,马克思思想高度体现了这些性质,每个人都可以从中各取所需";而"如果没有几百万马克思主义者,那么任何人都不会怀疑马克思的指导思想是怎样的"。④

---

① [美]安东尼·奥罗姆:《政治社会学导论》(第4版),张华青等译,上海人民出版社2006年版,第11页。

② 《马克思恩格斯选集》(第四卷),人民出版社1972年版,第474页。

③ [美]阿里夫·德里克:《革命与历史:中国马克思主义历史学的起源,1919—1937》,翁贺凯译,江苏人民出版社2005年版,第188~191页。

④ 法国阿隆的这一灼见并不孤单,中国的顾准在"文革"期间的思想手记中就对列宁对哲学史的简化、斯大林对之的教条化及其对中国马克思主义者的误导进行了剖析(见朱学勤:《风声·雨声·读书声》,生活·读书·新知三联书店1994年版,第299~320页)。世界著名的马克思思想研究专家、英国的德塞也指出(2002年),20世纪两种通往社会主义的道路——一是资本主义之外独立的社会主义(指苏联),二是资本主义内部的议会社会主义——之所以在全球化下都失败了,原因在于它们没有实践马克思的思想(社会主义只有在资本主义得到充分发展的条件下才有可能),只是借用了马克思的名义(见[英]梅格纳德·德塞:《马克思的复仇——资本主义的复苏与苏联集权社会主义的灭亡》,汪澄清译,中国人民大学出版社2006年版)。而俄罗斯斯拉文的书名就表明了他对马克思思想被曲解(侮辱)的不满(见[俄]鲍·斯拉文:《被侮辱的思想——马克思社会理论的当代解读》,孙凌齐译,中央编译出版社2006年版)。

"含混"性的一个表现是,马克思有关历史的论述,无论在他"以点带面化"的实质研究上还是在他"历史问题哲学化"的写作风格上,都有很多地方给人以公式化和普世论之感。特别需要注意的是,"马克思首先是《资本论》的作者"①——阿隆这句判语的潜台词是说,马克思的目的是分析资本主义的作用并预测它的演变,而很少直接论及前资本主义社会的性质和变迁的动力,只是在讨论资本主义时偶尔附带提及;加上他写的东西又很多,在谈论同一件事时,前后说法难免有不一之处。所以,"稍微机灵一点、知识稍微广博一点的人都可以发现在大部分问题上,马克思主义的公式并不是协调一致的,至少可以有各种解释"②,各取所需。其结果,"在那些经典解释者的著作中,历史唯物主义理论本身的论述就吃了几类意义模糊的苦头,从而难以知道怎样检验它的正确性。在其中可以提到:生产关系和生产力之间的方程式,从必要条件到充分条件的转移,在'生产方式归根到底基本上决定着一种文化'这种陈述中的'基本的'和'归根到底'等词的意义"③。——正是在此意义上,波普尔(Karl Raimund Popper)提请人们注意,不要对马克思的这句格言过于认真对待,不要将"基本的"一词看得过于基本,不要主张"言过其实"的经济(社会)决定论("唯物论"),一如不要过于认真对待马克思"一切社会的历史都是阶级斗争的历史"这个公式中的"一切"一样。④

"含混"性的第二个表现是,马克思在《1857—1858年经济学手稿》这一他比较详尽地考察前资本主义社会情况的研究中,又明白地提出了多元演进的历史发展观,认为亚细亚的、奴隶制的、封建的生产方式并非一个单一演进的进步模式顺次的发展阶段,而是原始社会之后三种不同

---

① [法]雷蒙·阿隆:《社会学主要思潮》,葛智强等译,华夏出版社2000年版,第93页。
② [法]雷蒙·阿隆:《社会学主要思潮》,葛智强等译,华夏出版社2000年版,第92页。
③ [美]悉尼·胡克:《理性·社会神话和民主》,徐崇温译,上海人民出版社2006年版,第130页。
④ [英]卡尔·波普尔:《开放社会及其敌人》(第二卷),郑一明等译,中国社会科学出版社1999年版,第175~180、181~188页。

的替代性的发展道路,而其中只有封建生产方式导致了现代资本主义的产生;而且,尽管亚细亚生产方式的概念有一些问题,但是马克思的确是用它来描绘一个需要与西欧的发展相区别的历史阶段的。就此而论,前文杨念群指摘郭沫若背离了马克思的原意似也不无道理。

"含混"性的第三个表现,毋宁说是马克思晚年对自己观点的纠正或发展。马克思(1818—1883)于1881年5月至1882年2月仔细研读了摩尔根(Lewis Henry Morgan,1818—1881)的《古代社会》(1877年)[1],写下了《刘易斯·亨利·摩尔根〈古代社会〉》一书的10万字摘要[2]。在《古代社会》一书抵达马克思手中以前,马克思曾认为"东方社会"的"亚细亚生产方式"有三大特征:不存在土地私有制、专制国家高度发达、农村公社长期存在。[3] 读完《古代社会》之后,马克思深受摩尔根"母权制先于父权制"以及"'氏族共产主义'先于私有制和国家社会"这两个"发现"的刺激并接受了它们;从而,摩尔根在一定意义上使马克思放弃了"孤立的亚细亚生产方式"的观点[4],承认这只是"原始社会"的残存。就此而言,就不是郭沫若背离了马克思的本意,而是指认者杨念群背离了马克思的本意了。

"叙述马克思的思想是颇有争议的,但是这种争议主要是针对马克思思想的解释,而不是针对马克思本人[5]。"在此,社会学研究不必打破沙锅问到底地去追究马克思的所谓"本意",也不必纠缠于关于马克思本意的琐碎争论,更无需进行孰是孰非的价值评判;而应一如雷蒙·阿隆

---

[1] 中译本见[美]摩尔根:《古代社会》,杨东莼等译,商务印书馆1981年版。
[2] 王铭铭:《"裂缝间的桥":解读摩尔根〈古代社会〉》,山东人民出版社2004年版,第119~120页。
[3] 贺麟:《略论人类学从摩尔根到马克思》。见《马克思主义来源研究丛刊,11,特辑:马克思人类学笔记研究论文集》,商务印书馆1988年版。
[4] 鲁越、王国庆:《试述马克思"亚细亚生产方式"概念的始末》。见《马克思主义来源研究丛刊,11,特辑:马克思人类学笔记研究论文集》,商务印书馆1988年版;黄淑聘:《人类学的社会进化观及其批评的辨析》,载《中山大学学报》1992年第2期。
[5] [法]雷蒙·阿隆:《社会学主要思潮》,葛智强等译,华夏出版社2000年版,第9页。

的抱负,社会学研究要探明为什么马克思的文章内涵模糊不清? 就是说,这些文章提供了可以被漫无边际地评论并且被改编为正统观点的必要素材。而比较富于成效的探寻方法,当推阿里夫·德里克机警的提示:要在马克思主义理论诠释者的"动机"中,而不是在马克思的"著作"中,去寻找他们这样解释的原因! 此计甚善,因为"中国马克思主义者相当清楚马克思是开放的,不只有一种解释,但是他们还是选择了直线的一元发展观点"①。循着这一提示,我们可以觅得"亚细亚生产方式"何以在"列宁格勒会议"这一外部背景下,以及在"百家争鸣"这一内部气氛中被决断(排除),从而最终完成了"五阶段论"的中国历史架构的奥援。

4."亚细亚生产方式"问题的决断("五阶段论"的竣工)

要想完成"五阶段论"的中国历史架构,就不能将"亚细亚生产方式"等同于"奴隶制+封建制",而必须将其归置为一种原始社会的形式而使之消音;否则,便阻碍了"五阶段论"的朝圣旅途。郭沫若和李季,像大多数中国马克思主义者那样,都坚守一种裁剪中国历史以适应源于欧洲经验的社会发展模式的倾向②,这使得关于"亚细亚生产方式"的第一种观点——它是一种原始社会形式,因而中国有奴隶制社会——成为了中国史学的正统。而这一问题的最终"决断"过程及因素是接下来需要追究的。这包括外部和内部两种致因:外部是受苏联斯大林对于这一问题的"利己"解释的影响;内部则是中国社会革命之"需要"。不管是外部还是内部,"本质上讲,历史学家对重点的选择就是政治选择"③。

先说外因。在苏联,关于亚细亚生产方式也有两种对立的观点。④

---

① [美]阿里夫·德里克:《革命与历史:中国马克思主义历史学的起源,1919—1937》,翁贺凯译,江苏人民出版社2005年版,第191页。

② [美]阿里夫·德里克:《革命与历史:中国马克思主义历史学的起源,1919—1937》,翁贺凯译,江苏人民出版社2005年版,第165页。

③ [美]伊曼纽尔·沃勒斯坦:《知识的不确定性》,王昺等译,山东大学出版社2006年版,第71页。

④ 参见[美]阿里夫·德里克:《革命与历史:中国马克思主义历史学的起源,1919—1937》,翁贺凯译,江苏人民出版社2005年版,第159~160页。

和亚细亚生产方式关系最为紧密的马克思主义理论家、"俄国马克思主义之父"普列汉诺夫认为,历史遵循两种主要的发展道路之一。其一是欧洲的发展道路:跟随着氏族社会的解体的是奴隶社会,然后是封建社会和资本主义社会。其二是亚细亚社会的发展模式:跟随着氏族社会的是亚细亚生产方式,其特征是具有一个强大的国家组织,而缺乏像欧洲社会那样的内部的发展动力。普氏凭借第一次系统地阐释马克思在亚细亚生产方式问题上的含糊之处,而被 20 世纪 20 年代亚细亚生产方式的提倡者(也就是前文所述"亚细亚生产方式"的第二种观点的持有者,譬如有马扎尔,也即马迪亚、瓦尔加、魏特夫等)公奉为思想导师,但亚细亚社会赞成论者的要旨——以国家与社会之间更深刻的对立的名义来降低阶级和阶级斗争在社会发展中所发挥的中心作用——不仅在苏联内部招致了攻击,同时也埋下了遭受即便是时至今日也未完全否认阶级斗争(只是更强调以经济建设为"中心")的中国共产党人与马克思主义者的拒斥的种子。

在苏联,对亚细亚生产方式发起进攻(1929 年)的杜博洛夫斯基(S. M. Dubrovsky),回避处理亚细亚生产方式的提倡者们用来证明中国社会与亚细亚生产方式的联系的具体证据,也不否认中国私有财产的缺乏和存在一个权力源于水利规制活动的超阶级的国家,而是通过"抽象的演绎"来试图证明这些现象属于上层建筑,由于它们广泛地存在于不同的历史条件下,所以并不足以构成一种社会形式;同时,杜氏通过扩增"正统"的马克思主义社会形式(共列举了 10 种[①])来容纳和涵盖欧洲和世界其他地方的历史发展。围绕杜氏的这一观点,苏联论战一直持续到 1931 年的列宁格勒会议。会上,史学家们就"具有令斯大林政权讨厌的

[①] 这十种生产方式是:原始社会、父系社会、奴隶制、封建制、农奴制、小生产者经济、资本主义、过渡时期经济、社会主义、世界共产主义时期经济。其中,他将封建社会切分为封建制、农奴制、小生产三个阶段。

涵义"①因而也遭其拒斥的"亚细亚生产方式"问题达成了心照不宣的共识：亚细亚社会并不是一种独立的生产方式,而是一种其他的生产方式的变异。是年之后,这种解释支配了苏联史学界,其后于1938年,斯大林正统史学又将亚细亚生产方式排除于可接受的社会形式之外。直到60年代相关讨论才在苏联史学内部再次复苏。

　　需指出的是,苏联官方及其史学家反对亚细亚生产方式并非为中国本身而谋,实乃出于一己之利,即是出于一种"投鼠忌器"的避讳心理和"唇亡齿寒"的隐忧排防。正如斯特帕一针见血地指出,苏联史学家反对亚细亚生产方式时,考虑的出发点是国家的需要和避免苏联和亚细亚社会的"相似"引起的困境；而这种看法漠视了中国革命问题对于论战起源上的作用,甚至更为重要的是,漠视了亚细亚生产方式的概念在马克思主义历史发展理论内部所引发的真正问题。② 尽管如此,对这场大争论非常清楚的中国马克思主义者,抱持"中国社会符合马克思在其关于欧洲的研究中所发现的历史发展的普世'法则'"之目的,不仅热烈欢迎列宁格勒会议的决定,追随苏联史学家的引领,还在历史分期的诠释问题上倾向于追随苏联领导人的步伐。到30年代末,最重要的几位中国马克思主义史学家都接受了这种1931年之后便在苏联史学中占支配地位的历史分期观；及至40年代,中国马克思主义史学家已经就最适合中国历史的分期模式问题达成了"共识"。③

　　其中比较"中庸"的算是何干之了。有意思的是,如同20年代末在解决社会史论战的主题之一即"商业资本主义社会"的问题时马克思主义者孙倬云提出了一个不乏矛盾的统一论证(即其时的中国在财产关系

---

　　① Shteppa, K. Russian History and the Soviet State, New Brunswick：Rutgers University Press, 1962, 74～77. 见[美]阿里夫·德里克：《革命与历史：中国马克思主义历史学的起源,1919—1937》,翁贺凯译,江苏人民出版社2005年版,第208页。
　　② Shteppa, K. Russian History and the Soviet State, New Brunswick：Rutgers University Press, 1962, 87. 见[美]阿里夫·德里克：《革命与历史：中国马克思主义历史学的起源,1919—1937》,翁贺凯译,江苏人民出版社2005年版,第180页。
　　③ [美]阿里夫·德里克：《革命与历史：中国马克思主义历史学的起源,1919—1937》,翁贺凯译,江苏人民出版社2005年版,第177页。

上已经是资本主义的,而剥削方式上仍然是封建性质的)一样,30年代末在处理另一主题即"亚细亚生产方式"问题上,何干之也提倡了一种折中方案:西方入侵之前的中国社会本质上是封建的,但它和先前的各种生产方式的残余共存着,也就是说,中国经过了西方所有经历的阶段,但没有一个阶段真正发展成熟——这就使得中国看起来特别像一个停滞的或是"亚细亚"社会。① 这种方案一石三鸟:在使得对于"亚细亚"社会的解释合理化的同时,还解决了为什么中国的封建社会未能够完成向资本主义社会过渡的问题,并表明在这个过程中一直坚持反封建的革命是未来中国发展进步的需要。

另外几位同何干之一样成为1949年之后中国史学界大名鼎鼎的史学家如翦伯赞、范文澜、吕振羽以及郭沫若,他们的史学解释的共同之处是都采用所谓的"五阶段论":原始共产主义社会、奴隶制、封建制、资本主义和社会主义——这是斯大林在1938年的《俄共(布)党史》中"钦定"的正统马克思主义史学观②,1949年之后它也成为中华人民共和国史学界占支配地位的史学范式。

在续说1949年以后的情况之前,需要回过头来追问:何以中国马克思主义者在相当清楚马克思主义是开放的、也相当清楚苏联论战情况的前提下,还是选择了"五阶段论"这种直线的一元历史发展观呢?我们只能循着阿里夫·德里克所说的路线,即要在马克思主义理论诠释者的"动机"中以及造就这些动机的"动力"中去搜索答案。德里克认为,中国马克思主义者对于"五阶段论"历史分期这一历史唯物主义普世要旨的接受,原因主要并不在于像列文森(Joseph R. Levenson)所归结的那样,

---

① [美]阿里夫·德里克:《革命与历史:中国马克思主义历史学的起源,1919—1937》,翁贺凯译,江苏人民出版社2005年版,第174~175页。

② Leo Yaresh. "The Problem of Periodization", in C. Black (ed.), Rewriting Russian History, New York：Vintage Books, 1962. 35~58. 见[美]阿里夫·德里克:《革命与历史:中国马克思主义历史学的起源,1919—1937》,翁贺凯译,江苏人民出版社2005年版,第177页。另,关于《俄共(布)党史》的诞生过程,可参阅余杰:"《俄共(布)党史简明教程》:谎言是这样炼成的?"见《铁磨铁》,上海三联书店2003年版,第143~146页。

是用以解决"历史"或"理智"(对于西方智识的向往)与"价值"或"感情"(对于中国历史的情感依恋)之间的矛盾,而在于它为中国革命的问题提供了答案!德里克紧紧抓住了"革命之于历史"这个牛鼻子,并基于阶级分析的视野,独到地阐明了这一答案。要点如下:①①贯穿整个论战,在革命激进主义与对马克思主义历史发展普世"法则"的肯定之间的确有一个清晰的对应关系;而那些反对阶级斗争的人(如陶希圣等)或是共产国际内的亚细亚生产方式的提倡者,则为中国社会(不同于欧洲)的复杂性辩护,同时,他们也与主张中国是过渡社会的人之间有相当大的亲和关系,因为他们都十分轻视阶级斗争是中国历史发展的动力这一观点。②"阶级的问题"还将那些同意中国是一个过渡社会并对帝国时代中国社会性质持极其相近观点的人区分开来,那些在阶级问题上最为强硬的是中国共产党的理论家如朱佩我、郭沫若、何干之以及其他学院派马克思主义者如周谷城、翦伯赞、范文澜、吕振羽等,他们不承认中国的社会经济结构有任何的模糊性,不承认中西之间有任何的变异,坚定地认为:当代(其时)中国社会性质——处于资本主义前夜,根据马克思的社会发展模式,比如是一个封建社会;他们都认为阶级分析法完全适用于从古至今的整个中国文明史,都确认阶级斗争上中国历史发展的根本推动力,否认中国历史上有过所谓过渡时期。③中共理论家内部的观点有差异,但主要是源于他们对欧洲历史发展的理解和他们对中国历史的关注程度的相互作用。他们在诸如奴隶社会的上下限该延伸多远以及相应的封建社会的具体分期问题上有或多或少的分歧,但对于历史发展具有普遍性的认识上并无不同;他们在完全否认中国有丝毫偏离阶级斗争是历史发展的推动力这一普遍性法则,从而偏离出西欧社会的发展模式这一点上,也是完全一致的。④将革命与历史结合的原因在于:在革命的大背景下,中国马克思主义者对于阶级斗争的信念,使得他们对否认历史发展普遍性的负面意义格外敏感,而倾向于接受强调阶级斗争和单线一元论的历史唯物主义的解释,因为后者断言了历史发展的普遍性法

---

① [美]阿里夫·德里克:《革命与历史:中国马克思主义历史学的起源,1919—1937》,翁贺凯译,江苏人民出版社2005年版,第185~195页。

则,同时也确保了阶级斗争在历史上的中心地位。

至此,根据以上这几点分析并结合前文关于马克思的"本意"的探讨,可作小结如下:不管马克思的本意是否为单线的一元论,不管马克思关于历史的实质论述与写作风格是否具有含混性,也不论中国马克思主义者对于苏联斯大林"钦定"五阶段论的接受是否为盲从,更不论不同的诠释者是附丽、背离还是扭曲了马克思(乃至恩格斯或摩尔根)的"原义",这些都不重要了;重要的是,"一切为我所用","五阶段论"的马克思主义历史观,为中共马克思主义者的革命提供了依据和答案。因为"中国的政党与欧美政党立意的根本差异就在于:中国的政党使命是国族间的生存竞争中民族国家的整合性建构,而不是国内社会分化的阶层和利益集团的诉求聚合(如欧美政党那样)。这样,政党必须要有更普遍的价值理念来支撑民族主义的、定位于国族竞争的政治诉求。社会主义精神为中国主要政党所采纳,乃是因为这种价值(正义、平等)理念为民族国家提供了更具国际正当性的支持:国族间的生存比较决定了马克思主义在中国的传播及其接受的价值偏爱结构的基础"①。相反,若否认"五阶段论"的历史必然性,就意味着质疑马克思革命理论的基本前提;否认生产力和生产关系的矛盾以及阶级斗争在历史发展中的中心作用,将意味着需要对马克思恩格斯在《共产党宣言》(1848年)中"到目前为止的一切社会的历史都是阶级斗争的历史"② 这一著名论断的前提进行严格的审查与限定,也将意味着中国共产党的指导思想的正确性以及中国社会革命的合法性将受到质疑与动摇,更不用说也会殃及社会主义革命和建设以及共产主义事业"接班人"的千秋大业。一言以蔽之,中国革命的需要和阶级斗争的中心性需要一元论的历史理论,社会主义事业的赓续和"接班人"的培养更需要"五阶段论"的中国马克思主义历史观。据此以论,确如梁启超(1873—1929年)所言:"历史的目的在将过去的真事

---

① 刘小枫:《现代性社会理论绪论——现代性与现代中国》,上海三联书店1998年版,第397页。
② [德]马克思、恩格斯:《共产党宣言》。见《马克思恩格斯选集》(第一卷),人民出版社1972年版,第250页。

实予以新意义或新价值,以供现代人活动之资鉴。假如不是有此种目的……吾人做新历史而无新目的,大可以不做。"①

以上所述,决定了起源于 20 世纪 20—30 年代、定型于 40 年代的"五阶段论"的中国马克思主义史学观,成为自那迄今的中国历史认知的框架与模式。不错,针对"五阶段论"模式所具有的强烈的意识形态解释和政治功利性,1949 年以后的中国史学界曾经一度出现过试图予以纠偏的"历史主义思潮";这股思潮力求在不逾越目的论总体框架的前提下,削弱现实政治对历史诠释过程的支配作用。② 譬如,翦伯赞就曾对自己以往借助以古讽今的方式对历史事实进行有意的时代置换作了自我批评,他说:

> 人们为了结合现实政治,常常把过去的历史人物和事件作一种轻率的历史类比,甚至不科学地把他们等同起来,好像不如此就脱离实际,就失掉了历史科学的现实意义。我在解放以前也常用以古讽今的方法去影射当时的反动派。其实这样以古讽今的办法,不但不能帮助人们对现实政治的理解,而是相反地模糊了人们对现实政治的认识。……不是把历史上的现实现代化使之符合于今天的现实,就是把今天的现实古典化去迁就历史上的现实,两者都是非历史主义的。

不过,在严格区分了"古代进化论"和"现代进化论"的区别后,翦伯赞仍然强调:

> 科学的进化观就是要说明每一个历史阶段所持有的基本经济法则和与此相适应的阶级关系、政治制度乃至意识形态,就是要说

---

① 梁启超:《中国历史研究法》,上海古籍出版社 2006 年版,第 133 页。
② 杨念群:《中层理论——东西思想会通下的中国史研究》,江西教育出版社 2001 年版,第 12 页。

明从一个历史阶段发展到另一个历史阶段的变革过程。①

这就难怪杨念群得出这样的结论:关于"历史主义"的讨论并没有改变中国史学家对"五阶段论"框架的信奉;任何相关的"历史主义"命题的讨论,仍只可能是具有本质规定性的某种政治话语的表述策略。②《革命与历史》的作者阿里夫·德里克也再三强调,定型于40年代的"五阶段论"的马克思主义历史观从其开始就占据了中国史学的支配地位,并对中国史学认知产生了不可改变的影响。他在全书最后这样预言:"只要革命问题继续,历史的问题也仍将继续下去。"③而最能印证这些判断的,当推前文所选取的《中国历史》教科书了——"五阶段论"的史学框架跃然纸上。中国历史认知及其教学对这一框架的信奉是如此地令人印象深刻以至几成"自然"之事,而对于这样的教科书稍作修改反倒成了"不自然"的事情。譬如,拟在上海市试用的新版历史教科书仅仅因为提到了比尔·盖茨、"减写农民起义"等方面的修改,就引发了"历史教科书风波",并遭到《纽约时报》、《国际先驱论坛报》、《侨报》、《中国青年报》、《北京青年报》、《青年参考》、《青年周末》以及网络论坛等众多新闻媒体的"炮轰",指责中国新版历史教科书是"盖茨取代毛泽东",以至于该教科书主编及媒体不得不发表诸如"(新教科书提到)1次盖茨120次毛泽东"、"(新教科书)是改变,不是'政变'"、"酝酿八年的进步"等显著声明以正视听。④

关于"五阶段论"的中国历史认知框架,也许还有一个不该忘记、同

---

① 这两段引文可见翦伯赞:《翦伯赞史学论文集》第3辑,人民出版社1980年版,第8、144页。

② 杨念群:《中层理论——东西思想会通下的中国史研究》,江西教育出版社2001年版,第13页。

③ [美]阿里夫·德里克:《革命与历史:中国马克思主义历史学的起源,1919—1937》,翁贺凯译,江苏人民出版社2005年版,第217页。

④ 参见《盖茨来了 毛泽东还在》,载《南方周末》2006年9月28日,第D25版;《是改变,不是'政变'——专访上海新版历史教科书主编苏智良》,载《南方周末》2006年9月28日,第D26版;《崛起的中国依然是红色》,载《参考消息》2006年10月12日,第15版;《历史教科书:酝酿八年的进步》,载《中国新闻周刊》2006年第41期,等。

时也需要澄清的问题,这就是颇具社会学意味的"百家争鸣"与"历史研究"的关系问题。

"百花齐放、百家争鸣"是我国繁荣发展文学艺术、学术的指导方针,此乃众所周知。然而,鲜有人知悉的是,毛泽东提出"百家争鸣"方针首先是从历史问题,针对历史研究尤其是针对成立历史研究委员会、创办《历史研究》刊物而提出来的。1953年秋,中共中央决定成立历史研究委员会。是年9月,中央宣传部副部长兼中国科学院院长陈伯达主持召开会议,讨论科学院增设两个历史研究所,出版历史刊物和其他与加强历史研究有关的事项。会议决定出版《历史研究》杂志,组织一个编委会,由郭沫若做召集人,具体工作由刘大年和尹达负责。陈伯达对刘、尹二位说:"创办刊物必须'百家争鸣'。以前有军阀、财阀、学阀,你们办刊物不要当'杂志阀'。什么叫'杂志阀'?就是指发表与自己观点相同的文章,不发表观点不同的文章,那不好,要'百家争鸣'。"两年以后即1956年1月,中央召开知识分子会议,康生在发言时举例说陈伯达提出了"百家争鸣"问题。陈伯达不敢贪天功,马上写了一个条子给康生,康生照念了:"百家争鸣"不是我提出的,是中国科学院办历史刊物,我向毛主席请示方针时,毛主席提出的。自1953年秋至1956年春,陈伯达三次讲到"百家争鸣"问题,尽管略有不同,但可以肯定的是"百家争鸣"的方针是毛泽东亲自提出来的。对此予以佐证的是曾先后于1961—1966年、1974—1982年两度任《历史研究》主编的黎澍的相似回忆。大约在1953年,黎澍听到传来的毛泽东指示——中国历史很长,建议中国科学院设立三个研究所,把中国历史分作三段来研究:第一所研究古代,止于汉代;第二所研究魏晋到鸦片战争前;第三所研究鸦片战争以来的近代史。三个历史研究所合办一个杂志,定名为《历史研究》,方针是"百家争鸣"。

毛泽东为什么首先在历史问题上而不是别的问题上提出"百家争鸣"呢?刘大年、龚育之认为这其实有一个背景。在关于中国奴隶制与封建制的分期问题上,著名的马克思主义史学家郭沫若和范文澜①主张截然不同:郭主张春秋战国时代是中国奴隶社会和封建社会的分期标志;范则认为西周是中国封建社会的开始。② 两种观点争论激烈又都有各自的追随者。对中国历史一向有着浓烈兴趣、熟读史书的毛泽东对这个问题极为关注,他对前来向他请求指示的陈伯达(当时的中国历史研究委员会主任)说,要"百家争鸣";第二年(1954年)创办《历史研究》杂志,也是以这个作为办刊的方针。1955年毛泽东回答中宣部部长陆定一关于中共党史编写的请示时,也是明确地说"百家争鸣"。在1956年4月讨论《十大关系》的讲话的中共中央政治局扩大会议上,毛泽东在作总结讲话时明确提出:"文艺问题上的百花齐放,学术问题上的百家争鸣,我看应该成为我们的方针。"5月2日,毛泽东在最高国务会议上的讲话中正式宣布了"百家齐放、百家争鸣"的方针。至此,"百家争鸣"已由对历史工作委员会的工作方针及《历史研究》的办刊方针发展成为整个学术界的指导方针。此间及其后,担任中共中央宣传部部长长达21年(1944—1966年,1953年除外)之久的陆定一,积极参与了这个方针的决策,是这个方针的权威阐释者和创造性执行者。③

笔者之所以铺陈以上是想说明,"百家争鸣"这一方针并没有改变"五阶段论"的历史认知框架——否则就不会有《中国历史》中的朝圣旅途了。从前文所述翦伯赞等人关于"历史主义"的悖谬性的讨论即可知晓,"百家争鸣"并不意味着可以"漫无边际"地争鸣,可以突破"五阶段

---

① 郭沫若是唯一一位在30年代论战之前就已经在中国知识界享有声誉的马克思主义史学家;而范文澜则与翦伯赞等人一样,是在30年代中期之后才开始见诸学界,且直到40年代才在史学领域获得较大的声誉。但两者都是1949之后中国学界大名鼎鼎的史学家,都是"亚细亚生产方式"的反对者,都信奉"五阶段论"的历史发展观。见[美]阿里夫·德里克:《革命与历史:中国马克思主义历史学的起源,1919—1937》,翁贺凯译,江苏人民出版社2005年版,第114、176~177页。

② 关于这二人历史分期的详细差别,可参"中国社会史论战主要作者之中国历史分期表"。见[美]阿里夫·德里克:《革命与历史:中国马克思主义历史学的起源,1919—1937》,翁贺凯译,江苏人民出版社2005年版,第154页。

③ 以上关于"百家争鸣"方针的具体陈述,参见徐思彦:《〈历史研究〉与"百家争鸣"》。见《历史学家茶座》第二辑,山东人民出版社2005年11月版,第66~68页;龚育之:《陆定一与"双百"方针》,《新华文摘》2006年第16期。

论"。现任《历史研究》主编徐思彦亦这样论述道:"'双百'方针的提出……是何等的智慧与气度。然而,令人遗憾的是,在历史学乃至整个中国学术界,'百家争鸣'的方针并未得到始终如一的、真正的执行,非学术因素的干扰在不同时期不同程度地存在着,也因此不同程度地阻碍了学术的健康发展。"①徐思彦"'百家争鸣'的方针并未得到始终如一的、真正的执行"这句话的潜台词是,"百家争鸣"方针曾经得到过(真正的)执行——他认为,20世纪50年代前期的毛泽东对"国家政治空前稳定、经济发展顺利"充满了强烈的自信心,"百家争鸣"方针的提出即是这种信心的反映。不错,此论仿佛确有佐证:此间(50—60年代),1949年以前马克思主义史学中对中国古代史分期展开的热烈讨论得到了继续。如林甘泉等人所言:

> 从50年代初到60年代中,古代史分期问题的讨论曾经出现过非常生动活泼的百家争鸣局面。中国从奴隶社会过渡到封建社会究竟始于何时?有主张春秋战国的,有主张秦朝的,有主张西汉或东汉的,有主张魏晋的。诸说并出,相互诘难,各有千秋。②

然而,稍微回顾历史便不难识别,这一次的"百家争鸣"不过是30年代关于中国社会史的论战,尤其是对奴隶制起讫时间这一争论的旧话重提、老调重弹而已。王铭铭一语中的:这种"百家争鸣"围绕的还是一条"斯大林化"的历史过渡的线索,即五种社会形态——原始社会、奴隶社会、封建社会、资本主义社会、社会主义——的"进步史"。③

于此而言,我们或许应该重温阿里夫·德里克《革命与历史》全书最后的提醒和预言:只要革命问题继续,历史的问题也仍将继续下去。抓住这个牛鼻子并了然如下这一点,似乎比不假思索地谈论"百家争鸣"的

---

① 徐思彦:《〈历史研究〉与"百家争鸣"》。见《历史学家茶座》第二辑,山东人民出版社2005年11月版,第68页。
② 林甘泉、田人隆、李祖德:《中国古代史分期讨论五十年》,上海人民出版社1982年版,第426页。
③ 王铭铭:《"裂缝间的桥":解读摩尔根〈古代社会〉》,山东人民出版社2004年版,第127~128页。

要好:20世纪30年代为寻求中国社会革命的答案而促发的社会史论战,50年代关于中国历史复杂、多元性解释的抬头以及中国古代史分期问题的纷争再起,"文化大革命"对于中国历史复杂性观点的彻底抛弃,以及70年代末以后对于60—70年代的"拨乱反正",无不表明革命与历史两者之间休戚与共、革命继续历史不息的复杂纠葛与动态关联。

于此而言,我们也不该疏忽的是,对于郭沫若和范文澜的激烈争论,毛泽东在指示一个"百家争鸣"方针的同时,也表态比较赞成郭沫若①的主张,他曾对陈伯达说:"郭老有实物根据,他掌握那么多甲骨文。"②时至今日,中国历史教科书与郭沫若在同范文澜关于中国古代史分期争论中所持的观点几无二致:郭沫若所主张的春秋战国时代是中国奴隶社会和封建社会的分期标志,同《中国历史》(第一册)第二编奴隶社会之末章与第三编封建社会之首章的"串结",宛如天工巧合:

第二编　奴隶社会

……

　　第三章　奴隶社会的瓦解——春秋
第三编　封建社会
封建社会的形成和初步发展——战国、秦、汉

　　第一章　封建社会的形成时期——战国

……

"五阶段论"朝圣之旅中这关键一串,令人久久凝视,逴逴遐思……

---

①　1949年之后,郭沫若多是引用斯大林和毛泽东作为理论的权威根据,很少再引用恩格斯和摩尔根的观点。见[美]阿里夫·德里克:《革命与历史:中国马克思主义历史学的起源,1919—1937》,翁贺凯译,江苏人民出版社2005年版,第143页。

②　徐思彦:《〈历史研究〉与"百家争鸣"》。见《历史学家茶座》第二辑,山东人民出版社2005年11月版,第67页。

但不管怎么说重要的是,"亚细亚生产方式"问题这段枢纽工程的决断①,最终打通并连结了中国历史架构中因"由果说因"而需要解决的"三大论题"中的另两个问题,即"商业资本主义社会"问题和奴隶制生产方式的普适性问题;提供了中国社会革命的答案和历史发展的未来方向;克服了"既想谨慎地遵循马克思主义经典理论的字面意义,又想顾及中国历史的实际经验"②这一困扰中国马克思主义史学研究的难题;同时也迎应了1931年列宁格勒会议决定及其后斯大林化的五段论历史模式;并在"百家争鸣"的学术讨论氛围中吻合与满足了中国官方的旨意。对于学校教育来说,最重要的是"五阶段论"的历史教学模式为教育尤其是政治教育提供了一张灵魂朝圣的路线图,预制了一幅完整的仪式结构。

需补缀的是,这里所说的"预制",当且仅当它是就既定的政治意识形态对于课程(教科书)的规制而言时,方有意义。就政治意识形态本身而言,一如科学活动先于科学假设、烹饪活动先于烹饪指南一样,"先有政治活动,政治意识形态(才)随之而来",欧克肖特(Mickael Oakeshott)如是说,"政治意识形态根本不是政治活动半神圣的父亲,而是它尘世的继子",政治意识形态远不是政治活动的预先策划、"序言"或神慷慨的馈

---

① 需说明的是,"决断"并不意味着学理上的解决。即便撇开马克思"亚细亚生产方式"的所谓原义不论,纵然认定中国社会有奴隶制社会因而符合"五阶段论"的世界历史发展模式,仅仅"后一种社会经济形态取代前一种社会经济形态究竟是什么时候,如此等等一系列根本性的问题,一直众说纷纭,从未取得令人普遍信服的结论";"关于基本前提的意见已极难统一,历史分期便自然地各自一说。仅以封建社会取代奴隶社会的时间而论,就有西周封建说、春秋封建说、战国封建说、东汉封建说、新莽封建说、秦汉封建说、魏晋封建说、南北朝封建说等不同的主张,时间先后相差一千六七百年,每一说都振振有词。而所有这些主张,其实几乎都是据中央王朝情况而立论……"。参见姜义华:《一部新的中国通史教材》,载《南方周末》2006年1月9日,第D30版。另可参阅"中国社会史论战主要作者之中国历史分期表",见[美]阿里夫·德里克:《革命与历史:中国马克思主义历史学的起源,1919—1937》,翁贺凯译,江苏人民出版社2005年版,第154~155页。

② [美]阿里夫·德里克:《革命与历史:中国马克思主义历史学的起源,1919—1937》,翁贺凯译,江苏人民出版社2005年版,第186页。

赠，而是政治活动的事后缩写、抽象与"附言"。① 上文关于"五阶段论"的中国历史认知这一政治意识形态的复杂诞生过程——其主旨是为革命活动提供答案（先有革命之政治活动，方生所需历史观），其手法是由果说因——显明地标示了这一点。不过，在留意欧克肖特把政治意识形态先于政治活动的"预先策划"论视为"本末倒置"的同时，切不可低估政治意识形态确立之后的"后发"宰制力量，这正是笔者接下来着意阐述"五阶段论"的史学框架为中国历史叙事及其教学预制了目的与轨道的原因所在。

二、革命总在反动后：目的论制导下的历史叙事

在上一节，藉由《中国历史》"要目"和"中国历史大事年表"这两种历史再现的基本类型，即编年史（the chronicle）和年代记（the annals），我们从整体上发现并考察了中国历史教学的"五阶段论"朝圣路线图。朝圣之旅是一种形式，一种仪式；更是一种内容，一种信仰。这种仪式及其承载的信仰，对于学生灵魂的教育及塑造作用无论怎样强调都是不为过的，因为正是它，为受教育者的历史认知赋予了一个基石般的框架和支配性的想像，形同一项宏伟工程的施工图纸或者一幕戏剧的脚本。在此框架之下的受教育者，都为朝向"接班人"而被培养和锻造。

不过，这种"五阶段论"朝圣路线图要得以具体而丰富地绘就，还必须依赖合法化的历史叙事，亦即要将实在的事件（李大钊所谓的"死的历史"、"实在的事实"）加以叙事化（变成李大钊所谓的"活的历史"、"历史的事实"）。这就关系到历史再现的第三种基本类型，即严格意义上的历史（the history）了。历史需要的是叙事，克罗齐（Bendetto Croce）说，"没有叙事，也就没有历史"②；编年史只是一种普通的时间再现……事件

---

① ［英］迈克尔·欧克肖特：《政治中的理性主义》，张汝伦译，上海译文出版社2003年版，第43～47页。这个创见标示了欧氏对近现代政治种种病根即理性主义（崇尚技术理性、专注于确定性）的诊断。

② ［美］海登·怀特：《形式的内容：叙事与历史再现》，董立河译，文津出版社2005年版，第37页。

"在其中"发生,而叙事表达的是一种不同于编年史所表达的意义的"他"意①。正像怀特(Hayden White)所论述的那样,"只有当我们希望赋予实在的事件一种故事的形式时,叙事才成为问题";"(经过叙事化的)这些事件是实在的,并不是因为它们发生了,而是因为,首先,它们被记住了,其次,它们能够在一个按时间先后排列的序列中找到一个位置。……实际记录在叙事中的事件看上去是实在的,这恰恰是就它们属于一个道德存在的顺序而言的,也恰恰是就它们从自己在这一顺序中的位置获取意义而言的。正是因为被描述的事件有助于或无助于社会秩序的建立,它们才在证实了其实在性的叙事中找到了一个位置";而"构造完好的故事一般具有中心性主题、适当的开头、中间和结尾以及一种能够使我们在每一个开头都能看出'结尾'的一致性"。② 怀特用反问的方式提示人们注意,那些给定的一连串事件除了"道德教化的"结局之外还可能有什么其他结局呢? 无论何时,我们能够在不进行道德化的情况下实现叙事化吗? 回答是,叙事化的话语适合道德(政治)化判断的目的。

深入分析《中国历史》的具体内容可以发现,在"五阶段论"总体认知框架和目的论制导下的历史叙事,就有着一个鲜明的道德(政治)化母题:即"革命/反动",或者是类似的"先进/落后"、"光明/黑暗"、"正面/负面"、"善/恶"、"忠/奸"、"是/非"、"新/旧"、"好/坏"之类——直至今日,人们遇事、见人总要有意无意地区分"好/坏",此一心理可谓这一母题在国人身上的基因传递。受这目的论的制约,《中国历史》书写呈现"落后—先进—落后—先进……"、"革命总在反动后"或"反动之后必革命"以及"革命—灭亡—发展—革命……"的循环进化论色彩,从而完成了《中国历史》五编57章的合法化叙事,编织出体现"五阶段论"史学框架的完整情节。

在《中国历史》五编57章的编写中,王朝更替、政权易手的历史叙事

---

① [美]海登·怀特:《形式的内容:叙事与历史再现》,董立河译,文津出版社2005年版,第73页。
② [美]海登·怀特:《形式的内容:叙事与历史再现》,董立河译,文津出版社2005年版,第5~6、26、30~32页。

大都围绕"后者前进—前者倒退"的仪式化母题来展开。比如,《中国历史》第一编"原始社会"的结尾,在肯定了"奴隶社会代替原始社会是历史发展的必然规律"之后,在紧接着的第二编"奴隶社会"的历史叙事中,关于先秦夏、商、周三代的继替以及"奴隶社会的瓦解"就是这样叙述的(黑体为笔者所加,下同):

> 在夏朝统治的四百多年里,奴隶们经常逃亡或者暴动。公元前十六世纪夏朝的最后一个王夏桀在位。他过着奢侈腐朽的生活,并且对人民进行暴虐的统治。人民恨透了夏桀,奴隶不断地怠工,反抗夏桀。居住在黄河下游的商部落,在首领汤的领导下乘机起兵。汤带着许多部落打败夏桀,夏朝灭亡了。——《中国历史》(第一册)第17页

这里,商朝是作为腐朽、暴虐的夏朝的对立面而出现的,可谓"社会进步"方向的代表,以至商朝势力最大的时候,"是当时世界上的一个大国"。然400余年之后,"腐朽没落的"商朝最终也没摆脱灭亡的命运,取而代之的是"先进的"西周:

> ……奴隶不堪忍受奴隶主血淋淋的阶级压迫,他们经常怠工,破坏工具,逃亡,以至暴动,沉重打击奴隶主贵族的统治。商朝的最后一个王商纣的统治非常残暴。他终日饮酒作乐,过着奢侈腐朽的生活。人民表示不满,他就加重刑法,残酷镇压。人民纷纷起来反抗。商朝后期,泾水、渭水流域商朝的属国周,力量迅速发展。大约在公元前十一世纪中期,周武王带领西方、南方各部落的军队,进攻商纣。商纣自杀,商朝灭亡了。周朝建都镐京,历史上叫做西周。西周的时候,我国的奴隶制获得了高度发展。奴隶被迫在井田里集体耕作。他们辛勤劳动,使西周的农业获得了发展。后世的主要农作物那时候大都已经有了。——《中国历史》(第一册)第23~26页

基于"革命/反动"母题和进化论史观的逻辑以及我们共同的历史记忆可知,接下来的历史叙事便是西周的灭亡,因为历史的车轮总是来者

先进、进步、革命,往者落后、腐朽、反动:

> 西周后期,奴隶主贵族日益腐朽。周王不断发动掠夺战争,奴隶和平民(周朝的被统治阶级)的负担越来越重。公元前841年,终于爆发了"国人暴动",即平民的武装暴动。"国人暴动"有力地打击了西周奴隶制王朝,动摇了西周奴隶主的统治。公元前771年,少数民族犬戎攻破镐京。西周结束。——《中国历史》(第一册)第27、132页

第三编"封建社会"的叙事主线是"封建社会的形成和初步发展、分裂和民族大融合、繁荣和融合的加强、巩固和渐趋衰落"。其间,秦、(西)汉、隋、唐、(北)宋、元、明等朝代,都是亡于各自朝代末年的农民战争,而其叙事主调依然是"先进"打击、进而取代"落后",继而又被后来的"先进"者所打击、所取代。当然,后者的"先进"更多的是作为前者腐朽、落后的反衬而出现的,每一次农民战争也多有官逼民反的色彩,围绕的暗线则是土地兼并以及相应的农民与地主之间的阶级斗争。同时,对于农民起义的历史叙事,或赞其勇猛,或叹其悲壮,或哀其不幸,或憾其终弃,颂扬之辞溢于言表。这些多少都为后来的"工农革命"、"土地革命"和"国内革命战争"等历史事件的合法化叙事定下了基调,埋下了伏笔,作好了铺垫。譬如,对于秦末的农民战争,《中国历史》给予了高度评价:

> 秦朝的横征暴敛和残酷压迫,使社会生产遭到严重破坏,阶级矛盾越来越尖锐。公元前209年,一批穷苦的农民九百人被征发到渔阳戍守边地。陈胜和吴广是其中的两个小队长。他们走到蕲县的大泽乡,遇上大雨,道路被冲毁了。按照秦法,误期都得处死。九百人眼看都活不成了。于是,陈胜、吴广杀死押送他们的军官,号召大家起来推翻秦的统治。陈胜、吴广慷慨激昂地说:"王侯将相,宁有种乎?"中国历史上第一次大规模农民战争的熊熊烈火在大泽乡点燃了。陈胜、吴广领导的起义军占领陈以后,陈胜自立为王,建立了革命政权,国号张楚。……陈胜、吴广虽然牺牲了,但是他们首创

的农民革命的风暴却越来越猛烈。刘邦和项羽率领的两支起义军逐渐壮大起来。秦末的农民战争,是中国历史上第一次大规模的农民战争。它以急风暴雨之势推翻了秦朝的残暴统治,沉重地打击了地主阶级。陈胜、吴广的革命首创精神,在中国历史上闪烁着永不磨灭的光辉。——《中国历史》(第一册)第60~65页

汉高祖刘邦及其功臣们因都参加过秦末农民战争而深受秦亡的教训,汉初的"修养生息"政策促进了一个"强盛的西汉"的逐步形成,并奠定了汉朝400年的基业。然而,它终究难脱"先进"尽头是"没落",最终走向"瓦解"的厄运:

> 东汉中期以后,外戚和宦官交替控制了中央政权。他们都是统治阶级最腐朽的政治代表。这些靠钱买来的官,上任后就拼命搜刮,不顾人民死活。贵族、官僚们的家里堆满了金银、财宝,连狗和马都披上绣花的丝织品。广大的农民无衣无食。河南人民,十之四、五饿死,有的全家饿死。184年,终于爆发了全国规模的黄巾大起义。黄巾军的主力经过九个月的英勇战斗,失败了。但是,各地起义军继续坚持战斗,有的长达三十多年。黄巾大起义是一次有准备、有组织的农民起义。在黄巾起义的沉重打击下,东汉政权瓦解了。——《中国历史》(第一册)第90~94页

经过黄巾起义打击后的东汉政权已经名存实亡。地方官吏纷纷招募军队成立割据一方的军事集团。自公元200年至589年,出现了史称"封建国家的分裂和民族大融合"也即三国、两晋、南北朝时期,经过近400年间遍地称王立帝的混乱时期,北周的外戚杨坚夺取政权,建立了短命的隋朝:

> 隋炀帝的残暴统治,激起了农民的无比愤恨。无止境的徭役和兵役,迫使千千万万的农民离开家乡,大量的田地荒芜了。广大的农民无法生活,只得吃树皮、树叶,甚至发生了人吃人的惨剧。611年,山东长白山农民在王薄领导下发动起义,全国各地农民纷纷响

应。618年,隋炀帝在江都被部将杀死。腐朽残暴的隋政权在农民革命的大风暴中覆灭了。当农民起义蓬勃发展的时候,隋朝的太原留守李渊乘机起兵,攻占长安。618年,李渊称帝,建立唐朝。——《中国历史》(第二册)第2～7页

对于标志着"封建社会的繁荣"的唐朝,《中国历史》以三章的篇幅来书写,其中两章的标题——"唐朝前期的繁盛"和"唐朝的衰落和唐末农民战争"——透露的依然是"先进/落后"的历史叙事主题和"由盛而衰"的历史演变进行曲。而其具体的叙事,仍旧是由对早期统治者的褒扬到对后期统治者的挞伐,由对前期农民辛勤劳作的歌颂到对后期民不聊生的渲染,以至对农民起而革命的肯颂。

历史不能重头再来,历史又是何其相似。就像汉高祖刘邦及其功臣们记取秦亡的教训,推行"修养生息"的政策而成就一个"强盛的西汉"一样,子承父业的唐太宗李世民和他的大臣们也"常常回忆隋亡的情景,警惕重蹈隋炀帝的覆辙",加以他"知人善任、从谏如流、政策得力",所以在他治下的唐朝出现了"比较清明"的"贞观之治"之繁荣景象。后经中国历史上唯一的女皇帝武则天统治时期的"社会经济继续发展",及至唐玄宗统治前期,"中国封建社会呈现前所未有的盛世景象",史称"开元盛世"。然而:

> 唐朝后期,皇室、贵族、大官僚和大地主都大量兼并土地。许多农民失去土地,四处逃亡。统治者为了满足无穷的贪欲,更加残酷地剥削农民。苛捐杂税名目繁多,广大农民再也活不下去了。一场震撼全国的农民战争,首先在河南、山东爆发了。878年,几十万起义大军横渡长江,迅速攻入安徽和浙江的许多州县。接着,起义军又以惊人的毅力和速度,在短短一个月里,劈山开路七百多里。880年,起义军占领洛阳;接着,乘胜迅速突破潼关天险,逼近长安。唐僖宗狼狈逃往四川。第二年的年初,起义军开进长安。在长安,他们对老百姓说:黄王(黄巢)起义为的是老百姓,同李家皇帝完全不一样,你们安居乐业好了。起义军把财物分给穷苦人民,长安城里一片欢乐。——《中国历史》(第二册)第33～36页

对于起义军政权建立后对唐朝宗室实施的"成王败寇"式的灭绝,以及对贵族、官僚的镇压和对富家财产的占有,《中国历史》持有肯定的态度①,认为这是为民除暴,地主阶级及富家是罪有应得;对于大齐政权没有一鼓作气而遭唐军余部的反击,则抱以遗憾并分析失利原因;对于起义军的最后失败则给予虽败犹荣的高度赞扬,认为其代表了历史前进的方向:

> 起义军在长安建立了政权,国号大齐。大齐政权镇压了一批人民痛恨的大贵族、大官僚,没有来得及逃跑的唐朝宗室,几乎全被杀掉。长安城里的富家,不少逃到乡下;逃不出去的,也失去了原有的权势、财产。但是,大齐政权建立后,没有乘胜追歼唐朝军队,给了敌人喘息的机会。唐朝统治者纠集残余军队和地主武装,向农民军反扑。起义军最后失败了。黄巢领导的农民起义军奋战十年,行程几万里,席卷大半个中国,在长安建立了政权,瓦解了唐朝的反动统治。这次农民战争,沉重打击了封建地主阶级,进一步摧垮了魏晋以来腐朽的士族势力,推动了历史的前进。——《中国历史》(第二册)第36~37页

历史的轮回又是惊人的相似。一如东汉末年黄巾起义后有近 400 年遍地称王立帝的混乱时期一样,唐末农民战争(黄巢起义)以后,也出现了 50 多年的割据混战即"五代十国"时期,以及随后的辽、宋、夏、金、元等政权,《中国历史》称之为"民族融合的进一步加强和封建经济的继续发展"。

结束五代十国之后的北宋,虽然出现了如《清明上河图》所描绘的盛极一时的繁华景象,但伴随着宋初的王小波和李顺起义、宋中王安石变法的夭折以及宋末方腊、宋江起义,终被金所灭。之后,又是南宋统治阶级的"腐朽"及其农民的"革命"起义:

---

① 就连遭受打击者"扶犁黑手翻持笏,食肉朱唇却吃齑"这样的感慨,《中国历史》也特以脚注说明"这是当时地主的一首反动诗句中的两句"。见《中国历史》(第二册),第 36 页。

南宋统治者对金屈膝投降，又借抗金的名义加紧搜刮人民。从前线败退下来的官兵，也趁火打劫，奸淫掳掠，无恶不作。南宋人民过着暗无天日的悲惨生活，他们不断起义。五陵人钟相继王小波、李顺的"均贫富"主张之后，提出了"等贵贱，均贫富"的口号。这就概括了农民政治上要求平等、经济上要求均分财富的愿望。这个口号振奋了广大农民的革命精神。不久，钟相在一次战斗中被俘牺牲。农民军由杨么领导，继续同南宋统治者展开斗争。1135年，南宋政府派岳飞前去镇压。杨么被俘，英勇不屈，遭到杀害。南宋人民的斗争，打击了南宋王朝，阻止了金军的南下，使南方的经济得到了发展。北方人民由于战乱，南迁的很多，更加促进了南方经济的发展。——《中国历史》（第二册）第72～74页

饶有意味的是，这里的历史叙事一方面对钟相、杨么起义的革命精神和英勇不屈大加赞赏，另一方面却并没有苛责前去镇压并杀害杨么的南宋统治者的代表岳飞。其不免矛盾的叙事逻辑如下：[①]一是杨么是人民革命的首领，代表历史发展方向，其起义"既打击了南宋王朝，又阻止了金军的南下，使南方的经济得到了发展"。这理应称颂。二是岳飞属于（南宋）政府派遣而镇压起义，可谓忠君报国，尽为臣之义。这无可厚非。由此二者，杨么的敌人（南宋朝廷）的朋友（岳飞）的行为就情有可原，岳飞似乎并不是杨么（有意）的敌人。第三，"岳飞是南宋抗金将领里最杰出的一个"，他的"岳家军"纪律严明，"冻死不拆屋，饿死不掳掠"，他们"作战勇敢"，在抗金斗争中"多次取得辉煌战果"。如此，在"阻止金军南下，以利南方的经济发展"这一点，也就是在"华夷对立"思维的逻辑下，岳飞与杨么有着共同的利益与相似的功劳，均当褒扬。第四，以宋高宗和秦桧为首的投降派因害怕主战派取得胜利对他们不利而命令岳飞班师，使其"十年之功，废于一旦"，为此，岳飞痛心，"军民一片悲愤"。可见，岳飞与杨么都是人民的代表，在君民关系上也都站在了人民一边。第五，在杨么被杀害之后的1141年，宋高宗和秦桧解除了岳飞的兵权，

---

① 参见《中国历史》（第二册），第69～75页。

秦桧还指示爪牙以"莫须有"的谋反罪名,杀害了岳飞。《中国历史》下评语说:"岳飞坚持抗金,符合广大人民的利益,他永远受到人民的尊敬。"这样,君臣之义让位于忠奸评判,岳飞被奸臣和其背后的反动统治者联手加害,可谓与杨么死于共同的敌人之手。

可见,这里的历史叙事以"好/坏"为母题与基轴,并不断变换方向,衍生出如下几种(对)情感炼金术的范畴:君/臣之义,忠/奸之别,军/民之情,生/死之誉,君/民之恨,善/恶之分,进/退之理,华/夷之辨。随着"好/坏"叙事母题的焦距调整和方向切换,不同人物与事件的正负形象及其历史评判也随之腾挪流转,犬牙交错。问题的关键并不是说,岳飞抗金、杨么起义、秦桧谋杀、南宋对金称臣之类的事件不真实,而是说,"任何特定的一系列真实事件都不会原本就是悲剧的、戏剧的、闹剧的,等等,而只能通过在事件之上施加一种特定故事结构的方式被建构成这样。因此,赋予事件以意义的是选择故事类型并把这种故事施加给事件这两种行为。这种编织情节的效果可以被视为一种解释,但是应该认识到,在任何一种演绎推理中作为共相出现的概括都是文学情节的主题,而不是科学的因果规律"[①];"历史作为一种虚构形式,与小说作为历史真实的再现,可以说是半斤八两,大同小异"[②]。有一项实证研究也显明,"历史课本作为历史教育的材料,是后人对于历史予以解释的结果,历史人物在历史课本中的地位不会长久不变化"[③]。历史学者孙江等人的研究更是描绘了一幅自南宋以降由官方主导的岳飞叙述的变迁"路线图":在蒙元治下,以抗金为主题表现华夷之辨色彩的岳飞叙述自然为当局所不容;到了明代中期以后,来自北方游牧民族的威胁重新唤起中原人民的历史记忆;满清时期的岳飞叙述则重在宣扬君臣之道;晚清的革命党人复又将岳飞纳入汉民族反满的谱系里加以叙述。岳飞叙述主题的变化,实际上反映了中国由来已久的积习。"岳飞是谁"并不重要,重

---

① [美]海登·怀特:《形式的内容:叙事与历史再现》,董立河译,文津出版社2005年版,第64页。
② 盛宁:《文学:鉴赏与思考》,生活·读书·新知三联书店1997年版,第313页。
③ 吴康宁、吴永军:《历史人物在历史课本中的地位沉浮——我国两套初中〈中国历史〉课本所载"重点人物"的比较研究》,载《南京师大学报》(社科版)1995年第2期。

要的是"谁的岳飞","叙事"与"历史"貌合神离。只要当下需要,岳飞可以被叙述成忠孝两全的道德楷模,或是抵御外敌的民族英雄,与这一符号意义无关或相抵触的史实皆被过滤干净,驱逐出官方主导的公共记忆。① 《中国历史》中的岳飞叙述可谓变化多端的典例,它以不断切换的视角和看似中立的手法来丰富岳飞叙述;但正如上文所分析的那样,这种求全责备的做法不免又漏出顾此失彼乃至相互抵牾的矛盾与破绽。

在这种情感的炼金术中,看起来似乎只有"人民"是唯一不变的历史正角:走投无路因而造反有理的农民起义自不待言,就连因躲避战乱而南迁的北方"难民",也"更加促进了南方经济的发展"。所有的历史事件都以人民为秤星而标码定位,"一个特殊的历史事件并不是一种作者可以随意塞入故事中某个地方的事件;它应该是一种能够'促成''情节发展'的事件"②。因为人民,正如《中国历史》叙事所表明的那样,是历史的创造者和社会前进方向的代表。《中国历史》叙事的总情节就是"反动之后必革命"、"先进总归胜落后",最终完成"五阶段论"的朝圣之旅。不过不可忽略的是,上述历史叙事中的人民也只是"南宋的"(附带地也包括原北宋统治区的农民)人民,而且,阻止了女贞金人的南下,就一定能使南宋的经济得到发展。这不能不说是"华夷对立"思维制导下的叙事手法的过火使用——对此予以佐证的是,南宋抗战派将领文天祥也因抗击蒙元的南攻,以"人生自古谁无死,留取丹心照汗青"的慷慨就义形象而彪炳史册;南宋文人李清照、辛弃疾和陆游则分别以"生当作人杰,死亦为鬼雄"、"西北望长安,可怜无数山"、"死去元知万事空,但悲不见九州同。王师北定中原日,家祭无忘告乃翁"的忧国忧民(南宋的国南宋的

---

① 《历史上的岳飞叙述》,载《南方周末》2005年4月14日,第B15版。
② [美]海登·怀特:《形式的内容:叙事与历史再现》,董立河译,文津出版社2005年版,第71页。

民)的"传世名句"而在《中国历史》的叙事中比肩而立①〔当然与此同时,《中国历史》也没有忘记把叙事基轴偶尔又切回到"人民"(不管哪里的人民)的主题上,把关汉卿《窦娥冤》这个"大胆揭露封建统治的黑暗"的元曲代表剧目也略带一笔②〕——而这又与《中国历史》"民族大融合与封建经济的发展"的上位叙事主题之间,以及与当今"五十六个民族是一家"的政治宣言与民族政策之间,存在着不小的裂缝与错位。而且,往远大处回忆,这种"华夷对立"的思维如此深重以至连原本自身就是"夷"的满清帝国也无意识地习得,逐渐怀着天朝心态而夜郎自大,日趋走向闭关锁国,以至酿成外邦入侵、邦民涂炭。从小处来讲,这种"好/坏"、"敌/我"式的简化而对立的思维定势,已然成为国人的一种获得性心理基因;从待人接物要分辨好坏人,到"文革"期间以阶级斗争为纲、按照"指标"找"敌人",都不能说与此没有某种因效关联。

历史的发展到了佃农出身的朱元璋这里,他因参加元末农民战争(红巾军起义)而发迹。经过"高筑强、广积粮、缓称王"的增势战略,他逐步由佃农翻身为皇帝,成为地主阶级的代表,并继汉唐两朝之后,开创了又一个基业逾200年的封建王朝。同样的历史主题曲是,朱明王朝作为衰败的元朝之后先进的继替者,因采取"利农"措施而逐步成为"我国统一多民族国家继续发展和巩固的时期"。它在前期成为世界上一个富强的国家,中后期则出现了"资本主义萌芽"。然而接下来便是这个王朝由盛而朽、农民战争觉悟水平步步高的历史叙事:

> 明朝后期,专制主义的封建统治非常腐朽。宦官魏忠贤独揽大权,他结党营私,贪污受贿,无恶不作。人民稍有不满,立即惨遭杀害,甚至被剥皮割舌。极端残暴的封建剥削和压迫,把广大人民逼近水深火热的困境。1628年,一年无雨,草木枯焦,庄稼没有收成。

---

① 类似的华夷对立叙事,在《中国历史》别处亦不少见。譬如十六国时期,主张北伐恢复中原的祖逖也因"闻鸡起舞"的典故而在《中国历史》中被特别书写。见《中国历史》(第一册),第112~113页。

② 详见《中国历史》(第二册),第91~98页。

农民吃蓬草子、树皮,甚至吃白石粉。农民活不下去了,官府却还用严刑拷打,向他们催逼租税。陕北农民忍无可忍,纷纷举起造反的大旗。他们攻占城堡,杀死官吏,打开地主的粮仓,把粮食分给饥民。1640年,(出身贫苦的)李自成领导的起义军针对土地高度集中、赋税十分沉重的现状,鲜明地提出了"均田免粮"的口号。这个口号的提出,标志着中国封建社会的农民战争已经发展到触及封建土地所有制的新水平。1644年初,李自成和铁匠出身的大将刘宗敏等,带领农民军,从西安出发,向北京进军。三月十九日,李自成带领农民军进入北京城。明朝的腐朽统治,终于被农民革命的伟大力量推翻了。农民军严厉镇压大官僚、大地主,有的没收全部家产,有的勒令吐出巨额赃款。李自成领导的明末农民战争,推动了历史的发展,建立了不朽的功勋。——《中国历史》(第二册)第119~126页

农民战争的最高峰被赋予了太平天国运动,这个由广东科举多试不第的农民洪秀全发起的起义,发生在曾经是"亚洲东部最大国家"的大清帝国之内忧外患时期,对于其业绩与失败原因是这样书写的:

> 由于外国侵略者对清政府的支持,由于领导集团的错误,也由于农民阶级没有科学的理论作指导(按:这已经在为呼吁马克思主义的出现作铺垫了),太平天国没有能够推翻清朝的统治,最终被中外反动派联合绞杀了。太平天国运动是中国近代历史上规模巨大、波澜壮阔的一次伟大的反封建反侵略的农民运动。太平天国组织了强大的武装,建立了政权,颁布了《天朝田亩制度》,是几千年来中国农民战争的最高峰。太平天国坚持战斗了十四年,势力发展到十八个省,先后攻取六百多个城市,沉重打击了中外反动势力。太平天国的光辉业绩,永远激励着中国人民继续战斗!——《中国历史》(第三册)第36~37页

在《中国历史》接下来的叙事中,革命叙事的主题当然会继续,其中主要的就是"虽然没有改变中国半殖民地半封建社会的性质",但却"推

翻了中国两千多年来的君主制度",因而其伟大历史功绩将"永远闪烁着光芒"的"资产阶级民主革命",即辛亥革命①;以及紧接着的"第一次国内革命战争"、"第二次国内革命战争"、"抗日战争"、"第三次国内革命战争",直至"伟大的中华人民共和国的成立"。而太平天国"组织武装"、"建立政权"的成功经验,以及"领导集团的错误"、"没有科学的理论作指导"的失败教训自然也会被记取和发扬。这在其后的历史叙事中多有体现,仅摘两例,一个事关"指导理论"问题,另一个则是土地的所有制问题:

> 1917年11月7日,列宁为首的布尔什维克党领导十月社会主义革命胜利了。中国的先进分子从十月革命中看到了"新世纪的曙光",逐步从激进的民主主义者转变为初步具有共产主义思想的知识分子。李大钊歌颂十月社会主义革命,热情指出:"试看将来的环球,必是赤旗的世界!"为了宣传马克思主义,李大钊等在北京创办了《每周评论》。1919年4月《每周评论》登载了《共产党宣言》的一段译文。从此,中国的先进分子,用马克思主义为精神武器,教育和组织人民,将革命推进到了一个新的时期,揭开了中国革命从旧民主主义革命转变为新民主主义革命的历史新篇章。——《中国历史》(第三册)第148页

> 随着农村革命根据地的建立和发展,土地革命在根据地蓬蓬勃勃地开展起来。1930年,他(毛泽东)根据对中国农村各阶级的分析,总结了土地革命的经验,制定了一条土地革命路线:依靠雇农,限制富农,保护中小工商业者,消灭地主阶级,变封建半封建土地所有制为农民土地所有制。土地革命的实行,使中国共产党赢得了广大农民的衷心拥护,为革命战争的胜利奠定了基础。——《中国历史》(第四册)第60~62页

《中国历史》就是这样在"五阶段论"的目的论制导下,完成了共计五

---

① 《中国历史》(第三册),第120页。

编57章的历史叙事,作为高潮的结尾是完满而大团圆式的,同时也是预示着新起点式的:

> 1949年10月1日,是中国人民无比欢欣鼓舞的日子。下午三时,在首都北京天安门举行了中华人民共和国开国大典。毛泽东主席庄严地宣告中华人民共和国中央人民政府成立,亲自升起了灿烂的五星红旗。晚上,首都人民举行了盛大的提灯游行。全国各地,人民普天同庆,到处荡漾着欢乐的歌声,庆祝新中国的诞生。中国共产党领导中国人民经过二十八年的革命斗争,终于推翻了帝国主义、封建主义和官僚资本主义在中国的黑暗统治,建立了人民民主专政的中华人民共和国。中国人民从此结束了被压迫、被奴役的悲惨命运,人民翻了身,作了国家的主人。新中国的成立,标志着中国民主革命的基本结束和社会主义革命和建设的开始。中国革命的胜利,使占世界人口四分之一的中国摆脱了帝国主义的殖民统治,走上了社会主义道路。——《中国历史》(第四册)第167~170页

其中,对于"人民民主专政"这一政体的解释,依然而且鲜明地体现了"革命/反动"、"人民/敌人"这一政治教化的母题和历史叙事的主线:

> 人民民主专政的基础是工人阶级、农民阶级和城市小资产阶级的联盟,主要是工人和农民的联盟。人民民主专政是对人民内部实现民主和对敌人实行专政。现阶段,人民是工人阶级、农民阶级、城市小资产阶级和民族资产阶级。这些阶级在工人阶级和共产党的领导下,团结起来,组成自己的国家,选举自己的政府。选举权,只给人民,不给反动派。对于地主阶级和官僚资产阶级以及代表这些阶级的国民党反动派实行专政。对人民内部的民主方面和对反动派的专政方面,互相结合起来,就是人民民主专政。——《中国历史》(第四册)第165~166页

从《中国历史》所引毛泽东的这段论述里可以发现,这里的叙事有一个转换点,即在以往的农民起义和革命战争中,君民也就是(先进的)人

民和(反动的)统治者是一种对立的关系,新中国成立后("民主革命基本结束"后),则变成了"人民"与"反动派"的对立。通过"人民翻了身,作了国家主人"这一叙事手法——其根据(几乎是原文摘录)是毛泽东1949年6月30日发表的《论人民民主专政》——使得以往人民与统治者之间的矛盾与斗争不在场化、转移化了。这种敌我矛头的关键性转换,产生了深远的历史后果,并达到了有效的社会控制目的。从这里(1949年)的理论阐释以及其后(至少至改革开放前)据此而推行的"社会主义革命与建设"的实践行动来看,与"人民"相对立的"反动派"包括了"五类分子":地主分子、富农分子、反革命分子和坏分子(此即大部分文献中所惯称的四类分子),以及1957年到1979年的22年中的右派分子。作为人民民主专政的对象,这五类分子,尤其、主要是前四类分子,"是一个从1949年到1984年在中国政治生活中生存了35年的特殊社会阶层,构成了改革开放前的中国社会的底层,也因为这个底层的存在,社会形成了一个稳定的纺锤形结构,保证了社会的平稳"。[①] 在这几十年里,人们言必称"斗争",言必称"你死我活",谈"和"色变。这样的历史记忆,与现今上下齐为"和谐社会"而努力的主导取向及社会实践之间多有龃龉。看来,那种"你死我活"的"斗争"时代(以及关于它的记恨——笔者按)应该过去了。[②]

在结束本节之前有必要补充说明并简要总结如下。在《中国历史》的整个叙事中,不乏对一些朝代、时期的文化或经济社会发展的书写,但相比而言,这些多是附带性、补充性或铺垫性的用笔。《中国历史》叙事的母题或者说基调,是一乱一治式的政权与朝代更替史,叙事的情节主线是"革命总在反动后",围绕的焦点是土地以及农民和统治者之间的矛盾,情节发展的动力是农民(人民)起义及其革命推动,而其结尾则是"五阶段论"叙事的规范性完成,核心目的是传授一种共产主义信仰于作为"接班人"的受教育者。综观说来,这是一种目的论叙事,通过整体认知方式、线性进化观和大通史写作手法,并配以历史大事年表和表象插图,彰显出一种"五阶段论"的趋势论情结,高扬了传授一种政治教育要旨,

---

① 李若建:《从赎罪到替罪:"四类分子"阶层初探》,载《开放时代》2006年第5期。
② 秦晖:《和谐社会:难得的全民共识》,载《南方周末》2006年10月12日,第A1版。

即要受教育者明白"我们从何而来—我们身处何处—我们将奔向何方"。夹杂其中的,还有复杂的情感炼金术,以陶冶受教育者的进退观、善恶观、生死观、义利观和敌我观,养育并厘定他们的情感世界与价值秩序。由此,确实可以像巴尔特那样说,历史叙事"并不显示,并不模仿……(它的)功能也不是去'再现',而是要去建构一种景观"①。

三、朝圣仪式的逆转:历史认知的意外基因递传

秉承定型于20世纪40年代中国马克思主义史学精神的中国历史教学,通过一个这样的景观建构,让所有受教育者都通过了一种灵魂的朝圣仪式,赋予其一种"我们是共产主义接班人"的价值信仰。无论从理论上分析还是以实践衡量,这种历史教学的目的及预期效果都在一定程度上实现与达到了。就社会实践而言,一方面,如前已述,在以"人民/反动派"为母题的人民民主专政的治理下,中国社会形成了一个稳定的纺锤形结构,保证了几十年的社会平稳控制;另一方面,谁也不能否认,自1949年(甚至包括此前的革命实践)迄今的中国,由于各行业和各战线的的确确不断涌现出了满怀共产主义信仰的革命者、劳动者和建设者这些货真价实的"接班人",才使得中国的综合国力大幅增强,社会经济显著发展,民众生活水平总体提升。就理论分析而言,中国历史教学所承载的共产主义信仰这一支配性想像,也是的确可以发挥真实的效果和功用的。根据安德森的思想,"想像"并不等于"虚假"或"虚构","想像的共同体"这种"文化人造物"并非"虚假意识"的产物,而是一种与历史文化变迁相关,根植于人类深层意识的心理建构,因而乃是一种社会心理学意义上的"社会事实"。② 这一创见,与库利关于"人类本性"的如下卓识可谓异曲同工:真实的人和想像的人没有区别,一个肉体存在的人若不被想像,即是没有社会性的真实;社会在它最真实的方面,是人的观念之间的联系;因此,社会必须在想像中研究,人们彼此之间的想像是社会固

---

① [美]海登·怀特:《形式的内容:叙事与历史再现》,董立河译,文津出版社2005年版,第60页。

② [美]B.安德森:《想像的共同体:民族主义的起源及其散布》,吴睿人译,上海人民出版社2003年版。

定的事实,从而社会学的主要任务就应当是观察和解释它们,用称和量的方法根本无法使我们了解人的个性。① 拉康(Jacques Lacan)也曾指出,儿童在语言习得过程中也同时获得了有秩序的、受规则支配的行为范式;巴尔特(Roland Barthes)对此补充道,在吸收"故事"并讲述它们的能力的发展过程中,儿童也认识到一种造物:这种造物,拿尼采(Fredrich Nietzsche)的话来说,能够作出许诺,既能追忆也能"前瞻",并且能够以一种特别的方式将其结局同其开头连接起来,以证实一种"完整性"。每一个体若要成为(任何)一种法律、道德或礼节制度的"主体",他都必须具备这种完整性。关于任何叙事再现的"虚构"内容是一种中心意识的幻觉,这种意识能够放眼世界,理解世界的结构和过程并使它们呈现在意识自身当中,而且,这种呈现具有叙事性本身所有形式上的连贯性。但是,这将会把"意义"(meaning)(它总是被建构而不是被发现)错认为"实在"(reality)(它总是被发现而不是被建构)。② "错认"恰是其取得真实效果的关键,历史上那些宏大的叙事主题或社会实践工程,之所以能够引无数仁人志士抛头颅、洒热血,其重要动力多出于此。

事实上,问题不在于以《中国历史》为代表的政治类教育课程有无获取预期的、真实的效果(正向功能)——别忘了本章开始时的提醒:我们也许忘记了中国历史教学中某个事件发生的具体时间或地点,但我们都有意无意地知晓"我们从何而来—我们身处何处—我们将奔向何方",我们的历史记忆也往往会帮我们不假思索地判断一些历史人物的"好/坏"、"忠/奸"、"善/恶"的形象——而在于它在达到了,甚至过于达到了预期目的的同时,(因而也适得其反地)带来了一些意外的,或者说物极必反的后果。换言之,历史教学与政治教化,在制导于"五阶段论"的仪式结构、规范于"腐朽—革命—腐朽—革命……"历史叙事格式、留恋于"王侯无种—造反有理—阶级斗争"的评价情结的过程中,相应地也发生了仪式逆转或反结构的一些后果,它们与拟订的历史进化论通往文明的

---

① [美]查尔斯·霍顿·库利:《人类本性与社会秩序》,包凡一、王源译,华夏出版社1999年版,第69、85~88、100页。

② [美]海登·怀特:《形式的内容:叙事与历史再现》,董立河译,文津出版社2005年版,第52页。

预期背道而驰。为考察方便起见,这里把这些相互联系的意外后果分析如下。

1. 农民革命:"美感化的政治"与"帝王心理"的遗传

首先就是关于农民起义的历史认知。不少学者深刻认识到,从秦始皇统一六国到辛亥革命推翻清朝的 2100 多年间,许多王朝像走马灯一样一亡一兴,似乎呈现出一个循环的周期,因而从中意识到农民问题的极端重要性。譬如,有学者这样总结道:"一部以数千年计的传统社会史,一再显示出严酷的事实:谁争到农民,就如鱼得水;若失去了农民,就得垮台……现在有些人以厌恶农民起义为时髦,我不甚欣赏。农民为求生而揭竿,无可指责;要追究的倒是何以会激发农民铤而走险,以致生灵涂炭的深层原因。"① 又譬如,针对农民起义本身也很残酷并损害生命、破坏经济这样的不同看法,有学者认为这种论点不能算是公正的:② 第一,农民不能勉强维持最低限度的生活,因而才会造反,且农民起义是群众性的,是王朝末期社会矛盾的总爆发,统治者而不是农民要对战争负主要责任;第二,农民战争是很残酷,但打仗是双方面的,镇压起义的统治者更残酷;第三,旧王朝已腐朽到无药可救,又不愿自动退出历史舞台,只有靠农民起义才能为新势力扫除旧的黑暗统治。

顺便插叙。本研究无意反对一些学者对于农民疾苦的同情以及支持他们争取权利的某种斗争,但对于一味基于"以暴易暴"、"以牙还牙"或者"该出手时就出手"的逻辑来为农民暴力革命大唱赞歌,委实值得深思。中国的历史以及《中国历史》的叙事何止一次地印证了鲁迅近一个世纪以前(1919 年)的判识:"暴君治下的臣民,大抵比暴君更暴;暴君的暴政,时常还不能餍足暴君治下的臣民的欲望";而"那些作乱人物,从后

---

① 王家范:《百年颠沛与千年往复》,上海远东出版社 2001 年版,第 6~7 页。
② 宁可:《中国王朝兴亡周期律》,载《新华文摘》2006 年第 18 期。在此需事先说明的是:至于农民起义"本身"(而不是对其叙事与评价)是否应受到指责,这不是本文的旨趣;这里要追问的问题是:《中国历史》中关于"农民起义/战争"的历史叙事,其反向副本或者说衍生物是什么?通过这样的历史教学,学生从中继承了怎样的"历史基因"和"遗传密码"?基于教育"滞效性"的考虑,下文特意联系了现实的一些情况,以追究"先前"历史认知的"当下"效果。

日的'臣民'来看,(也不过)是给'主子'清道辟路的"。① 即便那些为自己开道而做了主子的譬如黄巢,一如"五胡十六国"时期、五代时期一样,"除了老例的服役纳粮以外,都还要受意外的灾殃";"张献忠的脾气就更古怪了,不服役纳粮的要杀,服役纳粮的也要杀,敌他的要杀,降他的也要杀:将奴隶规则毁得粉碎",以致使人们处于"想做奴隶而不得的时代"(所谓"乱"),因而也就希望来一个另外的主子,较为顾及他们的奴隶规则,使他们可以上奴隶的轨道,以便过上"暂时做稳了奴隶的时代"(所谓"治")。② 诚哉斯言。君不见,大明王朝覆灭的时期,"贼"(特指李自成、张献忠军)、"虏"(专指清军)、"官军"(明军)、"伪官"(李自成大顺朝的官)、"民"(民众)、"士"(斯文柔弱的士大夫)交错混战,各奔仇敌,尽泄其愤,进行着一场"集体施暴"与"个人复仇"的暴力狂欢,连士民也对"伪官"进行"拳殴靴蹴"。③ 这让人一头雾水,辨不出谁人是出于"公义"? 哪厢是发于"公愤"? 何路又是历史前进的方向? 如果硬要说连士与民的揍都挨了的李自成大顺朝代表人民、代表历史进步的方向,那可真就绝妙地脚注了本雅明格言式的判断:"灾难就是进步,进步就是灾难","进步的概念应该被置于灾难的概念之上,'事情就这样发生着',这本身就是灾难"。④ 鉴此种种,吾国吾民的心理,一直不乏皇权意识、敌我心结以及杀戮与暴力的霉素,自古难得的恰是最需要的尊重、信任和宽容的品性。有学者这样论述道,"以暴易暴"是中国历史与现实最显著的特征:数千年以来,对于暴力变本加厉的实施与无边无际的张扬,不仅是强者维持权力的必要手段,也是弱者夺取权力的唯一工具;然而,一次又一次的教训表明:通过暴力永远无法实现人间的正义,相反只能陷入更加黑暗的深渊。⑤ 是以弱肉强食与"强肉弱食"(笔者造词)的循环历史,酿

---

① 鲁迅:《鲁迅全集》(第一卷),人民文学出版社 1981 年版,第 364、213 页。
② 鲁迅:《坟·灯下漫笔》。见《鲁迅全集》(第一卷),人民文学出版社 1981 年版,第 212~213 页。
③ 赵园:《明季的集体施暴与个人复仇》,载《社会学家茶座》(总第十五辑)2006 年第 2 期。
④ 郭军、曹雷雨:《论瓦尔特·本雅明:现代性、寓言与语言的种子》,吉林人民出版社 2003 年版,第 375 页。
⑤ 余杰:《铁磨铁》,上海三联书店 2003 年版,第 21 页。

就"所谓中国的文明者,其实不过是安排给阔人(胜者王,败者寇;王者自然是阔人也——笔者按)享用的人肉筵宴。所谓中国者,其实不过是安排这些人肉筵宴的厨房"。① 身处公元1925年的鲁迅就曾这样号召:"这人肉的筵宴现在还排着,掀掉这筵宴,毁坏这厨房,则是现在的青年的使命!"对于已经步入社会主义大道半世纪之久,也经历了十年"文革"浩劫以及30载改革开放之风沐浴,并身处力倡"和谐社会"之今天的我们而言,高歌农民起义与暴力革命的历史记忆非但不宜再持续加强,反倒需要适度淡化了。

接续上文。对农民起义评价最高的,恐怕莫过于《中国历史》了。正如第二节所分析的那样,中国历史的叙事及其教学,对农民起义推翻或打击统治者持高度颂扬的态度,并提炼出农民起义水平及其革命觉悟程度"步步高"的发展路线。从秦末陈胜吴广怒杀军官揭竿而起的"第一次大规模农民战争"开始,经过东汉末年"有准备有组织的黄巾大起义",建立政权后几乎灭绝唐朝宗室的唐末黄巢起义,第一次提出"均贫富"口号而标志着"农民革命达到新水平"的北宋王小波李顺起义,到宣布"凡参加起义一律免除赋税徭役"并可以不遵守国法的南宋钟相杨幺起义,再到利用白莲教蛊惑民工造反的元朝刘福通红巾军起义,共同举事、各自称王而达到"触及封建土地所有制的新水平"的明末李自成张献忠起义,直至晚清时期西征北杀、内部残杀最后又被中外联合绞杀从而"标志着几千年来农民战争最高峰"的太平天国运动,对几乎每一次农民起义之官逼民反的原因及其作战经过都详尽书写并极力渲染,对起义首领和农民的革命英勇精神都充分肯定并大加称颂,对统治阶级和富人被起义军掠夺残杀则认为是罪有应得并死有余辜;而对起义军的挫折失败则深表同情和扼腕惋惜,并总结剖析其失败原因,高度评价其光辉功勋。这些叙事与描写,还每每配以历史插图:展现农民起义首领振臂一呼或者慷慨就义的英勇形象,展示起义军作战时使用过的刀枪武器,展演农民起义的行军与攻守作战图。同时,历史叙事中还不时穿插点缀着农民起义时提出的响亮口号和其时的诗词歌谣:或抒发人民对于起义领袖的拥戴

---

① 鲁迅:《坟·灯下漫笔》。见《鲁迅全集》(第一卷),人民文学出版社1981年版,第216页。

之情,或表达起义军视死如归的豪迈之气,或发泄人民对统治者被打杀时狼狈状态的嘲讽之愤。由此,受教育者看图读文就会感受到,一张张起义战争地图,就不仅仅是在重现一段段血腥的历史意象,而且仿佛也是在观瞻一幅幅令人心潮澎湃、为之神往的艺术作品;这种图文并茂的叙事手法,将农民起义和暴力革命描绘为,借个词儿来说,"美感化的政治"(aesthetic politics)①,渲染和烘托出政治审美化的效果。由此,视阅者耳边仿佛响起了民不聊生的叹息声,造反有理的鼓噪声,干戈相击的厮杀声,人仰马翻的哀号声……当然最主要的,可能还有起义首领取而代之时既掠江山又纳美人时的仰天大笑声!

比这种欣赏农民战争形势图的仪式更美感化、更令人憧憬的,恐怕还是"做皇帝"的艳诱或想像。固然,自孟子"一治一乱"②,以及"史界太祖"③说司马迁根据战国以来阴阳家传下来的"五德终始说"把宇宙间金木水火土五种元素的相生相克附会到王朝命运的兴替上并推断"三王(夏商周)之道若循环"以来,逾两千年此兴彼亡的中国史居然不幸印证了孟圣人的魔咒和太史公的谶语;但《中国历史》制导于五种社会形态更替的进化论史学框架,倚重中央王朝的情况将不同朝代安置于不同的历史时期,以农民起义与阶级斗争为历史叙事的原动力的强化叙述模式,其结果成了鲜明的"政治史"与"帝王将相史",势必对农民起义及其摧毁旧王朝的行动高唱赞歌,乃至将暴力(革命)美学化。这种叙事方式在成就"五阶段论"朝圣之旅,证明"没有共产党就没有新中国"、"只有社会主义才能救中国"等系列政治命题,推导培养一代又一代共产主义事业接班人之逻辑必要性的同时,也有可能使得这一朝圣仪式发生逆转,带来一些意想不到的后果。沐浴在诸如"王侯将相,宁有种乎?"、"造反有理"、"革命光荣"、"我要取而代之"等话语熏陶下的历史风雨和人物风情中,那种本就根深蒂固的"革命崇拜"与"帝王心理"(后者是前者的原动力)的历史基因难免会悄然持续遗传。

---

① [德]本雅明:《摄影小史、机械复制时代的艺术作品》,王才勇译,江苏人民出版社2006年版,第98～102页。
② 《孟子·腾文公》。
③ 梁启超:《中国历史研究法》,上海古籍出版社2006年版,第18页。

先谈关于前一个基因,即"革命崇拜"。自秦末两个小队长陈胜、吴广公元前209年杀死军官闹革命以来,"一治一乱"的心电图式的历史波浪就再也没有停止过;偶有走样的情形,大抵不过是病情加重,革命曲线的波峰与波谷之间增大了差度而已。直到公元1927年,时局复又吃紧:

革命,反革命,不革命

革命的被杀于反革命的。反革命的被杀于革命的。不革命的或当作革命的而被杀于反革命的,或当作反革命的而被杀于革命的,或并不当作什么而被杀于革命的或反革命的。

革命,革革命,革革革命,革革……①

半个世纪之后,沸腾的中国又中了魔咒般地钻进了鲁迅的绕口令。某要人就这样解释"文革":"这次革命是革我们原来革过命的人的命。"②"文革"中革命的热情空前高涨,国力人力加倍透支,伤痕累累之际,自然也就较易动员"拨乱反正",步入一个发展经济的轨道上来。但迄今为止,另一个更深层的历史基因,即作为"革命崇拜"发酵剂的"帝王心理",并没有因为溥仪帝的被"赶"和袁世凯的被"轰"这两针疫苗而受到多久的免疫,反倒在短暂的蛰伏期后,日渐复苏、滋生、蔓延。

"帝王心理"原本就是国人深深的心理情结,那些农民起义的首领在战死之前多半是要过一把称王立帝的瘾的。历史的丑角袁世凯,为成就皇帝之梦(83天),不惜一面威逼利诱宣统皇帝退位以为他挪开屁股,一面接受日本灭亡中国的《二十一条》以得其援手,同时又授意通过国体投票推出"推戴书",可谓国人"帝王"心理情结鲜活而极致的标样。对于国人的这一心理,鲁迅剖析得很透彻:中国人虽然做惯了奴隶,心理都是想当主子的,骨子里怕还是要"称朕"的③;"同是被压迫的奴隶,却有人要

---

① 鲁迅:《而已集·小杂感》。见《鲁迅全集》(第三卷),人民文学出版社1981年版,第530~533页。
② 黄平:《少时读鲁》,载《文汇读书周报》2006年10月13日,第8版。
③ 参阅鲁迅:《坟·灯下漫笔》、《热风·暴君的臣民》。见《鲁迅全集》(第一卷),第210~217、366~367页。

做'奴隶总管'"①。就连牡丹这种花草,也被国人封为"花王",陈四益说这也是"中国人(或某一部分中国人)的老脾气,无论花木果蔬鸟兽鱼虫,都喜欢论等排次,为之加官晋爵,封王称霸。遗风不息,今天的左右上下,也大有关起门来称大王的习气,数一数商标、招牌,就不知有几人称王几人号霸"②。王家范甚至把"帝王心理"归结为"中国是一个君主专制(至少始自秦始皇)中央集权体制根深蒂固的国家"之"根底"所在。他入木三分地分析道:中国人一方面相信"龙生龙,凤生凤",一方面"龙"固然不断地生"龙"(君主世袭),而"虫"却也可以变"龙"——深受专制主义之害最苦的农民一旦夺取(全国)政权,也一定会做起"真命天子";细究起来,普通中国人的生理基因中似乎都有"帝王心理"的遗传密码,在日常生活中,只要比别人高一点或多一点什么,就难免会不由自主地流出准"帝王"意识,所以民间有"土皇帝"之说,家有"小皇帝"的雅号,商业广告戏称顾客为"皇帝"!③ 近年来,"关于皇帝、太后和贵妃们的小说和影视比比皆是,杀人不眨眼的专制暴君们摇身一变成了慈祥的父亲和无私的公仆;中央电视台的黄金时间,昨天是乾隆的风流韵事,今天是雍正的勤政爱民,明天又是康熙的丰功伟业;在广告中,从高级补品、保暖内衣一直到方便面,都晃动着皇帝和太监的面孔,那些以扮演皇帝出名的演员们因此捞足了银子"④。或许正是因此种种,"民主观念在中国最难生根"⑤,也"只有在专制社会里,人人都会像刘邦、项羽一样,在见到秦始皇出巡的仪仗队时,因羡慕而产生'我要取而代之'的想法"⑥。不错,新文化运动时期,寻求理想之火的一群人找到了德先生和赛先生,可是它拿到中国来,根本就不能在中国生根:先是北洋军阀的独裁,后是蒋介石的独裁,再后来是"文革"式的文化专制。⑦

倘若仅仅是一种帝王"心理",也并无大碍。而一旦操之于"想得到,

---

① 孔庆东:《鲁迅的痛苦》,载《文汇读书周报》2006年10月13日,第8版。
② 陈四益:《莫称王》,载《读书》2006年第2期。
③ 王家范:《百年颠沛与千年往复》,上海远东出版社2001年版,第15～16页。
④ 余杰:《铁磨铁》,上海三联书店2003年版,第21页。
⑤ 王家范:《百年颠沛与千年往复》,上海远东出版社2001年版,第16页。
⑥ 余杰:《铁磨铁》,上海三联书店2003年版,第21页。
⑦ 王尧:《在汉语中出生入死》,春风文艺出版社2005年版,第69页。

做得到"的逻辑，那就后果堪忧了。这并不是说，现在还有人敢于效袁世凯之丑，拼了命地要去"称帝"；而是说，"帝王"情结仍然在当下国人尤其是在作为人民公仆、社会主义事业"接班人"的心里作祟。兹略举数例便足以令人瞠目咋舌。

大名鼎鼎的北京饭店就斥巨资推出了所谓的"皇帝套房"，以每天9 000美元的"天价"吸引"顶级"客人入住，套房选址特意定在东楼西侧，以便"住在'皇宫'看皇宫"。《北京青年报》的记者这样描述"皇帝套房"的设计：

> 一进大门宛如进入皇宫，大厅悬挂着水晶吊灯，两侧摆着几十个陶瓷、玉和玛瑙制成的花瓶和艺术品，每件都价值连城。套间内最引人注目的是楠木做成的大门、窗和家具上的镂空雕饰，尤其是卧室和书房间的一个落地木隔断，雕饰着流云、蝙蝠等繁缛、古典的花纹，模仿的是故宫葆中殿中的风格，显示出超凡的皇家气势。而书房的书架上，摆着仿古的唐诗和四书五经，并配以精美的木匣子，连"皇帝"的大床也是仿照故宫样式的四柱架子床，睡衣则是明皇色缎制的——跟"黄袍"相比，唯一的不同就是上面没有绣龙，而绣上各种花卉。在会议室和休息室的墙上，堂皇地挂着若干金龙形的雕塑。①

北京饭店基于市场经济的运作逻辑，声明消费的对象是国外皇室人员和企业大老板而推出的"皇帝套房"，这似也无可厚非。但国外皇室人员有几人有时间、有财力、有雅趣常来此挥霍，便不得而知。至于企业大老板，真正的企业家、资本家崇尚的是节俭。在理论上，马克斯·韦伯"新教伦理与资本主义精神"的命题已对此作出了证明；在现实中，从洛克菲勒到松下幸之助到比尔·盖茨，从李嘉诚到刘永行和丁磊，生活都十分简朴，一些老板往往致力于社会慈善事业，有的还坐地铁上班、住阁楼，国内外不少顶级富豪都是世界上的顶级"吝啬鬼"。② 其实，北京饭

---

① 余杰：《铁磨铁》，上海三联书店2003年版，第19页。
② 《看，这些富豪一个比一个"抠门"》，载《东方卫报》2007年1月29日，第A17版。

店的市场营销人员对中国那些高居金字塔顶端的人物的心理有充分的把握,真正入住"皇帝套房"的人,是那些花"别人"(也就是纳税人)的钱不心疼之类:是大笔一挥金钱滚滚来的江西省前副省长胡长青,是到澳门豪赌一掷千金的沈阳市前副市长马向东,是靠走私获得数百亿财富的厦门远华案主角赖昌星,是一手遮天敛财数千万的云南省前省长李嘉廷之类的人。① 当然还可能有是王宝森(北京市原副市长)、成克杰(全国人大原副委员长)、程维高(河北省前省委书记)、刘方仁(贵州省前省委书记)之流。要知道,这些人可都曾经是人民的公仆,是领导着社会主义事业建设者和接班人的建设者和接班人,最后竟成了地地道道的社会主义事业和其自身的掘墓人。由此确实不难理解有人这样总结:"皇帝套房"代表了一种腐朽、没落、专制的文化心态,它的背后则隐藏着一种阴暗而邪恶的民族心理;虽然我们已经告别皇帝90年之久,但我们的文化和心理依然没有完全脱离皇帝,虽然我们已经剪掉头上的辫子90年之久,但我们精神上的辫子却依然顽固地存在着;"皇帝套房"不是我们经济富庶的标志,而是我们文明存在的隐忧,它不仅不能证明我们的财富已经达到了"赶英超美"的程度,反而说明我们的精神生活需要一次全面而彻底的"文艺复兴"。②

如果说以上关于"帝王心理"的事理分析和事例展示尚且表现于普通民众的日常生活之中,或者停留于人们的心理层面之上,抑或遮掩于名为社会主义事业"接班人"实为"挖墓人"的"皇帝套房"的梦乡之里,那么下面这些接连不断的"壮举",就是一些党政机构和人民政府的官员在明目张胆地在做"皇帝"、"类皇帝"或"总统"的白日梦了。这些身居党政机构要职,经过中国历史与政治教育洗礼的社会主义事业标准的"接班人"和人民公仆,在各自的"一亩三分地"上,仿造"天安门"者有之,修建"人民大会堂"者有之,举行盛大"阅兵式"者亦有之,把辖区人民政府建成类美国"白宫"者也不乏其人!

据报道,在担任湖南省永兴县县委书记时,雷渊利(落马前为郴州市副市长)实施了"十大工程",其中最有响应的就是"人民大会堂"。这个

---

① 余杰:《铁磨铁》,上海三联书店2003年版,第19~20页。
② 余杰:《铁磨铁》,上海三联书店2003年版,第20~21页。

建筑不仅外型与北京的同名建筑相似,而且设置诸多会议厅,分别按照各乡镇名称命名。而桂阳县2002年建造欧阳海广场,占地101亩,号称湖南第一广场。这个造价8 300万元、以"神龙作耜"雕像为标志的广场铺展在新建的市政府大楼前,当地官员说,市政府前的沟渠一度建起几座桥,与天安门前的金水桥一模一样。在党政领导群醉心于"悠悠万世,项目最大"而以"天理不容"的方式统治下的郴州,"民生凋敝"、"民不聊生","社会矛盾已到必须解决的关口",以至在市委书记曾锦春继其前任李大伦后也倒台的时候(2006年9月19日),郴州举城放鞭炮和烟花狂欢庆贺。①

见识过湖南永兴的"人民大会堂"和桂阳县的"金水桥"之后,再来看山西临汾仿制的"天安门"②。临汾市的"天安门",位于临汾市尧庙广场内,与尧庙大门相对。尧庙广场内除了"天安门"外,还建有类似北京天坛祈年殿的"天坛",以及用汉白玉雕刻而成的高达21米的"中国第一华表"。这个"小天安门"的设计者就是山西省临汾市尧都区区长宿青平。同事对他的评价是:"敢想,敢干,敢说,敢做,敢为。"中央电视台记者说:"这一系列评价中,都带一个敢字。是呀!要说这宿青平胆子是够大的,要说这在临汾建一个天安门,别人可能想都不敢想,可他不但敢想,还敢做。"宿青平说他建"天安门"的想法来源于"人民",也就是一个70多岁的小脚老太太:

> 当时我建的是一个观礼台,我记得我们在观礼台上面要建筑一个房子,记得我们正在施工的时候,我们尧庙村的一个70多岁的小脚老太太,她说:"我听说咱们要建天安门我过来看一看。"这一下使我受了启发,我说我们今天建一个观礼台搞一个建筑,既然老百姓这么崇敬天安门,因为它是我们民族文化的象征,我们为什么不可以把这个建筑外观跟天安门城楼搞成一个样式,这也是我们民族文化的一个弘扬。因为天安门是民族古建筑的精华,我们不能说只是

---

① 《举城狂欢庆贺郴州贪官倒台 反腐重拳终结官场七年畸变》,载《南方周末》2006年9月21日,第A1、A2版。

② 资料来源:http://news.sina.com.cn/c/2006-03-24/12239433982.shtml。

北京有原来那么一个天安门,其他地方不能按照天安门那种造型去搞了嘛,那美国的白宫在我们中国的有些地方也照样搞……

宿青平"敢为天下先"的举动所招致的评论譬如有:

这位土皇帝难道想登基不成?这瘾也太大过头了吧!好大胆,犯上作乱,诛他九族![①] 他想篡权啊!天安门是皇权的标志,何必建这个建筑,去惹议论,招是非!……

对此,宿青平的回答是:

我觉得抱这种观点的人本身就是皇权思想,他就是用封建的观点对待这些问题的,你有什么办法。……这是个普遍规律,几千年的普遍规律,凡是你做一件大的事情、新的事情,在人们没有充分思想准备的时候,在人们认同还不完全一致的时候,都要引起争议。我对这些不感兴趣。

在这个曾经是山西省的政治明星并一心想着"做事"的宿青平(他是长篇小说《国家干部》的主要原型之一)身上,不可否认地存在着"帝王"情结,哪怕他自己没有意识到或不愿承认。毕竟,就算按照他的标准,也是多数"人民"认为这有"登基"(也就是他自己说的要"做大事")之嫌;他为何偏偏听从了一个"70多岁的小脚老太太"(尽管她也是人民之一员)呢?其实,老太太当时明摆着就是不知道怎么回事,随口说出"天安门",便一下激活了他身上的这种基因。至于宿青平"别人照样搞得美国的白宫,我怎么就不能再建造一个北京天安门?"的逻辑,已然表露出他对另一种国民心理的过多沉积。当年,阿Q想摸小尼姑的头,尼姑说:"你怎

[①] 仅此一条就多么可怕!即令宿青平没有试图"登基"的心理,客观上他也激活了别人想做暴君或暴君之下的臣民的基因。就此而论,若领导官员都像他这样,那中国社会主义事业面临更多的恐怕将是"挖墓人"而不是"接班人"。

么动手动脚……"他又扭住伊的面颊,兴高采烈道:"和尚动得,我就动不得?"①两相对照,何其相似?

那么,宿青平所要攀比的那个"和尚"是谁呢?很可能就是南京市的雨花台区政府。如今,南京市雨花台区政府(办公楼)已赫然建成一个几可与美国白宫媲美的"白宫",俨然一个现代化的"皇宫"("总统府")了。这个屹立于通往南京禄口国际机场要道旁的"白宫",让耳闻者或目睹的行人们好生惊奇或艳羡。无独有偶,安徽阜阳市颖泉区的"机关办公区"也把包括当地一所小学及耕地在内的 42 亩土地征用,耗资 3 000 万元(区的财政收入才刚刚达到亿元)建成了漂亮的"白宫",且该"白宫"从没有挂过国徽;而 200 多名小学师生开始"颠沛流离",不得不再次搬回已经废弃的学校里(建于 20 世纪 60 年代、于 90 年代不用的破砖瓦房)。②而并不富裕的郑州市惠济区政府,决心以一项"30 年最好、50 年不过时"区政府办公建筑来改善对外形象,违规占地 530 亩建立起来的一个气势宏伟的"白宫"博得"世界第一区政府"的雅号。

如果说宿青平的"帝王"心理还多少有些不那么令人(包括他自己)信服,那么受贿 1 000 多万元人民币的亳州市原市委书记李兴民③"大阅兵"的壮举,可谓"出类拔萃"、独一无二了,这在海内外都引起了强烈反响(见图2-1④)。新华网(2003 年 10 月 14 日)援引《中国青年报》的评论文章说:

> 一个小小的县级市市委书记,为庆贺自己"荣登书记宝座",竟敢耗资 200 万元人民币搞所谓"大阅兵"。他命令全城戒严、交通中断、学校停课,自己站在敞篷汽车上,人模狗样地向列队肃立的司法系统干警、土地税务工商干部、中小学生频频挥手,扯开嗓子大喊

---

① 鲁迅:《阿Q正传》。见陈漱渝主编:《说不尽的阿Q:无处不在的灵魂》,中国文联出版公司 1997 年版,第 10 页。
② 《政府大楼耗资千万貌似白宫 为给大楼"让路"当地 200 多名小学生被迫搬回废弃学校》,载《南京晨报》2007 年 1 月 19 日,第 A13 版。
③ 他生于 1950 年,受过大专教育,1971 年加入中国共产党,"文革"期间做过"革委会副主任"。
④ 资料来源:http://news.xinhuanet.com/legal/2003-10/14/content_1122269.htm;另见《亳州报》1997 年 2 月 18 日。

"同志们好,同志们辛苦了",并志得意满地接受"首长好,首长辛苦了"的欢呼。面对着这么一种比任何一位才能出众的作家、戏剧家创作的荒诞小说、荒诞戏剧还要离奇古怪的荒诞现实,我们真是无话可说。尽管权令智昏的情况见过一些,也听说过一些,可纵观新中国成立五十多年,横览神州广袤大地,像李兴民这样"昏"得如此登峰造极又如此低俗丑陋的角色,你到哪去找第二个?

图 2-1　安徽亳州"市委书记大阅兵"

中共亳州市委机关报《亳州报》当日以《我市举行盛大阅兵式》为题的报道:

(1997年)2月18日上午,在幸福桥广场和魏武大道上,金戈铁马,战旗猎猎,钢枪生辉,大展雄威,市政法系统正在这里举行显示警威盛大阅兵式。从2月13日开始,市委、市政府政法系统的全体干警进行为期6天的军事化、封闭式学习训练,并举行了这次隆重的阅兵式。……(2月18日)上午9时,阅兵总指挥向市委书记李兴民报告各方队情况。阅兵开始,市委书记李兴民乘敞蓬检阅车沿魏武大道自北向南检阅全副武装、列队站立的近千名政法系统全体干警。李兴民站在检阅车上不时向干警挥手致意,并向同志们问好。列队干警齐声洪亮地回答:"首长好!"由政法系统公、检、法、司组成的方队和百余辆警车方队在民政局彩旗队的引导下,依次通过检阅台,接受市领导的检阅。当时谯城路、新华路等道路两旁,万人夹道,群众争相观看欢欣鼓舞……

面对此情此景,任何分析似都显得多余而无力。在结束本小节讨论之前,有必要总结并强调两点。

其一,虽然不可断言"帝王"心理基因的遗传全都是中国历史认知及其教学带来的(意外)后果;但无以否认的是,这两者之间有着某种程度上的关联乃至因承相继的效应关系。倒过来讲,即令这些不良心理的递传与以中国历史教学为代表的政治教化没有任何关联,那至少也从反向表明我们的历史教学与政治教化在某些方面没有达到其预期的效果(正向功能[①]);若说这些不良心理的递传与政治教化有关系但并不是教化的本来(预期)目的,那恰好说明"帝王"心理的递传就是中国历史认知及其教学的意外后果(负向功能)。这正反两方面的道理,都表明了反思与改进历史教学及政治教化的必要性。[②]

其二,诚然,那些"帝王心理"病入膏肓(或者往轻了说"官本位"思想严重)、由社会主义事业"接班人"蜕变为"掘墓人"者,最终也大多栽进了自掘的坟墓,受到了一定的惩处,且依法惩处固不失为一项不可或缺的事后补救措施;但我们的历史认知与政治教育似也有反思与完善的空间,光仰仗于惩处式的打击,或仅依靠"发现一起,查处一起"的整肃决心,显然不足为用。这第二点则召唤着革新政治教育观念,改良国民心

---

① 关于"功能"以及"正向功能"与"负向功能"的概念,详见[美]罗伯特·金·默顿:《论理论社会学》,何凡兴等译,华夏出版社1990年版,第三章。

② 实际上,也许正是意识到了这种历史叙事及其教学的某些弊端,近年来个别地方开始酝酿"减写农民起义"、"打破'五阶段论'历史分期模式"的中学及高校中国历史教材。前者可见《盖茨来了毛泽东还在》,载《南方周末》2006年9月28日,第D25版;《是改变,不是'政变'——专访上海新版历史教科书主编苏智良》,载《南方周末》2006年9月28日,第D26版。后者可见姜义华:《一部新的中国通史教材》,载《南方周末》2006年1月9日,第D30版。

理基因的时代课题。

2. 阶级斗争:"接班人"还是"掘墓人"?

对于农民革命的褒扬乃至美化作为一种叙事的表现形式,在《中国历史》中占据了要津;而这种叙事的实质,或者说是叙事的"暗线",乃是对于阶级斗争的强调与颂扬。两者互为表里,是一而二、二而一的东西,共同构成了社会发展的动力和中国马克思史学叙事的情节动力。前一小节,着重分析的是颂扬农民革命这一美化的政治"本身"(在中国历史认知与教学这一过程中)之于"帝王心理"递传的载体或"暗道"作用。也就是说,客观上中国历史教学与政治教化方式本身并没有斩断历史潮流中"腐朽"的一面,反而在受制于"凡新的必胜旧的"目的论与趋势论叙事中激活或者复燃了这些"毒素"。这在前文诸多"土皇帝"的形象中已作分析。

《中国历史》叙事以"伟大的中华人民共和国的成立"作为高潮与指归高调收笔,这预示着农民起义本身已经成为历史,意味着对于农民革命美化的欣赏只能在历史认知与教学中感受或者体验;而在现实中,不再需要、也不允许农民起义与革命实践了,因为"人民翻了身,作了国家的主人"。作为历史发展动力之形式的农民起义(其实质是阶级斗争)或武装革命完成了历史使命,"告别"了历史叙事舞台——之所以在告别二字上加了引号,是因为农民起义在1949以后已隐身,并转化为另一种方式即"群众运动"而现形——但历史还要发展,一如前文所述,"伟大的中华人民共和国的成立"是目的地,也是新起点。到此只完成"我们从何而来—我们身处何处"的大半旅途,还需要继续向"我们将奔向何方"的方向进发。这样,作为历史发展动力之内核的"阶级斗争"并不能随着其形式"农民革命"的隐身而告退;客观上它也不可能告退,它尚需承担"人民民主专政"这一兼手段与目的于一身的历史使命。本小节与接下来的第3小节,将要考察与农民革命联系在一起的另两个问题,即阶级斗争及人民民主专政。这一小节的任务是分析1949年以后(尤其是"文革"

期间①)对阶级斗争的持续性、结构性强化实践(而不再是仅仅停留于历史朝圣的仪式结构本身之中了)及其"反结构"的效果。

"凡新必胜于旧"的庸俗进化观与"思想狂热、偏爱暴力"的激进主义(后来演成为极左思想的根源)这两种流行于"五四"时期的激进思想,其消极影响衣被了20世纪好几代中国人,"文革"就是激进主义的产物,也是极左思想造成的"毒瘤"。②王元化认为,"激进主义发生在'五四'前,'五四'和'五四'后的思想都或多或少受这一思想的影响。'文革'时期的'造反有理'、'大乱才有大治'、'破字当头立在其中'、'两个彻底决裂'等等,都是这股思想愈演愈烈的余波"③。他剖析道,"五四"与"文革"是两种性质截然不同但思维模式或思维方式却有相同之处的运动:"'五四'运动是被压迫者的运动,是向指挥刀进行反抗;'文革'反过来,是按指挥刀命令行事,打击的对象则是手无寸铁毫无反抗能力的被压迫者。'文革'虽然号称大民主,实际上却是御用的革命。……须知,'文革'期

---

① 需要再次说明的是,分析"文革"期间的阶级斗争及其学校教育情况,与以1981年版《中国历史》为文本考察"历史认知的意外基因递传"并不矛盾:一是因为"五阶段论"的中国史学框架定型于20世纪40年代且迄今一以贯之,虽不排除不同版本对于细枝末节的修改,但这无关这里要表达的要旨(自1949年至20世纪90年代初我国共出版了近10套统一编写、各地区通用的初中《中国历史》课本,随着第八次基础教育课程改革的推进,目前在全国已经通过教育部审批的中学历史教材有12个版本,其中初中有8个、高中有4个;尽管这些历史教材的具体内容譬如所载"重点人物"可能有某些变化,素材有所不同,但"五阶段论"的历史认知框架及颂扬农民革命精神、凸显阶级斗争的教化主旨大多一仍其旧,有时还很突出。参见叶立群:《回顾与思考——中小学教材建设40年(1949—1989)管窥》,载《华东师范大学学报》(教科版)1992年第2期;吴康宁、吴永军:《历史人物在历史课本中的地位沉浮——我国两套初中〈中国历史〉课本所载"重点人物"的比较研究》,载《南京师大学报》(社科版)1995年第2期;《历史教科书:酝酿八年的进步》,载《中国新闻周刊》2006年第41期。二是因为"文革"期间的中国历史教科书不外是进行左上加左的强化乃至歪曲,几无科学性可言,加以"文革"期间也无统一编写、各地通用的中小学课本,所以不宜、也不便从中选择。三是因为1981年版《中国历史》是紧接"文革"后的版本,已经过统一修订,即便如此,仍存在"逆转"与"意外"的后果,"文革"期间的状况更可想而知。

② 罗银胜:《反思 理性 进步——王元化先生的反思理论与实践》,载《书屋》2006年第6期。

③ 王元化:《人物·书话·纪事》,人民文学出版社2006年版,第266~267页。

间,固然是把封资修一股脑儿作为批判对象,可是,经历这场浩劫的过来人都可一眼看穿它皮里阳秋,谁都知道'文革'是封建主义复辟。试问:当时被尊崇并凌驾在马克思主义之上的法家不是封建主义是什么?"①

由此看出,以"革命(先进)/反动(落后)"为母题的仪式在此发生了逆转:

"新胜于旧"的进化论(追求民主科学,反对封建主义)——引发——"思想狂热"的激进主义(采取极端态度,倾向暴力革命)——基因传递——"一大、二公、三纯"的文化大革命(发动群众运动,批斗封资修)——结果——"浩劫空前"的社会倒退(没有民主科学,封建主义复辟;无辜者和革命者被打成了反革命)

正如前文所说,1949年以后中国历史叙事中"农民起义与革命"必须隐身,但其实质内核(社会演进与发展的动力)亦即阶级斗争,必须找到新的形式来实行和操演。"文革"期间,阶级斗争这个纲骤然紧绷,"斗争无处不在"的心理定势和行为哲学选择的最佳形式是"一切通过群众运动来进行"。有学者这样论述:

这种以群众运动方式来贯彻斗争哲学的理论与实践属于此说作者自己的,马恩等均无此说。如果一定要探其根源,我认为他是汲取并总结了过去我国农民造反的经验。这一点在列于卷首的农民考察报告中已见端倪。这篇文章的要旨以及一些具体论断,成了三十年以后的"文革"蓝图。②

王元化就此说道,明白了这一点我们就可以理解,为什么1949年以来运动一个接着一个?甚至连"五讲四美"、遵守交通规则、教育儿童讲公德,以至打麻雀、发动全民写诗……都要通过全民运动来进行,更不必

---

① 王元化:《思辨录》,上海古籍出版社2004年版,第41~42、46页。
② 王元化:《思辨录》,上海古籍出版社2004年版,第42~43页。

说"镇反"、"肃反"、"三反"、"五反"、"四清"……这些本身就被当作政治的问题,从而理所当然地要发动群众通过运动方式来进行了。

"群众运动"这个"农民造反"的变体,其后果的严重性与逆转性当不亚于后者,"在'文化大革命'那场灾难里,最大的悲剧是扭曲人性,使人发生了令人毛骨悚然的自我异化"①。就连中国著名的马克思主义史学家、"五阶段论"中国史学框架的主要铺就者及其铁杆坚挺者郭沫若,也没有在这场酷刑身体、扭曲人性的灾难中得以幸免。"'文化大革命'起,郭沫若却被放在油锅上煎。他和他的作品都被批判,连儿子也不能幸免。1967年4月,小儿子郭世民在音乐学院被批斗,自杀。整整一年后,大儿子郭世英又在中国农学院遭绑架关押,受尽酷刑后死亡。接连失去两个爱子,郭沫若肝肠寸断,但他仍不怀疑那吃人的革命,更不怀疑领袖。从郭世英惨死的那天起,每到夜深人静时,郭沫若就伏在办公室上,用颤抖的手,一笔一画地抄写儿子的日记,一抄就是一整夜。他不停地抄啊抄啊,把对儿子深深的爱融进那厚厚的手抄本中。然而就在儿子死后两个月,在一次会议上,他竟然即席朗诵了一首诗,'献给在坐的江青同志':亲爱的江青同志,你是我们学习的榜样。你善于活学活用战无不胜的毛泽东思想。你奋不顾身地在文艺战线上陷阵冲锋,使中国舞台充满工农兵的英勇形象。我们要使世界舞台也充满工农兵的英勇形象!"②

不独郭沫若,还有年轻时倜傥不羁、疾恶如仇的老舍先生,自杀前发表的最后一部作品竟是《陈各庄上养猪多》:"热爱猪,不辞劳。干劲大,不识闲。越进步,越学习,永远高举毛泽东思想伟大红旗!"艺术家老舍,投太平湖自尽。他是手握一卷平素抄写的《毛主席语录》迈出生命的最后一步的,在他的尸体四周水面上漂浮着和伴随着他的是他工工整整抄写的毛泽东的"最高指示"。③ 后人无法起先生于地下,问明白他何以如

---

① 王元化:《思辨录》,上海古籍出版社2004年版,第59页。
② 郭于华:《社会学的心智品质与洞察能力》,载《社会学家茶座》(总第十四辑)2006年第1期。
③ 郭于华:《社会学的心智品质与洞察能力》,载《社会学家茶座》(总第十四辑)2006年第1期。

此?但很多像他这样的举动,或许能够促发后人去思考与反省是什么样的治理技术与宰制逻辑酿就了这样的人间悲剧。

以上本着这样的"促发",在略述"文革"期间以阶级斗争为纲的大背景与大教育之后,下文有必要把视线转到"文革"时的学校教育上来,(哪怕是少许)掠及一下这个培养"接班人"的重要阵地里所发生的情形。

对于没有"文革"经历的人譬如笔者而言,研究它即使不是最好、却也是"不是办法"的办法,就是通过亲历者的相关研究来进行。这里切入的角度是:作为人类"灵魂工程师"、负责培养共产主义"接班人"的人民教师,何以在"文革"期间成了"殉葬品"和"掘墓人"?清华大学葛剑雄教授是"文革"亲历者,整个"文化大革命"期间他都在中学做教师,20年前他为纪念"文革"十周年而写了文章[①](本小节以下的叙述,除另有注明外,所述内容均来源于此)。

"文革"前的中学教师虽属"知识分子中的下层",且甘于淡泊,并认真执行党的教育方针和路线,但谁也没有想到,随着"横扫一切牛鬼蛇神"一声号令,中学教师一夜之间被抛到了"斗争对象"的最前列,成了知识分子中受冲击迫害最严重的一部分。问题的关键及骇人之处,倒不是各学校党支部得到上级紧急部署后的立即发动,也不是其"触及灵魂"的批斗要求,甚至不是教师受迫害这一事情本身;而是教师被批斗与迫害何以如此严重、何以可能的原因与驱力。反讽然而却是事实的是,作为社会代表者的教师恰恰受难于作为"接班人"的学生之手,而且后者"上纲上线"的批斗乃至暴力打击的依据与手段,简直就是鲜活的"学以致用"乃至"活学活用",一切都显得那么有理有据,水到渠成,俨然成了"批斗整人"、"开展阶级斗争"的接班人而不是共产主义的接班人。

> 这(教师受迫害)倒不是哪一位领导或哪一条路线作出的决定,也从未见诸哪一号红头文件,而是他们的学生——这批被狂热的个人崇拜和"造反精神"煽动起来的、似懂非懂的"革命小将",决定了他们厄运已在所难逃。

[①] 葛剑雄:《殉葬品和掘墓人:"文革"期间的中学教师》,载《历史学家茶座》第二辑,山东人民出版社2005年11月版,第55~66页。引文中的黑体为笔者所加。

不错,中学生年龄在十二三岁至十七八岁之间,年龄最大的也没有形成稳定成熟的思想,年龄小的更没有摆脱嬉闹的童趣。但问题在于:

> 在多年延续的"左"的思想的教育下,对"千万不要忘记阶级斗争"、"反修防修"等观念已经有了很深的印象,耳濡目染,已经习惯于把一般的错误缺点当做资产阶级思想、修正主义言论,把有这些错误缺点的人当做"妄图复辟资本主义,使国家改变颜色"的阶级敌人。对毛泽东的崇拜又使他们绝对听从报纸上的一切号召,追随着首都发生的一切"革命行动"。好奇心驱使他们不顾具体条件地模仿他们认为革命的举动,狂热性使他们不闹个天翻地覆决不罢休。高年级的学生急于像聂元梓那样揪出一个本校的"三家村"①,把党支部书记或校长搞成黑帮②。有的要学姚文元、戚本禹,批倒批臭某一本名著、某一位大人物。低年级学生则大多数衷于用大字报"横扫一切牛鬼蛇神"。至于"牛鬼蛇神"的标准,当然出于他们自己的理解和与教师关系的好恶。在大同学的影响下,他们也越来越注意"上纲上线"。

最能说明问题的就是,那些政治教育的主要负责者在批斗中首当其冲,他们平时认真执行党的教育路线与方针的政治教育报告与讲课,此时却成了被学生据以批判自己的如山铁证:

> 首当其冲的是学校领导、政治教师和班主任。由于长期的"突出政治"教育,学生对领导报告和政治课都要做详细记录。随着政治气候的变化,在这些记录中自然可以找到很多与现行理论和政策不一致的内容,或者对成了黑帮的前领导人的赞扬语句等等,这些都

---

① 原指北京的邓拓、吴晗和廖沫沙三人,他们三人因合写的《三家村札记》被定为"反革命大毒草"而得名,首先在北京使用,迅速扩大到全国。——原注。

② "黑帮"泛指反党反社会主义分子、反革命修正分子、走资本主义的当权派、资产阶级学术权威,首先在北京使用,迅速扩大到全国。——原注。

成了"揭发批判"的重磅炸弹。班主任大多事无巨细都要管,对学生也会有很多要求,如今都成了"资产阶级统治我们学校"的"罪行"。

不独老师平时的教育教学成了他们被批判的罪名,青少年丰富的想像力也不幸被运用于政治斗争。他们根据教师的家庭出身甚至着装打扮,将其分门别类地冠以"资产阶级老爷"、"少奶奶"、"阿飞"、"小开"、"洋奴"、"国民党特务"、"老右派"、"吸血鬼"等罪名进行批斗。一位身体肥胖的老师竟然被学生勒令交代在旧社会的剥削罪行,学生认为他不是地主就是资本家,因为劳动人民在旧社会吃不饱穿不暖,他却长得这么胖。一位与某小说中一名特务同名的教师被勒令交代新中国成立后是如何"潜伏"下来的,并断定他家有无线电收发报机与台湾联络。学生之所以这样狂热,一个重要的原因就是响应毛主席的号召:现在停课又管饭,吃了饭要发热,要闹革命,不叫闹事干什么?

从 1967 年开始,根据毛泽东"要复课闹革命"的指示,各中学陆续复课。到 1968 年"工宣队"进驻,各校基本恢复每天都上课了。但此时的教师所面对的已不是原来的学生了,他们经过一两年"革命洗礼",已今非昔比:

> 在外面游荡了一两年的学生已经不是昔日可爱的红领巾了,他们的学业荒废,纪律松散,但"造反"的技巧却相当熟练,而且这批小将对教师当"牛鬼"的情景记忆犹新,都知道怎样对付他们,无论是出于"革命"觉悟,还是纯粹的恶作剧。有的教师发现,来领导和改造自己的竟是以前教过的差生,或者是附近声名狼藉的人物。

教师平时奉行的政治教育和党化教育政策,长期以来潜移默化地培植了学生邪恶的种子,到非常时刻,便结出了"恶果";而且还会自动滋生、蔓延出更多更大的"恶果"来。这可真应验了洛克(John Locke)的至理名言:"教育上的错误比别的错误更不可轻犯。教育上的错误正和错配了药一样,第一次弄错了,决不能借第二次第三次去补救,它们的影响是终身洗刷不掉的。"①

"文革"期间,教师尤其是中学教师受冲击严重有其特殊性的表现。一是如上所述,他们从事的原本就是作为"无产阶级专政工具"的教育工作,与时局和上层政治联系紧密,其教育教学活动本身易于被"革命小将"抓作"罪证";第二,"工宣队"让教师与工人每天 8 小时的工作时间相比,要求每天起码上 6 节课("这样也不到 5 小时吗!");第三,教师除了自己振臂高呼、身体力行外,还得兼顾教学以及向学生宣讲指示精神。譬如,如果哪一天晚上 8 点有最新指示或"两报一刊"②的重要文章发表,教师除了要带领学生热烈欢呼、坚决拥护、游行到半夜外,第二天早上还得准备听课学习。最让老师心力交瘁的就是动员学生响应(1968 年 12 月 22 日晚的)"一片红"的"最新指示"(学生分配统统得去农村)而上山下乡。鉴于如此种种,葛剑雄认为,林彪所说的"理解的要执行,不理解的也要执行",的确已施之于教师了:

> 因为不管这些指示或号召多么出乎意料,多么让人无法理解,多么不得人心,他们都得向学生宣讲它的伟大的现实的意义和深远的历史意义,说明它多么及时,多么英明,多么符合"革命群众"的心愿。从知识青年上山下乡到"反击右倾翻案风",一次次的欢呼和宣讲使教师在精神上受到了很大的折磨。作为"园丁"、"人类灵魂工程师",他们本来应该用真善美来教育学生,但作为被改造的"资产阶级知识分子"和"毛泽东思想的宣传员",却不得不用连自己都不想念出口的假话来应付自己的教育对象。……这种"既当革命的对象,又当革命的动力"的经历,对运动初期饱受打击的教师无疑是雪上加霜,是更残忍的慢性迫害。……总之,教师非但注定要当文明的殉葬品,还要为文明掘好墓穴。

---

① [英]约翰·洛克:《教育漫话》,傅任敢译,教育科学出版社 1999 年版,"致奇布勒地方的爱德华·葛拉克先生",第 2 页。
② 指《人民日报》、《解放军报》和《红旗》杂志。当时除中共中央文件外,这是公开发表的最权威的文件,代表毛主席、党中央的声音。——原注。

教师如此,课堂教学则是:

> 政治课学《毛选》,语文课教毛主席诗词,英语课念英文革命口号,美术课画忠字,音乐课唱语录歌,数理化课也少不了先念几段毛主席语录,再讲几句"为革命学好××"的道理。但再大的帽子也镇不住这批小将,何况这样的课连最规矩的学生也不爱上。即使这样的课程表,还是要经常改变。

通过以上的引述可以认为,如果把这场灾难的责归咎于学生身上,那非但没弄明白问题,反而是加重了问题的严重性。虽不排除一些好奇的学生、调皮的学生、学习差的学生的乘机嬉戏或发泄心理,但他们总体性的革命狂热,以至俨然就成了发育没到时候的"革命老将"们这一情景,难道不是他们自己、也是这个国度的苦难与悲哀吗?何况,就是学生自身,如同教师一样,何尝不也是受害者呢?而被派进学校的那些"师傅"们的不少行为是令人难以想像的:

> 管"清理阶级队伍"的以打人逼供为手段,"专案组"组长是不识几个大字的长舌妇,负责毕业分配的可以用工矿名额(不必上山下乡)换来女学生的贞操和自己子女的好单位,办公室里可以动手动脚"开玩笑",抄家物资也会"处理"到自己家里去。当然,在毛泽东指示的权威和无产阶级专政的压力下,(人们)只能把这些当成"支流"、"小节"或个别现象。

教师、学生、教学,都是革命的对象,都是革命的工具,也都是革命的动力,更都是受害者。历史在这里再次呈现了愚昧、堕落、野蛮、倒退的狂暴与狂欢。而这一切之所以可能发生,主要是"阶级斗争"极端化推崇的逻辑结果:

> 从1958年的"教育革命"开始,中学的文明道德教育受到一次次的冲击,因为毛泽东制订的教育方针虽然规定了"应该使受教育者在德育、智育、体育几方面都得到发展",但他本人又不断对"德

育"提出新的解释,片面强调阶级斗争、思想斗争,向正常的教学秩序开刀。到了"文化大革命"中,毛泽东决心彻底贯彻他的革命主张,让工农兵来解决问题。他不仅要求"军宣队"、"工宣队"、"贫宣队"永远领导学校,并且希望工人和贫下中农能够在"德育"方面取代教师的作用,以免学生再受"资产阶级"的影响。

即便承认"文革"就是为了"使学生免受'资产阶级'的影响",也就是说其目的是要培养红色的、纯而又纯的共产主义"接班人",那其结果已经包含在以上的分析中了:"如果"照此逻辑继续革命下去,继续阶级斗争下去,那就不仅仅是社会经济倒退,不仅仅是教师成了殉葬品和掘墓人的问题了,就连学生——意欲培养的"接班人"——以及这个国家既有的社会主义革命与建设基业也将一同葬送;那将是推崇阶级斗争这一狂暴活动本身为自己掘墓,那将是"以阶级斗争为纲"之教育培养出来的社会主义"掘墓人"。

幸好历史没有"如果","文革"结束了。但另一个问题尚须追究:何以经过"文革"十年的断层,80年代以后的教育与学术又接续上了?——这个问题的潜台词或者其连带性观点就是,"文革"式的教育未见得或者并没有出现培养"掘墓人"的逆转效果。譬如,北京大学陈平原教授提出了"隔代遗传"的见解:①

> 我们80年代的学生,借助于七八十岁的老先生,跳过了五六十年代,直接继承了30年代的学术传统。比如,我在中大(中山大学)、北大(北京大学)念书时,先后接触了容庚、王季思、黄海章等一大批老教授,他们都曾就读于20世纪30年代的北京大学、清华大学、西南联大……改革开放后,他们在学术上"重新焕发青春"。无论做人还是治学,一下子回到了三四十年代。注意,不是回到强调思想改造的五六十年代,而是回到最初接受学术训练的30年代。抗战前,中国的大学已经很成样子,数量不多,但质量很好。那个时

---

① 查建英:《八十年代:访谈录》,生活·读书·新知三联书店2006年,第146~147页。

候的业绩,今天很难企及。这就难怪,80年代的学术,不屑于承继50、60、70年代,而是回到30年代。……理解80年代学术,应该把它与30年代的大学教育挂钩。很奇怪,那么多年的思想改造,基本不起作用。我所说的这批老先生,大都没有真正融入五六十年代的学术思潮。这才可能在"拨乱反正"后,很自然地,一下子回到了30年代,接续了民国年间已经形成的学术传统。

陈平原先生虽身陷"五六十年代"之丑,却能孑然承续"30年代"之美,这种出污泥而不染的诗意推理,几乎让人可以笑对(如果不是希望再来一次的话)"文革"了。不过,陈先生要是在"文革"时说这番诗意的话,恐怕就不会"很奇怪"思想改造的作用了,它一定会对他"起绝对的作用"而不是"基本不起作用"。且不说80年代后巨巨中国尚存区区几位曾就读于抗战前"已很成样子"的大学的老教授,也不论又有多少青年才俊能够如平原君那样得到这区区几位大师的泽被,单就中文系教授陈平原的如下这一如诗推理就着实教人想不通:那区区大师何以"很奇怪地,很自然地,一下子就回到30年代"了呢?捎带地,"我们80年代"这"新一辈"怎么就"嗖"地一声"跳过了五六十年代"而径直赓续了30年代的学术传统呢?

隔代遗传!

陈先生开出的这个方子,翻译过来就是:抗战前的大师没有受到"污染"(所谓"拨乱反正"后他们"青春重焕"),"我们80年代的学生"不屑并跳过50、60、70年代,而光荣地"一下子"回到并承继了30年代。

果真如此,问题便是:既然那少许未受"污染"的学术传统可以"隔代遗传",那么,凭什么保证那众多(恐怕是绝大多数,想想"老将们"和"小将们"以及那种扭曲人性的治理技术!)已经受到"污染"(毒害)乃至中毒很深的东西"怎么就不可能"隔代遗传了呢?强调前者而忽视后者,等于只发现了直角三角形,而不是所有的三角形的内角和都等于180度;肯定前者而否定后者,那分明是在说,只有直角朝上的直角三角形的内角和等于180度,而直角朝下的直角三角形则不然!

有毒的东西也能遗传。这并非危言耸听或者乱下谶语,而是说,社会学研究不能如工程学家或者气象学家那样做社会行为的记录员,而必须考察社会行为的非预期后果("隐性功能");社会学研究也不能如一些文学研究那样,进行(自我)美化式的或者幻想性的虚构。截至目前于理于实的分析都表明,惟"阶级斗争"与"革命"是崇的教育(如"文革"),其预期(目的)有可能是要培养共产主义"接班人";而其结果却是,或者更可能是缔造出自己的"掘墓人"。不正视这一点,悲剧不是绝没有重演的可能,现在不是就有人(如前文所引)希望"再来一次'文革'"了吗?① 而不时有学者在做学术报告时,针对现在的教育弊病,得意地"感恩"于自己曾受过的"文革"时的教育,说"文革"时他们受到了锻炼,得到了自由,所以才有今日的成就!我怀疑,这如果不是别有用心,很可能就是信口雌黄罢了。当不得真的。也不能当真。

3. 人民对反动派:社会稳定与极权政治

1958年开始的"教育革命",其逻辑并非始于1958年,惟其时拉开帷幕、吹响了号角而已。毛泽东主张并要求"军宣队"、"工宣队"、"贫宣队"永远领导学校,希望工人和贫下中农能够在"德育"方面取代教师的作用,就是要高调进行一场"人民民主专政"的政体制度的实践与实验。这并非一时的心血来潮,而是有着逐渐的生成性和某种内在的连接性。熟读史书②的毛泽东青年时就表现出"与天斗其乐无穷,与地斗其乐无穷,与人斗其乐无穷"的斗争哲学观。在完成农民考察报告时(1927年),他汲取农民造反(起义)的经验而形成的"群众运动"思想已初见端倪。在被迫转移、经过两万五千里的磨难(同时也确立了在红军和党中

---

① 在即将进入21世纪的时候,河南一个刊物《大学生》曾以"文革"为题目,对当地大学生进行测验调查。结果百分之八十的人不知"文革"为何物,有的甚至说希望再来一次他们看看。见王元化:《思辨录》,上海古籍出版社2004年版,第41~42页。

② 《二十四史》是毛泽东阅读评注最多的一部历史典籍。自1952年至1976年,在长达24年的时光中,毛泽东通读精读了这部巨著,并作了大量评注、圈点和各种阅读标记,其中有毛泽东对一些重大历史事件的分析、对各种历史人物的评价、对某些历史经验教训的总结。

央的领导地位)①并将之命名为"长征"②以后(1936年)所写的一首词③里,毛泽东豪迈地向世人宣示,要在"略输文采"的秦皇汉武、"稍逊风骚"的唐宗宋祖、"只识弯弓射大雕"的成吉思汗"俱往矣"之后,且看今朝之"风流人物"。这鲜明地宣告了自己必将创造空前伟业的坚定信念和伟大抱负。后经与蒋介石战多合少、外加抗击日本的八年斗争,以及与蒋介石决胜负的三年国内战争,毛泽东终于站在天安门城楼上宣告新中国成立,就此也基本铺就了其施展抱负的平台。

一如《中国历史》叙事及其教学所欲表明的,自"伟大的中华人民共和国成立"以后,通过"变群众为人民,变人民为国家"的叙事方式,消隐了"农民起义"这一历史发展动力的形式,使之换颜为"群众运动",以承载"阶级斗争"这一马克思主义历史发展的原动力。而国家,根据马克思主义来看,是"一个阶级压迫另一个阶级的根据",只有到共产主义社会时,"国家才会自行消亡"。在社会主义革命与建设时期,阶级斗争是必不可少的——直至今日中国的政治宣言,也是"阶级斗争还将在一定范围内长期存在"。问题是,国家,也就是人民,"何以"并"如何"专政?这就是集目的、手段于一身的"人民民主专政"。说它是手段(工具),是因为,"国家是一个阶级压迫另一个阶级的工具",人民民主专政是社会主义中国这一国体的政体,是其压迫和专政形式,也是工具和手段。说它是目的,是因为在共产主义到来之前,作为"一个阶级压迫另一个阶级的工具"的国家是不会消亡的,是必须存在的;这个"过程中的必须存在"本

---

① 在此期间,除了与国民党军队进行作战,克服雪山、草地等自然险境以外,毛泽东还面临着确立自己领导地位(遵义会议)以及和张国焘较量的"内部"斗争。他后来多次回忆这是他一生最艰难的时刻。见《毛泽东和张国焘在长征中的较量》,载《文汇读书周报》2006年10月6日,第1~2版。

② 中共中央红军是因第五次反围剿军事失败而被迫转移的,其目标是和红二、六军团会合,也就是说最初并没有"长征"的计划,也没有"长征"这个词语(国民党从30年代一直到80年代,一直将中共的"长征"蔑称为"西窜")。1935年夏,红一、四军会师,出现"西征"一词;是年12月,毛泽东在报告中首用"长征"一词;1936年下半年起,为争取外国人对红军的物质援助,毛泽东开始号召回忆长征、宣传长征,"长征"叙述日益开始。《长征的历史叙述是怎样形成的?》,载《文汇读书周报》2006年10月13日,第14版。

③ 即写于1936年2月的《沁园春·雪》。

身，就成了一个目的，人民民主专政这个工具削弱或取消了，人民民主专政的社会主义国家也就岌岌可危了。那么，党代表人民对敌人和反动派实行的人民民主专政是如何集手段和目的于自己一身的呢？回答是：人民民主"通过赋予某阶级以先赋的正当性特权，强制性地抑制关于社会平等、自由和公义的'如何'和'谁的'争议"；置身于内忧外患之国族竞争的处境，中国革命党(共产党)以替民族共同体争取现代国家形态为历史使命担当，藉反帝反封建的政治理念，亦即以国际—国内的平等为基本诉求，其"人民民主作为国家正当性根据的重建模式，从根本上置换了政制的正当性论证基础，与之相伴的是，对儒家价值理念及政制理念的疑询乃至摧毁"；于是，"便有道义理据要求党国化的政制"。①

历史业已表明，毛泽东等创造的人民民主专政这个集手段与目的于一体并彼此强化的政治体制确实起到了稳定社会的作用。如前文所述，作为人民民主专政对象的"四类分子"是一个从 1949 年到 1984 年在中国政治生活中生存了 35 年的特殊社会阶层，构成了改革开放前的中国社会的底层，也因为这个底层的存在，社会形成了一个稳定的纺锤形结构，保证了社会的平稳。② 就此说，基于"人民/反动派"这一仪式母题的政治，可以被描述成依靠、利用和针对"情感生产方式"的斗争，"仪式是各种团结群体得以形成和动员起来的机制，因此仪式制造了政治的参与者；仪式是某些群体可以用来控制其他群体的武器，其办法是操纵对一些群体有利而对另一些群体不利的情感上的团结"③。

从毛泽东对"人民民主专政"这个抽象的词语的解释来看，其实质说白了就是"人民"对"反对派"的专政。然而，"人民"与"反动派"是两个看似"明白"实质上却带有很大伸缩性与可变性的称号，惟其如此，才为以

---

① 刘小枫：《现代性社会理论绪论——现代性与现代中国》，上海三联书店 1998 年版，第 94、99～100 页。

② 李若建：《从赎罪到替罪："四类分子"阶层初探》，载《开放时代》2006 年第 5 期。作者在该文中也指出，没有四类分子以后，社会依然在变迁，从两头小中间大的纺锤形变成了上面小下面大的金字塔形，今天社会底层的规模和数量远远超过当年的四类分子阶层，人数以千万计，实际受影响的人口超过一亿，比如贫困群体、农民工等。

③ [英]杰弗里·亚历山大编：《迪尔凯姆社会学》，戴聪腾译，辽宁教育出版社 2001 年版，第 162 页。

后的个人崇拜与"专政"埋下了种子。也就是说,人民民主专政在实现长期稳定的社会控制的目的的同时,又可能并且事实上也产生了极左偏向和极权政治。在分析这种"意外"后果之前,有必要回过头来补叙一下"人民民主"智能的由来及其正向功能的问题,而把"专政"和极权这一负向功能留待稍后再探。

关于"人民民主"的思想,毛泽东在1945年与访问延安的黄炎培在窑洞里进行的被称为"窑洞对"中即已成竹在胸:①

> 黄炎培:我生六十多年,耳闻的不说,所亲眼看到的,真所谓'其兴也浡焉','其忘也忽焉',一人,一家,一团体,一地方,乃至一国,不少单位都没有能跳出这周期率的支配力。大凡初时聚精会神,没有一事不用心,没有一人不卖力,也许那时艰难困苦,只有从万死中觅取一生。继而环境渐渐好转了,精神也就渐渐放下了。中共诸君从过去到现在,我略略了解了的,就是希望找出一条新路,来跳出这周期率的支配。
>
> 毛泽东:我们已经找到新路,我们能跳出这周期率。这条路,就是民主。只有让人民来监督政府,政府才不敢松懈。只有人人起来负责,才不会人亡政息。
>
> 黄炎培:这话是对的,只有大政方针决之于公众,个人功业欲才不会发生。把民主来打破这个周期率,怕是有效的。

其实,历代统治者也不是不懂得"得民心者得天下"的道理。惟多崇奉"民本"思想,强调的是官吏为老百姓的父母官,视角始终是以官及其统治为主体,以力保水之载舟,防止水之覆舟。而熟读史书并亲身实践中国革命的毛泽东,将"民本"发展为民主,宣告"共产党是为民族、为人

---

① 宁可:《中国王朝兴亡周期律》,载《新华文摘》2006年第18期。另外,1945年,毛泽东在《论联合政府》(4月24日)、《抗日战争胜利后的时局和我们的方针》(8月13日)中多次论述了共产党是代表最广大人民利益以及向人民负责这一思想和观点。见《毛泽东选集》第3卷,人民教育出版社1991年版,第1094~1096页;《毛泽东选集》第4卷,人民教育出版社1991年版,第1128页。

民谋利益的政党,它本身决无私利可图"①。这样,中国共产党就把历史上一直强调的"民本"、"民为邦本"、"为民父母"这种置百姓(人民)于受动的客体之思维方式,转换为"民主"、"为人民服务"、"做人民公仆"这种尊人民为主人的新话语了。

那么,"人民把权力委托给共产党"后,共产党如何行使人民民主专政呢?"共产党"是一个词,代表的"是矛盾的统一体","党的具体结合的形式就是民主集中制"。② 也就是说,理论上讲,党的组织和决策原则是民主集中制,党不是领袖个人。这样,"人民民主专政"最终或者说具体的实践还得落到执政党即共产党的"民主集中制"上来。确实,在中国共产党的历史上,就有按照民主集中制原则确保党员权利得到尊重和保障,使其革命事业免遭失败的事例:最具有说服力的是1932年毛泽东在宁都会议受到排挤以后,对党内的重大决策仍拥有发言权,因而在"长征"路上可以与张闻天、王稼祥自由地讨论第五次反围剿的军事路线,并取得张、王的支持;同时由于毛、张对由博古、李德、周恩来组成的"最高三人团"将他们三人(毛张王)一律从"总部"所在的一纵队分散到各军团中去的打算持异议而仍留在了一纵队,并组成了一个区别于"最高三人团"的"中央队三人团"。这才有后来"发生历史转折"的遵义会议的召开,确立了毛泽东的领导地位。③

假若都能像毛泽东这样充分发挥民主集中制的智慧与优势,或者别人也能够被允许这样发挥作用,那么领袖个人凌驾于全党之上的极权现象,以及把"反动派"恣意扩大化而号召群众通过运动进行批斗的"文化大革命"或可避免。然而,历史没有假设:

> 在党取得全国的执政地位以后,党的民主集中制逐渐受到扭曲。对党内有争议的重大问题,不经中央书记处、中央政治局、中央

---

① 毛泽东:《在陕甘宁边区会议上的演说》(1941年11月6日)。见《毛泽东选集》第3卷,人民教育出版社1991年版,第809页。
② 刘少奇:《论党员在组织上和纪律上的修养》(1941年11月)。见《刘少奇论党的建设》,中央文献出版社1991年版,第319~320页。
③ 林蕴晖:《陈云谈"文化大革命"未能避免的原因》,载《新华文摘》2006年第16期。

委员会的讨论，由主要领导个人决定的情况屡屡发生。这是因为，在延安整风期间，中央政治局于1943年3月20日通过的《中央机构调整及精简决定》，在明确"政治局推定毛泽东同志为主席"；"书记处重新决定由毛泽东、刘少奇、任弼时三同志组成之，泽东同志为主席"的同时，规定"会议中所讨论的问题，主席有最后决定之权"。这样，就赋予了毛泽东超越中央之上的权力。尽管在全国解放战争之前的战争年代，未发生有个人决定重大问题的典型事例，但在建国之后不久，情况就大大不同了。①

对于1985年以后的情况，邓小平也曾这样说：

> 从遵义会议到社会主义改造时期，党中央和毛泽东同志一直比较注意实行集体领导，实现民主集中制，党内民主生活比较正常。可惜，这些好的传统没有坚持下来。也没有形成严格的完善的制度。……从一九五八年批评反冒进，一九五九年"反右倾"以来，党和国家的民主生活逐渐不正常，一言堂、个人决定重大问题、个人崇拜、个人凌驾于组织之上一类的家长制现象，不断滋长。②

后来，"凡属于毛泽东所不赞叹的意见，一律上纲、上线，打击同他意见不同的人。……不管毛泽东的意见正确与否，其他领导人的意见都只有检讨的份。维护毛泽东个人的权威，就是维护'大局'，就是维护'党'的利益"③。

由此，就有了"文革"的发生，有了"文革"中的教育及其后果。回过头来遗憾地发觉，"窑洞对"中黄炎培的忠告"只有大政方针决之于公众，个人功业欲才不会发生"不幸被倒过来发生了。人民对反动派的对立思

---

① 林蕴晖：《陈云谈"文化大革命"未能避免的原因》，载《新华文摘》2006年第16期。该文说，从1951年起，个人决定重大的事例时有发生。
② 邓小平：《党和国家领导制度的改革》（1980年8月18日）。见《邓小平文选》（一九七五——一九八二），人民出版社1983年版，第290页。
③ 林蕴晖：《陈云谈"文化大革命"未能避免的原因》，载《新华文摘》2006年第16期；宋毅军：《王稼祥与毛泽东的长征崛起》，载《新华文摘》2006年第17期。

维模式,在稳定社会的同时,若把握不住"民主集中制"的制衡关键,就有可能发生(事实上已经发生过)极权政治的意外效果。

  本章讨论了三个相互关联、逐步深入的问题。首先是发现了《中国历史》叙事及其教学中的"五阶段论"史学框架,这是一个"仪式的仪式",即"没有神话的仪式",其政治教化的宏旨在于:通过这个朝圣之旅培养受教育者的共产主义信仰;比较详尽地考察了这一路线图之起源、定型以及成为中国历史教育与政治教化支配性蓝图的复杂过程。其次,以《中国历史》为代表文本,发现并分析了在"五阶段论"整体认知框架制导下的中国历史目的论叙事策略:通过"革命总在反动后"、"反动之后必革命"、"革命必前进"的叙事情节,充实了第一部分的朝圣之旅;同时也显现了历史叙事中丰富的"情感炼金术",以陶冶和厘定受教育者的进退观、善恶观、生死观、义利观以及敌我观等价值坐标。最后,分别从农民革命美学化、阶级斗争纲领化、人民对立反对派极端化三个侧面,考察了历史教学与政治教育中出现的仪式逆转及事与愿违的意外后果,以便为改良国民心理基因、防止"掘墓人"的产生以及警惕极权政治的出现提供借鉴意义。《中国历史》只是一个分析的把手或"借口",研究本身基于它,但并不囿于它,这是需再次明确的。

  对于"接班人"之诞生的考察,如果说本章是"开启天幕"的话,那么接下来的两章则为"细查内里",因而以下两章将进入比较微观层面(学校)的分析。有所不同的是,从性质上讲,第三章与第二章一样,属于政治意识形态分析(批判),而紧随其后的第四章则是制度化学校教育分析(批判)(这里的"批判"是 critical、critique,在英语词汇中,critical、critique 是远较中文词"批判"温和、中性的词汇)。这样,第四章(强调"仪式在教育中")与第三章(着眼"教育在仪式中")之间又构成一个对应和对比,以进一步凸显"培养接班人"这一政治教化主旨与制度化教育的相逢与遭际,从而揭示国家、社会与学校、个人之间的复杂纠葛与动态关联。

第三章 教育在仪式中进行:"接班人"的日常锻造

> 国家像医生一样,是一个向导,正如病人和医生的关系,国家与其主体的关系是不对称的。在要求服从和无条件服从时,这个医生解释道,他这样做是为了病人自己的利益。[①]
>
> ——齐尔格特·鲍曼(1990 年)

> 我们不应该臆测权力的获取方式并以此为研究的手段,而是应该通过对科尔泽所谓的"政治事实的惯常建构方法"的分析来进行研究。[②]
>
> ——麦克尔·赫兹菲尔德(2001 年)

由上一章的考察可知,"接班人"诞生于中国社会历史认知及其教学框架,亦即"五阶段论"的灵魂朝圣仪式这一母体(天幕)之中。而在这一天幕之下,更有着精细的日常锻造。在自小学至大学乃至研究生之 20 年左右的受教育期间里,中国的学生除了要完成所规定的各门课程的学习以外,另一个具有特色的政治社会化任务,就是加入少先队、共青团、

---

① [英]齐尔格特·鲍曼:《通过社会学去思考》,高华等译,社会科学文献出版社 2002 年版,第 172 页。

② [美]麦克尔·赫兹菲尔德:《什么是人类常识》,刘珩等译,华夏出版社 2005 年版,第 143 页。

共产党组织,他们自小就作为党的助手和后备军、共产主义接班人而被培养和锻造。

一、团员、党员及群众:政治面貌的授礼

在工作、学习和生活等许多场合,我们常常被要求填写一些证明身份的信息表格。姓名、性别、出生年月、民族、籍贯等是必不可少的事项,其中重要甚至关键的栏目是"政治面貌"以及"家庭出身"、"本人成分"(后两者在现下一般的表格中渐渐淡化)。"政治面貌"往往是由"(中共)党员"、"团员"或"群众"三个主要备选项组成。而按照党、团、队的章程,学生一般是由入队、入团进而入党的路线一路走来的。值得注意的是,小学生一般实行百分之百的全员入队,中学生发展团员的人数比例相对减低,而大学生(包括极少数高中生)入党的比例更是明显降低——至今,全国共产党员人数也不过8 000万。这就是说,少先队员、团员、共产党员这些政治面貌的授予与获取是逐级降低比例、渐次增加难度的。惟其如此,政治面貌的获得才显得珍贵而难得。

中国少年先锋队的前身是"劳动童子团",是1924—1927年第一次国内革命战争时期中国共产党创建和领导的第一个革命儿童组织,其团章里提出了"准备着打倒帝国主义!准备着打倒军阀!准备着做全世界的主人!"的口号。在北伐战争中,千千万万的劳动童子团团员们(包括工厂童工、商店学徒、小学生、城市贫困儿童),颈上系着红领带,高唱"打倒列强,打倒列强,除军阀,除军阀……"的歌曲,跟随着父兄参加了革命。1927至1936年第二次国内革命战争时期,在革命根据地,中国共产党为少年儿童建立了共产主义儿童团的组织。根据地的儿童普遍参加了共产儿童团,高呼"准备着,时刻准备着"的口号。儿童团的两个重要任务就是:动员儿童到列宁小学读书,积极宣传扩大红军。1937至1945年抗日战争时期,许多抗日根据地建立了抗日儿童团的组织。儿童团员们呼喊着"时刻准备着"的口号,积极参加抗日救国斗争。在第三次国内革命战争时期,中国共产党领导解放区少先队、儿童团和国民党统治区的地下少先队参加了斗争。1949年10月13日,中国共产党委托青年团建立了中国少年先锋队的组织,1953年6月,改名为中国少年先锋队。1978年10月,共青团十届一中全会通过了恢复(十年动乱中被

取消的)中国少年先锋队的名称的决议。

对于中国儿童运动以及少年先锋队历史——从劳动童子团(1924—1927年)、共产主义儿童团(1927—1937年)、抗日儿童团(1937—1945年),经儿童团和地下少先队(1946—1949年),到中国少年先锋队(1949至今)——的叙述,一向是以"光荣的历程"和共产主义"接班人"为基调,以继承和发扬这一优良传统为主旨的:

> ……我们革命的少年儿童组织——从劳动童子团到少年先锋队,在中国共产党领导下,在共青团带领下,为祖国的革命和建设作出了自己的贡献,培养了一代又一代的少年儿童成为革命的接班人,有着光荣的革命传统。①

有论者在总结我国少年儿童革命组织光荣的优良传统时说:"最根本的一条就是从小热爱党,跟党走,时刻准备着为实现党的最终目标共产主义而奋斗。"

> 在新的历史时期,少先队要继承发扬队的优良传统,教育少年儿童坚决听从党中央的教导:从小立志做一个有理想、有道德、有知识、有体力的人,为人民、为祖国、为人类作贡献(按:这是1980年邓小平关于少先队的论述)。少先队要坚持以共产主义精神团结教育全体少年儿童,为促进他们的全面发展,把他们培养成为共产主义事业的接班人而奋斗。②

正是基于这一"光荣传统"的历史记忆和"继承光荣传统"的责任承担,(7周岁以上的)小学生大都成了"红领巾"。中国少年先锋队队章(1981年共青团十届三中全会通过)也规定:凡是7周岁到14周岁的少年儿童,愿意参加少先队,愿意遵守队章,向中队委员会提出申请,经中

---

① 共青团湖南省委:《少先队辅导员手册》,湖南少年儿童出版社1983年版,第11页。
② 段镇:《少先队教育学》,上海教育出版社1985年版,第21页。

队委员会批准,就成为队员。少先队入队仪式由共青团组织的代表或少年先锋队大、中队长主持,大致程序如下:

(一)全体立正。
(二)出旗。(鼓号齐奏,全体队员敬礼。)
(三)唱队歌。
(四)宣布批准新队员名单。
(五)授予队员标志。(授予者双手托红领巾授予新队员,新队员双手接过,放在颈上,授予者给新队员打上领结,接着互相敬礼。)
(六)宣誓。(由主持人领导,读誓词时举右手,见图 3-1①)
(七)共青团组织的代表或辅导员讲话。
(八)呼号。
(九)退旗。(鼓号齐奏,全体队员敬礼。)
(十)仪式结束。

誓词:"我是中国少年先锋队队员。我在队旗下宣誓:我热爱中国共产党,热爱祖国,热爱人民,好好学习,好好锻炼。准备着,为共产主义事业贡献力量!"

图 3-1 少先队队员入队宣誓

---

① 需说明,本章所用的图像均是从网络媒体上的宣传教育资料中下载、编辑而成。鉴于这些都是我们教育中常见、常用的公共图像资料,本文不再具明其来源或相应作者;同时,这些图像也只是用作研究时的分析文本,重点分析其象征意义,故引用时有尺寸的调整,但正式场合使用它们时,都是有尺寸比例和严格规程要求的。

这样系领巾：

我们的标志：红领巾。它代表红旗的一角，是革命先烈的鲜血染成。每个队员都应该佩带它和爱护它。为它增添新的荣誉。

图 3-2　少先队员的标志

少先队员的标志是红领巾（见图 3-2），通过一种象征意义的强加，"红领巾"是由革命先烈的鲜血染成。对此，儿童尚不大理解，他/她们常常纳闷：这就是一块红布嘛！什么叫先烈？为什么用血染红？那需要多少血啊？难以理解的原因在于，"意义并不内在于象征，象征和意义的结合，并非原本事实"①，"人们把无可比拟的价值划归给这些对象，与它们的内在特性无关"②。这就是说，并不是"勿忘先烈的鲜血"这一意义作为内在的必然一定要与红布（红领巾）这一象征相联结，而是成人（红领巾之意义的赋予者）把这个意义"强加"在作为象征的红领巾之上。加上孩童尚不理解更深度的"先烈"、"流血牺牲"之类的意义，感到纳闷确是情理之中的事情。但这无关紧要，"一旦对象被选定，无论这种对象是否平庸，都将具有独一无二的特性。由此而来，一块破布也会获得神圣性，一片残纸也可能变得弥足珍贵。两种存在也许具有本质上的差别……但假如它们体现了共同的理想，它们就毫无二致"③。总之，社会用另一个不同的世界代替了我们通过感觉感受到的世界，而这个不同的世界，

---

① 朱炳祥：《社会人类学》，武汉大学出版社 2004 年版，第 71 页。
② [法]爱弥尔·涂尔干：《社会学与哲学》，梁栋译，上海人民出版社 2002 年版，第 94 页。
③ [法]爱弥尔·涂尔干：《社会学与哲学》，梁栋译，上海人民出版社 2002 年版，第 102 页。

正是社会本身所创造的理想筹划①。

仪式中的第八项是呼号(见图3-3)。"准备着,为共产主义事业而奋斗! ——时刻准备着!"这一呼号内容,连同红领巾这一标志以及五指并拢高举过头的队礼(见图3-4),都是从当时的列宁少先队那里学来的。在俄国革命遇到困难的时刻,列宁为了指导斗争,写了一本书叫《做什么》,在这本书里,他向俄国革命者发出了"准备好"、"时刻准备着"的号召。② 第一次国内革命战争时期,劳动童子团模仿列宁少先队,把"准备着!"这一口号作为自己的口号,只是赋予了中国革命的具体内容:"准备着打倒帝国主义! 准备着打倒军阀! 准备着做全世界的主人!"后来,"准备着,为共产主义事业而奋斗! ——时刻准备着!"就被写入了中国少先队的队章里,作为"我们的呼号"。

少先队集会时,要在辅导员的带领下呼号。呼号时右手握拳,拳在头侧。辅导员领呼:"准备着,为共产主义事业而奋斗!"少先队员回答:"时刻准备着!"

图3-3 少先队呼号

---

① [法]爱弥尔·涂尔干:《社会学与哲学》,梁栋译,上海人民出版社2002年版,第103页。

② 共青团湖南省委:《少先队辅导员手册》,湖南少年儿童出版社1983年版,第38～39页。

我们的队礼：右手五指并拢，高举头上。它表示人民的利益高于一切。

图 3-4 中国少年先锋队队礼

不过，理论上的严肃并不必然伴随着相应实践的严肃。除了时常出现"这就是一块红布！"的童言以外，还有不少类似的情景。譬如，队章中规定适龄小学生可以全员入队，但在现实的操作中，往往还是要分批排队进行。据笔者在 X 市 Y 小学一年级七班的观察（2005 年秋冬）发现，老师在家长会上宣称：第一，我们班有 48 名学生，分为八批加入少先队（笔者事后又走访该校大队辅导员，她说理论上讲应该全员同时入队，只是为了鼓励学生，一般采取分批进行），每批 6 人，每周一批。第二，入队先后的标准，是根据学习成绩、课堂纪律、卫生、作业、课堂发言等各方面获得的奖励卡片（小红花、五角星之类）的综合数目来排名。第三，希望同学们和家长共同努力，争取早先加入少先队，前两三批入队的才是"好学生"，以后入队的就"没意思了"。第四，这是为了鼓励孩子，请家长不要向老师求情。会后，学生（同家长一起参加了会议）们议论纷纷，也"忧心忡忡"。尽管他们是小学一年级的学生，但他们的回答相当令人吃惊：

笔者：你们想当少先队员吗？

学生们：想！

笔者：你知道少先队员是干什么的吗？

学生 A：戴红领巾！

笔者：为什么戴红领巾？

学生 B：是好学生，是……的接班人……（说不清）

笔者：你觉得你能第几批当上少先队员？

学生Ｃ：不知道。

学生Ｄ：反正郝××肯定是第一批！

笔者：为什么？

学生Ｅ：她是我们的大班长，每次都考第一名！（其他同学也跟着这样说）

笔者：你觉得你能第几批当上少先队员？

学生Ｆ：我考不过郝××，我可能第二批当吧。反正我知道孙××肯定是倒数第一批当少先队员！

笔者：为什么？

学生们：（还未等学生Ｆ回答）他是我们班的大笨蛋！……

仅仅从这几句简单的交谈中，已让人感受到"受教育"的威力，家中的"小宝贝"、祖国的"花骨朵"、共产主义的"接班人"，一被抛入学校和班级，便被定格于不同的编码和等级之中。无论是公认的"第一名"，还是"全班的大笨蛋"，孩子们说得都那么自然那么清楚那么轻易那么轻松，着实令人不寒而栗，让人不由得感慨"出自造物主之手的东西，都是好的，而一到了人的手里，就全变坏了"①。

由于错过前两三批再当少先队员就"没有意思了"，不少家长在外围展开了"强烈攻势"。结果，第二批入队时有不少小朋友都兴高采烈，原因是老师把第二批的人数暗中增加到了18人。不明就里的18名学生光荣而"有意思"地在前两批成了少先队员和"好学生"。不过，加入少先队一段时间以后，少先队员们的热情渐渐减退，有的红领巾已经脏得像黑领巾了，有的还常常忘戴红领巾，到了校门口，才被Ｙ校门前卖红领巾的小商贩(校门附近卖红领巾的摊铺很多)的叫卖声提醒，花5角钱买个"接班人"冲向教室(不戴红领巾者算违纪，要扣分)。

近年来不断出现的"绿领巾"事件也颇耐人寻味。譬如，甘肃省定西市临洮县第二实验小学把学生分为两部分，能达到(学校自定的)少先队条件的戴红领巾，学习不好、"综合素质不高"等不符合条件的学生戴"绿

---

① ［法］卢梭：《爱弥尔》(上卷)，李平沤译，商务印书馆1978年版，第5页。

领巾",有好几个 10 岁的学生还没戴上红领巾,这个规定使家长和学生在精神上承受了很大压力。① 又譬如,1998 年始温州市永嘉、龙湾,南京秦淮区等地的一些学校效仿上海、北京等学校的做法,给不是少先队员的学生发绿领巾。理由是:队章规定必须是年满 7 周岁的同学才能入队,而 7 周岁前的小学生一直都没有自己的组织,这样 6 岁与 7 岁之间就出现了一年的空白;于是,为了让孩子有一种心理归属感,感觉自己是少先队的一部分,更早地真正加入少先队,"苗苗儿童团"(少先队预备队)就产生了,为了区别于少先队,"苗苗儿童团"以"绿领巾"作为标志,但"绿领巾并不是差学生的标志"。② 对这种事关革命颜色的"绿领巾"事件,少先队的领导机构进行了干预。共青团中央少工部相关人士表示,共青团中央开始在全国范围内紧急追查绿领巾、粉领巾等"变色红领巾"事件。共青团中央少工部相关人士激动地问道:"队章上写得很清楚,红领巾是红旗的一角,怎么能改变颜色? 学校的这种行为严重地违反了《中国少年先锋队队章》相关章程。共青团中央将要求地方少先队组织追查此事,同时将在全国清查'变色红领巾'问题,杜绝这种情况再次发生。"他同时表示,那种给成绩不好的学生戴绿领巾的行为也是对学生的歧视,势必对学生成长造成负面影响。③

抛开以上不那么严肃的实践情形或者"改变革命颜色"的事件不论,即便在被赋予少先队员这一"政治面貌"的儿童当中,也是有着"等级分明"的标识区分:"接班人"与"接班人"不同——人,自儿童时起就开始了政治地生活;成人的政治生活是由儿童时期开始的——一般的少先队员只佩带红领巾,各级队长和队委员会在左臂佩带长 4 厘米、宽 1 厘米的红色布条(缝在长 7 厘米、宽 6 厘米的白布上,条与条之间相隔 1 厘米,

---

① 《甘肃一小学学习不好戴绿领巾 团中央紧急追查》,http://www.ibe.cei.gov.cn/index/serve/showdoc.asp? Color = Eight&blockcode = wnjyxw&filename = 200411418。

② 《温州市部分小学实行戴绿领巾作法引发争议》;《南京也有小学生佩戴绿领巾 家长对此看法不一》,http://www.zjol.com.cn/gb/node138665/node138751/node142101/userobject15ai2116352.html;http://61.156.33.12/jy/view.asp? id=1327。

③ 《团中央全国彻查"绿领巾"——红领巾是红旗一角 不能变色》,http://www.5ewy.com/XXLRI.ASP? ID=3940。

左右各留 1 厘米。整个级别标志也可以用塑料制作）：大队长和大队委员三条，中队长和中队委员二条，小队长一条。

  至于这些不同级别的标志物如何赋予学生，或者说哪些学生有"资格"佩带这些不同级别的标志物，也是一个颇值得实践者慎重而行的问题。在教育实践中，学校及教师在对学生分类、赋此类"符号"资源与权利时，其游戏规则就存在偏颇之处。譬如成绩好的、干部子女和高收入家庭的孩子这三类学生因"最受教师欢迎"①而大多成了规则的受益者和高地位者：他们或者被授予"学习委员"、"三好学生"、"优秀学生"等成绩高位者名号，或者被冠以"大班长"、"中队长"、"学生会主席"等权力头衔，要么优先获有"少先队员"、"共青团员"、"共产党员"等"政治面貌"，要么时常担当"鼓号手"、"升旗手"、"仪仗队员"等光荣任务；而那些"弱势"学生则只能是观望者和匿名衬托者，他们似乎与"真善美圣"无缘，从不得体验那些"好生"们习以为常的经历和体验得已经麻木的情感。②这就难免会在学生的心中产生（或者不如说是"培植"）了（譬如对老师、对干部学生的）怨恨心理或危险霉素，致使原本应以儿童的成长和发展为目的的教育在实践过程中常常被扭曲、异化，以至于实际上产生出"反教育"的功能——一种"教源性"的反教育功能。③

  入团、入党仪式与加入少先队仪式的程序大同小异，惟更加严格、更加严密、更加严肃而已，不再一一分析。这里只阐明对这些仪式考察的几点发现：

  其一，经由少先队、共青团、共产党组织的加入仪式，学生被授予了一张张"政治面貌"，而其一以贯之的宗旨就是赋予他们一种"接班人"的信念及使命。这在少先队、共青团和共产党章程中有着十分明确的规定：

> 我们队的性质：是中国少年儿童的群众组织，是少年儿童学习

---

① 刘云杉：《学校生活社会学》，南京师范大学出版社 2000 年版，第 152 页。
② 见程天君：《"差生"问题的社会学分析》，载《教育参考》2003 年第 9 期。
③ 吴康宁：《尊敬哪一个老师》、《恨从何生》，载《教育参考》2006 年 6 月号、10 月号。

共产主义的学校,是建设社会主义和共产主义的预备队。我们队的目的:团结教育少年儿童,听党的话,爱祖国、爱人民、爱劳动、爱科学、爱护公共财物,努力学习,锻炼身体,参与实践,培养能力,立志为建设有中国特色的社会主义现代化强国贡献力量,努力成长为社会主义现代化建设需要的合格人才,做共产主义事业的接班人。——《中国少年先锋队章程》[①]第三、四条

中国共产主义青年团坚决拥护中国共产党的纲领,以马克思列宁主义、毛泽东思想、邓小平理论和"三个代表"重要思想为行动指南,解放思想,实事求是,与时俱进,团结全国各族青年,为把我国建设成为富强、民主、文明的社会主义现代化国家,为最终实现共产主义而奋斗。——《中国共产主义青年团章程》[②]总则

中国共产党是中国工人阶级的先锋队,同时也是中国人民和中华民族的先锋队……党的最高理想和最终目标是实现共产主义。——《中国共产党章程》[③]总纲

其二,根据少先队、共青团和共产党章程中关于三者"相互关系"的纲领性规定:

我们的队名:中国少年先锋队。我们队的创立者和领导者:中国共产党。党委托中国共产主义青年团直接领导我们队。——《中国少年先锋队章程》第一、二条

中国共产主义青年团是中国共产党领导的先进青年的群众组织,是广大青年在实践中学习中国特色社会主义和共产主义的学校,是中国共产党的助手和后备军。——《中国共产主义青年团章程》总则

---

① 中国少年先锋队第三次全国代表大会1995年6月4日通过。(下同)

② 2003年7月26日,中国共产主义青年团第十五次全国代表大会审议并通过了十四届中央委员会提出的《中国共产主义青年团章程(修正案)》。决定这一修正案自通过之日起生效。(下同)

③ 中国共产党第十六次全国代表大会部分修改,2002年11月14日通过。(下同)

中国共产党是中国工人阶级的先锋队,同时是中国人民和中华民族的先锋队,是中国特色社会主义事业的领导核心。——《中国共产党章程》总纲

可以发现这样一种队、团、党、国之间的关系线路:

中国少年先锋队——\[领导于\]——中国共产主义青年团——\[领导于\]——中国共产党——\[领导\]——国家(人民民主专政的社会主义)

由此,赋予儿童、青少年"政治面貌"(少先队员、共青团员、共产党员)的过程,也就是儿童、青少年政治社会化受到高度重视和精心安排的过程,是教化儿童、青少年"听党的话"、"跟党走"、"忠于国家和人民"的过程,也是儿童、青少年政党化、国家化的过程。① 图像(譬如图 3-1、图 3-2、图 3-2)中作为角色模型的"孩子",不过是成人借以述说他们政治主张的题目或脸谱。诚然,很多社会都存在着通过孩子的标准像来规范孩子的情况,成年人热衷于为孩子提供学习的模型。但近代以来,"在一些国家主义或其他意识形态受到特别强调的社会中,由于孩子的政治社会化受到异乎寻常的重视,以孩子为接受对象的孩子像的制作往往由国家加以严格的规制。在这些社会中,孩子的政治社会化被视为国家政府的大计,孩子的意义(他们应该是什么、应该成为什么)是由所在社会的政治支配团体来规定的"②。在苏联、中国等社会主义国家中,少先队员的标准像除了突出健康、纯洁、乐观、向上、面向未来的意义而外,他们还被赋

---

① 关于教育政党化的价值评判问题,不是本研究的旨趣。有兴趣者可阅读、借鉴历史上中外学者对党化教育、国家化教育的批判性研究,参见任鸿隽:《党化教育是可能的吗?》、《再论党化教育》(1932)。见杨东平主编:《大学精神》(上),辽海出版社 2000 年版,第 127~138 页;[美]乔尔·斯普林格:《脑中之轮:教育哲学导论》,贾晨阳译,北京大学出版社 2005 年版,第 3~22、53~77 页。

② 陈映芳:《图像中的孩子——社会学的分析》,山东画报出版社 2003 年版,第 23~24 页。

予了种种神圣的意义,少先队员肩负着共产主义的使命,他们必须具备对国家—社会的顺从、奉献的社会性格。①

其三,"通过'政治面貌'的赋予而进行儿童青少年政党化、国家化、人民化"这一要旨,也鲜明地体现在少先队队徽与队旗、共青团团旗与团徽、共产党党旗与党徽以及中国国旗与国徽的设计及其象征意义之中——这些设计及其象征意义都是少先队员、团员、党员在加入组织之前必须学习掌握,且加入后也需时常重温的。为了清晰地呈现这一点,首先可以把党旗、国旗、团旗、队旗并置在一起考察。由此可知①党旗、国旗、团旗与队旗的旗面用的都是红色——红色"象征着力量,因此成为许多战神的标志",红色是"中国人眼中最喜庆、最吉祥的颜色",它有时(譬如京剧脸谱中的红色)也代表忠义②——红旗被赋予的意义是:热烈,象征革命胜利。②由队旗一直到国旗、党旗,宣示的是"没有共产党就没有新中国"、"党是队、团、国与社会主义事业的领导核心"、"少先队、共青团是共产党的预备队、助手和后备军"、"党代表广大人民群众尤其是工农利益"之类的政治意识形态。国旗中的大五角星、队旗上的五角星、团旗中的五角星代表的都是共产党,具体说:国旗上的五颗五角星及其相互关系象征共产党领导下的革命人民大团结,五角星用黄色是为了在红地上显出光明,四颗小五角星各有一角正对着大星的中心点,表示围绕着一个中心而团结;中国共产主义青年团团旗左上角缀黄色五角星,周围环绕黄色圆圈,象征着中国青年一代紧密团结在中国共产党周围;少先队队旗上的五角星,代表着党的领导,表示"我们少先队"是按照党指引的方向在前进;火炬象征着光明;中国共产党党旗的红色象征革命,镰刀、锤子为工农的劳动工具,象征中国共产党代表广大人民群众的利益,黄色象征光明。

进而,把党徽、国徽、团徽、队徽并置在一起观察,可以更好地理解它们被赋予的意义:①中国共产党党徽底色为红色,上有由黄色的锤子、镰

---

① 陈映芳:《图像中的孩子——社会学的分析》,山东画报出版社2003年版,第24页。

② [英]杰克·特里锡德:《象征之旅:符号及其意义》,石毅、刘珩译,中央编译出版社2001年版,第156页。

刀交叉组成的图案。红色象征革命,黄色的锤子、镰刀代表工人和农民的劳动工具,象征着中国共产党是中国工人阶级的先锋队,代表着工人阶级和广大人民群众的根本利益。②国徽的内容主要由国旗、天安门、齿轮和谷穗构成:天安门是"五四"运动的发源地,又是中华人民共和国成立时举行开国大典的盛大场所,因此用天安门图案作新的民族精神的象征;齿轮、谷穗象征工人阶级与农民阶级;国旗上的五角星,代表中国共产党领导下的中国人民大团结,昭示中华人民共和国的性质是工人阶级领导的以工农联盟为基础的人民民主专政的社会主义国家。③中国共产主义青年团团徽的内容为团旗、齿轮、麦穗、初升的太阳及其光芒,写有"中国共青团"五字的绶带。它象征着共青团在马克思列宁主义、毛泽东思想的光辉照耀下,团结各族青年,朝着党所指引的方向奋勇前进。④中国少年先锋队队徽是由五角星加火炬和写有"中国少先队"的红色绶带组成,五角星代表中国共产党的领导,火炬象征光明,红旗象征革命胜利。

如果说队、团、党、国的旗帜与徽章的象征意义尚需解说方能让人理解"政治面貌"授礼仪式培养共产主义接班人之旨意的话,那少先队队歌与团歌则直接而鲜明地唱出了这一主题:

> 我们是共产主义接班人,继承革命先辈的光荣传统(沿着革命先烈的光荣路程),爱祖国,爱人民,鲜艳的红领巾飘扬在前胸(少先队员是我们骄傲的名称)。不怕困难,不怕敌人(时刻准备,建立功勋),顽强学习,坚决斗争(要把敌人,消灭干净)。向着胜利勇敢前进,向着胜利勇敢前进(为着理想勇敢前进,为着理想勇敢前进),向着胜利(为着理想)勇敢前进,我们是共产主义接班人。——《中国少年先锋队队歌》(括号里是第二遍的唱词)
>
> 我们是五月的花海,用青春拥抱时代,我们是初升的太阳,用生命点燃未来。"五四"的火炬,唤起了民族的觉醒,壮丽的事业,激励着我们继往开来。光荣啊!中国共青团,光荣啊!中国共青团,母亲用共产主义为我们命名,我们开创新的世界。啊,光荣啊!中国共青团,光荣啊!中国共青团,母亲用共产主义为我们命名,我们开创新的世界。——中国共青团团歌《光荣啊,中国共青团》

据上以观,正如有学者指出的那样,在现代化进程中追求共产主义理想的社会主义中国,在对包括儿童、青少年在内的国人的(日常)政治教化中,实施的确是"政党意识形态、政党伦理和政党国家"的社会体制与党国化的政制,政党意识形态—政党伦理—政党国家的织体建构,是中国的社会主义式民族国家的社会实在和日常生活结构,而且这三个要素是相互关联并在结构上相互支持的:①①政党意识形态系某一政党在取得对国家的统治后通过社会法权推行的该党的价值理念体系,这一理念体系有信仰性的意义设定,即提供社会、民族乃至世界的生存意义。政党理念之意识形态化意味着,不仅把其政治理念上升为历史中的神圣真理,成为一种信仰,而且与统治权力和社会的制度性建制一体化。②国家化的政党伦理系指在该党取得国家权力之后,该政党的伦理——本是由政党价值体系引申出的党内成员的行为规约与政党组织的行为伦理——转化为规约社会所有成员的伦理,成为社会日常的伦理,使社会日常伦理成为政党意识形态的延伸秩序,从而形成支配每一位社会成员的社会化评价体系和切身的生活态度——这有别于欧美现代化过程中形成的取代了基督教伦理的效力的个体自由式的市民伦理。③政党国家的概念系指国家科层组织、社会经济生活和日常生活单位都受政党组织的支配,国家机器(行政、军队和司法)和社会生活(经济、教育和家庭)与政党意识形态一体化;多样的单位制和"党的一元化领导"取消了有别于国家的社会域的自在性,形成政党伦理化的全民国家。

不过需要辨明的是,"政治面貌"从少先队员、共青团员、共产党员的逐级减少、渐趋难得(减少赋予)的过程,换言之,也就是"群众"(实为无"政治面貌")逐渐增多的过程,本身就暗含着儿童、青少年学生不可能人

---

① 政党意识形态、政党伦理、政党国家是刘小枫为分析"文化大革命"的社会基础,把握民族社会主义国家现代化的社会实在而提出三项分析性概念。见刘小枫:《现代性社会理论绪论——现代性与现代中国》,上海三联书店1998年版,第389~390页。刘小枫强调,政党国家与政党政治的区别是:政党政治只能在一个法理型国家的政制中出现,它不允许某一政党依其政党理念的道义-价值诉求而占有政制上的独断地位;相反,政党国家则是某一政党依持其政党理念的道义而独统的国家政制。见该书第99页。

人都成为共产主义接班人——那首先有"教育万能"论之嫌。这样一来，从理论上分析，"培养接班人"的教育不外有三种结果："货真价实"（又红又专）的接班人、一般（中性）的劳动者（"群众"）和共产主义的"掘墓人"（关于这种意外后果的考察见上一章）。① 从历史上及现实来看，确实不乏"货真价实"的接班人，他们所言所行都相当吻合共产主义理想，这也是培养"接班人"教育目的之正向功能所在，是社会主义事业在中国得以确立与发展的中坚力量所在；"政治面貌"中大多数"群众"的存在，以及教育方针和目的中培养"建设者"、"劳动者"和培养共产主义"接班人"这一并列性表述，于实于理都透露着一般群众的广泛存在；培养"接班人"教育目的的反向副本就是有"掘墓人"存在的可能，事实上一如上一章所述，培养"接班人"的教育实践已经造成或者衍生了一些"掘墓人"的意外后果，而人民民主专政打击的对象也恰是"掘墓人"。

接下来有必要再就政治面貌中的"群众"（实为"无政治面貌"）赘言几句。不同于非常时期的群众被赋予了耀眼的光环（譬如，农民起义叙事中作为历史发展方向和动力的起义群众，"文革"时期被动员并由政党伦理赋予革命性的革命群众），平常时期"政治面貌"授礼仪式中的"群众"乃是作为"沉默的大多数"和"芸芸众生"而存在的，是用以区隔、衬托和造就政治、革命精英（作为党的预备队和后备军的少年、青年先锋队，共产主义接班人、未来党和国家的领导者）的"背景"而存在的。

但群众的作用又不可小觑。现代化的一个重要面向就是群众的集结并形成社会运动，群众既非一个阶层，亦非一个阶级，而是一个流动的、富有弹性的社会群体的暂时集结。② 所以，与历史悠久、凸显官吏—军人—百姓三分法的"老百姓"③一词相比，"群众"是一个年轻的政治术语：它的外延比"老百姓"要广，人民与群众几乎同义；同时，群众也将官吏—军人—百姓的三分法简化为官吏—群众二分法。④ 从词源上说，

---

① 关于此点，多受导师吴康宁的启发。
② 刘小枫：《现代性社会理论绪论——现代性与现代中国》，上海三联书店1998年版，第391页。
③ 据《新华词典》（商务印书馆1989年版）："百姓"，我国奴隶社会中只有贵族有姓，因此称之为百姓；《尚书·尧典》："平章百姓"，战国以后泛指平民。
④ 王晓华：《百姓·群众·公民》，载《社会学家茶座》（总第十三辑）2005年第4期。

"群"的本义乃"羊群",后推及"兽群"、"人群"。从词形上看,"群"又作"羣",群羊无主,群龙无首,它们是被驱赶的,并需要凌驾于羊群头上的"君"来统领。"群"也好,"众"也罢,它是且仅是一个数量的集合,把不同身份和不同面目的人纳入到一个纯粹的数量中,或用一个纯粹的数量来取代每一个人的具体身份和面目,因而是个含有蔑视性、不具有起码的人格尊重的称呼,是典型的"政治不正确";从"政治正确"的角度,连同"老百姓"一起,"群众"是个在现代化途中应该被淘汰、被废除的称谓。① 仅就此而论,旨在培养共产主义接班人的"政治面貌"授礼本身所产生的"群众",就成了这种授礼胎带的与"平等"、"民主"等社会主义价值理念相抵牾的孪生子或衍生物。而且,问题并不仅止于这一称呼的蔑视性或反平等、反民主的心理层面之上;更值得深思与检视的悖谬倒是,正是这种可动员、可驱使、可赋予革命性的革命"群众",才构成了"文化大革命"的"首要社会基础"。② 真可谓被蔑视者"群众",被动员者"群众",极具力量者亦"群众"。

二、守则、章程及组织:政治长跑的设计

在"接班人"的日常锻造中,大体有三个层面的举措。如果说上一节即"政治面貌的授礼"意在凸显一种"强纲领",那么本节即"守则、章程及组织:政治长跑的设计"则意在追求一种"高境界",下一节即"记忆、身体及实践"则是力求"见行动"。

所谓"高境界",是说对于受教育者的政治教化以及行动规则的要求标准呈现出"高"、"纯"、"远"、"大"的特征。这主要体现在"无条件"的行为律令、"敌我分明"的章程意识以及"绝对服从"的组织原则三个方面,而其根本目的则是为受教育者(连同教育者)设计一个政治"长跑"的轨道,以及注入一种政治"长跑"的驱动力。

---

① 邵建:《"群众"这个口头禅》,载《社会学家茶座》(总第十二辑)2005年第3期;王晓华:《百姓·群众·公民》,载《社会学家茶座》(总第十三辑)2005年第4期。

② 刘小枫:《现代性社会理论绪论——现代性与现代中国》,上海三联书店1998年版,第396页。

1. "无条件"的行为律令

根据《中共中央国务院关于进一步加强和改进未成年人思想道德建设的若干意见》、《公民道德建设实施纲要》的要求,2004 年教育部将原来(分别于 1981 年、1991 年、1994 年发布)的《小学生守则》和《中学生守则》合并为《中小学生守则》:

《中小学生守则》

1. 热爱祖国,热爱人民,热爱中国共产党。
2. 遵守法律法规,增强法律意识。遵守校规校纪,遵守社会公德。
3. 热爱科学,努力学习,勤思好问,乐于探究,积极参加社会实践和有益的活动。
4. 珍爱生命,注意安全,锻炼身体,讲究卫生。
5. 自尊自爱,自信自强,生活习惯文明健康。
6. 积极参加劳动,勤俭朴素,自己能做的事自己做。
7. 孝敬父母,尊敬师长,礼貌待人。
8. 热爱集体,团结同学,互相帮助,关心他人。
9. 诚实守信,言行一致,知错就改,有责任心。
10. 热爱大自然,爱护生活环境。

在《中小学生守则》中,第一条便是"热爱祖国,热爱人民,热爱中国共产党"——这再次凸显了祖国、人民与共产党的共生化、链结式表述及教化策略——足见这是一个"政治挂帅"的守则。"守则"虽不乏"养成良好行为习惯、促进身心健康发展"等方面的要求,但其根本宗旨还是"集中体现了对中小学生思想品德和日常行为的基本要求",要"对学生树立正确的理想信念"起重要作用,因为《中小学生守则》及其行为规范的发布,"是教育系统加强青少年学生思想道德建设的一项重要措施,各级教育行政部门和中小学校要给予高度重视,认真组织干部、教师及中小学生学习'守则'和'规范',从本地本校实际出发,健全制度,制订切实可行的实施计划,做到教育的经常化、制度化"①。

《中小学生守则》中诸如热爱祖国热爱人民热爱中国共产党、遵守校规校纪、尊敬师长等十项要求都是用全称性祈使句表达的"无时间条件"、"无空间条件"、"无行为对象条件"的"绝对命令",所欲达到的道德(毋宁说是政治)境界是高而又高、纯而又纯的。② 学生必须时时(无时间条件)、处处(无空间条件)热爱祖国热爱人民热爱中国共产党、遵守校规校纪、尊敬师长……也就说必须"永远"处于热爱祖国热爱人民热爱中国共产党、遵守校规法纪、尊敬师长……的政治长跑之中。

---

① 《教育部关于发布〈中小学生守则〉、〈小学生日常行为规范〉和〈中学生日常行为规范〉的通知》,资料来源:http://news.xinhuanet.com/zhengfu/2004－03/29/content_1388820.htm。类似地,"政治第一"的宗旨也体现在其他相关规程上。譬如,在《中小学教师职业道德规范》的八条要求中,第一条(其后的二至八条分别是爱岗敬业、热爱学生、严谨治学、团结协作、尊重家长、廉洁从教、为人师表)是"依法执教":包括学习和宣传马列主义、毛泽东思想和邓小平同志建设有中国特色社会主义理论,拥护党的基本路线,全面贯彻国家教育方针,自觉遵守《教师法》等法律法规,在教育教学中同党和国家的方针政策保持一致,不得有违背党和国家方针、政策的言行。又譬如,《中小学德育工作规程》第一章总则即明确规定:德育即对学生进行政治、思想、道德和心理品质教育,对青少年学生健康成长和学校工作起着导向、动力、保证作用;中小学德育工作必须坚持以马列主义、毛泽东思想和邓小平理论为指导,把坚定正确的政治方向放在第一位;中小学德育工作的基本任务是,培养学生成为热爱社会主义祖国、具有社会公德、文明行为习惯、遵纪守法的公民。在这个基础上,引导他们逐步树立正确的世界观、人生观、价值观,不断提高社会主义思想觉悟,并为使他们中的优秀分子将来能够成为坚定的共产主义者奠定基础;德育科研是中小学德育工作的重要组成部分,应当在马列主义、毛泽东思想和邓小平理论指导下,为教育行政部门的决策服务。再譬如,在课程与教学方面,中国大陆这种"政治挂帅"或曰"泛政治化"的德育要求也比国外、台湾地区更为突出。关于此点,可见葛新斌:《关于我国道德教育的泛政治化问题》,载《教育研究与实验》1997年第1期;吴康宁:《中国大陆小学"品德"教学大纲的社会学研究——兼与台湾小学"道德"课程标准相比较》,载《南京师大学报》(社科版)2001年第3期;石岩等:《大陆有生活和伦理课吗——两个台湾学生的提问》,《南方周末》2006年9月28日,第A2版;陈桂生:《我国基础教育中的"思想道德课程"问题》,载《北京大学教育评论》2006年第4期;程天君:《质疑"大德育"观》,载《中小学管理》2002年第12期。

② 吴康宁:《无条件的道德要求与有条件的道德行为——学校道德教育的一种内在紧张》,载《教育理论与实践》2006年第9期。

与我国《中小学生守则》同时配套发布的"中小学生行为规范"①:

《小学生日常行为规范》(修订)

1. 尊敬国旗、国徽,会唱国歌,升降国旗、奏唱国歌时肃立、脱帽、行注目礼,少先队员行队礼。

2. 尊敬父母,关心父母身体健康,主动为家庭做力所能及的事。听从父母和长辈的教导,外出或回到家要主动打招呼。

3. 尊敬老师,见面行礼,主动问好,接受老师的教导,与老师交流。

4. 尊老爱幼,平等待人。同学之间友好相处,互相关心,互相帮助。不欺负弱小,不讥笑、戏弄他人。尊重残疾人。尊重他人的民族习惯。

5. 待人有礼貌,说话文明,讲普通话,会用礼貌用语。不骂人,不打架。到他人房间先敲门,经允许再进入,不随意翻动别人的物品,不打扰别人的工作、学习和休息。

6. 诚实守信,不说谎话,知错就改,不随意拿别人的东西,借东西及时归还,答应别人的事努力做到,做不到时表示歉意。考试不作弊。

7. 虚心学习别人的长处和优点,不嫉妒别人。遇到挫折和失败不灰心,不气馁,遇到困难努力克服。

8. 爱惜粮食和学习、生活用品。节约水电,不比吃穿,不乱花钱。

9. 衣着整洁,经常洗澡,勤剪指甲,勤洗头,早晚刷牙,饭前便后要洗手。自己能做的事自己做,衣物用品摆放整齐,学会收拾房间、洗衣服、洗餐具等家务劳动。

10. 按时上学,不迟到,不早退,不逃学,有病有事要请假,放学后按时回家。参加活动守时,不能参加事先请假。

11. 课前准备好学习用品,上课专心听讲,积极思考,大胆提问,回答问题声音清楚,不随意打断他人发言。课间活动有秩序。

---

① 《中学生日常行为规范》更多,共计40条。这里不再详列。

12. 课前预习,课后认真复习,按时完成作业,书写工整,卷面整洁。

13. 坚持锻炼身体,认真做广播体操和眼保健操,坐、立、行、读书、写字姿势正确。积极参加有益的文体活动。

14. 认真做值日,保持教室、校园整洁。保护环境,爱护花草树木、庄稼和有益动物,不随地吐痰,不乱扔果皮纸屑等废弃物。

15. 爱护公物,不在课桌椅、建筑物和文物古迹上涂抹刻画。损坏公物要赔偿。拾到东西归还失主或交公。

16. 积极参加集体活动,认真完成集体交给的任务,少先队员服从队的决议,不做有损集体荣誉的事,集体成员之间相互尊重,学会合作。积极参加学校组织的各种劳动和社会实践活动,多观察,勤动手。

17. 遵守交通法规,过马路走人行横道,不乱穿马路,不在公路、铁路、码头玩耍和追逐打闹。

18. 遵守公共秩序,在公共场所不拥挤,不喧哗,礼让他人。乘公共车、船等主动购票,主动给老幼病残孕让座。不做法律禁止的事。

19. 珍爱生命,注意安全,防火、防溺水、防触电、防盗、防中毒,不做有危险的游戏。

20. 阅读、观看健康有益的图书、报刊、音像和网上信息,收听、收看内容健康的广播电视节目。不吸烟、不喝酒、不赌博,远离毒品,不参加封建迷信活动,不进入网吧等未成年人不宜入内的场所。敢于斗争,遇到坏人坏事主动报告。

不难发现,《小学生日常行为规范》不外是《中小学生守则》的扩写与细化,凸显的主题依然是"忠"、"孝"、"尊"、"顺"。质言之,就是要把小学生型塑成忠于国家(党和人民)、孝敬父母、尊老爱幼、遵守法规、顺从听话的好孩子。其中既有吃喝起居等在家庭生活中养成的日常行为,也有保护环境、远离毒品、敢于斗争等基于成人化的拔高要求,更不脱服从少先队决议、爱党爱国爱人民的政治教育主题。整个《小学生日常行为规范》既显得婆婆妈妈,透露着"教育万能论"的预设企图,又让人感觉沉沉甸甸,背负着"高大远纯"的政治使命。这就难怪,有教育实践者不得不把合计 30 条的《中小学生守则》和《小学生日常行为规范》"压缩改版",变成了民俗化的三句话:

老师们,同学们:今天我要讲的主题是:"守则与规范"

《中小学生守则》就是中小学生必须遵守的规范,《小学生日常行为规范》比学生守则更具体,更加便于我们对照执行。这两样东西我们每个班都张贴在醒目的位置,但是,说句老实话,究竟有多少同学,认认真真,从头到尾看过一遍呢?这就是熟视无睹!也许还因为十条守则、二十条规范太多了,同学们一下子记不了那么多。那么不要紧,我把它们稍微概括一下,三句话,十八个字,大致能够代表守则和规范的意思。

第一句:爱自己,爱他人。

首先要爱自己,连自己都不爱的人,绝对不会去爱他人。爱自己,首先要爱自己的生命。古人说,身体发肤,受之父母,我们没有权力去损害它。守则第四条说:"珍爱生命,注意安全,锻炼身体,讲究卫生。"注意安全,讲究卫生就是我们珍爱生命的关键。

爱自己的第二条要求就是爱惜自己的荣誉。农村人把那种不爱惜自己荣誉的人叫做:不怕丑,不要脸。我们的同学都非常爱惜自己的荣誉,都不愿意去做那些叫大家痛恨的事情。这就是守则第五条所说的"自尊自爱,自信自强,生活习惯文明健康"。第九条"诚实守信,言行一致,知错就改,有责任心"也是要求爱惜我们的荣誉。

至于爱他人,同学们都知道是什么意思,无论是规范所说的"尊敬父母、尊敬老师",还是尊老爱幼,都是爱他人的表现,用我们老祖宗孟子说的一句话就是"仁者爱人",只要有一点同情心的人都能做到这一点。

我所归纳的第二句话是:爱自然,爱社会。

守则最后一条要求我们:热爱大自然,爱护生活环境。自然是我们的衣食父母,环境是我们生活健康的保证,社会以它海阔天空的胸怀为我们的成长成才创造了种种有利条件,我们没有理由不去爱他们。我们的学校,我们的集体,我们的祖国,都是社会的组成部分,我们没有办法不去爱它们。

我归纳的第三句话就是:爱劳动,爱科学。

我曾经不止一次跟我们班同学说过,历史证明,懒人从来就不会有出息。天上不会有肉包子掉下来,劳动是我们取得一点一滴成绩的唯一途径。而科学,最能体现我们劳动的价值。我们只有为科学而劳动,尤其是要科学地劳动,才能够让我们享受到劳动所带来的最丰硕的成果。

好,今天我们就讲三句话:爱自己,爱他人;爱自然,爱社会;爱劳动,爱科学。至于规范和守则,大家回到教室后可以慢慢学习。看看还有哪些是我没有归纳到的地方,欢迎同学们提出不同的意见。①

这则"国旗下讲话"开门见山:"《中小学生守则》就是中小学生必须遵守的规范,小学生日常行为规范比学生守则更具体,更加便于我们对照执行。"照理说,讲话人应该对"守则"和"规范"进行"我注六经"式的解释、强调及贯彻。而颇有意味的是,整个讲话在无形中对教育部发布的"守则"和"规范"进行了"改编"——尽管是打着"遵照执行"和"原有条款太多因而需要概括"的名义——从而变成了"六经注我"式的宣讲。即是说,先亮明讲话人自己的观点,然后再选择性地援引"守则"或"规范"中有利于自己主张的条款,并在宣讲完自己的"3 句 18 字"新规则后满足地说:"至于规范和守则,大家回到教室后可以慢慢学习。"

分析起来,应然的"我注六经"式解释变为实然的"六经注我"式的宣讲,则又经过了以下几个具体的"转化策略"(也许是无意识的):

(1)变被动语态为主动语态。

教育部《中小学生守则》和《小学生日常行为规范》所发布的 30 条规则大都以全称性、无条件性的祈使句表达,且其魂灵性的宗旨是爱党爱国爱人民爱集体的政治教化。也就是说,"守则"和"规范"是以国家(或其代表者)为主动句的主语,以中小学生(受教育者)为被动句的主语来

---

① 张宝书:《国旗下讲话》,http://www.xues.net/Article/xuesheng/gqxjh/613.html(高中数学资源网≫文章中心≫学生天地≫国话下讲话。)

立意和发布的。而《国旗下讲话》则变被动语态为主动语态,变"我指示你执行"的客体(即学生)为"我要执行什么"的主体。虽然《国旗下讲话》3句话18字中也有6个"爱"字,但这些爱却都是以"我"(学生)或"我的利益"为前提和视角的。

(2)国家淡出、自我凸显。

在教育部《中小学生守则》和《小学生日常行为规范》中,国家(祖国)、共产党、人民、集体是学生必须永远、无条件热爱和敬奉的崇高对象。而在《国旗下讲话》中,讲话人凸显了学生的"私利"而淡化了国家意识,甚至将国家、社会"工具化"、"为我所用化"了:爱自己、爱自己的荣誉自不待言,这是立足点;爱自然、爱社会也是因为自然是"我们的"衣食所需和生活健康的保证;是因为社会为"我们的"成长成才创造了种种"有利条件",而学校、集体、国家只不过是社会的组成部分,因而也就是"我们"生活、成才可以利用的"条件"和"工具",所以我们没办法不去(不得不)爱他们;而"我们"之所以要爱科学、爱劳动,那是因为只有那样才能够让"我们"享受到劳动所带来的"最丰硕的成果"。

(3)"俗话"(common sayings)取代"大词"(big words)。

《国旗下讲话》中,热爱祖国热爱人民热爱中国共产党热爱集体的"大词"、"远句"消隐了,取而代之的是爱自己、爱他人、爱自然、爱社会、爱劳动、爱科学这种看得见、摸得着的"中小型"词汇;进而,又进一步俗语化:"爱自己"的主张通过其反面即"不怕丑、不要脸"来进行解释与催胁,爱劳动爱科学的思想则通过"懒惰没有出息"、"天上不会有肉包子掉下来"以及"享受最丰硕的成果"来进行鞭策与劝诱。当然,在"大词"变"俗话"的过程中,也伴随着一个把"主观鞭策"转化为"客观事实"的辅助策略(尽管这可能是教育者的善良期待)。譬如把"懒人从来就不会有出息"、"天上不会有肉包子掉下来"说成是"历史证明",把"劳动"判定为"我们取得一点一滴成绩的唯一途径",强调"只有科学地劳动才能够让我们享受到劳动所带来的最丰硕的成果",等等,即是显例。

经过这样的"以学生为主"的视角,因而想必学生也就"乐闻愿从"的策略性释义和转化,就不排除教育部《中小学生守则》《小学生日常行为规范》在与教育实践"相遇"时出现如此情形:你有你的"则",我有我的"守";你有你的"范",我有我的"规"。就此而言,"政治长跑"中,至少不会所有的运动员都是在真正地、百分之百地长跑;换言之,"跑道"与"跑"至少有脱节的时候,尽管不排除有合一的可能。

2."敌我分明"的章程意识

《中国少年先锋队章程》规定(着重为笔者所加):

> 一、我们的队名:中国少年先锋队。
>
> 二、我们队的创立者和领导者:中国共产党。
>
> 党委托中国共产主义青年团直接领导我们队。
>
> 三、我们队的性质:是中国少年儿童的群众组织,是少年儿童学习共产主义的学校,是建设社会主义和共产主义的预备队。
>
> 四、我们队的目的:团结教育少年儿童,听党的话,爱祖国、爱人民、爱劳动、爱科学、爱护公共财物,努力学习,锻炼身体,参与实践,培养能力,立志为建设有中国特色的社会主义现代化强国贡献力量,努力成长为社会主义现代化建设需要的合格人才,做共产主义事业的接班人。……
>
> 五、我们的队旗、队徽:五角星加火炬的红旗是我们的队旗。五角星代表中国共产党的领导,火炬象征光明,红旗象征革命胜利。
>
> 五角星加火炬和写有"中国少先队"的红色绶带组成我们的队徽。
>
> 六、我们的标志:红领巾。它代表红旗的一角,是革命先烈的鲜血染成。每个队员都应该佩带它和爱护它,为它增添新的荣誉。
>
> 七、我们的队礼:右手五指并拢,高举头上。它表示人民的利益高于一切。
>
> 八、我们的呼号:"准备着:为共产主义事业而奋斗!"回答:"时刻准备着!
>
> 九、我们的作风:诚实、勇敢、活泼、团结。
>
> 十、我们的队员:凡是7周岁到14周岁的少年儿童,愿意参加少先队,愿意遵守队章,向中队委员会提出申请,经中队委员会批准,就成为队员。……
>
> 十一、我们的组织:大学校(或村)建立大队或中队,中队下设小队。

小队由 5 至 13 人组成,设正副小队长。……

十二、我们的活动:举行队会,组织参观、访问、野营、旅行、故事会,开展文化科学、娱乐游戏、军事体育等各种有意义有趣味的活动,以及参加力所能及的公益劳动和社会工作。

十三、我们队的奖励和处分办法:队员和队的组织在学习、劳动和活动中,表现积极、主动,做出优异成绩的,由队的组织或报共青团组织给以表扬和奖励。……

十四、我们的辅导员:由共青团选派优秀团员或聘请思想进步、作风正派、知识丰富、热爱少年儿童的教师以及各条战线的先进人物来担任。他们是少先队员亲密的朋友和指导者,帮助中队或大队委员会进行工作,组织活动。

十五、全国和地方各级少先队工作委员会,是全国和地方少先队经常性工作的领导机构,由同级少先队代表大会选举产生。

在共计 15 条的少先队章程中,"我们"作为关键词就出现了 17 次。在日常的政治教化中,诸如此类的表达还有"我们万众一心……"、"我党……"、"我军……"、"我国各族人民……",等等。这类表达(尤其是宣誓仪式)中的"我们",当然是指言说者或作者自己,但通过对"我们"这一中性代名词的"据用"(appropriated for use),往往就认定了一个全国性的"我们"(national "we")的存在,建构了一种群体或民族认同(national identity)。① 因为通过说"我们",仪式参与成员被赋予了一种基本意向和确定形式,被设定为一种集体人格,"当带来凝聚力的词被反复宣称的时候,共同体就此形成。在宣称'我们'的时候,参加者们不仅相聚在一个可以定界的外部空间,而且相聚在一种由他们的言语行为规定的理想空间"②。也就是说,"我们"处在一个复数名词的世界里,而这隐含着一个

---

① [美]爱德华·W·萨义德:《知识分子论》,单德兴译,生活·读书·新知三联书店 2002 年版,第 30～33 页。

② [美]保罗·康纳顿:《社会如何记忆》,纳日碧力戈译,上海人民出版社 2002 年版,第 67 页。

"想像的共同体"①。之所以把少先队章程中的"我们"加上着重,之所以省略我们以后的内容,意在淡化"我们是谁(什么)?",而凸显"谁是我们?"。因为,"谁"才是政治—道德的问题;而"什么"的问题有一个道德的"普遍论假设"(全人类的共有品质),"为全球政治提出了一个科学或形而上学的基础"②——这种专注于"什么"的普遍论假设,浓郁地存在于自柏拉图(Plato)、经黑格尔(G. W. F. Hegel)以至马克思的宏大目的论哲学传统③之中;并且,它非但未被缓解反而在被后人简化(譬如列宁)和教条化(譬如斯大林)以后,引起了更为严重的后果④。

　　上引队章中的"我们"句式,在主观上可能是为了营造"少先队员光荣"、"少先队是我家"、"我们是共产主义接班人"之类的教化氛围;但在客观上,同时也潜在地树立、设置或者假想了"他们"——不是少先队员的人,不是共产主义接班人的人,或者可能的"不合格者"——的存在。因为"我们"和"他们"这两个概念和行为上都对立的词语是相辅相成、互为条件的,它们从它的对立面中获得自己的全部含义,每一方都从我们把他看作是从事一个与他的对立面进行斗争的过程中的事实中推导他的特色:⑤我把我所在的群体(组织)看作是"我们",仅仅是因为我把其他的一些群体看作是"他们";一个群体之外的东西的产生仅仅是群体内的人为了突出他自己的身份,为了它自己的凝聚力,为了它内部的统一和情绪上的安定的感觉而虚构出来的对立面;如果没有这样一个群体,它将要被发明出来,因为为了这个群体的凝聚力和它的统一,它必须假设一个敌人。"树立一个外部敌人或虚构一个这样的敌人,能加强受到来自内部威胁的群体团结……这种替代机制尤其将发生在那些其结构

---

　　① [美]B.安德森:《想像的共同体:民族主义的起源及其散布》,吴睿人译,上海人民出版社2003年版,第17、32页。
　　② 刘小枫:《刺猬的温顺》,上海文艺出版社2002年版,第21～22页。
　　③ [英]卡尔·波普尔:《开放社会及其敌人》(第一、二卷),陆衡、郑一明等译,中国社会科学出版社1999年版。
　　④ 朱学勤:《风声·雨声·读书声》,生活·读书·新知三联书店1994年版,第299～320页。
　　⑤ [英]齐尔格特·鲍曼:《通过社会学去思考》,高华等译,社会科学文献出版社2002年版,第23～24、29～30页。

处于现实冲突的群体中"。①

"我们"—"他们"式的思维所隐含的问题经由施米特(Carl Schmitt)的揭示而敞现:②这种通过创设一个"他们"来创设一个"我们"的群体身份鉴别,以及相应的(培植于儿童心智中的)"我们/他们"关系,总有可能转变为"朋友/敌人"(敌我关系在政治学中处于中心地位③)类型。换句话说,它总有可能成为政治的:当他者——此前一直是仅仅在一种差异的模式中被认识——开始被理解为是对我们身份的否定,是使我们自己的存在成为问题的人时,这种情况确实可能发生;从这个时刻以后,任何一种"我们/他们"关系类型,无论是宗教的、种族的、民族国家的、经济的或是其他的,都成了政治对抗的场所。前文(第二章)的分析业已表明,"华夷对立思维"制导下《中国历史》的强纲领性叙事,以及"文革"期间根据"指标"找"敌人"("他们")的做法,都与这种"敌/我"思维方式有着某种内在的渊源关系。于此而言,因思想而伟大的帕斯卡尔(Lamy Pascal)留下的警句就值得省思:

"为什么要杀我?听好了,你不是生活在水的那一边吗?如果你生活在水的这一边,我的朋友,那我就成了杀人犯了,以这种方式谋刺于你就是不正义的行为了。可是,由于你在水的那一边,因此我就是英雄,而且杀你的行为是正义的。"

仅仅因为一个人生活在水的对岸,而我本人与那位统治者并没有争吵,那个人就有权杀死我,还有比这更荒唐可笑的事情吗?④

撇开假想或者潜在的"他们"不讲,在队、团、党组织的章程中,仅仅

---

① [美]L.科塞:《社会冲突的功能》,孙立平等译,华夏出版社1989年版,第97页。

② [英]尚塔尔·墨菲:《政治的回归》,王恒、臧佩洪译,江苏人民出版社2005年版,第3页。

③ 毛泽东没有读过施米特的书,《湖南农民运动考察报告》与《政治的概念》(施米特著)同年发表,一讲革命、一讲政治,却不约而同地认为:革命(等于政治)或政治(不等于革命)的本质在于划分敌友的能力和意志。参见舒炜《施米特:政治的剩价值》,上海人民出版社2002年版,第73页。

④ [法]布莱斯·帕斯卡尔:《思想录》,李斯译,北京出版社2004年版,第110页。

是"我们"内部的要求也十分严格,而这种严格,还是为了更好地凸显区别于"他们"的"我们"。譬如,《中国共产主义青年团章程》规定团员必须履行下列(6项)义务:

(一)努力学习马克思列宁主义、毛泽东思想、邓小平理论和"三个代表"重要思想,学习团的基本知识,学习科学、文化和业务知识,不断提高为人民服务的本领。

(二)宣传、执行党的基本路线和各项方针政策,积极参加改革开放和社会主义现代化建设,努力完成团组织交给的任务,在学习、劳动、工作及其他社会活动中起模范作用。

(三)自觉遵守国家的法律法规和团的纪律,执行团的决议,发扬社会主义新风尚,提倡共产主义道德,维护国家和人民的利益,为保护国家财产和人民群众的安全挺身而出,英勇斗争。

(四)接受国防教育,增强国防意识,积极履行保卫祖国的义务。

(五)虚心向人民群众学习,热心帮助青年进步,及时反映青年的意见和要求。

(六)开展批评和自我批评,勇于改正缺点和错误,自觉维护团结。

又譬如,《中国共产党章程》规定党员必须履行下列(8项)义务:

(一)认真学习马克思列宁主义、毛泽东思想、邓小平理论和"三个代表"重要思想,学习党的路线、方针、政策及决议,学习党的基本知识,学习科学、文化和业务知识,努力提高为人民服务的本领。

(二)贯彻执行党的基本路线和各项方针、政策,带头参加改革开放和社会主义现代化建设,带动群众为经济发展和社会进步艰苦奋斗,在生产、工作、学习和社会生活中起先锋模范作用。

(三)坚持党和人民的利益高于一切,个人利益服从党和人民的利益,吃苦在前,享受在后,克己奉公,多做贡献。

(四)自觉遵守党的纪律,模范遵守国家的法律法规,严格保守党和国家的秘密,执行党的决定,服从组织分配,积极完成党的任务。

（五）维护党的团结和统一，对党忠诚老实，言行一致，坚决反对一切派别组织和小集团活动，反对阳奉阴违的两面派行为和一切阴谋诡计。

（六）切实开展批评和自我批评，勇于揭露和纠正工作中的缺点、错误，坚决同消极腐败现象作斗争。

（七）密切联系群众，向群众宣传党的主张，遇事同群众商量，及时向党反映群众的意见和要求，维护群众的正当利益。

（八）发扬社会主义新风尚，提倡共产主义道德，为了保护国家和人民的利益，在一切困难和危险的时刻挺身而出，英勇斗争，不怕牺牲。

同时，《中国共产主义青年团章程》规定，新团员必须在团旗下进行入团宣誓。誓词如下：

我志愿加入中国共产主义青年团，坚决拥护中国共产党的领导，遵守团的章程，执行团的决议，履行团员义务，严守团的纪律，勤奋学习，积极工作，吃苦在前，享受在后，为共产主义事业而奋斗。

再譬如《中国共产党章程》也规定，预备党员必须面向党旗进行入党宣誓。誓词如下：

我志愿加入中国共产党，拥护党的纲领，遵守党的章程，履行党员义务，执行党的决定，严守党的纪律，保守党的秘密，对党忠诚，积极工作，为共产主义奋斗终身，随时准备为党和人民牺牲一切，永不叛党。

团员、党员义务和入团、入党誓词明确宣示，加入团、党组织，成为一名团、党员，就意味着已经并将继续志愿承担"我们"组织的义务，服从"我们"组织的领导，遵守"我们"组织的章程，执行"我们"组织的决议，严守"我们"组织的纪律，否则将会受到相应的处分。一如《中国少年先锋队章程》第十三条规定：

> 队员犯了严重错误，经过队组织的耐心帮助，仍不改正，应给以处分。处分分警告、留队察看、停止队籍三种。警告处分在中队会上讨论通过。留队察看、停止队籍的处分要经大队委员会讨论通过。停止队籍还要报学校（或村）团组织批准。讨论队员处分的中队会要有队员本人参加，并可申诉意见。受警告、留队察看处分的队员，改正了错误，分别经中队、大队委员会讨论通过，可撤销处分。停止队籍的队员改正了错误，经大队委员会讨论通过，可以恢复队籍。

二如《中国共产主义青年团章程》第一章第八、第十一条明文规定：

> 对于不执行团的决议、违反团章的团员，团的组织应当本着惩前毖后、治病救人的精神，进行批评和帮助，情节严重的，给以纪律处分。
>
> 处分分为：警告、严重警告、撤销团内职务、留团察看、开除团籍。
>
> 留团察看的时间为六个月或一年。团员在留团察看期间没有选举权、被选举权和表决权，不得作青年入团的介绍人。留团察看期满，改正了错误的，应当及时恢复其团员的上述权利；坚持错误不改的，应当开除团籍。
>
> ……团员没有正当理由，连续六个月不交纳团费、不过团的组织生活，或连续六个月不做团组织分配的工作，均被认为是自行脱团。团员自行脱团，应由支部大会决定除名，并报上级委员会批准。

三如《中国共产党章程》第七章"党的纪律"也明确规定：

> 党组织对违犯党的纪律的党员，应当本着惩前毖后、治病救人的精神，按照错误性质和情节轻重，给以批评教育直至纪律处分。严重触犯刑律的党员必须开除党籍。党内严格禁止用违反党章和国家法律的手段对待党员，严格禁止打击报复和诬告陷害。违反这

些规定的组织或个人必须受到党的纪律和国家法律的追究。

党的纪律处分有五种：警告、严重警告、撤销党内职务、留党察看、开除党籍。留党察看最长不超过两年。党员在留党察看期间没有表决权、选举权和被选举权。党员经过留党察看，确已改正错误的，应当恢复其党员的权利；坚持错误不改的，应当开除党籍。开除党籍是党内的最高处分。各级党组织在决定或批准开除党员党籍的时候，应当全面研究有关的材料和意见，采取十分慎重的态度。

队[①]、团、党章程中这些严肃内部队伍的规定，意在为了端正"我们"的态度，纯正"我们"的面貌，提升"我们"的形象，突出"我们"的特色，凸现"我们"的力量，以便为"他们"起到先锋模范与身先士卒的作用，或者提高抵御"他们"时的战斗力。

3. "绝对服从"的组织原则

政治长跑要得以进行，须有严明的行为规范和组织纪律作保障。无论是《中小学生守则》及其日常行为规范，还是队、团、党组织，都着意强调"绝对服从"的规范意识与组织原则。譬如，《中小学生守则》以全称性祈使句表达的10条律令即是显例。《中国少年先锋队章程》虽规定"队员是少先队组织的主人，在队里都有选举权和被选举权，可以对队的工作和队的活动提出意见和要求"，但首先强调："我们队的目的是团结教育少年儿童，听党的话，爱祖国、爱人民、爱劳动、爱科学、爱护公共财物，努力学习，锻炼身体，参与实践，培养能力，立志为建设有中国特色的社会主义现代化强国贡献力量，努力成长为社会主义现代化建设需要的合格人才，做共产主义事业的接班人。"同时也要求："每个队员都要遵守纪律，服从队的决议，积极参加队的活动，做好队交给的工作，热心为大家服务。"

《中国共产主义青年团章程》第二章第十二条规定中国共产主义青年团是按照民主集中制组织起来的统一整体，团的民主集中制的基本原则是：

（一）团员个人服从组织，少数服从多数，下级组织服从上级组织。

---

① 关于少先队的纪律处分，见前引《队章》第十三条。

（二）团的全国领导机关，是团的全国代表大会和它产生的中央委员会。地方各级团的领导机关，是同级团的代表大会和它产生的团的委员会，团的各级委员会向同级代表大会负责并报告工作。

（三）团的各级领导机关，除它们派出的代表机关外，都由选举产生。

（四）团的各级领导机关应当经常听取并认真处理下级组织和团员的意见；团的下级组织既要向上级组织请示、报告工作，又要独立负责地解决自己职责范围内的问题。团的各级组织要使团员对团内事务有更多的了解和参与。

（五）团的各级委员会实行集体领导和个人分工负责相结合的制度。

同时，《中国共产主义青年团章程》第二章第十六条规定：

有关全团性的工作，由团的中央委员会作出决定，统一部署。

各级团组织的报刊和其他宣传工具，必须宣传党的路线、方针和政策，宣传团的上级组织和本级组织的决议与工作任务，反映青年的意见和要求。

至于党的组织原则，就更加强调"服从"的组织原则。《中国共产党章程》第二章"党的组织制度"规定，党是根据自己的纲领和章程，按照民主集中制组织起来的统一整体。其中有这样的规定（着重处为引者所加）：

党员个人服从党的组织，少数服从多数，下级组织服从上级组织，全党各个组织和全体党员服从党的全国代表大会和中央委员会。

党的最高领导机关，是党的全国代表大会和它所产生的中央委员会。党的地方各级领导机关，是党的地方各级代表大会和它们所产生的委员会。党的各级委员会向同级的代表大会负责并报告工作。

党的地方各级代表大会和基层代表大会的选举，如果发生违反党章的情况，上一级党的委员会在调查核实后，应作出选举无效和采取相应措施的决定,并报再上一级党的委员会审查批准,正式宣布执行。

党的下级组织必须坚决执行上级组织的决定。下级组织如果认为上级组织的决定不符合本地区、本部门的实际情况,可以请求改变;如果上级组织坚持原决定,下级组织必须执行,并不得公开发表不同意见,但有权向再上一级组织报告。党的各级组织的报刊和其他宣传工具,必须宣传党的路线、方针、政策和决议。

党组织讨论决定问题,必须执行少数服从多数的原则。决定重要问题,要进行表决。对于少数人的不同意见,应当认真考虑。如对重要问题发生争论,双方人数接近,除了在紧急情况下必须按多数意见执行外,应当暂缓作出决定,进一步调查研究,交换意见,下次再表决;在特殊情况下,也可将争论情况向上级组织报告,请求裁决。党员个人代表党组织发表重要主张,如果超出党组织已有决定的范围,必须提交所在的党组织讨论决定,或向上级党组织请示。任何党员不论职务高低,都不能个人决定重大问题;如遇紧急情况,必须由个人作出决定时,事后要迅速向党组织报告。不允许任何领导人实行个人专断和把个人凌驾于组织之上。

党的中央、地方和基层组织,都必须重视党的建设,经常讨论和检查党的宣传工作、教育工作、组织工作、纪律检查工作、群众工作、统一战线工作等,注意研究党内外的思想政治状况。

各级各类组织除了要坚持内部的垂直服从原则外,队、团、党组织之间也是处于垂直的领导与被领导、服从与被服从的组织原则之中,以体现"我们是共产主义接班人"的要旨。队章、团章、党章对此有明确规定,这在上一节中已有具体分析,此不赘述。

从理念也就是主观预期上讲,民主集中制——其落脚点在集中亦即服从上:少数服从多数、下级服从上级、地方服从中央——作为共产党政制社会主义中国的原则,其立意确实是为防御个人凌驾于集体或组织之上,抵制个人崇拜与权力集中。但在实践也就是客观现实中,如前已述,它确实也有正反两方面的经验与教训。前者如"长征"期间毛泽东发挥了民主集中制中的"民主"而在遵义会议上确立了领导地位,"挽救了革命";

后者如毛泽东拘用了民主集中制中的"集中"而抑制了民主,致使"文化大革命"的无以避免。要分析服从——很有可能变成绝对服从——的反功能(负向功能)的话,此谓其一。

其二,如果仅仅是作为一个团体或组织(譬如队、团、党)的组织原则,而且如果这个组织的加入是志愿的;那么,无论是绝对服从还是自由民主,都属正常,自会有人因着该组织的宗旨、随着该组织的义务及其权利的平衡与否而加入或退出。问题在于,一如前文所析,中国的受教育者的受教育过程是一个儿童、青少年政党化、国家(政党化的国家)化非常明显的过程:从全员适龄儿童入队到几乎全员入团再到加入执政的共产党组织,即是明显的标志。也就是说,队、团、党的组织原则已不仅仅是各自组织自身的原则,而是延伸于、扩展至、转化为规约社会所有成员的伦理,成为社会日常的伦理,使社会日常伦理成为政党意识形态的延伸秩序,从而形成支配每一位社会成员的社会化评价体系和切身的生活态度。由此,中国教育的政治化就引发了不少问题,其中一个就是学校及其附属组织教给学生的价值观念与家庭教给学生的价值观念两者的冲突。譬如在政治运动中,孩子被动员起来攻击其父母(和老师)的信念,其重要原因在于,"共产党的教科书不比国民党的教科书那样强调家庭,而培养忠于更大集体的目标,这种重点的转移是与实现现代化的社会主义方式相一致的,但也可能使学校在吸引中国家庭固有的对教育的兴趣方面变得比较困难。在'文化大革命'年代中情况肯定是这样的,因为那时教育基本上与个人因而也就是家庭的前程无关,而且空前地强调完全舍己而为人民服务"①。进一步,当这种逻辑推演到非常时期,国人实际上都生活在一系列虚拟设定的"非日常"氛围中,诸如"革命"、"典型"、"表现"、"斗争"、"捍卫"、"听毛主席话"等之类的意义中心吸附和牵引着人们的基本生活兴趣,发生诸如把黑夜的事汇报到白天,把枕边的事汇报给组织,夫妻两性关系让位于同志,占有或捍卫者一类的关系角色也就不足为奇;由此,一切生活形态与生活细节都已经不可能是离开意识形态的单纯生活与细节生活,一句话,日常已非日常,所以如洪水猛

---

① [美]吉尔伯特·罗兹曼:《中国的现代化》,"比较现代化"课题组译,江苏人民出版社1988年版,第569~570页。

兽般的狂热运动的出现也就不难理解了。①

进一步讲便有其三,凡事,尤其学术研究,在张口或动手之前必须穿靴戴冒,高举"服从"这一政治正确的大旗,在既定的框架内修修补补,或"我注六经",或"六经注我"。此限之下的所谓学术创新,恐怕不是在带着镣铐跳舞,便是要拔着自己的头发离开地球。且不说这能否有什么创新或原创的余地与可能(更多的是"世事洞明皆学问,人情练达即文章");即便是有,也只能是有违原则的"抽屉写作",抑或是埋头一隅的褊狭学术(有术无思)。② 有言虽重,但毕竟良药苦口:"现在测试我们的'思想土壤'和'学术土壤',不能不承认往往有利于'侏儒'生存而不利于巨人的发育。"③这与时下我国提出的建立创新型国家、构建和谐社会的奋斗目标之间,以及与国务院总理温家宝对当前我国大师级人才缺乏的焦虑与呼吁之间多有抵牾乃至掣肘,因为"在精神奴役的气氛中,从来没有而且永远不会有智力活跃的人民。只要哪里存在着凡原则概不得争辩的暗契,只要哪里所谓争论是避开了那些重大而重要足以燃起热情的题目,人民的心灵就永远不会从基础上被搅动起来,人们永远不会享有思想动物的尊严"④。除了学术研究而外,现实中更普遍的问题是,这种"绝对服从"的观念,在一般国人的意识里所在多有。有调查发现,相当多的干部把心思花在上级领导关注什么,认为跟紧(服从)领导最重要;

---

① 王列生:《中国日常问题》,四川人民出版社2002年版,第59~64页。

② 在当代的典型表现就是,中国人往往规避社会政治担当而赋予"文化"以不能承受之重。从20世纪80年代的"文化热"到90年代的"文化批判",学人似乎总在以"文化决定论"为前设,寻求问题的出路。其实,就文人的旨趣及生存而言,不管是求于高雅、诱于实利还是迫于实际,如果仅仅迷醉于学术式的"文化"——李泽厚在《告别革命》中提出90年代是"思想淡出、学术凸显"的年代——仅仅"在文化的脂肪上搔痒"而进行"书斋里的革命"(朱学勤语),仅仅专注于柏林所说的"狐狸"式的学术研究而撇开"刺猬"式的社会担当,那其研究最终不过是"灵魂世界的装饰品,政治世界的缄默者",而其后果也就不是那么容易让文人能够高雅或安居乐业的。见朱学勤:《书斋里的革命》,云南人民出版社2006年版,第151~158、310~324页;林国华:《灵魂世界的装饰品 政治世界的缄默者》,载《南方周末》2006年9月7日。

③ 黎明:《权力裁决一切不利于出大师》,载《南方周末》2006年12月7日,第A1版。

④ 蒋冬梅:《为什么需要言论自由?》,载《读书》2006年第11期。

同时,34.6%的人认为自己所在单位领导班子和领导干部整天在研究上级领导近来关注什么,想要做什么,想要什么,应该采取什么样的形式、提出什么样的口号才能引起领导的注意。对此有评论说:"很难想像,在一个国家,如果国民普遍没有养成对宪法法律负责的精神,如果普遍没有养成对自己良知负责的勇气,而只对眼前的权力或权威抱'绝对服从'的态度,那么建设现代政治文明的健康生态,就根本不存在。"[1]再就教育而言,情况也令人堪忧。如果一味基于忠、孝、尊、顺的"服从"原则,把受教育者揉捏成乖巧的盆景(也就是"好孩子"),那么,让他们承担共产主义使命、做共产主义接班人怕是难堪重任的。当然,自古迄今,至为隐蔽的疾患要推"服从"的孪生子"谄上"了,因为"谄上"滋生出"圣人病"与"话语捐税强迫症"两种怪象,这两种怪象又合成为一种主/奴意识:一方面,因我们爱圣人,于是就有了圣人,有了从鸡毛蒜皮处"发现"圣人大境界的证明,进而也有了向圣人学习疲劳后发现他的宏言傥论不过也是鸡毛蒜皮,最后是厌倦了一地鸡毛和蒜皮,期待着下一位圣人的出现从而复始下一轮的圣人病[2];硬币的另一方面则是,正因为有人患圣人病,也就造就了人们在血液里有种输捐纳税的意识,患下一种"媚上"的"话语捐税强迫症",就像《红楼梦》中那两个十几岁的小姑娘,半夜三更在后花园作几句诗时都忘不了颂圣一样[3]。

最后,一个值得戒备的教训也可反衬"绝对服从"的危险。二战期间,首先负责驱逐犹太人,进而负责运送整个欧洲犹太人以及波兰人、斯洛伐克人、吉普赛人去集中营的德国纳粹军官艾希曼(到了二战快结束时,火车皮不够用了,他便让被捕者步行走向集中营送死),可谓坚决服从上级和组织决定的螺丝钉和标准件——(在他被审判时)与他交流是不可能的,不是因为他说谎,而是因为他将自己置身于机械论的极端有效防护之中从而攻击他人的言语,他有一种可悲的天赋,就是用一些口头禅自我安慰,直到临死前,他仍满足于发表一些僵化的言论,就好像他

---

[1] 张金岭:《"绝对服从"和政治文明背道而驰》,载《南方周末》2004年12月23日,第B14版。
[2] 李敬泽:《圣人病》,载《南方周末》2006年2月23日,第D31版。
[3] 王小波:《沉默的大多数》,载《东方》1996年第4期。

是在引用一些现成的语句或是命令(反复强调自己是齿轮系统中的一环,只是在作为公民和军人而服从和执行上级命令)——换句话说,"艾希曼是一个署名为极权主义的人类欺骗手段的具体例证:且不说愚蠢,他证明了一种'思想的完全缺失'(阿伦特语)"①。阿伦特(Hannah Arendt)称个人完全同化于体制、服从体制安排、执行组织决议的作恶者如艾希曼,是一种"平庸的恶"。她认为,人类思想的消除,人类对自身思想的放弃(将个人判断权利放弃),以及对上级下达命令的绝对服从,是一种令人不安的人类现象。对于诸如"这并不是由他(艾克曼)能决定的","他只是服从和执行上级命令"之类的说辞和辩解,阿伦特不以为然;认为这种平庸的邪恶是严重的,它包含着一种强制的道德与基础的判断力的倒错和扭曲:"他有罪,因为他服从,然而服从被视为美德。"②阿伦特关于艾希曼的主题,是以对"个人"意识的质问为对象而非谴责"集体"的犯罪——她认为干坏事、(尤其是心甘情愿地)参与暴行,根本原因不在于一切人所共同的本质弱点,而在于每个个人自己的不思想和无判断,她在《艾希曼在耶路撒冷》中写到:"假如八千万德国人跟你们一样那么干,你们的罪行并不会减轻"③——这启迪我们从"个体/自我"层面,或者说是"自下而上"的视角来反思"绝对服从"的心理定势,而不是放弃个人判断权利、进而分享"平庸",或者把责任推诿给上级、归咎于体制。这是一方面的启示。另一方面,卡内提(Elias Canetti)的"指令"和"蜇刺"说④,则有利于我们从"群体/人性"层面,或者说"由上而下"的视

---

① [法]朱莉亚·克里斯多瓦:《汉娜·阿伦特》,刘成富译,江苏教育出版社2006年版,第148页。

② [法]朱莉亚·克里斯多瓦:《汉娜·阿伦特》,刘成富译,江苏教育出版社2006年版,第149页。

③ [法]朱莉亚·克里斯多瓦:《汉娜·阿伦特》,刘成富译,江苏教育出版社2006年版,第148页。

④ "指令"和"蜇刺"是卡内提解释现代群众以及群众与权力关系的两个核心概念。认为现代群体是由指令者和隶属者这两种人构成,同一个人可以既是指令者又是隶属者。权力的本质是指令对人的伤害,权力者总是为别人设置他自己不必遵守的、但却可以置别人于死地的正确路线。见[德]埃利亚斯·卡内提:《群众与权力》,冯文光等译,中央编译出版社2003年版。

角来检视"绝对服从"的恶性效果:每一道指令都在人们身上留下蜇刺,蜇刺是外加于人的指令,指令在人的身上转化为一种强大的能量,那就是"逆转"指令的欲望;受指令蜇刺的人一心想要指令别人,给别人扎上蜇刺,这样才能除去自己身上的蜇刺。①——这是卡内提与以勒庞(Gustave Le Bon)为代表的先前的群众理论的重要区别所在,他认为,群众有这些倾向,根本原因并不是群众的某些恶劣、低下本质,而在于权力对群众的伤害。卡内提和阿伦特,不失为反思"绝对服从"的上下(群体与个体)两面镜子。

这里参以纳粹屠犹中的平庸之恶,并非牵强比附或危言耸听。人世间惨境的相似性所在多有。况且,如鲁迅所揭示的,国人的心理堆积如垢的原本就有置他人(甚或自己)死活于不顾、乐于围观和赏鉴的"看客"②基因,若再一味添佐"绝对服从"的燃料,不啻油上玩火,灾难的发生亦就不难想像了。

三、记忆、身体及实践:政治行动的操演

如果说上两节即政治面貌的授礼与政治长跑的设计侧重的是静态

---

① 这与我们常说的"多年的媳妇熬成婆",与鲁迅所说的"暴君治下的臣民,大抵比暴君更暴"(卡内提也说,暴君统治下的群众只有两种,一种是狗,一种是牛。狗跟狗合不到一块,碰到就咬,可是对主人俯首帖耳。牛合群,但照样反抗不了主人,主人叫干什么,再不情愿,也还得去干)几无二致。

② 鲁迅说:"中国的社会,虽说'道德好',实际却太缺乏相爱相助的心思。便是'孝''烈'这类道德,也都是旁人毫不负责,一味收拾弱者的方法"(《我们现在怎样做父亲》)。至于"群众,——尤其是中国的——,永远是戏剧的看客"(《娜拉走后怎样》)。事实上,正是在日本求学时看到电影里中国人围观日本军砍下中国人头颅的盛举,触发了鲁迅弃医从文,"因为从那一回以后,我便觉得医学并非一件要紧的事,凡是愚弱的国民,即使体格如何健全,如何茁壮,也只能做毫无意义的示众材料和看客,病死多少是不必以为不幸的。所以我们的第一要着,是在改变他们的精神,而善于改变精神的是,我那时以为当然要推文艺,于是想提倡文艺运动了"(《呐喊·自序》)。鲁迅对于"看客"之"国民性"多有揭示,参见鲁迅:《坟·我们现在怎样做父亲》、《坟·娜拉走后怎样》、《呐喊·自序》,见《鲁迅全集》(第一卷),人民文学出版社1981年版,第129~140、158~164、415~420页;《彷徨·示众》,见《鲁迅全集》(第二卷),人民文学出版社1981年版,第68~73页;《华盖集续编·马上支日记》,见《鲁迅全集》(第三卷),人民文学出版社1981年版,第327页。

分析,那么本节即政治行动的操演则是动态的考察。学校教育中政治行动的操演,围绕的还是"我们是共产主义接班人"的教化主题,其中关键的一环就是对"我们从何而来—我们身处何处—我们将奔向何方"这一认知的演练。为此,本节着重考察作为连接过去与现在、向往未来之纽带的社会记忆及其两种至关重要的操演方式,即具有延伸与渗透功能的纪念仪式,以及化理想为现实的身体实践。

1. 社会记忆:连结最可塑的心灵与最僵化的心灵

"接班人"的时间表象是朝向未来的,它是一种理想、一种信念。但朝向未来必须基于过去,并经由现在(在第二章中,通过《中国历史》的认知及其教学,受教育者已经被镶嵌于过去—现在—未来的时间脉络里,也就是说,已经完成了理论上的朝圣之旅。与这个旅途相伴的,当然少不了日常的体验与实践,这样才能把过去—现在—未来的走势变得具体而可触)。因为"我们对现在的体验,大多取决于我们对过去的了解;我们有关过去的形象,通常服务于现存社会秩序的合法化"①。要完成"我们现处社会主义初级阶段"的认知,并要坚信"我们将奔向共产主义"的理想,那就必须有"理应如此"的社会记忆作连结,譬如必须有诸如"只有社会主义才能救中国"、"只有社会主义才能发展中国"、"没有共产党就没有新中国"、"这是历史发展的必由之路"或"历史已经证明……"之类的纲领性"政治论说"②作为传承共产主义信仰的火力。

那么这些事关"我们从何而来"之"革命传统"的社会记忆是何以可能的呢? 换言之,生长在和平时期的这一代、下一代、下下一代,是如何记忆上一代、上上一代的光荣传统的呢? "祖""孙"之间的记忆是何以接续的呢?

与心理学家往往认为记忆属于个体官能不同,社会学家常常在社会

---

① [美]保罗·康纳顿:《社会如何记忆》,纳日碧力戈译,上海人民出版社2002年版,导论,第4页。

② 政治论说由表示信念的词汇组成,并都有一个逻辑设计。"一切政治论说都可以说是用一套被理解为与政治活动相联系的特殊词汇,去认识政治形势,维护或推荐一种对它的回应。"这些词汇表明一个政治意识形态,即"一个解释政治形势和以某种方式思考想要和不想要东西的要求,一个考虑政治决定和行动的某些结果比别的结果更重要的要求。"参见[英]迈克尔·欧克肖特:《政治中的理性主义》,张汝伦译,上海译文出版社2003年版,第65页。

(集体)记忆上找答案,认为"社会思想本质上必然是一种记忆,它的全部内容仅由集体回忆或记忆构成"①。哈布瓦赫(Maurice Halbwachs)可贵地把集体记忆作为自己的研究中心,却遗憾地止步于"然"而未探明"所以然",即多停留于用公式化的表述或个人心理学的术语来说明其独特、鲜明、敏锐的观察,因而也就没有弄明白过去的意象和对过去的记忆知识,(或多或少)是由仪式操演来传达的。而这正是康纳顿(Paul Connerton)的旨趣及贡献所在。

康纳顿首先敏感地抓住了传统何以在"祖"与"孙"之间持续这一关键。他特举一例说明了使共同记忆成为可能的传授行为:在古代农村社会,在创建报纸、小学和兵役之前,对在世最年轻一代的教育,通常由在世的最年老的一代承担。因此,群体记忆通过家户中最老的成员,即使不比自己的父母多也至少一样地传给了孩子。在这样的脉络下,我们不能指望代际交流以所谓的"纵列"进行,即孩子们只有通过他们的父母的中介才能和祖辈发生关系。相反,随着每一个新头脑的塑造,同时向后退一步,把最可塑的心灵和最僵化的心灵联系在一起,跳过可能发生变化的那一代人。② 康纳顿此例的用意,在于对过于强调社会变迁③而忽视研究社会的持续性的研究进行纠偏。其实康纳顿所举事例同时也说明了教育的世界性的原初属性:中国古代学校的萌芽"庠",就是"养老和教学兼行的机构"④;柏拉图所创建的西方第一所"大学"Academy(学

---

① [法]莫里斯·哈布瓦赫:《论集体记忆》,毕然、郭金华译,上海人民出版社2002年版,第313页。

② [美]保罗·康纳顿:《社会如何记忆》,纳日碧力戈译,上海人民出版社2002年版,第39~40页。

③ 在当今所谓信息化时代,强调社会变迁的声音显然占有压倒性优势。就教育研究而言,常常就有研究者用米德文化传承的三种类型(后喻型、并喻型、前喻型)来比照师生关系,认为(我国)师生关系正在乃至已经由后喻型转变为前喻型。笔者以前也持同论(见程天君:《信息社会中课堂教学的社会学审视》,载《教育研究与实验》2006年第2期),但稍加检查便发觉,这于事理不合,似有重"变迁"而轻"持续"的嫌疑。因为信息化手段至少,甚至首先也可被教育者所使用,同时它还可成为传承"传统"的便捷手段;而不仅仅是为受教育者独占,进而"反哺"教育者。关于文化传承三类型,见[美]玛格丽特·米德:《代沟》,曾胡译,光明日报出版社1988年版。

④ 孙培青:《中国教育史》,华东师范大学出版社1992年版,第11页。

园),也不过是柏拉图重建部落文化、回到"父道国家"的宿怨落空后所创立的一个保留了部落制的某些特点的"反动的堡垒"①;孟禄则推断原始教育乃是"一种非进取性的适应的教育"②。如此种种均表明,"教育"在其本原意义及其属性上,就具有传授传统的目的及功能。

现代教育是否改变其原初属性了呢?回答是否定的。孙喜亭认为,"根据一定社会的需要所进行的培养人的活动"这种教育的"本质属性",不能说随着社会的发展就演变了。③ 涂尔干讲得更明白:我们关心的只是年轻人(下一代),也只有这个意义才便于保留"教育"一词的涵义。他言道,每个社会都有一种能够在人身上产生不可抗拒的影响的教育体系,那些认为我们能够按照自己的意愿抚养孩子的想法,纯粹是枉费心机;今天的教育留有我们整个历史的遗迹,甚至是各个民族形成之前的历史;在个人的面前,并不是一块可以随意涂写的白板,而是一种他无法随意创建、毁坏或更改的既存现实。正是紧紧抓住这两个要素,即成年人与年轻人这两代人的互动(成年人对年轻人的影响)以及这种影响的性质,涂尔干提出了那个著名的教育的定义:教育是年长的一代对尚未为社会生活做好准备的一代所施加的影响;教育的目的就是在儿童身上唤起和培养一定数量的身体、智识和道德状态,以便适应整个政治社会的要求,以及他将来注定所处的特定的环境的要求;教育是年轻一代系统地社会化的过程。④ 那么,信仰和抱负这类教育之影响怎样沟通呢?"我们的问题是要发现一种方法,使年轻人用来吸收老年人的观点,老年人使年轻人和他们自己有共同的志趣",杜威(John Dewey)如是说,"我们不能依赖日常联合生活给年轻人说明远处的自然力量和肉眼看不见的组织在我们生活中所起的作用。所以,建立了社会交往的特殊模式即

---

① [英]卡尔·波普尔:《开放社会及其敌人》(第一卷),陆衡等译,中国社会科学出版社1999年版,第55~66、339~342、347页。

② 孟禄:《原始教育:一种非进取的适应的教育》。见瞿葆奎主编:《教育学文集·教育与教育学》,人民教育出版社1993年版,第178~191页。

③ 孙喜亭:《教育原理》,北京师范大学出版社1993年版,第46~47页。

④ [法]爱弥尔·涂尔干:《道德教育》,陈光金等译,上海人民出版社2006年版,第229~240页。

学校(社会机构)来办这件事情。"①

推开来说,无论中外,关于教育属性(本质)的经典界说,大多(尤其是社会学家)没有偏离、反而是在相当程度上基于教育的原初所指来进行的。集中到一点,盖不脱"教,上所施,下所效"(《说文解字》)这种代际传承的要义。政治教育亦复如此,"它从享有一个传统开始,从观察和模仿我们前人的行为开始……政治活动的传统在眼前表面呈现的东西,都深深扎根在过去。……我们政治教育较大部分——也许是最重要的部分——是我们偶然在我们出生的自然-人为世界中找出路时获得的,没有别的获得它的办法"②。具体到我国现代的学校教育,也不例外。课程及知识的教学自不待言,政治教化的色彩亦相当浓重,彰显的仍是教育之传统记忆与传授的功能。其他如纪念日、纪念碑/像/馆/堂、烈士陵园、爱国主义教育基地等"国家象征"活动,都旨在纪念历史上的重要"事件",而且"提供了一个重温这些故事并将之与现在联系在一起的机会"③,从而追忆并感受"传统"④的"神圣化"时空⑤;革命歌曲、爱国主义影片、历史事件图片展、英雄事迹报告会、校外辅导员、重走革命先烈路,等等,也都是为勿忘传统、树立"永远的丰碑"所常用的方式,其目的就是要把最可型塑的头脑与"悠久"的传统对接起来,俾便社会/集体记忆得

---

① [美]约翰·杜威:《民主主义与教育》,王承绪译,人民教育出版社2001年版,第16、26页。

② [英]迈克尔·欧克肖特:《政治中的理性主义》,张汝伦译,上海译文出版社2003年版,第54页。

③ [美]约翰·霍尔、玛丽·尼兹:《文化:社会学的视野》,周晓虹、徐彬译,商务印书馆2002年版,第98页。

④ "传统"的营造往往给人以"历来如此"的样子。但有研究揭示,传统不是古代流传下来的不变的陈迹,而是当代人活生生的创造(invent);那些影响我们日常生活的、表面上久远的传统,其实并没有貌似的那样"悠久"。见[英]E·霍布斯鲍姆、T·兰格:《传统的发明》,顾杭、庞冠群译,译林出版社2004年版。欧克肖特在指出政治是追求传统给我们的暗示的同时,也强调,传统的"某些部分变得更慢,但没有什么是不变的,一切都是暂时的",尽管它也遵循着延续的原则。见[英]迈克尔·欧克肖特:《政治中的理性主义》,张汝伦译,上海译文出版社2003年版,第52～53页。

⑤ 王晓葵:《革命记忆与近代公共空间——从"黄花岗公园"到"广州起义烈士陵园"》。见黄东兰主编:《身体·心性·权力》,浙江人民出版社2005年版,第108～131页。

以持续传播和恒久保存。

　　如此想法是不少见的：随着能活着把记忆传给后世的那代人的不复存在，我们可以看到那么一天，这种纪念活动与仪式对于我们就像现在纪念郑和下西洋或者滑铁卢战役一样，已经变得没有意义。但是，"记忆在集体仪式中可能发生的作用，不会由这类例子得出的推断而穷尽（《最后的晚餐》就得到了长期纪念！）……以上坚持传统虚构的观点，其片面性在于看不到仪式的操演作用。结果是混淆了仪式虚构问题和仪式延续问题之间的界限"①。实际上，"所有善行和正义，所有较深刻的正确的观念都取决于一种积极的想像，这是因为我们需要回想已经消失的人。不这样，我们就会成为直接环境和较低层次生物机体暗示的囚徒……至于精神同伴的远近，也许可以这样说，只要我们想像——没有比社会想像更实际的东西了，没有社会想像就没有一切——一个人，那么就我们的精神和道德生活而言，他就是真正存在的，只要我们能对他有鲜明的观念，那么无论我们是否看见他，或者是否有肉体存在，都无关紧要"②。

　　社会记忆是可能的，也是必要的。顺此而下，可着重对其中的纪念仪式作进一步考察。

　　2. 纪念仪式：不仅是表达、不仅是形式、不限于仪式

　　履行社会记忆职能的，除却上述比较宽泛、面向公共的（当然学生是其重要对象）教化举措而外，学校教育本身也循章操演各种纪念仪式。譬如，伟人诞辰周年纪念日，学习先进的法定节日，××活动宣传周/月，××革命胜利周年纪念。每年的10月13日即少先队建队日，小学大多举行大规模的少先队加入仪式；每年的5月4日即"五四"青年节，中学大多为14周岁以上的学生举行隆重的入团仪式；每年的7月1日即建党（中共）节，大学（和部分中学）大多为经过考察、筛选及培养的预备党员举行庄严的入党仪式。至于各个学校（尤其是中小学）全体师生员工参加的升旗仪式，就不仅限于10月1日国庆节这一天举行，而是每周一早晨的固

---

　　① ［美］保罗·康纳顿：《社会如何记忆》，纳日碧力戈译，上海人民出版社2002年版，第126页。
　　② ［美］查尔斯·霍顿·库利：《人类本性与社会秩序》，包凡一、王源译，华夏出版社1999年版，第100、275页。

定重复仪式了。

这类被固定操演的纪念仪式,通过追忆"我们组织"的由来、高唱"我们组织(国家)"的歌曲、佩带"我们组织"的标志、注目"我们组织"的旗帜、宣读"我们组织"的誓词、抒发"加入组织"的感动、表达"想入组织"的愿望、恭听"支部书记"的训话、投身"组织成员"的行动①等环节与程序,实践了政治教化的核心理念:效忠队、团、党组织及国家与人民,牢记敌人炮火下的牺牲,珍视由斗争换得的胜利,勿忘奋斗的光荣传统,继承革命先烈的遗志,投身立足本岗的学习,练就驾驭未来的本领,准备献身共产主义事业。

这种纪念仪式的作用不可低估,它是一种"受规则支配的象征性活动,它使参加者注意他们认为有特殊意义的思想和感情对象"②。根据康纳顿对鲁克斯(Steven Lukes)这个仪式定义的解析,可以说明这种仪式的特性与功能:③①仪式不仅是表达性的。诚然,仪式是表达性艺术,但只有通过显著的规则性,它才能成为表达性艺术。它们是形式化的艺术,倾向于程序化、陈规化和重复,所以不是因为一时内心冲动被操演,而是被认真遵守,以表示感情。它们释放表达性感情,但这不是它们的核心。②仪式不仅是形式化的。那种以为仪式行动"不过是"仪式性的或"空洞"的形式,并把它们与"真诚的"或"真实的"行动和言语作比较的言行④,是误导人的。这些纪念仪式虽不及一些宗教仪式那么虔诚与严

---

① 在笔者所亲历的这类仪式中,准备工作如主席台的布置以及会后桌椅的搬运,往往是由刚加入组织的新成员来完成,表示即刻起到"模范带头"作用。而入党仪式后,紧接着的也常常是新老党员共同参加的义务劳动(如平整操场、清理校园"卫生死角"等)。

② Steven Lukes. Political Ritual and Social Integration, Sociology, Vol. 9, No. 2, 1975. 291.

③ [美]保罗·康纳顿:《社会如何记忆》,纳日碧力戈译,上海人民出版社2002年版,第49～51页。

④ 常有成人对少先队、共青团(甚至共产党)的加入仪式不以为然,或以成人的视角想当然地把它误解为"儿戏"。这不是对自己当年加入仪式的健忘,就是"时位之移人"的变异观点,或者就是有待从自己子女身上"重温"、并重新审视这些仪式蕴涵的候补父母亲。对于这类候补父母,我想提前这样问:既然"无所谓"的话,你希望或能够面对惟独你自己的孩子不加入少先队这种情形吗?——发生在上文 X 市 Y 校一年级七班的故事,已经提醒我们不可小觑少先队加入仪式。

肃,但它所承载的价值意义也不能说是毫不奏效的,尤其是在群体中进行的时候。③仪式的效用不限于仪式场合。之所以被认为是形式化的,确实是因为仪式往往会在特定的时间、特定的地点举行。但是,在仪式上所展示的一切,也渗透在非仪式性行为和心理当中。仪式之所以被认为有意义,是因为它对于一系列其他非仪式性行动以及整个群体的生活,都可能是有意义的(这正是要求党、团员起模范带头作用,以及让非队、团、党员观摩仪式的心理机制所在)。仪式也可能会把价值和意义赋予那些操演者的全部生活。①

不错,这种程序化、陈规化、重复性的纪念仪式也许令人倦怠,但这正是纪念仪式的机制所在。在这种仪式的操演当中,"明确的分类和行为准则,倾向于被视为自然,以至它们被记忆成习惯。恰恰因为被操演的对象是操演者习以为常的对象,群体成员的共同记忆的认知内容才具有如此的说服力和持久力"②。这种由"习惯"成"自然"进而"顺其自然"(驯顺)的过程与机制,也可从心理学上得到解释。继承行为主义心理学奠基人华生(John B. Waston)的观点并把它发展为极端的格思里(Edwin R. Guthrie),针对一匹不愿意驮任何东西的马,使出的一个撒手锏就是"疲劳法"(fatiguue),或称"消耗法"或"过量法"(exhaustion or flooding):即不断重复刺激线索,直到有关反应疲劳为止,如果这匹马不听话,就一直骑在上面,让它发作,待到它疲劳时就听话了。③

当然,这并不是说可以高估纪念仪式的政治教化作用,也不是说这

---

① 想想有多少人,是怀着加入仪式时的那种澎湃的心潮投身工作或革命!著名作家刘心武(1942—)在花甲之年写的回忆录中特用一节追忆"我的少年"中"值得怀念的少先队生活"。他这样写到:"在我十岁的时候,胸前飘动着红领巾。每当风儿吹动着领巾,领巾的尖儿拂弄着我的心窝时,我就生出许多的愿望。……这就是为什么我一听见少先队的鼓号声,泪珠便挂在睫毛上的原因。这是满蓄着幸福而甜蜜的泪珠,这是唤起我一种神圣责任感的泪珠。当年我曾向着队旗呼号:'时刻准备着!'现在准备时早已结束,我应该为下一代的健康成长贡献出我的全部力量。我抹去睫毛上的泪珠,思考,并且行动。"见刘心武:《我是刘心武:60年生活历程之回忆》,天津人民出版社2006年版,第29~32页。

② [美]保罗·康纳顿:《社会如何记忆》,纳日碧力戈译,上海人民出版社2002年版,第108页。

③ 施良方:《学习论》,人民教育出版社2000年版,第68页。

种仪式就尽然如宣称的那样完美,实际情况可能不是那样。过于反复操演的政治仪式有时不免令人懈怠,"我们必须意识到同样象征媒介的持续使用会产生一种平凡而无新意的效果——也就是,使其惯例化"①。譬如,学校的升旗手多由固定的学生出任,由于麻痹大意,往往出现与国歌节奏不符的或快或慢的情形。有时也因旗杆故障或国歌磁带卡壳,出现了升"半旗"的意外情况,引来学生哄然大笑。而升旗时要求的统一着装(穿校服),或者把个别的没穿校服的学生排除在场外,或者学生因天气寒冷而在旗杆下瑟瑟发抖,或者有过高过胖者因校服包不住身体而呈现"勒"着、"吊"着的滑稽形象②,这些都减损了仪式所预期的庄严氛围与效果。更有甚者,在升旗仪式时,交头接耳、站姿随意、心猿意马,在师生中都是不可避免的现象。

最具讽刺和滑稽意味的,恐怕要推日本发生的"翻唱"国歌事件了:在最近的中小学入学和毕业仪式上,要求师生同唱国歌《君之代》,有人为那些被迫唱国歌的日本人发明了一个秘密武器:英语。它模拟日文原版国歌中的每个词的音节,把它变成了发音相似的英文单词:Kimigayo(《君之代》)变成了 Kiss me(《吻我》),其中的歌词如 Kimigayo wa("吾皇盛世兮")变成了 Kiss me girl, you old one(吻我吧,老姑娘)。这样一来,唱国歌时不遵守规范就不会被人发现。③

话还得再一次说回来,以便得出辩证而得体的观点。政治仪式中的不协调、不庄重现象,便足见反复操演这些仪式的必要;政治仪式中的逆反与反讽现象,也足见这些仪式确具伸张政治意识形态的功能。意外或者负面的现象并不意味着政治仪式效果与功能的抵消,仪式对于思想观念的伸张和秩序结构的维护都具有不可否认的作用。据涂尔干观点,社

---

① [意]马利亚苏塞·达瓦尼瓦:《宗教现象学》,高秉江译,人民出版社2006年版,第180~181页。
② 马维娜:《局外生存:相遇在学校场域中》,北京师范大学出版社2003年版,第79页。
③ 《翻唱"国歌"》,载《参考消息》2006年5月31日,第6版。翻唱国歌的深层背景是:日本左翼教师联合会认为,根据一首祝愿"吾皇盛世兮,千秋万代"的古诗改写、直到1999年才得到法律认可、2003年要求学校在各种仪式上高唱的国歌《君之代》,是日本军国主义的象征,而翻唱的英文版则明显指向二战期间日本军中成千上万的亚洲"慰安妇"。

会是一种仪式秩序,是建立在人们互动的感情基础上的集体良知(collective conscience)。① 他就升旗仪式这样论述道:"当一个群体的各成员看着国旗升起并一起唱国歌②时,他们将注意力集中到了这些事物上,并知道别人同样是这样,这时他们会感到自己在见证一种比他们中任何一个人都伟大的原则或力量——国家。这样,共同持有的观念就转换成了他们自己世界中的一个道德标准的世界。"③这正如大众读报仪式或每天收看新闻联播一样,虽然无数的人们完全不认识,却确信存在的其他人也同样进行着,而且作为现代人晨间"祈祷"代用品的读报仪式和作为晚间公修政治课的新闻联播仪式,在整个时历中不间断而又固定地重复着。由此,"虚构静静而持续地渗透到现实之中,创造出人们对一个匿名的共同体不寻常的信心,而这就是现代民族的正字商标"④。稍需带笔的是,纪念仪式并非全都为了"记忆",它在强加一种社会记忆的同时,也在排除或者使人忘却另一些相反的社会记忆;它的施事要领,借用鲁迅一篇文章的标题说,就是"为了忘却的记念(忆)"。正所谓"有时候仪式的目的是要保证最快和最彻底地转换为仪式举行者所希望的那种目

---

① 涂尔干对于社会学的主要贡献,是他突破19世纪的理性主义传统而进入了20世纪的智识领域及其最深刻的一个问题:理性的非理性基础。在堪称他所有作品中最精湛的作品《宗教生活的基本形式》中,他呈现了"社会即上帝"的理念,描绘了社会如何崇拜自己,即它们在由社会互动的情感效应提供力量的仪式中,如何庆祝自己的符号。——当然,(如同马林诺夫斯基、列维-斯特劳斯一样)涂尔干的这种致知取径,往往给人以专注于社会结构的共时性认知(乃至社会决定论)而寡趣于社会变迁的历时性考察之印象但不幸的是,这是一种误解,一种没有领悟"后期涂尔干思想"的误解(关于此点导论已有所探及。参见"后期涂尔干思想"研究专集:[英]杰弗里·亚历山大编:《迪尔凯姆社会学》,戴聪腾译,辽宁教育出版社2001年版;另可见[美]兰德尔·柯林斯、迈克尔·马科夫斯基:《发现社会之旅——西方社会学思想述评》,李霞译,中华书局2006年版,第六章)。

② 歌德也曾说:"韵律有一种魔力,它甚至会使我们怀有最崇高的感情。"见《歌德的格言与感想集》,程代熙、张惠民译,中国社会科学出版社1982年版,第25页。

③ [美]兰德尔·柯林斯、迈克尔·马科夫斯基:《发现社会之旅——西方社会学思想述评》,李霞译,中华书局2006年版,第160、164页。

④ [美]B.安德森:《想像的共同体:民族主义的起源及其散布》,吴睿人译,上海人民出版社2003年版,第35页。

的状态;有时候仪式的目的是要阻止一种举行者所不希望发生的转变产生"①。

3. 身体实践:如何以"榜"为"样"

社会记忆需要借由词语和形象表述过去,以此保存或排除关于过去的不同说法。纪念仪式作为社会记忆的一个典型例子或上策良方,通过描绘和展现过去的事件来使人们记忆过去。它们重演过去,常常以具象的外观,让人重新体验当时的情景,模拟或重温当时的境遇,使过去得以回归和重演。"这样的重演很大程度上依赖于规定性身体行为"②;身体的生成"不是一个自发、天成、生物决定甚或个人意志反映的结果",而是"一个非常政治性的过程和结果"③。无论是观看爱国主义教育影片,瞻仰烈士陵园,还是组织加入仪式,其间营造的都是庄严肃穆的氛围,操持的是一种情感炼金术。身④临其境的受教育者,心绪会随着记录片胶卷的滚动而回到战火纷飞的年代,情绪会随着《义勇军进行曲》的演奏而汹涌澎湃,思绪会沿着革命先烈的足迹而在圣旅上游走。而每周一的升国旗仪式,整队时快捷的立正—稍息—立正,出旗时护旗手标准的步伐,行注目礼时全体师生笔挺的站姿,国歌奏响的一刹那少先队员齐刷刷的队礼,所有这些体化(incorporating)实践都显得那么自动、自如、自然,一如人们排除了初学游泳、打字或跳舞时的多余动作而变得技巧娴熟,可以用最小的肌肉运动就能完成动作,自然而然达到目的。由此,"体化实践提供了一个极为有效的记忆系统",其效果就依赖于它们存在的方式,即不会独立于它们的操演而"客观地"存在,以及它们的获得方式,即不

---

① [意]马利亚苏塞·达瓦尼瓦:《宗教现象学》,高秉江译,人民出版社2006年版,第187页。
② [美]保罗·康纳顿:《社会如何记忆》,纳日碧力戈译,上海人民出版社2002年版,第108页。
③ 黄金麟:《历史 身体 国家:近代中国的身体形成(1895—1937)》,新星出版社2006年版,第5～6页。
④ 这里所说身体实践自然包括"心"的方面,之所以未作区分也未突出"心"的方面,一是因为身心难以区分;二是因为中国人有将心"身体化",也就是以身化心或者把两者合一的倾向。详见孙隆基:《中国文化的深层文化结构》,广西师范大学出版社2004年版,第42～63页。

需要明确反省它们的操演;每个群体都对身体自动化(bodily automatisms)委以他们最急需保持的价值和范畴,他们明白,沉淀在身体上的习惯记忆,可以多么好地保存下去。①

当然,在日常的身体实践中,除了如升旗仪式、入队仪式等这些要求严格的体化实践——其中,动作的不变方面压倒可变方面——更多的还是履行"以身作则"、起"模范带头"作用的先锋队实践。也就是说,少先队员、共青团员、共产党员要给一般群众起表率和示范作用,而他们本身也是以优秀的、先进的榜样为榜样的。

在这种"向榜样看齐"的政治教化与国家伦理格局中,有一个完成"普通人以榜为样何以可能?"以及"普通人如何以榜为样?"两步关键程序的前提性设置。

这里不妨以"雷锋"为例进行说明,因为1949年以来,中国官方纪念历史人物及典范人物的规模与运动,从来没有一个人可以望其项背。雷锋的名字是一代中国人曾经的总结:对毛泽东的绝对忠诚,誓死捍卫国家,对人民和党无私的爱,对剥削和不平等的憎恨。在那个政治几乎是全部的年代,他带有强烈的"60年代政治型人格"的气质,他是那个泛政治主义现象的一个标本与无形之镜,供大众,尤其是学生、军人映照,清理个人内心精神和道德的暗角。② 树立典型进行政治和道德教化在中国社会有很深的传统,但1949年以后,出现了以雷锋为代表的大批英雄模范人物不同于以往时代之处就在于:一方面,他们来自民间,出身于普通的劳动人民家庭,且多是"生在旧社会,长在红旗下"接受共产主义普及教育的样板人物。另一方面,他们的特征是阶级立场鲜明、坚定,对共产党、毛主席充满感激之情和无限崇敬,对当家作主人的社会主义更是衷心拥戴,并充满了美好的向往,因此愿意完全彻底地献身于这个伟大的事业。一言以蔽之,他们虽然是普通人,没有过人的本领;但却以服从

---

① [美]保罗·康纳顿:《社会如何记忆》,纳日碧力戈译,上海人民出版社2002年版,第124~125页。

② 师永刚、刘琼雄:《雷锋:1940—1962》,生活·读书·新知三联书店2006年版,前言"国家伦理格局中的背影"。

和全心全意为人民服务为最高道德和政治要求,甘做闪闪发光的螺丝钉。①

从这里不难看出,毛泽东对雷锋这个"共产主义新型人格"②的设计逻辑,是一种"普通人/伟人"的英雄格式:一方面,雷锋是个普通人,因为只做一些琐碎的小小好事;另一方面,雷锋是个伟人,因为毫不利己是无比困难的,"全心全意"永远只做而且始终在做好事也是无比困难的(毛泽东指出,偶然做几件好事并不难,一辈子只做好事才不简单)。③ 这种"普通人/伟人"英雄格式,使"以榜为样"成为可能,同时也使之难能可贵:惟雷锋是如你我他一样的普通人、凡人、做小事的人而非特殊人、超人、做大事的人,所以人人(你我他)具有了以他为榜样、行他之所行的可能;惟雷锋一辈子永远只做好事,所以一时偶然做些好事的一般人就不能轻易彻底成为他那样的伟人,这使得"学雷锋"具有了重大必要性与持久动力。

正如赵汀阳所说,毛泽东的非凡之处在于,他强调的不是哪件事情算是好事,而是什么样的人才算高尚的人,就是说,思考的单位是人而不是某种事情。把道德与政治思考定位为"人",比定位为"行为"更有理论深度:只有一辈子做好事才算是一个高尚的人,只有毫不利己、全心全意为人民服务才是共产主义战士和伟大的英雄。这个要求形成了"一种永远的精神紧张",把道德境界和政治要求提高到了"一个几乎不可企及的高度"(就连雷锋自己也说:"人的生命是有限的,可是,为人民服务是无限的,我要把有限的生命,投入到无限的为人民服务之中去。"——笔者按);由此,雷锋这个现代偶像是普通的,所以为大众"喜闻乐见",又是普通的事情的高难度表演,所以可以刺激可望而不可即的"永远模仿"。④

---

① 雷锋说:"高楼大厦都是一砖一石砌起来的,我们何不做一砖一石呢?我之所以天天都要做这些零碎事,就是为此。"见师永刚、刘琼雄:《雷锋:1940—1962》,生活·读书·新知三联书店2006年版,第71页。
② 这是雷锋去世41年之后(2003年)被评为20世纪中国十大文化偶像之一时的"评语"。见师永刚、刘琼雄:《雷锋:1940—1962》,生活·读书·新知三联书店2006年版,前言"国家伦理格局中的背影"。
③ 赵汀阳:《长话短说》,东方出版社2001年版,第21页。
④ 赵汀阳:《长话短说》,东方出版社2001年版,第254~255页。

这种"雷锋精神"要得以在常人中树立并发扬,必要条件是进行一场以"政治理想信念"对"日常信念"的置换①;例如一个健康公民在马路上帮扶一个残疾人,或一个警察在水中救起一位绝望的少女,宣传机器总会不厌其烦地把这类每个正常的公民或健康的个体都理应做的事情,说成是"学雷锋"或"雷锋精神"的具体体现;而后者乃是政治指令系统内在的意识形态意义方式,尽管事件还是那些事件,但在不经意甚或有意的置换中完全改变了事件的存属性;然而置换的代价是,当着这种置换普遍地发生于日常社会之时,就立刻带来一种危险,那就是不仅消除了人无意识地存在于人类基本准则的可能性,而且还迫使人们放弃对生活事件本身的兴趣而致力于附着性的意义追求(譬如,为了学雷锋而学雷锋)。

这里可以看出,在"普通人/伟人"的英雄格式设计中,在"政治理想信念"置换"日常信念"的过程中,本章第二节中"政治长跑"的理念,得到了进一步的落实,因为它们解决了学习榜样"何以可能"与"如何进行"的客观性问题,亦即"你为什么要学习榜样、如何学习榜样?"的问题。接下来,尚有必要从实践者(模仿者)的角度与基于行动者(模仿者)的心理,来进一步分析"我为什么要学习榜样?"这一主观性问题。

在"接班人"的日常锻造中,常常开展诸如"学雷锋,见行动"之类的身体实践。作为先锋队组织成员的少先队员、共青团员、共产党员在学习和工作中确有率先垂范、为人谋利乃至献身的行动。于此而言,除了"你应该如此"这样的客观驱力外,实不排除"我甘愿如此"的主观动力。这又何以可能呢?科恩(William Coen)在《双面人》中提出了人的"双重特性"的政治象征主义(political symbolism)理论,将人的私利的社会行动定义为政治性,将他们的利他的行为定义为象征性;也就是说利他行为往往带有集体认同的表现,而利己行为往往带有支配他人的追求。②科恩的解释不乏机械和生硬之嫌,而库利,连同科塞,则给出了虽拗口却不无雄辩的解释:"一个人的荣誉感是他最真实、最基本的自我。……生命对荣誉的追求在人类行动中绝不是一种浪漫的需要,而是真正达到人性水平的标志,是人类特有的东西",对于荣誉的服从——人们总是在服

---

① 王列生:《中国日常问题》,四川人民出版社2002年版,第55~56页。
② 王铭铭:《人类学是什么》,北京大学出版社2002年版,第87页。

从着什么——足可让一个士兵愿意尽职求荣(献身)而不愿意苟且偷生,尽管那个所殉之职也可能是一个更高级的社会恐惧①;而且,"参与者感到他们只是集体或群体的代表,不是为自己而是为他们代表的群体的理想而战斗的冲突,似乎要比为个人原因而进行的斗争要更激进、更冷酷无情"②。由此,在以榜为样以及为人牺牲之类的行为中,主观与客观动因的区分不过是为了分析的方便而采用的权且说法,因为"自我和利他,自我和同情,是相关的,并往往混合出现在道德判断之中,不能在其中分出有多少自我,有多少别的东西,它们是所有冲动更为完善的综合。正确观念的特征不是自我或利他、个人或社会的矛盾,而是意识的统一,以及伴随它的特殊感觉"③。这样说来,也许所谓的利他不过是为了一己之利,也许在逐利的过程中确实也有所谓的利他效应,这似乎无从辨明也无关要紧。问题的关键是学雷锋、做好事、起模范带头作用乃至献出自己生命的行动确已发生,而且仍有发生的可能;问题的关键还是,以"榜"为"样"确有可能,理想确具有实在性及支配性。

进而言之,理想之所以能够支配人们,乃是由于"可设想"与"可能"之间的混淆。一个人设想所有人都可以是好人,并不意味着所有人都能成为好人,或者他们应该成为好人。然而事实上发生的正是这一"心灵的狡计"——比方说,"可以设想人们是恭顺的臣民",既然是可以设想的,它也就是可能的,"进而因为它是可能的……所以就是他们应该的"。④ 例如,国家可能为全体人民树立一条理想,包括愿为国家而牺牲生命在内,通过民族主义历史和文学以及爱国主义训练等方式,这一理想在官方学校中得以传播;如果这一过程是有效的,这个理想就成了驱使人们为国家利益而牺牲个人利益的"大脑中的轮子"(wheels in

---

① [美]查尔斯·霍顿·库利:《人类本性与社会秩序》,包凡一、王源译,华夏出版社1999年版,第169、173、204、268页。

② [美]L.科塞:《社会冲突的功能》,孙立平等译,华夏出版社1989年版,第105页。

③ [美]查尔斯·霍顿·库利:《人类本性与社会秩序》,包凡一、王源译,华夏出版社1999年版,第265页。

④ [美]乔尔·斯普林格:《脑中之轮:教育哲学导论》,贾晨阳译,北京大学出版社2005年版,第68页。

head)——它是任何个人都无力摆脱的思想。① 于此而言,我们得再次回到涂尔干:理想不是抽象,不是缺乏效力的冷冰冰的知识概念,不只是人们所渴望的未来目标,理想也有其自身的实在和性质,理想本质上是动态的,因为它们的背后是强有力的集体力——与世间其他力量相比,理想既是自然力,也是道德力——理想带有实在特性的原因,就是当理想超越实在时,依然源于实在。② 若将学习榜样的理想之实在性与上文关于社会记忆、体化实践及习惯结合起来考虑,无妨作出这样的综合性的小结:"人是习惯的动物,不是理想的动物;怎样理想化,若无习惯作根据,也是要临阵便'弃甲曳兵而走'的。"③譬如,"毫不利己,专门利人"这一政治教化理想,似乎与马克思没有直接的关系,而是与中国人处处以对方为重(体现在"以心换心"的"仁"上)的"做人"方式之"同调变奏"。④ 也就是说,(就中国人而言)"毫不利己,专门利人"并不仅仅是一个空洞无物的口号,而是有着中国文化积淀与心理习惯作为其实在性的基础。

---

① [美]乔尔·斯普林格:《脑中之轮:教育哲学导论》,贾晨阳译,北京大学出版社2005年版,第65、69页。
② [法]爱弥尔·涂尔干:《社会学与哲学》,梁栋译,上海人民出版社2002年版,第101页。
③ 李安宅:《〈仪礼〉与〈礼记〉之社会学的研究》,上海人民出版社2005年版,第11页。
④ 孙隆基:《中国文化的深层文化结构》,广西师范大学出版社2004年版,第13~14页。

第四章　打鬼的钟馗:仪式在制度化的学校教育中

政治社会学家现证明,国家只是多种政治机构中的一种,而政治机构也只是多种社会机构群中的一种;机构与机构群之间的关系是一般社会学的课题;政治机构与其他机构之间的关系是政治社会学的特殊领域。①

——西摩·马丁·李普塞特(1981年)

要将过渡仪式的理论进一步发展,必须提出一些这一理论尚未提出的问题,尤其是那些关于仪式的社会功能以及这种仪式允许人们以合乎法律的方式忽略或者逾越界限或者限制的社会意义。制度的过程是由指定的社会性质的属性构成的,以使其看起来好像是自然的属性的方式,所以制度仪式从逻辑上趋向于将具体的社会对立。这种仪式所完成的分隔起到了一种神圣化的效果。②

——皮埃尔·布尔迪厄(1982年)

---

① [美]西摩·马丁·李普塞特:《政治人——政治的社会基础》,张绍宗译,上海人民出版社1997年版,第3页。
② [法]皮埃尔·布尔迪厄:《言语意味着什么——语言交换的经济》,褚思真、刘晖译,商务印书馆2005年版,第97、99页。

第一至三章,分别考察了培养"接班人"之教育目的的诞生,开启了培养"接班人"之"天幕",揭示了"接班人"之日常锻造。这些注重的是政治意识形态分析与批判。本章将沿着第二章结尾处留下的伏笔,继续围绕仪式进行"细查内里"式的(在微观,即学校层面)考察。惟从性质上讲,本章的旨趣从第三章着眼"教育在仪式中"转向了致意"仪式在教育中",也就是说,从政治意识形态批判转向了制度化学校教育批判,以及两者之间的张力关系分析,俾便经由此二者的对应与对比,凸显"培养接班人"这一政治教化主旨与制度化教育的相遇与互动。

　　从政治意识形态批判转向制度化学校教育批判,并非漫不经心的跳跃。任何政治意识形态都必然假以制度化教育这一载体而伸张;相应地,制度化学校教育在承领这一旨意的同时也不可避免地"反作用"于前者。由此,考察政治意识形态与制度化学校教育遭遇时的关系实属必需。此为原由之一。原由之二,这也是乞灵于马克斯·韦伯的思想,他认为,"现代政治问题不在于资本主义还是社会主义,而在于官僚政治与民主的关系"。帕森斯(Talcott Parsons)对此的评论一语中的:制度化的"科层制(官僚政治)所起的作用之于韦伯,一如阶级斗争之于马克思,竞争之于松巴特"①。这表明,从政治意识形态分析到制度化剖析,是一种有效而必然的转向或曰顺延。同时,这种转向也暗示(原由之三),无论受制于何种政治意识形态主导的制度化学校教育,都不排除在"制度化"这一层面上的相似性和普遍性,换言之,制度化的学校教育批判所针对的,并非仅仅我国学校教育所独有的现象(尽管下文的考察也主要凸显的是我们学校教育自身的特征)。

　　考察政治意识形态与制度化学校教育的关系,一个主要的问题意识就是,培养接班人的仪式"在教育中"的命运:是照章执行、有所消解还是暗中变调?虽不排除,甚至表面上高举的是前者,但更多的恐怕还是后两者。在与导师交流此一问题时,"钟馗打鬼"的提示再次放飞我想像力的翅膀。结果,便有了以"打鬼的钟馗:仪式在制度化的学校教育中"为名的这一章节,其意在凸显"仪式在制度中"的命运流转与花样换面。而

---

①　[美]西摩·马丁·李普塞特:《政治人——政治的社会基础》,张绍宗译,上海人民出版社1997年版,第8页。

具体的行文与分析,大言不惭地说,我采用了一个自以为"要而不繁"的路数:即抓"两头"(开学典礼与毕业典礼)而又不漏"中间"(在此期间的学校纪律)。其中,"权位的象征:开学典礼的社会逻辑"意在凸显"作为社会的机构环节"、"受制于社会逻辑"的学校;"身份的转换:毕业典礼的学校逻辑"意在凸显"作为自身再生产"、"逻辑力争自主"的学校;"细节的权力:在此期间的学校纪律"则意在凸显"井然有序"、"自我规训"的学校。这一切,大都展演以仪式。并且,无论是开学典礼、毕业典礼,还是其间的纪律,都贴以培养"接班人"的仪式招牌。但与此同时,它们又另循各自逻辑。从这一意义上讲,培养"接班人"教育目的在这三者(开学典礼仪式、毕业典礼仪式、纪律仪式)中在某种程度上都被"钟馗化"了;而这三者之间尤其是前两者之间,基于各自不同的逻辑,又何尝不是把彼此,因而也把自我都"钟馗化"①了呢?

一、权位的象征:开学典礼的社会逻辑

开学典礼是每个学校每个学期开学伊始都要举行的活动。顾名思义,"开学"即开始学习。问题是"开始学习什么?"语数外理化生等各门课程自是要学习的,但不是这里的重点;这里要考究的,是"开学典礼"的社会蕴涵。这对许多人来说似乎又是一个不言自明的问题,"这只是一种形式!""每学期都这么做!"问题并不那么简单。据特纳思想,"仪式"(ritual)一词更适用于与社会变迁相联系的宗教行为,而"典礼"(ceremony)一词则同与社会地位有关的宗教行为有着更紧密的联系;仪式是

---

① 钟馗之由来尚属中国民俗文化史上的一个大谜。其中一个代表性的解说是:钟馗的原型,是商汤时的巫相仲傀,其名在《尚书》、《左传》、《荀子》中又作"仲虺"、"中归"、"中垒"。商人事鬼,凡政官都兼巫祝,仲傀为巫相而兼驱鬼之方相。傀者,面具也;驱鬼必戴面具,面具之形甚多,因而发生仲傀多首的传说。仲傀以同音演变为仲虺,虺乃神话中的怪蛇,于是仲虺又演变为九首巨蛇之"雄虺"、食鬼之"雄伯",连《山海经》佚文中阅领众鬼的"郁垒",实际上也是仲傀与雄虺传说的又一变形,郁垒即中垒的变称。要之,由驱鬼之巫相的真人仲傀,变为食鬼怪兽钟馗,变形愈繁,去真相愈远,但也留下一丝痕迹:古人命名常以字释名,钟馗之"馗"乃"九首"合文,《天问》曰:"雄虺九首",则仲虺以"虺"作名,而"馗"——九首,或即其人之本字也(《文史新考·钟馗考》)。在本文中,"钟馗化"取"面具化"、"道具化"之意。

转变性的,典礼则是确认性的。① 作为学校每学期的开幕曲,开学典礼传达、确认的是什么样的社会观念及价值坐标呢?

首先,细致观察或回忆一个开学典礼,不难发现它有一个明显的结构,这一结构可用"交叉的二分对立"②(binary oppositions)来排列(如表4-1 所示)。在开学典礼中,表中所列二分对立体系都或多或少地存在着。这种二分对立的结构,充满了区隔的意味,它是社会逻辑在学校中的延伸,或者说是学校在预演着社会的逻辑。

表 4-1 开学典礼中的交叉二分对立

纵向对立	横向对立	垂直对立	内外对立
过去/现在	男生/女生	台上/台下	上级领导/学校领导
非学生/学生	新生/老生	主席/侧席	上级领导/教师
小学生/中学生	低年级/高年级	侧席/次侧席	上级领导/学生
中学生/大学生	高个/低个	左/右	……
非重点校学生/重点校学生		校级领导/中层领导	
……	……	领导/教师	
		领导、教师/学生	
		校服/自由服	
		教师代表/教师	
		学生代表/学生	
		……	

第一套体系是纵向的,区隔的是学生/非学生,以及不同学历层次的学生。比如,对于一年级的小学生而言,开学典礼预示着"我上学了","我已由一名儿童(孩子、宝宝)变成了一名学生";对于中学生/大学生来讲,开学典礼则象征着"我已不是小学生/中学生了","我应当像个中学

---

① [英]维克多·特纳:《模棱两可:过关礼仪的阈限时期》。见史宗主编:《20世纪西方宗教人类学文选》(下卷),上海三联书店1994年版,第515页。

② 此概念借用于特纳。见[英]维克多·特纳:《仪式过程:结构与反结构》,黄剑波、柳博赟译,中国人民大学出版社2006年版,第37页。

生/大学生的样子"。总之,"'成为你所是的人',这是所有制度行动的施事性巫术(制度的行为是一种能够从虚无中创造出差异的社会巫术行为)背后隐藏着的一条规则"①。这种纵向体系通过强调时间的过渡——例如从孩子、宝宝到小学生、中学生以至大学生——掩盖了典礼仪式的基本影响之一,即"区分开那些受礼者与那些从任何意义上来说都不会经历此仪式的人(而不是那些还未受礼的人),也即在那些这一仪式适用的人与其不适用的人之间,建立了永远的区别"②。譬如,对于那些无缘学校或无缘某类学校或无缘某级学校的人来说,便被永远排除在了入围者们参加的各自的开学典礼之外。

第二套体系是横向的,表达的是男女有别、新老更替、依次递进的二分结构。开学典礼时(往往在操场上或礼堂),按照年级、班级、男女、身高等编码排队(落座),呈现出"后浪推前浪"、"新生变老生"、"学弟变学长"的新老更替、依次递进的变动态势。

第三套体系是垂直的,彰显的是官民、尊卑、长幼、优劣、(资格)老新等二分排位。其中,老生代表指的在典礼时(往往有颁奖之类的活动)发言的代表(其他代表亦同)。左/右之所以列入垂直对立,是因为主席右边为大,"无出其右者"即为此意。③ 校服(学生)/自由服(领导、教师)之

---

① [法]皮埃尔·布尔迪厄:《言语意味着什么——语言交换的经济》,褚思真、刘晖译,商务印书馆2005年版,第101、104页。

② 正是不满足于杰纳普之"过渡仪式"的浅显描绘以及特纳对之的接受性精确,布尔迪厄才提出了如本章篇首引言中的见地——制度的过程是由指定的社会性质的属性构成的,以使其看起来好像是自然的属性的方式,所以制度仪式从逻辑上趋向于……将具体的社会对立……这种仪式所完成的分隔(仪式本身就产生一种分隔)起到了一种神圣化的效果;并声明,他宁愿称"过渡仪式"(rites of passage)为"圣职授位仪式"(rites of consecration)或者"合法化仪式"(rites of legitimation),或者简单地就是"制度仪式"(rites of institution)。见[法]皮埃尔·布尔迪厄:《言语意味着什么——语言交换的经济》,褚思真、刘晖译,商务印书馆2005年版,第97页。

③ 在中国,关于"左""右"之尊卑,在不同时期有不同规定。周、秦、汉时以"右"为尊,世家大族称"右族"或"右姓"。从东汉至隋唐、两宋,逐渐形成了左尊右卑的制度,此时左朴射高于右朴射,左丞相高于右丞相。蒙元一改旧制,又规定以右为尊,当时的右丞相在左丞相之上。朱明王朝复改以左为尊,此制为明、清两代沿用了500年。

所以列入垂直对立,是因为校服是"符号","它们也起约束作用"①,其重要功能是使学生"齐一化"、"群众化"、"匿名化"、"背景化",这是站在观察者而非穿戴者的立场奉行的一种"铲平主义";而"铲平是为了特殊化"②,以学生之"背景化"彰显身着自由服的上级(领导、教师)的威严与鲜明。之所以强调是"二分"对立,是因为不同角色往往特别注重与自己邻近(上或下)的角色比较和"较真",如副书记甘愿坐书记下座,但对于副校长则要力争上座,正如亚里士多德所谓"我们嫉妒那些在时间、空间、年龄或声望方面接近我们的人……不会嫉妒那些在我们或他人看来,远低于或高于我们的人"③。

第四套体系是内外对立,实为第三套体系的变种,惟表明的是(有时)被邀请参加典礼的上级领导(校外)与学校领导以及师生的对比而已。

二分对立(/应/偶)与分类的逻辑是人类自古就有的思维,并非中国所独有。柏拉图在《理想国》中把正派人与右边、与向上运动、与天空、与前方联系在一起;而把坏人与左边、与下落、与大地和后方联系在一起;孟德斯鸠气候环境说的依据是一些神话对立,其根源不过是我们对"冷血"与"热血"的对立及其衍生的"北方"与"南方"的对立所作的全部解释。④ 二分对立/应逻辑最明显的表达,当推结构主义。在这种思维方式的眼里,世界就是由上下、左右、高低、长短、黑白、对错、好坏……等无数二元之间的对立、对等和对比构成的。正如列维-斯特劳斯在坚决反对列维-布留尔关于"原始思维"是"前逻辑思维"⑤〔这被卡西尔(Ernst Cassirer)疑斥为"一部无法启封的天书"⑥〕的观点,以及涂尔干和莫斯

---

① [美]保罗·康纳顿:《社会如何记忆》,纳日碧力戈译,上海人民出版社2002年版,第33页。
② 关于"铲平主义",参见孙隆基:《中国文化的深层文化结构》,广西师范大学出版社2004年版,第342～361页。
③ 《读者参考丛书》第69期,第100页。
④ [法]皮埃尔·布迪厄:《实践感》,蒋梓骅译,译林出版社2003年版,第30页。
⑤ [法]列维-布留尔:《原始思维》,丁由译,商务印书馆2004年版。
⑥ [德]恩斯特·卡西尔:《国家的神话》,范进等译,华夏出版社1999年版,第14页。

(Marcel Mauss)关于逻辑思维是源于社会结构体验的观点时所辩驳:原始人与现代人的思维没有本质上的区别①,人类思维都是"二分对立"的本质;是人类认知的结构导致社会关系中结构的产生而不是相反②。斯特劳斯强调,"一切神圣事物都应有其位置","任何一种分类都比混乱优越,甚至在感官属性水平上的分类也是通向理性秩序的第一步"③。

这样说,并不意味着中国不具备这种二分结构的思想,或者其特点不鲜明。恰恰相反,以对宇宙和文化中一种普遍性二分对立和二分选择规律的探索而闻名的斯特劳斯,恰恰就曾谈及中国古代二分对立原则的思想对他产生的影响。④ 表4-1中开学典礼中的交叉二分对立结构,就鲜明地标示了尊卑、高低、长幼、主次、大小等权位意识及其实践排列;而这些,也是深深地扎根于中国传统社会与文化的土壤之中的。譬如,儒家就认为每个群体内都有长幼亲疏贵贱上下之别,不平等是普遍的,"物之不齐,物之情也"(《荀子·荣辱篇》)。因此儒家将人分成具有二分对应性质的类:"君臣也,父子也,夫妇也,昆弟也,朋友也"(《中庸·治国》),是谓天下五项大道(五伦),并规约了每一类的应尽之道(义):所谓"为人君,止于仁;为人臣,止于敬;为人子,止于孝顺;为人父,止于慈;与国人交,止于信"(《大学·止于至善》)⑤;"父慈,子孝;兄良,弟悌;夫义,妇听;长惠,幼顺;君仁,臣忠,是谓十义"(《礼运》)。《乐记》亦云:"天尊地卑,君臣定矣;卑高已陈,贵贱位矣。在天成象,在地成形。如此,则礼者天地之别也。"又及《荀子·君子篇》:"故尚贤使能,则主尊下安;贵贱

---

① 朱炳祥:《社会人类学》,武汉大学出版社2004年版,第68~69页。
② [英]罗伯特·莱顿:《他者的眼光》,蒙养山人译,华夏出版社2005年版,第66页。
③ [法]克洛德·列维-斯特劳斯:《野性的思维》,李幼蒸译,中国人民大学出版社2006年版,第13、19页。
④ [法]克洛德·列维-斯特劳斯:《野性的思维》,李幼蒸译,中国人民大学出版社2006年版,第357页。
⑤ 杜威在比较中西思想时说,西方伦理根据个性,东方(中国)伦理根据家庭:五伦中有三个属家庭(父子、夫妇、兄弟),余下的君臣是父子的变相,朋友是兄弟的变相。所以东方的道德观念,简直可以说全然根据家庭。见上海师范大学教育系、杭州大学教育系:《杜威教育论著选》,1977年版(内部印刷),第495页。

有等,则令行而不流;亲疏有分,则施行而不悖;长幼有序,则事业捷成而有所休。"而《礼记》里面讲的十义,鬼神、君辰、父子、贵贱、亲疏、爵赏、夫妇、政事、长幼、上下,则几乎把现实的和虚构的关系全囊括了;而且这是不可改变的社会秩序,所以《礼记·大传》里说"亲亲也,尊尊也,长长也,男女有别,此其不可得与民变革者也"。对于国人等贵贱的思想,鲁迅也曾剖析得入木三分:"……我们自己是早已布置妥帖了,有贵贱,有大小,有上下。自己被人欺凌,但也可以欺凌别人;自己被人吃,但也可以吃别人。一级一级的制驭着,不能动弹,也不想动弹了。因为倘一动弹,或虽有利,然而也有弊。我们且看古人的良法美意罢了——'天有十日,人有十等。下所以事上,上所以供神也。故王臣工,工臣大夫,大夫臣士,士臣皂,皂臣舆,舆臣隶,隶臣僚,僚臣仆,仆臣台。'(《左传》昭公七年作——作者原注;王、臣、大夫、士、皂、舆、隶、僚、仆、台是奴隶社会等级的名称,前四种是统治者的等级,后六种是被奴役者的等级——编者原注)——但是'台'没有臣,不是太苦了么?无须担心的,有比他更卑的妻,更弱的子在。而且其子也大有希望,他日长大,升而为'台',便有了更卑更弱的妻子,供他驱使了。如此连环,各得其所,有敢非议者,其罪名曰不安分!"①

这种等贵贱、别亲疏、重(宗法)结构②的思想,甚至还体现在中国的语言上。仅家族亲戚称谓,就数目繁多而层次明晰。如在英文里仅以 uncle/aunt 了事的称谓,在中国则必分作叔婶、舅父母、姨父母、堂父母、表伯父母、堂伯叔父母、族叔婶、族伯父母等种类;又如兄弟姊妹、堂兄妹、表兄妹、表姊妹等称谓,在英文里也仅以 brother, sister, cousin 了事;一个 you 字,就可区分出你、您、尔、汝、恁等不同形式;他如甥、侄等字,也不像 nephew 那么简单;就令兄弟之间,亦有嫡(妻所生)庶(妾所生)之分、长幼之分,故在宗法上的权利都不相同。有学者就此判言,这

---

① 鲁迅:《坟·灯下漫笔》。见《鲁迅全集》(第一卷),人民文学出版社1981年版,第210~217页。

② 中国社会始终呈现一种一体化的结构:商周时代是以宗法为纽带的一体化,秦汉以后是以"大一统"行政为纽带的一体化。参见魏光奇:《西风东渐:挑战中国传统社会的"理想类型"》,载《社会学家茶座》(总第十六辑)2006年第3期。

种"公民名词少,族属名词多"的称谓语言,对于中国整个的文化很有象征意味,"中国这样的家族社会绵延到很久很久,走不到公民社会"。① 中国人这种思想,即使行将离开人间,竟或到了阴朝地府也还要保留,不谓不深重。譬若庶人死即为"死",诸侯死却曰"薨",天子死则尊为"崩",真乃"生"得伟大,"死"得亦光荣!对于家族成员"死"的称呼与祭祀的名称,亦要赫然区分。见表4-2、4-3②:

表4-2 人品及其死时的名称

人　品	死　名	告　丧
天　子	崩	登　假
诸　侯	薨	
大　夫	卒	
士	不禄	
庶　人	死	

表4-3 家族成员生、死、祭的名称

生　时	死　时	祭　时
夫		皇辟
妇	嫔	
父	考	皇　考
母	妣	皇　妣
王父(祖父)		皇祖考
王母(祖母)		皇祖妣

在上述复杂的称谓背后,其实蕴涵着中国人(尤其是汉人)对待亲属

---

① 李安宅:《〈仪礼〉与〈礼记〉之社会学的研究》,上海人民出版社2005年版,第18、56页。

② 两表均源自李安宅:《〈仪礼〉与〈礼记〉之社会学的研究》,上海人民出版社2005年版,第19页。表格名称为笔者所加。

和社会关系的两个重要原则：一是男女有别，二是长幼有序。① 这种(传统)社会的逻辑延续至今，并在开学典礼上一仍诉说。尽管现在施行的是新式学校教育，目标是要培养现代化之最高理想社会的"接班人"，却在内心深处或无意识中遵循着传统社会的逻辑，演练的仍旧是社会上那一套官本位的模式。这就难怪有教授对某重点大学的开学典礼激呼、责问："这样的大学是什么？""'处级'贵过教授？""横看竖看，都是衙门"：②

某日，某部属重点大学的新生开学典礼在该校大礼堂隆重举行。来自五湖四海的数千名高考胜将鱼贯而入，齐把目光投向主席台那密密麻麻的一片。经大会主持人一一介绍，方知第一排坐的都是校级领导，从书记到校长到各副书记、副校长，还有纪检书记，以校长、书记为中心，从左右两边依次排开，一个也不能少。第二排是各学院的院长，也都如数看齐，最后一排是各学院的教授代表，据说他们还是由校办点将的资深教授。"校领导席"、"院长席"和"教授席"，秩序井然。……我丝毫不怀疑这样的排列并非"独此一家"，不必少见多怪。况且，如果改用别的方案去排，那不是很费劲也很为难吗？……你把第三排与第一排对换吧，那既无法显示校领导的重要性，也容易让某些领导提出质疑："我们也是教授"(这也是实话，他们个个都是有教授职称的)；你把第三排调到第二排吧，院长们也可以反驳说："我们也是教授"，而且把教授们夹在校长与院长之间，主席台的"层次感"就会遭到破坏，教授们也未必能感到自在。但问题在于，我们不是经常说要"开放"、要"接轨"吗？如果我们把目光稍稍投向那些教育发达国家，在那些国家的学府里，他们会制造那么庞大的主席台，还把教授列入末座吗？他们敢吗？借助于开宗明义的开学典礼与三个等级的递减式排列，把官本位的家底毫无遮饰地裸露无遗，将会给那些兴致勃勃走进学术殿堂的入门者带来什么潜意识的影响？教授、学府、学术的尊严何在？……从现实而言，目

---

① 葛兆光：《古代中国文化讲义》，复旦大学出版社 2006 年版，第 23 页。
② 郭世佑：《这样的大学是什么？》，载《南方周末》2005 年 9 月 22 日，第 D27 版。着重为笔者所加。

前的大学就是一个享有固定行政级别的衙门。

笔者长篇征引上文,并非出于其作者的义愤之情,而是试图对其进行社会学的解读。首先,纵然这位教授很气愤,即便他确知"目前的大学就是一个享有固定行政级别的衙门",但他仍未真正跳出社会逻辑的钳制,如他提笔就使用了"部属重点大学"的字样,并纳闷"如果把教授们夹在校长与院长之间,主席台的'层次感'就会遭到破坏,教授们也未必能感到自在"。这说明社会逻辑支配学校程度之强、影响程度之深已到了"很自然"的地步,到了"跳"而不"出"的境地。随手就可以举出对此予以佐证的事例,譬如:"中共中央、国务院近日**决定**,著名化学家、博士生导师陈骏教授担任南京大学校长(**副部级**)","中共中央、国务院近日**决定**,任命易红教授担任东南大学校长(**副部级**),"①"(2006年)8月1日,中央组织部有关负责人赴杭州**宣读任免通知**:……杨卫接任浙大校长(**副部长级**)"。凡此种种,与钦差奉旨"封××为××,从四品"的古法何其神似!难怪有评论说:"在公立大学中,从未形成从不具有行政级别或官员身份的名教授、名教育家中选任校长的机制。"②

其次,确如该教授所言,教育发达国家至少不敢如此明目张胆地操演大学衙门化的举动,这在"政府官员进高校"以及"招收名人或授予名人学位"方面就可见一斑。在发达国家,虽不乏政府官员进高校或参加学校庆典的现象,但操作的逻辑和标准与中国迥异。譬如,哈佛大学校长劳伦斯·萨默斯是原美国财政部长,前美国副总统戈尔离任后也成为哥伦比亚大学的普通教授。但国外聘请政府官员出任校领导和教授,对其学术背景要进行严格审查,官员职位并不重要,如克林顿就落选哈佛大学校长,而比他职位低的萨默斯却得以当选。又如 20 世纪 80 年代,哈佛大学校庆时请当时的总统里根参加,里根便提出了一个小小的要求,希望哈佛大学能够授予自己一个名誉博士学位,没想到碰了一鼻子

---

① 这两则消息均载于《扬子晚报》2006 年 6 月 9 日,第 A2 版。着重为笔者所加,下同。

② 潘多拉:《我们需要什么样的大学校长》,载《大河报》2006 年 8 月 10 日,第 A06 版。

灰——牛气冲天的哈佛大学断然拒绝了权势熏天的总统的并不过分的要求。哈佛大学学术委员会严肃指出：学术标准绝对不能在权势和金钱的面前妥协，他们宁愿总统缺席大会，也不愿开这样一个恶劣的先例。但"与哈佛大学强硬的姿态相比，中国名校的骨头却是软弱的"，它们既"卑躬屈膝"、斯文扫地地向有名、有权或有钱的"明星"敞开大门以让他们如同京剧中的"票友"那样参与"玩票"[1]；（尤其是 20 世纪 90 年代以来）又把"高官执教鞭、官员兼教授"变成了值得夸耀的大喜事，而且，与国外不同的是，一些高校聘请官员做领导或教授，只需"经党委、行政研究，征得领导本人同意"就行了，至于官员教授是否授课，那不是关键问题，重要的是他们有名声，能发挥"优势"。[2]

再次，为什么把教授排列第一或第二排也作难？因为他们会说"我们也是教授"。但关键不在于"我们也是教授"，而在于"我们还是或者我们首先是校长、是院长"。"校/院长＋教授"所以令一般的"寡"教授（尽管"资深"）"自惭形秽"或"感到不自在"，原因不外有二：一是客观上不排除校长、院长在学术水准上确实不劣于甚至往往还优于教授，其资力、资历、资本确实强于、深于、大于教授；此时的"自惭形秽"是人之常情，无可厚非。二是主观上也是致命的，乃是"官本位"的思想在作祟，即以行政级别（如校/院长）为"尊贵的头衔"来凌驾学术职称（如教授）；此时的"感到不自在"就有些扭曲变态而难以令人服膺了，这极类拿公鸡与母鸡比下蛋，原本就不是同一逻辑下的东西，偏偏就这样"失范"地扭结在一起。惟其失范，世人才往往欲"学而优则仕"，学人名片及作者简介才每每要"官衔第一、职称第二"——即令有不屑于此者，亦不得不循此道。说到底，此乃社会逻辑在学校教育中的持续性延演。

自孔丘"耕者，馁在其中矣；学也，禄在其中矣"（《论语·卫灵公》）之"读书做官思想的最早表述"[3]始，"中国人凡受教育者，做官的思想非常发达，自己是那样的希望，社会是那样的期许，直到现在，此风不破"，加

---

[1] 余杰：《铁磨铁》，上海三联书店 2003 年版，第 38～40 页。
[2] 《官员执教鞭 部长任院长》，载《南方周末》2005 年 11 月 17 日，第 A4 版。
[3] 马庆钰：《告别西西弗斯——中国政治文化分析与展望》，中国社会科学文献出版社 2002 年版，第 162 页。

以"士与仕之连带为用、不可分离的教育系统,则无怪乎做官是读书人的唯一出路"。① 两千年前,在"开学典礼"上就须习唱小雅上的三首诗歌,以学习学做官的初步,所谓"大学始教,皮弁祭菜,示敬道也;宵雅肄三,官其始也"(《礼记·学记》)。如今的情状形异实同。而且,上述引文中教授的义愤及困惑恐怕还不止于现有的烦恼,倘若适逢某日校庆,驾临一批上级官员,恐怕教授连第三排的座位也得腾出了。这并非耸听之危言,时下"官本位"意识沉渣泛起,已经延长到诸如校庆、院庆乃至各式各样的"庆"上,而"这'庆'那'庆'的,说白了,不是借个名目'官庆',就是找个由头'庆官'。搞一次庆祝,加深一次'官本位'的烙印,把'官本位'的延长线拉长一截。如此而已"②。

在"开宗明义"的开学典礼上,社会逻辑③的这种强力诉说,先入为主地对受教育者进行了一剂"官本位"意识的无痛注射,并在以后历次诸如此类的典礼上不断接种、反复强化,终至潜移默化、深入骨髓。效果相当显著:在一些中小学校园里,已兴起学生印名片之风,学生的名片除本人的头衔,还印有父母的职务,有的小学生的名片上就写着"高干子弟 父部级干部 母厅级干部 本人班干部"。④ 另据报道,"处长的孩子趾高气扬,科长的孩子略逊一筹,下岗工人的孩子自感抬不起头来"尽管不是绝对现象,却足以让人们从中感觉到"官本位"意识对孩子们的侵蚀。⑤ 中小学如此,大学生也不逊色。近年来报考"公务员"(官员)的人数与比例连创新高,一个国家机关的公务员考试队伍每每出现"博士生一走廊,硕士生一礼堂,本科生一操场"的火爆场面。诚如有人说,这种"公务员热"受到哄抬的畸形价值取向,是传统"官本位"和现实"权本位"对知识

---

① 李安宅:《〈仪礼〉与〈礼记〉之社会学的研究》,上海人民出版社 2005 年版,第 68 页。

② 郭庆晨:《"官本位"的延长线》,载《南方周末》2005 年 11 月 3 日,第 C22 版。

③ 这里须再次说明的是"社会"一词的复杂涵义。所谓"社会性"的事物,是分化的而不是一个完整的整体,其中主导的可能是国家性力量,但也可能夹杂着不同利益和影响范围的时空因素的聚合。参见王铭铭:《没有后门的教室:人类学随谈录》,中国人民大学出版社 2006 年版,第 15～16 页。

④ 丁聪:《小学生的"名片"》,载《读书》2005 年第 8 期,第 27 页。

⑤ 郭庆晨:《"官本位"的延长线》,载《南方周末》2005 年 11 月 3 日,第 C22 版。

精英的精神庸俗化和涣散化的结果,它将导致知识精英涌向"分配财富"和"享受财富"的权力领域而不是致力于"创造财富"的经济社会领域,并将加剧官僚系统的功利化倾向和社会创造财富能力的衰退。①

目睹诸如此类之怪现状,学校及其教育怕是不能无动于衷,更不能把责任推卸于"社会不良影响"而以"净土"自居;如前者,则将教育革新国民心理的基业弃如敝屣,如后者,则无异于挂"学校"之牌坊而行"衙门"之实质。另一方面,"社会"亦不能一味责怪学校"不像学校的样子"。毕竟,开学典礼操持的实乃"社会"的逻辑,是社会对学校的僭犯与强奸,尽管后者或是出于无奈或是缘于自愿或是半推半就地顺从乃至配合了前者。由此,学校与社会,当检查、检讨、检点各自的行为,免除双方之间的相互推诿、暧昧合谋抑或狼狈为奸。

进一步考察可发现,开学典礼的"社会逻辑"并不仅仅体现在开学典礼中"英雄排座次"、台上/台下的区隔、校服/自由服的身份约束,以及训话/静听的主从授受之类的"无言"诉说上;更隐蔽的,是支撑着所有实践生产的"合成标志"②:仪态,讲话的方式(口音),走路和站立的姿态(步态,姿势,举止)等即是其中成分。譬若一场开学典礼,在正式开始以前,作为观众的学生须在组织者的指令下提前列队、到场恭候,待领导入场、就坐主席台之际,则需鼓掌欢迎。程序之首项,往往是主持人隆重介绍莅临领导,学生逐一鼓掌欢迎。在事务性的工作(譬如宣读获奖名单)安排或通报以后,则由学生代表、教师代表发言,发言之前往往是先对主席台鞠躬,并须以"尊敬的标志"如"尊敬的××领导"开口讲话;代表的发言常常是程序化、礼节性的套话与"汇报",不如说是"话说我"而非"我说话"。官阶最大的领导总是作压轴性的"重要"讲话或"指示",往往用"我希望"或"我提几点要求"为纲领;次级或下属领导讲话,要么是布置具体事务,要么是对"重要讲话"进行注脚和赞扬,如"我完全同意……"、"我非常赞成……"、"我补充强调……"、"希望大家深刻领会,认真执行"之类。观诸整套典礼的一言一行、一举一动(也就是戈夫曼所说的"行为素

---

① 曹林:《"博士生一走廊"》,载《江南时报》2005年10月31日,第3版。
② [法]皮埃尔·布尔迪厄:《言语意味着什么——语言交换的经济》,褚思真、刘晖译,商务印书馆2005年版,第106页。

材"),都能发现其体现着上主下从、官尊民(师生)卑的主奴结构与社会逻辑,"无论是有意还是无意地,通过区分性差异的相互作用,它们都以指示并且是指示社会位置为目标,这些标志注定了要按照众多要求的命令发挥作用。通过这种力量,那些或许已经忘记了其位置(或忘记了自己)的人们重新记起了由制度所指定给他们的位置……通过制度得以实现的、给属性分类的判断标准之力量是如此巨大,以至于它能够抗拒所有实践的拒绝"①。

即便仅仅就语言的音调来分析,除了个别领导可以"特殊"地使用方言讲话外,"普通话"是教师的"职业语言",更是学生进入"社会"的通行证。开学典礼伊始,受教育者就须持"普通话"这一通行证及其负载的社会文化出发,某种程度上也就意味着"学生"要告别孩童、告别家乡、告别假期,要步入获取"社会"文化、练就"社会"本领、适应"社会"需要的学习(受教育)过程,要等待着(毕业后)接受"社会"检验、在"社会"中生存、为"社会"做贡献的结果。对学生而言,开学了,告别假期,步入学习轨道,练就社会本领,以备将来融入社会生活……这种看似自然而然的"求知识"、"学文化"的过程,若以社会学——社会学中没有"自然",只有文化②——的透镜来审视,却可发现它同时也是一种对受教育者驯顺、使之远离家庭与父辈的过程,一种使其对祖先与自我日渐背叛与双重谋杀的过程。一如布迪厄基于亲身体悟后的感喟:开学仪式批准了在漫长的变革中完成归依的过程,每一次学业神圣化行动(如尖子主义)只是加深最初的裂痕,并且把这种裂痕建立在现实中和意识里;在这个意义上,获取文化便成了一种葬礼——它埋葬的是老人,而在此情景中,我们可以说它埋葬的是青年(和儿童),连同他的激情,他的欲望,简言之,他的本性。③

---

① [法]皮埃尔·布尔迪厄:《言语意味着什么——语言交换的经济》,褚思真、刘晖译,商务印书馆 2005 年版,第 106~107 页。
② [法]莫里斯·迪韦尔热:《政治社会学——政治学要素》,杨祖功、王大东译,华夏出版社 1987 年版,第 41、55 页。
③ [法]P.布尔迪厄:《国家精英——名牌大学与群体精神》,杨亚平译,商务印书馆 2004 年版,第 180~189 页。

二、身份的转换：毕业典礼的学校逻辑

开学典礼上,有无上级领导参加,已无关紧要。校领导的任命法则及学校"衙门"化的操演,本身主导的就是社会逻辑。国家/社会,此时是一种"不在场的在场"。然而,这并不是说学校就丝毫没有了自己的尊严,就完全屈从于社会逻辑之下。相反,学校自有自我维护的逻辑,它通过"学衔授予"这一转换(提升)受教育者身份的仪式而坚持了"学校的逻辑",从而抵制、消解甚或排除了国家/社会的逻辑,造成国家/社会的"缺席",或者使之成为"在场的不在场"。这一节("学校逻辑")意在与上一节("社会逻辑")对应/立的方向上来分析①,一如本章篇首格言所示明,作为政治机构的国家与作为社会机构的学校之间的关系当是政治社会学的特殊领域。

学校逻辑要得以布展,就要围绕一个"学"字作文章,学科、学院(系)、学者、学业、学分、学术、学位、学会、学刊、学衔,等等,是其必不可少的载体和工具。主要说来,学校逻辑的布展要分三步进行:学科规训与专家诞生;专业占有与门徒规训;学衔授予与学业神化。

1. 学科规训与专家诞生

在到达学衔授予仪式之前,需先考察其前面的铸就过程,其中首要的便是学科的划分以及相应的专业从事者的诞生。学科规训以及专家对学科的把持,正是学校逻辑推演的首要一步。

自然科学、人文科学及社会科学三分天下,这是当前主要的学科大

---

① 关于学校与社会之间的逻辑关系,伊万·伊利奇曾认为,学校制度乃是社会精神进一步蔓延、渗透于其他社会制度之中的主要原因;学校制度的逻辑业已成为其他社会制度的逻辑。见[奥]伊万·伊利奇:《非学校化社会》,吴康宁译,桂冠图书股份有限公司1992年版,译序,第Ⅷ页。笔者以为,伊利奇将"现代社会精神"之病根诊断为"学校制度的逻辑",这似乎只说对了"真理"的一半,或者说就"西方"而论这或许是恰适的;但对我国而言,似可反其序而得出"真理"的另一半:"社会制度的逻辑"业已,或者原本就是"学校制度的逻辑"之前提及基础,至少两者是双向影响、彼此扭结在一起的。"学校并非净土"、学校按照行政级别分等、教师比照"干部"取酬、"学而优则仕"、"仕而优则学(教)"之类的"日常事实"及"教育失范"现象,彰明较著地表明了这"真理"的另一半。这正是笔者将社会逻辑与学校逻辑对举的一个原因所在。(另一个原因是如本章开头所说的"从意识形态批判转向制度化批判")

类划分。但这种三分天下局面的由来、形成及发展,事实上经历了并将继续面临着复杂的学科文化斗争。

自古以来,怎样应对不确定性、如何追寻确定性便是人类所面临的古老而恒久的问题之一。迄今为止的教育,始终注重的都是教授确定性。① 为寻求确定性,远古之人只能乞灵于巫术与巫师,神灵与牧师,以及集团和共同体的至尊权力的行使者。此时,宗教解释是认识论的主导,那些假"天命"而占卜时事的巫师,即为"知识分子"的祖先。后来,中世纪哲学以至近代哲学(人文科学)逐渐取代神学而成为真理的基础。再后来,现代社会尤其是资本主义世界经济的发展,需要高效的运行与精确的预测,一种新的确定真理的模式即现代科学应运而生。随后,科学逐渐从神学的婢女跃至人类与自然的裁判,进而把自身矗立于神龛之上。然而,历史上关于认识论的论战在 20 世纪的最后数十年以来达到了"白热化","科学正受到攻击,科学不再享有它两个世纪以来一直享有的那种作为真理的最可靠形式的无可争议的威望","在过去的二十年里,科学遭遇了科学家们对神学、哲学和常识长期以来所进行的同样的攻击",合理性、现代化和技术性也连带性地遭受了猛烈的抨击。②

不过,上述这种论战只是对这里要讨论的学科文化斗争形势"倒叙"的开头。追忆起来,大约在 18 世纪以前,所有的知识都被认为是一个认识论上的统一体,斯诺(C. P. Snow)所说的"两种文化"——(自然)科学与哲学(人文学科)——很难划清界限。在那之前,大部分学者认为这两个概念不仅不是敌对的而且是相互交叉(甚至完全相同)的,这主要是因为把研究活动局限于某一知识领域以及把哲学和科学分成不同的知识领域在当时都被视为几乎是毫无意义的。③ 因此,19 世纪以前的大学就只有一个学院/系,即哲学院/系。这就是为什么直到今天最高学位——甚至物理学的最高学位——仍被称作 philosophy doctor 的原由;也是为

---

① 乐黛云、[法]李比雄:《跨文化对话》(18 辑),江苏人民出版社 2006 版,第 99~108 页。
② [美]伊曼纽尔·沃勒斯坦:《知识的不确定性》,王昺等译,山东大学出版社 2006 年版,第 3、42 页。
③ [美]伊曼纽尔·沃勒斯坦:《知识的不确定性》,王昺等译,山东大学出版社 2006 年版,第 8~9、64、39 页。

什么康德(Immanuel Kant)的讲义会涉及诗歌、教育学、人类学、自然法、哲学、地理、数学、天文学等方方面面的一个原因。然而情况在1750年到1850年之间发生了根本变化,最终导致了科学与哲学的"分家",每一个阵营都认为自己了解世界的方式在根本上不同于另一阵营而且更胜一筹,都热衷于证明自己的正确性。对此,沃勒斯坦(Immanuel Wallerstein)有过清晰的描述:

> 科学和哲学"分家"一直有个重要问题需要关注。在18世纪之前,神学和哲学一直宣称它们能够确知两件事:什么是真和什么是善。(而此后)经验论认为自己没有办法识别善,只能识别什么是真。科学家却对处理这一问题很有信心。他们只是说,科学家只要识别什么是真,而将对善的探求留给哲学家(和神学家)。科学家为了保护自己,故意稍带轻蔑地这样说。他们还宣称,知道什么是真比知道什么是善更重要。甚至有人宣传根本不可能知到什么是善,只可能知道什么是真。将真和善截然分开这种做法是"两种文化"的基本逻辑。哲学(广而言之,人文科学)只负责研究善(和美);而科学则强调研究真。①

在此情形之下,社会科学该归属自然科学还是人文科学呢?这是个问题!社会科学的历史构建是在"两种文化"存在的历史背景下形成的。然而,"耻辱"的是,最早对两种文化模式提出质疑——这种模式在最近30年才首次遭到了严厉的抨击——的并不是社会科学领域,而是源于自然科学的"复杂学"和源于人文科学的"文化学"所形成的"未经筹划"的,在20世纪90年代才引起人们注意的"钳形攻势"的战果。② 更为辛酸的是,社会科学自有生以来,就在"两种文化"的挤兑下举步维艰,它被

---

① [美]伊曼纽尔·沃勒斯坦:《知识的不确定性》,王昺等译,山东大学出版社2006年版,第12页。

② [美]伊曼纽尔·沃勒斯坦:《知识的不确定性》,王昺等译,山东大学出版社2006年版,第99页。关于"复杂学"以及"文化学"对"两种文化"进行抨击的论述,贯穿该书始终,可见该书第11、13、30、40、46、99、116页。

科学与哲学两者排斥、拉拢或者打压,它两边学步而又左顾右盼。这主要表现在社会科学内部的方法论纷争——这种纷争一直延续到今天。譬如,人文科学的拥护者倾向于把解释和意义置于社会科学的中心,采用所谓的研究特殊规律的认识论;而自然科学的追随者则要求社会科学必须模仿自然科学,采用所谓的研究一般规律的认识论。这种情况下的社会科学,就如同一个人被拴在朝相反方向飞奔的两匹骏马上那样,被自然科学与人文科学这两大"巨人"肢解开来;而且,后两者谁也不容许有中间立场的存在,每一个都声称"选择我,否则你们就毫无价值"①。介于自然科学家和人文主义这之间的社会科学家,尤其是社会学家,承受着默顿所说的"交叉压力"(cross-pressures),大多数人在这两者之间骑墙摇摆。②

一方面,一些社会学家将自然科学理论体系奉为他们的理论圭臬,倾向于尽最大可能地应用自然科学的方法来研究一般规律。此时,社会学怀着一种"小弟弟"心态来仰望着自然科学,社会学家被认为"只是落后的牛顿式的物理学家,原则上他们注定有一天会赶上来,社会学家只需要重复'老大哥'学科的理论前提和实践技术就会实现这一梦想";尤其是,"许多社会学家把物理学的成熟作为自我评价的目标,他们欲与大哥相提并论,同享殊荣",而当受到攻击时,他们则把失败归因于他们在整体上还不成熟,以及尚未形成一门严谨的学科,即他们指责的是自己的能力水平而不是他们阐述他们理论的方式。③ 另一方面,为创立综合

---

① [美]伊曼纽尔·沃勒斯坦:《知识的不确定性》,王昺等译,山东大学出版社2006年版,第9~10、41页。
② [美]罗伯特·金·默顿:《论理论社会学》,何凡兴等译,华夏出版社1990年版,第40~41页。这或许就是默顿在《论理论社会学》中批专节"社会学的人文主义和科学方面",以及专章"论中层社会学理论"的一个主要原因;前者可视为他对社会学"骑墙摇摆"之症状的诊断,后者可视作他就此给出的药方。如果说还有别的原因,我想就是如默顿所指出的,社会学这种在科学取向与人文主义取向之间摇摆的骑墙态度,往往导致社会学理论分类学与社会学理论史的混同——这也是他撰写社会学理论史的苦心孤诣所在。
③ 参见[美]伊曼纽尔·沃勒斯坦:《知识的不确定性》,王昺等译,山东大学出版社2006年版,第10、22、43页;[美]罗伯特·金·默顿:《论理论社会学》,何凡兴等译,华夏出版社1990年版,第64页。

体系而做出种种努力的哲学家又被早期社会学家尊作典范,几乎所有的社会学开拓者都深受"创立体系风气"的影响,都在努力建立自己的体系,并自认为建立了真正的社会学体系,此种情形一直延续到20世纪中后期。彼时,默顿就此警告,如果任由这种专注概念体系的研究继续发展,20世纪的社会学就将成为昔日庞大哲学体系的翻版,花样繁多,体系壮观,而灼见贫乏,如同时髦的装饰品,空洞无物而令人生厌。① 基于这两方面的分析之后,或许我们就能更好地领悟默顿如下这段话的深沉涵义:"人们经常注意到(社会科学)伟大的古典作品之科学取向和人文取向之间的明显差异。这些差异源于选择性积累方面的深刻差别。这发生在文明(包括科学与技术)和文化(包括艺术与价值结构)的选择性积累中。"②

  人类认识论中这种"两种文化三分天下"的局面,经过一两个世纪的轮回之后,似又回归新的综合。如今,人们多在"努力把自然科学和人文科学的特征结合在一起,努力把自然科学的说明与人文科学的解释的相互混合视作社会科学的特点"③,此时的社会科学仿佛就要从骑墙摇摆中成就霸业了。对此,沃勒斯坦雄心勃勃地说,"现在可能是社会科学家挺身而出大显身手的时候了","如果有了统一的认识论体系,那么……社会科学肯定将扮演主要角色"④。沃勒斯坦之所以言必称"社会科学"而不是"社会学",是因为他是以"开放社会科学"、"社会科学多学科综合研究"的倡导者而闻名、而自居的。他萃取费尔南·布罗代尔"长时段"理论以及伊利亚·普里高津"散耗过程"研究的思想精华,杂糅布罗代尔准则与普里高津假设于一炉,力求把现存所有社会科学融合成他所谓的"历史社会科学"而进行"世界—体系"(他给"社会"取的替代名称)分析。

---

  ① [美]罗伯特·金·默顿:《论理论社会学》,何凡兴等译,华夏出版社1990年版,第62～63、69页。
  ② [美]罗伯特·金·默顿:《论理论社会学》,何凡兴等译,华夏出版社1990年版,第37～38页。
  ③ [美]詹姆·斯博曼:《社会科学的新哲学》,李霞等译,上海人民出版社2006年版,前言。
  ④ [美]伊曼纽尔·沃勒斯坦:《知识的不确定性》,王昺等译,山东大学出版社2006年版,第17、32、43页。

他抱持这个类似布罗代尔"世界联合会"的研究宏旨,跃跃欲试其堂吉诃德式的学术霸业。①

如果说沃勒斯坦有些过于志存高远的话,那么不妨退守到默顿那里。默顿基于对其时社会学状况的评估,指出了社会学实际发展的方式:"社会学只有(但不是仅仅)侧重于中层理论的研究,才会有所进展;否则,只注重发展综合社会学理论体系,社会学就会停滞不前。"②"中层理论"经默顿于 20 世纪 40 年代以来的光大,在社会学界日渐得到普遍响应。如果有人据此认为默顿否定发展综合社会学理论体系,那不是完全误读,就是一知半解。老道沉稳的"社会学先生"默顿,在此使出的是"以退为进"的智慧之策:他的中层社会学理论不过是达致"一个真正的综合社会学理论体系"这一终点目标的"中途驿站"而已。他说,社会学家应该抛开综合理论脱颖于一个人的苦思冥想的幻想,才刚刚开始积累经验基础上的中小型理论概括的社会学,应该收敛一下建立综合体系的热望,把综合理论看成是中层理论不断综合的结果,中层理论也就成了高度概括化的系统阐述之特例。③

默顿与沃勒斯坦,不同的策略,一样的抱负。仅举此两例,似已让人瞥见往昔那个被夹在科学与人文之间受气的"小弟弟",如今似乎正在成长为领衔之主。然而,遥望前景,征程漫漫。对此,默顿的弃"大"守"中",无疑是对路障的清醒认识。同样清醒的沃勒斯坦,在高谈阔论社会科学的霸业的同时,也深知自己是在"进行一场艰苦的战斗"。他一面坚持将永远在密不可分的"真"、"善"、"美"之不确定的边沿"探求求去",一面聚集全球各地通晓多种语言的战将,并鼓励他们进行"学术偷猎"式的创造性地探求。与此同时,他又不无犹疑地——如果不是欲言还羞的话——说道:提出一种理论为时尚早,社会科学研究实际上是每一个

---

① 关于沃勒斯坦的这种雄心及其创见,洋溢在他的以下两本著作之中:《开放社会科学:重建社会科学报告书》,生活·读书·新知三联书店 1997 年版;《知识的不确定性》,山东大学出版社 2006 年版。

② [美]罗伯特·金·默顿:《论理论社会学》,何凡兴等译,华夏出版社 1990 年版,第 69 页。

③ [美]罗伯特·金·默顿:《论理论社会学》,何凡兴等译,华夏出版社 1990 年版,第 67、69、72 页。

人——从物理学家到文学研究者——的必要活动;这绝不是要建立社会科学的霸业,而是要求各领域参与社会科学的研究。①

自然、人文、社会科学三分天下的是非恩怨及此消彼长在此不宜多表,这里重点要追问的问题是:何以学科规训发生在 1750 年至 1850 年之间尤其是 1750 年到 1800 年之间? 对此,我们不该忘记霍斯金(Keith W. Hoskin)的"新发现":"教育远非从属者,反而是统领者"这一"意想不到"的逆转! 学科规训制度的缘起,标志着历史延续性的中断,人们传统以来学习与求知的方法都割断了;或者是出于对"教育"不屑一顾的心态,或更多的是不将之认真对待,人们往往忽略了这种历史的中断在什么时候发生,为什么会发生。② 霍斯金正是紧紧抓住学校与教育的逻辑,考察了学科规训制度的缘起。他承继福柯知识-权力考古学之序曲,弥补其系谱学③之缺憾,找到了权力和知识——究竟是什么因素,在某个特定时刻,能把附在某种知识上的权力形式带上前台,或者令某种形式的知识变得有权力? ——之间的连接:教育实践方式! 在过去的 200 多年来的时间里,正是"书写"、"评分"、"考试"这三种教育实践方式的结合,才使人类历史发生了重大变化乃至出现断裂。福柯《词与物》④(1966 年)就几个世纪以来(文艺复兴直至 20 世纪初)三个特定学术领域——话语、生物、货币价值本质问题——的历史发展进行了论述,指出这三个领域分别在 18 世纪晚期发生了转化:一般语法学、自然史、财富

---

① [美]伊曼纽尔·沃勒斯坦:《知识的不确定性》,王昺等译,山东大学出版社 2006 年版,第 65、94、60、107、31~32 页。

② [美]霍金斯:《教育与学科规训制度:意想不到的逆转》。见[美]华勒斯坦等:《学科·知识·权力》,刘健之等编译,生活·读书·新知三联书店 1999 年版,第 45~52 页。

③ 据福柯思想,系谱学(genealogy)是为了了解今天而对过去进行探索的应急性历史。它以"局部的、不连续的、不合格的、不合历史的、不合法的知识"为焦点。系谱学否认作为某个"理论统一体"的历史观的可能性,"借助某种真知识和关于科学及其研究对象之构成的独断观念的名义……那种历史观点是力求精益求精、层系化和秩序化"。[美]波·罗斯诺:《后现代主义与社会科学》,张国清译,上海译文出版社 1998 年版,后现代术语词汇表。

④ [法]米歇尔·福柯:《词与物——人文科学考古学》,莫伟民译,上海三联书店 2001 年版。

分析学等范畴的学术研究,分别让位给文字学、生物学、政治经济学。霍斯金继福柯知其"然"之后,"在与教育攸关的地方"探及其"所以然"的堂奥所在,这就是"三种新的教学场所":研讨班(1760年间在德国大学界开始)是创办语言学的场所,实验室(法国大革命前在法国高等学府开始)是创办生物学的归宿,课室(1760年间在苏格兰的格拉斯哥大学开始)则是政治经济学的创立之地;研讨班、实验室和课室原是文科、科学和社会科学等学科的发源地!而且重要的是,所有这些新的教学场所都出现了新的教育实践方式,亦即书写、评分和考试。① 由此可说,学科的诞生及其规训是学校之为学校、教育之为教育的必要条件,更是学校及其教育实践的产物;学科规训的缘起是胎就于教育实践方式以及相应的新教学场所的革新之中的。换言之,是教育者通过其教育实践方式的变革首先催生了学科,进而铺就了通往学校逻辑之大道的基石,并亲自以专家的身份行走于其上的。譬如,研讨班和文字学、实验室和科学、课室和经济学的铸就过程,是分别与可以称之为学科之父的海涅(Christian Gottlob Heyne)、蒙热(Monge)以及斯密(Adam Smith)这三个教学法的开路人联系在一起的。

迄今的大量学科不过是在三大学科下的日益分类与不断细化,操持的逻辑依然故我。正如霍斯金在挖到了"学科规训"的词源即"教育"——亦即"把'学习'带进'儿童'去"——之后所判称:"学科规训从来都负载着教育上难解的谜团,也就是既要生产及传授最佳的知识,又需要建立一个权力结构,以期可以控制学习者及令该种知识有效地被内化。在学科规训制度的年代,我们不过是以现代的严苛方式,活出这古代的吊诡而已。"②

2. 专业占有与门徒规训

在迈向神圣化的毕业典礼之前,还需考察此前的第二个环节:专业占有和门徒规训。这是紧承学科之后,并与之密切相连的一环,因为学

---

① [美]华勒斯坦等:《学科·知识·权力》,刘健之等编译,生活·读书·新知三联书店1999年版,第56~76页。
② [美]霍斯金:《教育与学科规训制度的缘起》。见[美]华勒斯坦等:《学科·知识·权力》,刘健之等编译,生活·读书·新知三联书店1999年版,第79页。

科规训也就意味着相应的专家把该学科作为一个专业领地进行据用乃至独揽。如所周知,随着社会分工与专业分化的加剧,研究者越来越被要求"术业有专攻";各种学院/系、学会、学刊的建制和涌现,也必然要求他们以某学科之研究者或某专业之从事者的身份参与其中,尤其是各种研究课题的审批与评定规程更是框定了研究者的符号身份与活动域限。这即是说,他/她必须拥有一个"栖身"之地,这个"栖身"之地,实乃所谓的"学科"。而学科"是一种组织,它们有自己的活动范围,有为数不少的成员誓死保卫他们的领地不受……其他似乎能威胁到现在组织自身存在的历史结构的思想的侵蚀。你的学术观点再正确也不太可能改变世界上的大多数社会科学家,因为他们要维护自己的'利益',而维持现状也许就是最好的维护方式",沃勒斯坦说,"(即使是)多学科或跨学科(研究)",也"并没有削弱作为组织的学科;正相反,它们巩固了学科"①。沃勒斯坦提请注意,越是那些在学科组织内掌握真正权力的人,越倾向于维护乃至独霸作为专业领地的学科之现状:他们年纪在40~55岁之间,已经成为正教授、系主任、协会主席、国家委员会成员以及颁奖评审委员会的人。他们有过作为新手以及副职时的痛苦经历,他们努力地工作以获得地位的提升,并通过正当方式在不仅仅是当地的,而且是全国的乃至国际上的同事中赢得了声誉。

在把专业作为领地占有的过程中,大学②、学院(系)、学会、学刊、学科是学者(教师)们可以合力把弄的筹码和算子。18世纪之前,大学里

---

① [美]伊曼纽尔·沃勒斯坦:《知识的不确定性》,王昺等译,山东大学出版社2006年版,第109~110页。

② 需说明的是,本章考察开学典礼及毕业典礼重点突出的是大学而非仅仅是中小学,一是因为大学具有(尤其是毕业典礼)典型性;二是由于按照各级学校系统的发生路线,是先有大学再有中小学,因为中国近代学校系统基本属于"下延型学校系统":即由高级学校向低级学校下延而发生,也就是说,最初的学务是由高等学校入手,如以1862年京师同文馆的开办为嚆矢,然后因虑及大学堂生源问题再严饬各省从速建立中小学堂。直至今日,中小学的课程设置及教学方式仍旧唯高考指挥棒是瞻,这说明,以"学校系统的运作逻辑"论,无妨说中国的学校系统也属于"下延型学校系统"。关于"下延型学校系统",参见陈桂生:《教育原理》(第二版),华东师范大学出版社2001年版,第56~59页。

并不存在科学与人文"两种文化"的问题。18世纪末,自然哲学断裂成为各门独立的自然学科,现代诸学科开始正式诞生。相应地,自19世纪始,现代大学体制于西欧和北美滥觞,然后传播到世界各地。作为一个专业性机构,现代大学实行学者月薪制,以各院系(如前已述,19世纪之前大学只有一个学院/系,即哲学院/系,此后大学逐渐经由理学院和文学院之两院结构而日益分化,学校及教师会通过拆分或合并,开辟他们感觉舒适的天地,组成新的院系)为组织单位,按照规章制度统一起来。与此同时,标志着知识划分史上的突破的学会以及为有关学科及学者的研究成果提供发表、展示或评估平台的学刊,在学科规训与专业占有的过程中的地位日益凸显,在能够巩固一个网络的范围内,充当了"知识把门人"的角色。[1] 如此,正如民事法规确立了法律和医生在他们领域内的认知排他性(cognitive exclusiveness)一样,大学亦使学科内从事研究的成员取得在他们的学术世界里的认知排他性;此等学术执业者靠的不是发牌而是学历认可,他们控制了培训将来的执业者以及接纳他们入行的机制;学科规训执业人员自视作为学科规训社群的一员,从事称为"分门划界"(boundary-work)的区分活动,以便达致目标、方法、能力和实质专业技能的表面细分,用以合理化知识的特定划分和适用于学科界限内的社会策略。[2]

只有分门划界,把守专业领地,专家和教授才能收徒授业,布展学校的逻辑,进行教育的生产与再生产。这仍不脱"学科/规训"这一名称的古老要义:它不单是指知识的划分,更是包含学习在个体中产生的习性。福柯曾详辨出19世纪时期学习所需的各种锻炼(discipline)的技巧(容详下节),表明对于学生的规训是明确的权力形式,它训练身体和心灵,并借着有系统的观察和细辨其监察对象来制造个体。现代学术学科中训练门徒也操持相同的机制与过程,惟其手法较19世纪的学校更细腻而已,"为了取得最终的学位,现代的门徒要反复地根据各种标准被分名

---

[1] [美]华勒斯坦等:《学科·知识·权力》,刘健之等编译,生活·读书·新知三联书店1999年版,第15～19页。
[2] [美]华勒斯坦等:《学科·知识·权力》,刘健之等编译,生活·读书·新知三联书店1999年版,第20～22页。

定次和接受评审。名次和齐常化评断通常辅以各种各样考试。大学本科和研究院教育明显被考试塞满而不止于论文答辩",由此,我们都成了"可算度的人","评分制度"已经渗透到每个个人和组织的角落。①

在上述门徒规训的表面技术背后,透露的乃是不无悖谬,同时也是自我维持的制度化学校教育之逻辑,这主要包括两个方面:②一是教师与学生之间的教学关系。在目的与手段都具有合理性的前提下建立的教师和学生行为模式,都与当前的实际相去甚远——想想作为教学活动目标的"杰出"是何等的不确定和超越定义!——这样,教师和学生便可在对学生惰性的揭露中相遇,同时并不停从中受益。由此,教师可以抱怨学生懒惰,而不顾这正是一种不对称的教学关系所赋予他们的安全感造成的恶果。同样,一些学生也可以把他们的惰性只归咎于教师的独断专行,而看不到这正是阶梯教室里互不相识的环境给予他们各种保护和自由的交换物。教师和学生甚至可以在对教学合理化的障碍的激烈揭露中相遇。二是(大)学生与他的未来保持着一种矛盾关系,他可以把对合理手段(如勤奋学习)的明显轻视和对窍门及秘诀(如考试前发疯般的复习,讨好老师或把自己的答卷放在一个公认的笨学生的后面,等等)的不光彩认同(在此意义上,布迪厄称学徒为"小巫"——当然是比之于作为师傅的"大巫")结合起来。合理的手段可以控制前途,而神秘性多于技术性的窍门和秘诀则可以使学生消除其中的威胁。

就这样,学校教育在一种通过"苦行主义"(因为教学目标是"杰出",它可以说是上不封顶、下洞无底)的教学实践而迫使学生在皈依的过程中将自身的逻辑展开:教学内容的重要性并不在于这些内容本身,也不在于获得这种内容,而在于人们为了获得这些内容而必须经受的考验中学到的东西;如是,学校使得个人的价值只有依赖于学校才能够存在,在此基础上,学校迫使个体无条件地皈依学校。③ 顺理成章的结果便是,对

---

① [美]华勒斯坦等:《学科·知识·权力》,刘健之等编译,生活·读书·新知三联书店 1999 年版,第 27、77 页。

② [法]P. 布尔迪约、J.‐C. 帕斯隆:《继承人——大学生与文化》,邢克超译,商务印书馆 2002 年版,第 71～85 页。

③ [法]P. 布尔迪厄:《国家精英——名牌大学与群体精神》,杨亚平译,商务印书馆 2004 年版,第 186～192 页。

于在教师(专家)凭借学科专业而进行学业规训下的(譬如)大学生而言,就要承认"自己是大学生,是暂时的大学生,为自己作为大学生的消失而工作,也就是占有教师所以成为教师的那些东西,为教师作为教师的消失而工作;教师赋予自己的使命就是为自己作为教师的消失而工作"①。总之,教师与学生之间这种互相对立、互相讨好、互相补充、相互谋划的游戏,服从于学校教育与教学制度的逻辑。

3. 学衔授予与学业神化

大学生为自己作为大学生的消失而工作,教师的使命是为自己作为教师的消失而工作。这绝不是什么令人悲哀的事情,恰恰是学校的逻辑所在。惟有完成学生身份的提升与转换,譬如从中学生到大学生,从大学生到合格的就业者(或高一级学位的攻读者),从博士候选人到博士,学校之为学校的意义才能够彰显,教育的生产与再生产才能够维继。要完成这种,借个词来说,"向死而生"的逻辑,须经由一个"通过仪式"即毕业典礼,来为"即将消失"的学生授予学衔以转换/提升其身份,并通过这一仪式来把学业神化推向高潮,以便既"超度""学成下山"的老学徒,又鞭策"半山腰上"的苦行僧,同也吸引"即将上山"的新门生。

经过学科规训与专业占有的漫漫征途,在越接近学衔授予仪式这个毕业典礼之高潮的地方,学校的逻辑也越发高调运行,越在竭力排除国家/社会逻辑的"侵犯"而凸显学校(尤其是大学)的神圣与威仪。这突出表现在学位论文评审与答辩、学位委员会审定,以及学位授予仪式三个环节上。譬如就研究生而言,他要想结束"自己作为研究生的消失而工作"这项工作,实现从博士候选人到博士的身份转换,就必须在历经学科规训、学业修炼、学分获取之后,再通过学位论文的评审及其答辩这道最后的关卡;而其裁决,是操持在学校及其专家(教授、导师)之手的。学生的学位论文会事先在水平相当的院校之间进行评阅,后者相互支持、相互把关、相互监督、相互"合谋"。评阅人,常常是 3 或 5 人,须出具"专家评审意见",亮明是否同意(建议)该生参加论文答辩。获准后,该生要参加学位论文答辩仪式,回答由 5、7 或 9 人组成的"答辩委员会"的提问。

---

① [法]P. 布尔迪约、J.‐C. 帕斯隆:《继承人——大学生与文化》,邢克超译,商务印书馆 2002 年版,第 71~85 页。

若通过学位论文答辩,并得到譬如"答辩委员会7人经无记名投票表决,一致(或三分之二以上成员)同意×××通过博士学位论文答辩,建议授予其××学博士学位"的答辩委员会决议,则可进一步接受学位评定委员会的审定而获得相关学位。

在这个过程中,执行的是学校生产与学科专家群体"一致通过"(或三分之二以上成员通过)的认可逻辑。人们所以确信某人获得了博士学位,是因为某一特定的知识领域里的一些"专家"相互密切监督:如果论文质量差或推理不严谨,甚至发现了什么欺骗行为,他们会表达不同意见,如果相关专家之间无人说(反对的)话,即被认为是一致的了;而意见大体一致的专家群(比如答辩委员会)所以使人们放心,又是基于他们接受过值得信赖的院校的良好教育以及他们理性而无私这样的假设之上的。我们相信学科专家,相信由其名望而确保的文凭。如果我们不相信专家的话,我们又能相信谁呢?一如我们发高烧时,如果我们不准备找医生诊治,我们请谁治呢?根据又是什么呢?也许,我们永远不能相信专家,但是没有他们我们又不可能做得更好。①

相信由学科专家组成的论文评阅小组、答辩委员会以及学位评定委员会,一定程度上就是信赖学校的生产逻辑,就是学校逻辑对国家/社会逻辑的代理或排挤,也可以说是后者对前者的退让或放权。西方发达国家如此,我国亦不例外。譬如,全国人大常委会1980年通过的学位条例第九条规定,"学位评定委员会组成人员名单,由学位授予单位(高等学校和科研机构)提出,报主管部门批准";但经1998年高等教育法规"自主放权"思想的铺垫,2004年中国学位条例修正案删除了"报主管部门批准"的规定,改为"学位评定委员会组成人员由学位授予单位确定,报请国务院有关部门和国务院学位委员会备案"②。同样,条例规定学位论文答辩委员会由学位授予单位组织,尽管有"学位答辩委员会必须有外单位的有关专家参加"的规定,但紧接着又说明"其成员由学位授予单

---

① [美]伊曼纽尔·沃勒斯坦:《知识的不确定性》,王晗等译,山东大学出版社2006年版,第4~6页。

② 《中华人民共和国学位条例》(2004年修正)第九条。

位遴选决定"①;从实际操作上来看,学位答辩委员会往往也确实是由各个院系乃至各个专业学位点的负责人和导师自行选定的。因此说,围绕学位论文而操演的答辩仪式及学位评定等环节,很大程度上也是在强化学科专家的权威与魅力,彰显学校的逻辑与吸引力。正如布迪厄和帕斯隆(J. C. Passeron)的灼见,"论文(虽)被公认是借口,但它是一种判断人,至少是判断大学里的人的借口,证明他们是我们的社会的人的一部分,证明在涉及到人的时候,他们并不代表全部。学校环境有不止一种特点使人想到赌博环境:规则的使用只是为了使人参加进来,时间和空间有限而且来自诸决定因素起作用的真实世界。这是因为,通过使人相信自己是赌注,学校比其他各种赌博更强烈地希望或要求参加者对这一游戏更为依恋"②。

要想把这种学校的逻辑推至迷人的最高潮,尚需展演授予学位的神圣化仪式。据笔者对 N 大学 2006 年 6 月举行的"一场与世界接轨的、标准的"学位授予仪式的观察发现:等待授礼的毕业博士生们身着学袍,依次落座礼堂。礼堂左侧是观礼座,由毕业生家属以及低年级研究生占用。礼堂的主席台灯光通明,"N 大学 2006 届博士学位授予仪式"的横幅醒目地高悬于主席台上方,台上端坐的有校长(学位评定委员会主任)、两名副校长(学位评定委员会副主任)以及主持人(研究生院负责人)四人,均身着与其身份相配的学袍③。仪式以主持人隆重介绍与会领导开始,接着由一名学位评定委员会副主任宣读授予博士学位获得者名单,之后是撤空主席台桌椅,只留台侧的发言席。身着红色学袍的校长独自一人站在主席台正中央,毕业博士生根据主持人(站在发言台)的报名而鱼贯登台——与校长握手——倾身、低头——让校长为其拨正学位帽上的流苏——双手接过由一名"服务员"顺次递给校长的学位证书——与校长合影——然后从另一侧走下主席台。其间,一直伴随着欢

---

① 《中华人民共和国学位条例》(2004 年修正)第九条。
② [法]P. 布尔迪约、J.‐C. 帕斯隆:《继承人——大学生与文化》,邢克超译,商务印书馆 2002 年版,第 57 页。
③ 我国的学术服装基本上是学习欧美国家的结果,尽管稍有改进。关于在学位授予仪式上博士服、硕士服以及校长、学位评定委员会主席及委员(或导师)的学术服装要求,详见 1994 年国务院颁发的《关于推荐使用学位服的通知》及《学位服着装规范》。

快而庄重的乐曲,乐曲在主持人报名时低音回旋,在其余动作时则高音播放。经过长时间(200余名毕业生单个授受学位)的授礼之后,是毕业生代表、在读研究生代表、教师代表发言以及另一名学位评定委员会副主任的讲话。最后是走出礼堂集体合影。

与前述开学典礼具有"二分对立"的结构特征不同,学衔授予暨毕业典礼则呈现出"三重组合"结构①的特征;前者凸显的是国家/社会逻辑,后者伸张的则是学校逻辑(见表4-4)。

表4-4 学位授予仪式的三重组合结构

主持人—副校长—校长
"红衣主教"—"副主教"—"道袍"②
主持人—校长—受礼者
服务员—校长—受礼者
流苏在右—校长—流苏在左
乐曲—鲜花—掌声
学袍—文凭—摄影/灯光
受礼者—家属—低年级学生
受礼者代表—观礼者代表—学校代表(发言)

在学衔授予仪式的此时此刻,国家/社会隐匿了——其化身只是一个身居校长背后、手持毕业证书的"服务员";支配此情此境的是学校的威仪与逻辑:是作为学校及学位评定委员会代表的校长,而不是什么国家或社会高官,赫然位居焦点位置;他亲自对毕业生进行单个授礼,拨正其博士帽上的流苏,对其进行由"博士生"到"博士"的"超度"——别忘了"学生是为作为学生的消失而工作"。学位授予仪式,使学袍加身的"博士生"们在多体系的三重组合结构(见表4-4)中回报了多年的辛酸与受规训的"屈辱",在对观礼者传达一种慰藉和吸引的同时,更主要的是使受礼者光彩照人地展现于聚光灯下,完成"学业有成"的成就认同与身份

---

① 此概念借用于特纳。参见[英]维克多·特纳:《仪式过程:结构与反结构》,黄剑波、柳博赟译,中国人民大学出版社2006年版,第36页。

② 大学学术服装起源于中世纪大学的学袍,后者又由中世纪牧师袍发展而来,与宗教密不可分;加以校长袍为红色,副校长袍为红、黑两色,流苏均为黄色,所以这里采用"红衣主教"、"副主教"、"道袍"等比喻的说法。

转换。此后,这些手持"文化执照"的"穿袍贵族",将作为国家精英而具备了占据相应位置的资格。因为学位授予这样一项"地位提升的仪式"(ritual of status elevation)①,会使得"普通中存在的这一位""此后不再是从前的他了",从而变得自由和神圣②。一如中世纪史专家坎特罗威茨(E. H. Kantorwicz)认为,"有三种职业是有资格穿长袍以表示其身份的,这就是法官、牧师和学者;这种长袍象征着穿戴者思想的成熟和独立的判断力……他们不应允许自己在威胁下行事并屈从压力",神秘的学袍本身就在强力诉说着学校以及追求知识的学术"不应受外界干扰而享有独立和自由的特权"③。这是一种学校及学术逻辑的诉说与展演。

当然④,也不可把学衔授礼看得过于神圣。在整个仪式过程中,受礼者的举止是被动和谦恭的,他/她们统一学袍,清一色存在,校长虽单个授礼,也徒具形式而已,他并不十分知晓每一个受礼者姓氏名谁;加以学位获得已是板上钉钉之事,故仪式中不严肃甚至反讽的情形所在不少。譬如,一些男生短裤下的毛腿和拖鞋中露出的大脚丫子十分不雅,宛如刚出浴室的洗浴者一样;也有受礼者把流苏置于后脑勺,着实让校长费了很大力气才拨将过来;还有受礼者邂逅到与校长合影的一刹那使博士帽陡然落地,更是引来哄堂大笑;更滑稽的是,作为文凭的证书"有壳无瓤",颁发给受礼者的仅仅是一张空皮而已(这彻底把"国家"架空了),双方共同杂耍着"藐视实质"的游戏。目睹此情此景,方更能品味美国著名人类学家、教育家墨菲(Robert F. Murphy)的妙语:"没有任何地

---

① [英]维克多·特纳:《仪式过程:结构与反结构》,黄剑波、柳博赟译,中国人民大学出版社2006年版,第169页。
② [法]P. 布尔迪厄:《国家精英——名牌大学与群体精神》,杨亚平译,商务印书馆2004年版,第170～171页。
③ 宋文红:《学术服装的发展及其承载的意义和价值》,载《比较教育研究》2006年第1期。
④ 笔者在不少地方用了"当然"这个词,意在由它引出(纠出)一事项的不同(或者意外)效应,以及关于它的综合辩证的观点。因为"在任何理论的注释当中,'当然'这两个字应该都要在入神的读者眼前闪起红灯"。见B.安德森:《想像的共同体:民族主义的起源与散布》,吴睿人译,上海人民出版社2003年版,第3、8页。

方的改变比'通过礼仪'表现得更富戏剧性。"①但不管怎么说,仅仅把一纸文凭(毕业证书)发放下去而不举行仪式的做法,却"总是不那么恰当",因为"地位改变的广泛仪式化事实上是世俗礼仪的根本所在",也就是说,"对仪式化的要求是社会性的",而且,"一个旧的地位及与此相伴的全部角色行为都要除去,这个人也就(才能)成为一个新人";而学衔授予仪式恰好"构造了过渡,为该人进到新的地位提供了标志物,并且把接近的人都召集在一个聚会中,给新人和全体参与者带来心理上的加固"②。

同样不能过于拔高的还有毕业典礼的"学校"逻辑。在这个看似排除了"国家"——尽管在最高潮的学衔授礼中仅仅由一个无名的"服务员"来代理、仅仅由一个"有壳无瓤"的证书来样示——的场景中,国家/社会仍是一种不在场的在场,惟更加隐匿而已。学校与国家/社会,相互组建,彼此依靠。即令答辩委员会、学位评定委员会以及学位授予仪式都操诸学校之手,纵然支配阶层"总是把选择的权力更完全地委托给学校,以显示它们把从一代人向下一代人传递权力的权力交给了一个完全中立的当局,从而拒绝了通过世袭传递特权的专断性特权";但是,"学校表面无可挑剔的判决总是客观地为统治阶层(级)服务,因为它只是为了这些阶层(级)的社会利益才牺牲了他们的技术利益。这样,学校就能比过去任何时候都要更好地……促进业已建立的秩序的再生产"③。

不过无论怎样,在这场学校逻辑主导的学位授予仪式上,正是通过行使学位称号的任命权力,教学机构成为了"国家赖以对合法的象征性暴力进行垄断的法庭之一",也就是说它"参与了原本属于国家的对象征性暴力的合法垄断,并在其中起着决定性的作用":能够指定一种本质的学业称号的证书,通过颠倒具有社会炼金术特征的原因和结果的关系——它能够生产它所证明的,也能够认可它所证明的,因而具有一种

---

① [美]罗伯特·F·墨菲:《文化与社会人类学引论》,王卓君、吕迺基译,商务印书馆2004年版,第249页。
② [美]罗伯特·F·墨菲:《文化与社会人类学引论》,王卓君、吕迺基译,商务印书馆2004年版,第249~250页。
③ [法]P. 布尔迪约、J.-C. 帕斯隆:《再生产——一种教育系统理论的要点》,邢克超译,商务印书馆2004年版,第180页。

魔法的权力,所有能够对群体产生影响的团体都通过符号的象征效能持有并且利用着这种权力,而教学机构恰好能够赋予人们抵达某一职位的权力。① 由此,如果说开学典礼从一个侧面解释了何以"学而优则仕"的现象,它谋求"专业职称＋行政级别"的累积,奉行的是"教授＋处级＋厅级＋部级……"的增权逻辑;那么,毕业典礼则从另一个侧面解释了何以"仕而优则学"的现象,它谋求"官衔＋学衔"的叠加,奉行的是"干部＋博士＋博士后＋教授＋博导＋留学游历……"的增学逻辑。但两者比拼、叫劲的手段并无二致,那就是对于符号与头衔的尽量化捕获与最大化攫取②,以便达到"你有我也有、你没有我还有!"的制胜效果,至少也要打成"我不少于你、我不输于你"的不败平局。

  作为这种学校逻辑极致化推演的结果,中国的大学出现了不少怪象。要者有三。一是与发达国家助理教授、副教授和教授的三级职称制不同,中国大学出现了一种非常奇怪的倒金字塔形状:在庞大的塔尖,出现了"博导"这样一种"非驴非马"的怪物,凌驾于助教、讲师、副教授和教授这四级职称之上。③ 二是越淮为枳的"博士后"怪象。基于学衔累加的逻辑,源于发达国家的"博士后"制度[在发达国家,有些人获得博士学位后因专业不理想或因待遇不满意而一时没有找到工作,可以申请在博士后研究工作站做研究,谋得一份尽管衣食无忧却远低于有工作的博士的收入的收入;出站以后仍是博士,"博士"是学位,"博士后"是一种(工作)经历,通常做博士后具有一定的无奈性,绝不比博士高一等——约等于"留级生",没有值得骄傲之处,不能因此得到比博士更高的荣誉和待

---

  ① [法]P.布尔迪厄:《国家精英——名牌大学与群体精神》,杨亚平译,商务印书馆 2004 年版,第 673、203~205 页。

  ② 有人说,以职称与头衔的泛滥、贬值为表征的"精神污染"(不止在学校领域)的一个很重要原因,是社会主义初级阶段的国家物质资源匮乏,于是滥用"符号"或"精神"待遇以便让人多少有些自我实现的"层峰体验";惟这种情况不仅加重了国家和百姓的负担,同时也加重了物质资源的匮乏,因为人们在体验了符号性的满足以后,就会按符号表明的级别寻求相应的物质待遇,并在待遇无法满足时表现出更多的不满。周晓虹:《教授与官本位》。见杨东平主编:《社会圆桌》,广东人民出版社 2002 年版,第 149~150 页。

  ③ 许纪霖:《回归公共空间》,江苏人民出版社 2006 年版,第 40 页。

遇]在20世纪80年代引入中国后,逐渐从个别"研究"变通①或变种为正式"培养",直至成批招收,"博士后"成了高于"博士"的一种"学位",甚至与各种待遇、晋升职称、提拔职务挂起钩来。② 于是便有第三种怪象:印有"博士后"头衔的名片日渐风行,自我介绍或者别人介绍某人是"博士后"者已不计其数。倘若照此荒唐逻辑,则可在"作者简介"时加上"小学生"、"中学生"、"放牛郎"(如作者确有放牛之"经历")、"知青"(如作者确有被下放之"经历")、"劳改犯"(如作者确有劳教之"经历")、"征婚者"(如作者确有征婚的"经历")等等不计其数的"经历"之名号!

三、细节的权力:在此期间的学校纪律

无论是开学典礼还是毕业典礼,凸显的都是一种尽管相向/却同样强劲的逻辑:社会逻辑与学校逻辑。学校要维持这两个典礼之间的寻常运转,还得另有他力。试想一所学校,小则数百人,大则数千甚或上万人;围墙内外、班级之间,时而人声鼎沸,时而鸦雀无声;论科目,语数外、政史地、理化生、体音美,科科各就其序;看人员,师生员工、男女老幼、校长主任到班长,人人各司其职。这一切何以可能?一个可能也必然的回答就是,靠规章制度,靠纪律,靠日常规范!这是学校之为学校的固然逻辑,也是学校一直在践行着的"日常事实"。惟权力与这些规章纪律规范密密交织、处处渗透,需要我们做一番考察与追究,以揭示其内在机理与背后蕴涵。

1. 由身而心:规训权力的目标

就通常的教育学意义上讲,学校教育也即所谓狭义的教育,"其涵义是教育者根据一定社会(或阶级)的要求,有目的、有计划、有组织地对受

---

① "变通"是中国制度运作及制度变迁的重要机制,是一种正式机构按非正式程序进行的运作,其最微妙之处在于它对原制度的似是而非全是。也就是说,从表面上来看,它所遵循的原则及试图实现的目标是与原制度一致的,但变通后的目标就其更深刻的内涵来看,则与原制度目标不尽相同甚至根本背道而驰。参见制度与结构变迁研究课题组:《作为制度运作和制度变迁方式的变通》,载《中国社会科学季刊》(香港),1997年冬季卷;孙立平:《迈向实践的社会学》,载《江海学刊》2002年第3期。

② 周思源:《博士勿需再读"博士后"》,载《中华读书报》2006年11月8日,第1版。

教育者的身心施加影响，把他们培养成为一定社会（或阶级）所需要的人的活动"①。然而，换一种视角来看，这种对"身"与"心"所施加的影响未必就不是一种权力的支配与驯顺；而且教育者在对受教育者进行支配和驯顺的同时，其自身的身心也在遭遇着权力的支配与规训。正如福柯指出，在任何一个社会里，人体都受到极其严厉的权力的控制，那些权力加给它各种压力、限制或义务；人体是被操纵、被塑造、被规训的；如此，"人是机器"……这不仅仅是对一种有机体的比喻，他们也是政治玩偶，是权力所能摆布的微缩模型。② 且不论身与心是否可分，现代学校教育在圈困教师和学生身体的同时，更是谋求对其心灵的规范与束约，还有什么比诸如"学高为师、身正为范"、"对受教育者身心施加影响"、"三好学生"、"培养接班人"之类的规章和原则更能彰明较著地表明这一切呢？历史和现实也反复验明：身与心是权力的对象，由身而心是权力的目标。在制度化的学校教育中，尤其如此。

那么，其表征何在呢？

身体首先是权力规训的对象，古典时代的人便发现了这一点。制度化的学校教育通过系统化的学制和班级授课制把教师和学生集聚于专门的场所（学校），通过各种班组、团体把他们配置在各自的"岗位"或"座位"上，通过"作息表"和"课程表"规限他们在何时应处于何地以及发生何种联系。学校藉由详尽可行的规章制度，保证在任何需要的时候师生员工的"身体在场"，凭借细致入微的纪律约束，迫使师生永久的"心灵在场"。

这种纪律首先要从对人的空间分布入手③，进而摆布人的时间。在作息表规定的时限内，师生必须进入学校围墙之内；非在特定时间或经过门卫允许，校内人员不许外出、校外人员不得擅自入内。这在一些寄宿制学校达到了登峰造极的地步。很多普通中小学校通过"坐班制"和

---

① 《中国大百科全书》（教育卷），中国大百科全书出版社 1985 年版，第 1 页。

② ［法］米歇尔·福柯：《规训与惩罚》，刘北成、杨远婴译，读书·生活·新知三联书店 2003 年版，第 154～155 页。

③ ［法］米歇尔·福柯：《规训与惩罚》，刘北成、杨远婴译，生活·读书·新知三联书店 2003 年版，第 160 页。

种种检查手段把教师封闭在学校之内。譬如,在笔者曾经工作八年的某中学,就实行所谓"弹性坐班制":全体教师必须在每天上下午预备铃声打响之前进入校门,校门口的监视室内的校领导在教师花名册上按来人对号"划到"而不采取教师自己签到或刷卡签到制,以免有人"代签";领导亲自轮流考勤是为了防止因"人情"而"作假",并能监视哪些人经常"拖沓"或"积极"。所谓"弹性坐班制",就是在八小时(早晚自习和加班不包括在内)的工作日之内必须呆在校内"坐班",每天可以在处理完工作之余、有急事之际外出一小时,但必须填写"外出条"注明外出时间、去处及事由,经所在教研组组长签字、交由门卫后方可出校,名曰"弹出";在一小时之内必须返回并在"外出条"上注明返回时间,名曰"弹入";所有"外出条"集中留存,作为教师"平日表现"的一项考评依据。此外,该校还辅以相关技术逐步完善这一制度以防止教师"弹出"不"弹入"或频繁"弹出"或"身在心不在"的情形发生。比如,将原来的普通电话系统改限为"校内电话",以防止教师与外部"电话聊天"或做"私事",管理者也可藉以"临时开会"、"谈心"、让一个人向另一个人"传话"等名义,随时通过电话"查岗"。由此,这种内部电话系统获得了"全景敞视主义"式的权力效应:"一种虚构的关系自动地产生出一种真实的征服"①,校长安坐于"中心瞭望塔"(校长办)就能随时监控所有教师。更重要的是,"校内电话"切断了教师与外部的联系,绝缘了其他信息而使其安守"三尺讲台"和自己的办公桌。其他大部分中小学教师的"生存图景"大抵如此,惟程度不同而已。据报载,湖北某学校报栏里的报纸常被一块块地剪掉,原来是为了防止教师流失而事先把"招聘信息"过滤了。而骨干教师小王所在学校的情状仿佛就是对所有中小学校的真实写照:学生真苦,教师真累,学校真难;然而我们依然在前行,在负重中重复着每一天。②

　　睹此景忆往昔,笔者感叹,这无非是要把教师变成过去那种"拉磨"的毛驴:切断电话、过滤信息就像蒙上毛驴的眼睛;防止做"私事"和外出

---

　　① [法]米歇尔·福柯:《规训与惩罚》,刘北成、杨远婴译,生活·读书·新知三联书店2003年版,第227页。

　　② 薛元荣、陆培良:《负重中重复——一位骨干教师的工作片段》,载《教育参考》2004年第1期。

俨然就是要在磨柄和驴头及驴尾之间各置一根木杠,让它只进不退又不能"偷嘴吃"。如此,教师如毛驴,两眼不见外面事,在"磨道"里原地转圈。这种对教师规训的策略就是:"消除那些含糊不清的分配,不受控制的人员流失,人员的四处流动,无益而有害的人员扎堆。这是一种制止开小差……消除冗集的策略。其目的就是确定在场者和缺席者,了解在何处和何时安置人员,建立有用的联系,打断其他的联系,以便每时每刻监督每个人的表现,给予评估和裁决,统计其性质和功过。"① 这种管理的逻辑就是:既设想一个"循规蹈矩"的现在,又期望一个预先决定了的将来,由此把教师封闭(坐班)在无法逃脱的"确定圈"之内②,就像任劳任怨的黄牛、被蒙上眼睛的毛驴一样,默默无闻安贫乐道甘心奉献,即使心力交瘁仍坚守讲台"带病坚持工作",直到"蜡炬成灰泪始干"(这也一直是颂扬"优秀教师"的一个主要标准)。

事实上,即便不采取如此显见的策略,即便像部分学校那样不控制教师的身体(不坐班),在当下学校教育的考评与竞争机制钳制下,教师也难逃权力(像毛细血管一样渗透的"软权力")的规训与支配,这更多的是一种"心"的控制,"更沉重的是我们的心灵"③。在这一意义上,也仅仅在这一意义上,可以说通过空间封闭来达到对"身"的支配其实已不重要了;要紧的是,"心"每时每刻都得"揪着"、"悬着"——为着一届届的学生一轮轮的考试一番番的评比。制度化的学校教育早已成功做到了对教师的身心进行制导、治理和"治疗"。

教师的状况如此,学生的情形尤甚!研究④和实践反复表明:学校对学生的组织工作主要是通过班主任和任课教师对班级的控制来进行的,包括两条途径,一条是通过班主任来控制学生的日常活动,另一条是通过教师来控制学生的课堂行为。如此,教师便成了班级的正式权威,

---

① [法]米歇尔·福柯:《规训与惩罚》,刘北成、杨远婴译,生活·读书·新知三联书店2003年版,第162页。

② [巴]保罗·弗莱雷:《被压迫者教育学》,顾建新等译,华东师范大学出版社2001年版,序言。

③ 薛元荣、陆培良:《负重中重复——一位骨干教师的工作片段》,载《教育参考》2004年第1期。

④ 吴康宁:《教育社会学》,人民教育出版社1998年版,第260~262页。

且这种权威既不受教师本人在教师群体中的地位的影响,也不会被其他教师所取代;而我国中小学班级活动与课堂教学在某一特定时间(如一节课)里均只由一个教师负责的状况更加强化了教师的正式权威从而使其具有"独霸性",这又使得班级——本来就是学校组织中相对独立的亚组织的班级——的"独立王国色彩"更为浓厚,以至最终多半都演变为封闭型组织。结果,表面上看起来是一个整体的学校实际上往往只是一个"封闭型组织群";中小学生多半都处于本班教师控制之下,很难与其他班级的教师乃至学生有多少交往。以此衡量,学生被规限和制导的状况比起教师来真是有过之而无不及,学生的身体被更加牢固地圈定在狭小的班级之中,课间十分钟只是出于基本的生理排泄需要①而安排,按"课程表"实施的班级授课制不啻为在固定学生之"身"的同时,教师对学生进行的轮番的"心"之模塑与规训。

教师与学生,学校与家庭,身体与心灵,纪律与权力,如何错综交织、如何渗透操持? 其内在细节和运行机理值得进一步推敲和揭示。

2. 以小见大:规训权力的机制

权力对师生的支配与摆布是从无穷小的"小事"和"细节"获得支点,进而无限胀大的。教师历来被鼓励立足小小三尺讲台,要有一口标准的普通话一手工整的粉笔字一身朴素大方的衣着,要了解每一个学生吃透每一章教材上好每一节课总结好每一次考试的得失……学生更是如此,他们被要求每一笔画写三行每个单词抄八遍每个错题改(罚)五十次;他们被教育要从小事做起:拾到一分钱交给警察叔叔,帮人一次"操行评定"加一分,少写一个标点扣半分;②举凡学生都写过"记一件小事"之类的作文……学校中的纪律正是从这些"小事的世界里"做文章的,"纪律

---

① 据笔者自己的孩子及实际了解的情形发现,由于不能"适应"幼儿园的规训生活,不少幼儿形成了"憋屎"、"憋尿"的悲惨习惯,大便总要到家里才进行;中央电视台也报道重庆某中学一个偌大的教学楼为保洁卫生而不设厕所,厕所远离教学楼,加之教师"拖堂"或提前上课,学生不得不"跑步进厕所"或干脆"憋着"!

② 这种现象从幼儿园就"提前"开始了。一次,笔者一同学来访,我对还在上幼儿园的孩子说:"叫寇叔叔!"孩子叫完后悄悄问我:"爸爸,'扣'叔叔是不是扣分的扣呀!?"

是一种关于细节的政治解剖学"①。那么,学校对师生进行权力规训的策略、技术和手段有哪些呢?"内敛教育家"②福柯在《规训与惩罚》中分析了分配的艺术、对活动的控制、创生的筹划、力量的编排等四种肉体驯顺的策略,以及与之对应的空间分配、对活动的编码、时间的积累、力量的组合等四种技术,考察了层级监视、规范化裁决与检查三种规训手段。③ 这些策略、技术和手段都是用来借助各种纪律和规章,通过空间的系列化组织对人进行摆布和分等,通过时间的系列化编排对人进行征服和榨取;且两者又彼此渗透相互交织,最终形成一种无数细小的规训机制和微观"权力物理学"。在学校教育中,这种细小机制无处不在、无时不有,这里仅就"课程表"和"考试纪律"两者略作分解,因为这两者与学校教育的两大核心任务——上课与考试——休戚相关。

首先,分析课程表。

时间表是一种古老的遗产。伴随着工业化的进程,在基督教基础上延伸出来的西历被当成"公历"要求全人类遵从,借助这种"公历"和机械钟,时间得以脱离空间而对人类进行制导。时间表的三个主要方法是规定节奏、安排活动和调节重复周期。④ 这个节律要求我们准时上班、准时上课,从而又将时间切分为不同的空间,将我们的人身和思想节奏交给整个国家和全球化的"公历"来安排和打理。⑤ 学校中的课程表,是师生双向支配与控制的"法理"依据和"天然"中介。在课程表规定的节律下,铃声一响师生双方都应准时到场。教师以上课和下课仪式宣布对一

---

① [法]米歇尔·福柯:《规训与惩罚》,刘北成、杨远婴译,生活·读书·新知三联书店 2003 年版,第 157 页。
② 这是霍斯金对福柯的判称,缘由是后者虽然没有很详细地论述过教育的特异权力,但却不断谈论教育。见[美]华勒斯坦等:《学科·知识·权力》,刘健之等编译,生活·读书·新知三联书店 1999 年版,第 56 页。也正是因缘于此,本节的论述较多地借鉴了福柯的资源。
③ [法]米歇尔·福柯:《规训与惩罚》,刘北成、杨远婴译,生活·读书·新知三联书店 2003 年版,第 151~218 页。
④ [法]米歇尔·福柯:《规训与惩罚》,刘北成、杨远婴译,生活·读书·新知三联书店 2003 年版,第 169 页。
⑤ 王铭铭:《人类学是什么》,北京大学出版社 2002 年版,第 133 页。

节课时空权的控制与解散,若学生迟到则需以礼貌方式"报告"方可入内,若一直不来将以"旷课"论处。而学生在预备铃打响以后就做好准备"静候"教师的到来,若教师迟到,他们会在"学生评教"的考核表上划上"教师不能准时上课"这一选项;若教师一直不来,他们会到教师办公室甚或领导那问明原因;若教师"拖堂",其中一些学生则会喊叫"下课了!"而使教师不情愿地结束那节尚未讲完的课。

课程表具有"切割的暴力"。这一方面是指它把时间切割成空间,每节课都是一个不同的空间。在这个时空范围内,教师具有"独霸性"的权威,掌握着师生互动、生生互动的时限及方式,支配着学生站或坐、进或出的主动权。另一方面是指课程表具有"分科治学"的切分力量。儿童原有的混沌不分或自然一体的世界从此被分成语数外政史地等科目,教师在中小学生的心目中和称呼上也常常是"语文老师""化学老师"或"生物老师",而非"张老师""李老师"或"赵老师"。如同医院分科就医把人体肢解成器官,学校分科上课则把人心切割为板块,这"使得人们不再能够以本体论的方式与世界打交道,不再能够从总体上亲近和感受他们所属的这个世界……这也正是我们这个时代工匠式的人物越来越多以至于过剩,而大师级的人物越来越少以至于缺席的重要原因所在"[①]。其实,且不论"大师"抑或"匠人",在日常生活中,这种从小学到大学逐渐强化的分科机制所型塑出来的如下"常人"也比比皆是:理科博士抓起一只蚂蚁能识辨出公母,就是不会与人沟通或向别人道歉;文科博士出口成章下笔万言,就是不会给电灯开关装拉线。诚如朱光潜大半世纪之前(1942年)的痛陈:"目前我国一般青年学子动辄喜言专门,以至于许多专门学者对于极基本的学科毫无常识。这种风气也许是在国外大学做博士论文的先生们所酿成的,它影响到我们的大学课程,许多学系所设的科目'专'到不近情理,在国外大学研究院里也不一定有。这就好像逼吃奶的小孩去嚼肉骨,岂不是误人子弟?"[②]在学术圈内,各说各话的现象也很普遍。有人说,即便把人文社会科学的研究者们放在一起,也"无

---

① 何中华:《说不尽的大学》,载《批评家茶座》第二辑,山东人民出版社2004年1月版。

② 朱光潜:《艺文杂谈》,安徽人民出版社1981年版,第48页。

疑将他们放在相互隔绝而透明的玻璃罩内:看得见嘴巴和身体扭动,'听'(理解)不见'声音'连成的句子(意义)……各自使用的语言就是将他们隔开的玻璃墙"①。

教师通过力量编排、技术编码和纪律保障等策略对课程表所赋予自己的每节课进行支配和调控,以最大限度地榨取稍纵即逝的时间。此即所谓的"向45分钟要效益"或"优化课堂教学"。首先是"上课"仪式。教师一进班,"全体起立"问候"老师好!",然后整齐坐下聚焦黑板处。此时权力已经开始,"权力和等级一般通过相对于他人的某些姿态来表达……当一个人站着,其他所有人都坐着的时候;当某人进来,屋里的每个人都起立的时候……我们知道其中的意味"②。其次是教学策略。策略之一是教师利用心理学上"注意的分配和转移"的原则,通过教育学上"复习提问"的教学环节,兼或辅以高声重复问题、敲桌子或黑板等手段达到尽早支配学生的"头脑",使其从上一节课(比如数学)中迅速切换到本节课(比如语文)中来。在平时的提问中又有三个细小的技术:一是教师通常先面向全体提出问题然后叫个别学生作答,以此让问题"渗入"每一个头脑;二是对那些仍在"走神"者突然"袭击",单独提问他使之难堪,或者让他到黑板上同时一手画方一手画圆以告诫其"一心没二用";三是在某学生答问时随时叫其他学生补充、判断、争论或修正,以确保所有学生始终头脑专注。策略之二是个体力量编排:教师通过让学生两人或四人一组进行听写、问答或互改习题,或者让学生抢答、为答对者快节奏鼓掌等编排方式,来提高时间的使用质量和效率。策略之三是课堂纪律:这首先从学生的班级落座开始,那些被视为"差生"者要么被隐匿于墙角以使教师"眼不见心不烦",要么被暴露于前排以便学生"群众监督",扰乱课堂者将被悬于讲台"示众"或逐出教室;然后是从学生的分等和分别对待入手,比如"差生"较少或几不给予答问时间以免"浪费";最后是教师对"捣乱"或"延误"课堂时间者暂不理睬,留待"课后算帐"。总之,这

---

① 黄平等:《当代西方社会学·人类学新词典》,吉林人民出版社2003年版,第224~225页。

② [美]保罗·康纳顿:《社会如何记忆》,纳日碧力戈译,上海人民出版社2002年版,第92页。

些策略与纪律"安排了一种积极的机制,它提出在理论上时间可以……不断榨取的原则……这段时间应该是高质量的,肉体应自始至终投入其中;精确、专注以及有条不紊是有纪律的时间的基本优点"①。

课程表具有"延伸"与"联结"的循环支配权力,这通过"空间时间化"和"时间空间化"两个策略实现。首先,教师绝不仅仅满足于充分支配自己的"45分钟",通过"布置家庭作业"(homework)这一最后的教学环节并施以"题海战术",教师将空间时间化了:下课并不意味着控制解除,放学并不意味着万事大吉,到家并不意味着身心自由;学生要花费更多的时间"消化"一天中的每一个"45分钟",预习第二天课程表中的每一个"45分钟"。目下我国中小学生的作业和自学情况非常流行让"家长签字",教师此举或意在与家长"联手",或企图"推诿"责任;如此,课程表规定的45分钟向课外延伸,学校向家庭进军,致使"家庭教育(生活)学校化"了。其次,由于课程表日复一日周而复始地循环使用,教师便在每周相同的时间来到固定的班级,此时的时间又空间化了:学生的家庭作业以及身心节律又完全被抛于此时此地的教室空间,任由教师支配。如此,家庭与学校对接,课外与课堂交织。随着学制的延长和早晚自习、节假日补课的增多以及一些寄宿制学校的兴起,学生的学习和生活更多或完全地交由学校支配,致使"学校教育家庭化"了。

陈桂生教授认为,"家庭教育学校化"与"学校教育家庭化"是现代家庭与学校职能的"错位"。② 毋宁说这是一种"策略":教师与家长,或彼此默契配合,或相互含糊推诿,或心照不宣地让学校"承包",各色的策略却隐掖着相同的目的,那就是尽量支配学生的时空、控制其身心。当然,这些情况不为我国所独有,譬如20世纪70—80年代在美、日等国就很突出③。现今,美国推行的"不让一个孩子掉队"计划(NCLB),又提出了

---

① [法]米歇尔·福柯:《规训与惩罚》,刘北成、杨远婴译,生活·读书·新知三联书店2003年版,第171～174页。

② 陈桂生:《教育原理》(第二版),华东师范大学出版社2001年版,第248～264页。

③ 见[美]范·斯科特:《美国教育基础——社会展望》,教育科学出版社1984年版,第138页;[日]筑波大学教育学研究会:《现代教育学基础》,上海人民出版社1986年版,第150页。

"家长参与"项目(programs of parental involvements)的重要要求①;但相关研究表明,美国过去20年来所致力的"家长参与"并不绝对地提高了学生的学业,只是一些参与教育活动的家长的确阻止了一些行为问题的发生。②

其次,分析考试纪律。

在规训的各种机制中,检查(考试)是被高度仪式化的一种,它把监视和规范的技术结合起来;它追求规范化,同时也导致定性、分类和惩罚的监视。③ 考试是从时空编排和纪律监控等方面对学生的身心进行控制的精致入微的权力规训机制。具体策略包括:

其一是时间编排。在开考前一天封闭考场,工作人员清理现场、编排座次、粘贴考号。开考前15分钟考生凭证(或按指纹)进入考场,同时广播考场纪律,监考老师当场重申这一纪律。接下来考生按"三哨两铃"的节奏行动:第一次哨声,分发试卷,考生只许在试卷上填写姓名和考号,随即搁笔,只可浏览试卷而不能答卷;(3分钟后)第一次铃声响起开始计时,考生开始答题;第30分钟时第二次哨声响起,考生可以交卷——迟到的考生不得再入考场,这就杜绝了因"时间交叉"而作弊的可能性;考试结束前15分钟第三次哨声吹响以提醒考生时间所剩不多,要抓紧答完试题并准备交卷;第二次铃声响起,停止答题、全体起立、离开考场。

其二是空间编排。考场周围约30米处划定白色警戒线并由保安人员巡逻,以免其他人员入内。考生入场按号入座,座次为单人单桌,或采取不同学科、不同年级的考生交织混座;书桌抽屉背对考生以免隐藏作弊之物。提前交卷者须悄悄离场,到警戒线以外。每场考试结束后,全

---

① Joyc L. Epstein. Attainable Goals? The Spirit and Letter of the No Child Left Behind Act on Parental Involvement, Sociology of Education. Vol. 78, April 2005. 179~182.

② Thurston Domina. Leveling the Home Advantage: Accessing the Effectiveness of Parental Involvement in Elementary School, Sociology of Education. Vol. 78, July 2005. 233~249.

③ [法]米歇尔·福柯:《规训与惩罚》,刘北成、杨远婴译,生活·读书·新知三联书店2003年版,第208页。

体考生离场,监考人员封锁考场。

其三是监考技术编排。命题人员首先受到严密监控,包括限制一定时段的身体自由和通讯自由,以免"漏题"。考题严格密封,监考人员于考前当众拆封试卷或由考生自己拆封;考卷上交后线装密封,采取匿名、流水、核分等方式阅卷和评定成绩。考间为防止考生利用"身体语言"作弊(如抓耳挠腮代表选 A 或 B),邻座考生分别使用 A、B 试卷——两套试卷等量等值,惟试题编写顺序不一。监考人员男女搭配:一来便于考间有考生要求去厕所(一般不允许)时分别由同性别监考人员跟随监视,二则便于同性别监考人员对考生随身夹带的作弊之物进行搜查或"搜身",以免"男女授受不亲"。两名监考人员分别在考场的前部与后部,以便对考生"全景监视",同时又防止两名监考"交头接耳"而贻误监考。机动监考人员随时准备进入考场以备意外或替补。主考、副主考巡视各考场,其对象包括考生和监考人员;考场(教室)的门窗多有透明玻璃装置以便巡查。

学校已变成一种不断考试的机构。通过一种不断重复的权力仪式,考试被编织在学习过程之中而成为一个永恒的因素。考试所主宰的竞争是"每个人与全体的比较"①,是"人人与人人为敌的竞争",它倾向于使每一个人都成为他人的对手,要求"通过竞争和为了竞争而选拔出来的人(他们都被囚禁在由竞争者组成的封闭的世界中)全身心地投身于竞争之中"②。这"使得个人把自己与显性和隐性的竞争对象整体对立起来,每个人都处于这种对立的位置上,以一种个体的策略处理这种竞争和迎合考试所带来的命运……因此,考试是最重要的教育霸权乃至社会霸权的实现方式……考试检查是现代社会和现代教育把人个体化的重要的控制策略之一"③。

考试纪律作为一种高度仪式化的操演,在其看似公平、公正、严肃的

---

① [法]米歇尔·福柯:《规训与惩罚》,刘北成、杨远婴译,生活·读书·新知三联书店 2003 年版,第 210 页。
② [法]P.布尔迪厄:《国家精英——名牌大学与群体精神》,杨亚平译,商务印书馆 2004 年版,第 139、188 页。
③ 金生鈜:《规训与教化》,教育科学出版社 2004 年版,第 99~100 页。

表象背后,实乃一种"结局已注定"的游戏。"招生计划"(名额限制)这一名称本身,就事先决定了考试成功者的人数限制(numerus clausus)与失败者的大量数额。考试就是设立围墙、制造不连续性的划界行为,"考试的逻辑在'被录取者'和'被淘汰者'之间,更加戏剧性的是,在会考的最后一名录取者和最前面一名淘汰者之间造成绝对的不连续性";尤其是在比如重点大学或紧俏专业的录取考试中,"一道神秘的栅栏将这个等级中的最后一名与所有其他人分离开来,尽管他在任何方面都与其他人相同,惟一的差异就是他加入到了象征资本(如重点大学)之中,对于这一点,他自己是这么认为的,别人也是这么看的"。① 考试这种"看起来好像是公平开放的竞争,骨子里却固定挑出某一部分的学生和人口,鼓励他们在学术上及专业上获得成功,而这一部分的人,不成比例地来自优势阶层。……教育阶层化的结果,不但吻合现行社会的阶层结构,同时还帮它穿上正当性外衣"②:那些人们常说的早熟学生("神童"或者"超级天才")"只不过是文化特权在学业上的一个翻版",人们称之为"自如"的东西其实"就是某些人的特权,他们以一种不自觉的耳濡目染的方式,在他们的家庭环境中获取了知识,因而他们对于自己的母文化有着渊博的知识并能与之保持一种亲密的联系,这意味着他们能够无意识地获取这种文化"③;而那些未通过考试的人,"既然竞争失败,只好甘于弱势,认命找个挣钱少、地位低、声望差、权力轻的差事,糊口营生"④。依此说来,考试纪律越是严格、越是强力执行、越是声势威严——成为一种展演的仪式;就越是吸引赶考者、越是让人甘于服输、越发掩盖或再制了既定的秩序——成为一种合法化的外衣和打鬼之钟馗。

诸如"课程表"和"考试纪律"之类的纪律规范在学校中是再平凡不

---

① [法]P.布尔迪厄:《国家精英——名牌大学与群体精神》,杨亚平译,商务印书馆2004年版,第170、198页。
② 张建成:《批判的教育社会学研究》,学富文化事业有限公司2002年版,第24页。
③ [法]P.布尔迪厄:《国家精英——名牌大学与群体精神》,杨亚平译,商务印书馆2004年版,第36页。
④ 张建成:《批判的教育社会学研究》,学富文化事业有限公司2002年版,第24页。

过的事情,学校对此屡屡践行因而也就轻车熟路并且习惯成自然了。这样就"使得规训权力既是毫不掩饰的,又是绝对'审慎'的。说它'毫不掩饰'是因为它无所不在、无时不警醒着……说它'审慎'则是因为它始终基本上是在沉默中发挥作用。纪律使一种权力关系(relational power)得以运作,这种权力关系是自我维系的"①。学校的管理就是谋求这种自我维系机制的可操作化和精细化,有学校管理者甚至提出"一切工作有标准,按照标准做工作"的管理"理念"并以此推行。

学校教育历来就有"尊崇细节"的传统,对此小事与细节,我们断然不可小觑。因为,"与君权的威严仪式或国家的重大机构相比,它的模式、程序都微不足道。然而,它们正在逐渐侵蚀那些重大形式,改变后者的机制"②。这种显微镜式和如影随形式的控制机制使学校中的规训权力获得了钩挂"细节"的支点并形成了"以小见大"、进而无限胀大的机制。小事、细节,绝非无足轻重!

3. 亦得亦失:规训权力的效果

学校中的纪律规训必须被分解成小的因素,但其目的在于增大它的生产功能:使监视具体化并切实可行。这是学校之为学校的固然逻辑,而且,学校作为社会系统的一个机构,履行着帕森斯 AGIL 图式中的模式维持(L)之功能,没有纪律和规范也就无所谓学校、无所谓社会了。极而言之,凡有人群处,皆有纪律和规范。这是社会秩序得以维持的基本条件,也"是我们自己造成的,因为我们是其机制的一部分"③。规范和控制,人类的"宿命";凡社会,概莫能外。即便西方资产阶级在变成统治阶级的进程中是以一种明确的、法典化的、形式上平等的法律结构的确立为标志的,但是规训机制的发展和普遍化也构成了这些进程的另一黑暗方面:保障原则上平等的权利体系的一般法律形式,是由我们称之为纪律的那些实质上不平等和不对称的微观权力系统维持的,所以福柯

---

① [法]米歇尔·福柯:《规训与惩罚》,刘北成、杨远婴译,生活·读书·新知三联书店 2003 年版,第 200 页。

② [法]米歇尔·福柯:《规训与惩罚》,刘北成、杨远婴译,生活·读书·新知三联书店 2003 年版,第 193 页。

③ [法]米歇尔·福柯:《规训与惩罚》,刘北成、杨远婴译,生活·读书·新知三联书店 2003 年版,第 243 页。

说,"启蒙运动"既发现了自由权利,也发明了纪律。①

然而,恰如"非学校化社会"之社会理论与教育思潮的代表人物伊利奇(Lvan Lllich)所指明,现代社会的精神(这是伊氏所欲最终否定的东西)虽然广存于医疗、交通、福利等各种制度之中,但是最集中体现着社会精神的,还是学校制度;学校制度乃是社会精神进一步蔓延、渗透于其他社会制度之中的主要原因;学校制度的逻辑业已成为其他社会制度的逻辑(正是在这一意义上,伊利奇指出,现代社会已经学校化了)。② 这样,学校教育及其规训的机制与效果,就不得不令人深思、不得不令人警醒了(尽管我们难逃"宿命")。以此说来,笔者虽无意取消制度化学校教育亦无力另创他类教育,但分析现代学校教育中的纪律与日常规范,进而揭示其规训权力的内在机理和背后蕴涵也不无裨益和必要。

这种分析已然示明,学校教育及其日常管理模式在操持学校"井然有序"运转的同时,也把它型塑成一个窒闷的自我维系的权力规训空间:其规训的目标在于"由身而心",规训的机制就是"以小见大",规训的效果则是"亦得亦失"。其规训的对象不仅仅是学生,还有教师本人:他们要么沉浸于此而不自知,要么深受其苦却无路可出,竟或还不由自主地投身这个自我维系的机制。这种矛盾交织的情形宛如"戴着脚镣跳舞",如今甚至达到"自我分裂"的地步:一方面,我们高歌改革的口号,倡导主体教育、创新教育、愉快教育、素质教育、以人为本……另一方面,没有人会须臾放松那种精细化的规训机制,一切依旧:"考分"为命根,"纪律"是关键,"改革"为作秀;教师、学生,依旧"披星戴月"地在家校之间往返,没有周末,没有假期……不容乐观的结果,则是诚如金生鈜教授所言,这种规训化的教育试图"为人们装备上最具生产力的功能,教给人们获取各种利益的手段,但这些手段只能像石头一样,砌成身体之间的墙,这墙无法为生命和精神展开一条可能性之路,仅仅是禁锢生命,阻隔爱"③。

---

① [法]米歇尔·福柯:《规训与惩罚》,刘北成、杨远婴译,生活·读书·新知三联书店 2003 年版,第 248~249 页。
② [奥]伊万·伊利奇:《非学校化社会》,吴康宁译,桂冠图书股份有限公司 1992 年版,译序,第Ⅷ页。
③ 金生鈜:《规训与教化》,教育科学出版社 2004 年版。

综上所说,在制度化的学校教育与管理中,存在一种"尊崇细节"的传统和流行做法,藉由纪律和日常规范,权力在向无穷小的"小事"的浸透过程中获得了无限胀大的支点与机制,因而形成一种"无所不在"和"时刻警醒"的微观"权力物理学"。这种显微镜式与如影随形式的纪律规范机制在操持学校井然有序运转的同时,也把它型塑成一个窒闷的自我维系(乃至"作茧自缚")的权力规训空间:"由身而心"的权力规训目标,"以小见大"的权力规训机制,"亦得亦失"的权力规训效果。如今,我们依然在"确定圈"里重复,在宏大而又细密的机制中继续进行着规训权力的微分和细化!这种状况的改善需要社会与学校持久的协同努力;而学校教育及其管理机制的改善,也将带来建基其上的"社会精神"的提升与改良。这当是我们共同的任重而道远的使命。

第五章　学校教育与社会民主:杯水何妨救车薪

一个问题的解决将会旷日持久,而且需要几代人都予以重视,这样一个事实不应成为人们推迟研究该问题的正当理由。在生死存亡的关头,情况终会证明,是我们所推迟解决或忽略不管的问题,而不是尽了力却不能解决的问题,会反过来使我们遭殃。①

——T. S.艾略特(1949年)

如果没有我们通常所想的狭义的教育,没有我们所想的家庭教育和学校教育,民主主义便不能维持下去,更谈不到发展。教育不是唯一的工具,但它是第一的工具,首要的工具,最审慎的工具,通过这种工具,任何社会团体所珍视的价值,其所欲实现的目标,都被分配和提供给个人,让其思考、观察、判断和选择。②

——约翰·杜威(1938年)

至此,基于仪式而对"接班人"的诞生进行的"社会学"考察与批判业

---

① [英]T. S.艾略特:《基督教与文化》,杨民生、陈常锦译,四川人民出版社1989年版,第3页。
② [美]约翰·杜威:《人的问题》,傅统先、邱椿译,上海人民出版社1965年版,第28页。

已告一段落。但正如导论中所说,笔者拟订的研究目标是,通过"接班人"教育目的这"一滴水"牵引出研究者最终的研究关怀,即探明学校教育与社会民主的逻辑与机理,并迈向学校政治社会学——它以"人是'天生的'政治动物、人'自幼'就政治地生活"为研究出发点和人性假设,以现时的学生即未来的成人如何更好的政治地生活为研究归宿和终极关怀。质而言之,是要用"培养现代公民"来革新(超越)"培养接班人"教育目的,因为"从鸦片战争以来的100多年,中国的社会主题是如何救亡图存,但是未能从教育上充分认识到东西文明强弱逆转的原因。中国的改革者和革命者力图摈弃旧的教育体制,探索新的教育之路,但是一直没有意识到,公民教育是现代国家为社会文明持续发展做出的一种制度性安排"①。

基于这种考量,接下来尚需呼应导论中的主题而申述"一滴水"的研究关怀,就学校教育之于社会改进的功能略作哲学的价值辩护及教育学的策略思考(当然是基于社会学的分析)。具体说来,本章将围绕学校教育与社会民主这一议题,探及教育的社会功能、学生的自由发问以及学校的班级建设。这三者基于"以冲突致和谐"的社会观,对教育与社会的关系进行理想的定位;对教育者进行"削权";为受教育者"增势"(empowerment)。惟这三者,都不过是从排戒"接班人"教育之负向功能计议,试图通过现代公民教育实现社会民主,以走向更好的政治地生活而进行的碎思散议,抑或是未见得可行的远景冀望,故曰"杯水救车薪";又有感于本章篇首艾略特(T. S. Eliot)的良言,故曰"杯水何妨救车薪"。

除了基于"研究关怀"上的考虑而要探明学校教育与社会民主的关系这个原因之外,于学理上,在社会学的分析之后继以哲学的辩护与教育学的建构,亦有三则原由。第一,任何社会学乃至社会科学的解释与批判都不以解释与批判本身为最终目的,它或明或暗地保有、最终也离不开研究的"关怀"(建构)。即令实证主义者如孔德、经验主义者如休谟,都没有坚持认为观察者应该保持冷静的、不偏不倚的、不问价值如何的态度,"把诸如孔德、穆勒、斯宾塞、达尔文、泰勒和摩尔根这样的奠基

---

① 墨公等:《"素质教育"能培养现代公民吗?》,载《南方周末》2005年8月18日,第D27版。

人物的思想描绘成……提倡不偏不倚、事先不予估价的探讨,这都是对19世纪社会科学发展的全部歪曲";实证主义的产生"不是出于绝望,而是出于希望;不是出于思想狭隘的真理观点,而是出于对增长知识的新方法的远见卓识;不是出于对人类幸福的超然和冷漠,而是出于对社会生活最完善的热情信仰;不是出于孔德保守的'秩序和进步',而是出于启蒙运动对'自由、平等、博爱'的追求"①。把"研究关怀"倒过来讲,也就是"事先决定性的假设"。就连科学研究也有此类假设及其目的,譬若库恩(Thoms Samusl Kuhn)之"范式"、霍尔顿(Gerald J. Holton)之"主题"、拉卡托斯(Lakatos)之"研究纲领"、劳丹(Larry Laudan)之"研究传统"、马克斯韦尔(Maltz Maxweu)之"蓝图"、哈里斯(Marvin Harris)之"研究策略",表达的都是大同小异,或者说是涵义部分重叠的"研究指导方针"。② 第二,就教育研究及关于教育的研究而言,更应关涉"价值"问题。"'教育'只要是实际存在的问题,那么在教育问题中就不能回避价值的问题以及对价值的态度……教育学只要作为关于'教育'的科学,就必须老实地正视这些问题。"③第三,笔者信奉的虽是"事实性研究"的(教育)社会学观,但并不刻意排斥、反留心建基事实分析基础之上的价值诉求与策略思考,这也是对"社会学研究专事分析、漠视实践、安于现状"的指摘④的积极布防。由此,在经过第一至四章的分析与批判之后,本章将着力进行建构。

一、经学校改进社会——教育的社会功能

"功能"也许是被使用得最广而其涵义又最为模糊的词语之一,"很多术语(如使用、效用、目的、动机、意向、目标、后果)与功能(function)一

---

① [美]马文·哈里斯:《文化唯物主义》,张海洋等译,华夏出版社1989年版,第13页。
② [美]马文·哈里斯:《文化唯物主义》,张海洋等译,华夏出版社1989年版,第29~31页。
③ [日]大河内一男等:《教育学的理论问题》,曲程、迟凤年译,教育科学出版社1984年版,第318页。
④ 程天君:《在分与合之间:教育学分支学科之间的关系辨正》,载《河北师范大学学报》(教科版)2006年第4期。

词混用,而且几乎变成功能的同义词……但事实上,这些表面上具有类似之处的术语之滥用却使分析者逐渐偏离严谨的功能分析"①。默顿所谓"严谨的功能分析",就是要将"功能"严格界定于"可见的客观结果"而不是"主观的意向"(目标、动机、目的)这一含义之上。他主张从事功能分析时,对社会学之功能概念的使用应加以限制,同时也必须分清主观范畴的意向与客观范畴的结果;否则,一旦将(主观的)动机误认为(客观的)功能,就等于摒弃了清晰的功能探究,功能取向的真义就可能随着各种定义的含糊而丧失。② 也正是以此为前提,默顿强调了在功能分析中区分"负功能"和"正功能"、"显功能"和"潜功能"的重要性,从而提出了一整套功能分析的范式③,系统地奠定了功能社会学的理论基础。

前文的分析,是在谨遵默顿意义上,即"客观的结果"这一功能的含义(尽管没有十分明确提到"功能"这个词语,但在对譬如"朝圣仪式的逆转"、升旗仪式以及学衔授予仪式中"反结构"或"意外后果"的分析与强调,用意均系于此);但笔者为本章规定的任务是,在接续上文的社会学批判之后,从哲学(兼及教育学)的向度来探求学校教育之于社会民主的"功能"。所以,这里谈的教育的社会"功能"就毋宁说是,或更多的是一种目的,一种期待,一种诉求。换言之,这里所欲探求的是学校教育的"唯正向功能"④,它既拥有涂尔干"功能·目的一体观"⑤的蕴涵,也分享帕森斯"功能·期待一体观"⑥的义理。笔者之所以"不为尊者(默顿)讳"、甘冒"混用"功能概念之险,是基于如下两个理由:第一,默顿所言的

---

① [美]罗伯特·金·默顿:《论理论社会学》,何凡兴等译,华夏出版社1990年版,第103页。
② [美]罗伯特·金·默顿:《论理论社会学》,何凡兴等译,华夏出版社1990年版,第104~106页。
③ [美]罗伯特·金·默顿:《论理论社会学》,何凡兴等译,华夏出版社1990年版,第137~195页。
④ "唯正向功能"概念由吴康宁提出,是对只示明教育对社会的"正面"影响而不探及其"负面"影响(实质上认为教育只有正面影响、而无负面影响)的种种观点与理论的统称。参见吴康宁:《教育的负向功能刍议》,载《教育研究》1992年第6期。
⑤ 吴康宁:《教育社会学》,人民教育出版社1998年版,第369~371页。
⑥ 吴康宁:《教育社会学》,人民教育出版社1998年版,第371~376页。

"功能"及"严谨的功能分析"是"社会学"之功能的概念,而笔者这里则是要从哲学(兼及教育学)的角度来"追寻"教育的社会功能。既是追寻,就是要追寻一种"值得追寻"的,也就是带有理想化特征而非实际运作过程之中的教育的功能,一种"应当实施的教育履行的应当履行的功能"[①],一种"理想的教育"的理想的功能。一言以蔽之,这里所要表达和阐扬的,是研究者对教育所寄予的一种精神守望。第二,默顿所言的功能是"社会活动或文化事项"的功能(这就要求分析其正功能、负功能、显功能及潜功能),而笔者这里所要探求的,是作为一种"特殊的社会活动或文化事项",即"教育"的社会(民主的社会,不断改进与发展的社会)功能。何谓教育呢?据日本学者村井实的观点,教育是"使儿童变成善良的活动","善"或"使之善"是"教育"的本质——即使把对"善"的探讨作为独立的伦理问题,这个伦理问题也应是从"教育"问题中产生的,传统伦理学本是从教育学中派生出来的,在这个意义上可以说,把"教育"和"伦理"两者分开,完全是后人为图研究方便而已——只有把"善"和"使之善"摆在教育学研究的中心,教育学才切实地获得了独立的学术自主性。[②]若衡以"善"和"使之善"的标准(这与中文中"育,养使之作善也"的涵义相通),教育之为教育,就只有且只能有一项功能,即正向功能;至少,教育应当为了社会的改进而应追求、发挥此一功能。

关于教育与社会的关系,论者所在多有,其中首推杜威,尤其是其《民主主义与教育》,与柏拉图《理想国》及卢梭《爱弥尔》被称为三部不朽的教育瑰宝。该著问世60年后(1980年),悉尼·胡克对之盛赞道:"在任何领域中,在原来作为教科书出版的著作中,《民主主义与教育》是唯一的不仅达到了经典著作的地位,而且成为今天所有关心教育的学者不可不读的一本书"[③]。布鲁巴克将之称誉为20世纪"最有意义的教育事

---

① 吴康宁:《教育社会学》,人民教育出版社1998年版,第370页。
② [日]大河内一男等:《教育学的理论问题》,曲程、迟凤年译,教育科学出版社1984年版,第319~323页。
③ [美]约翰·杜威:《民主主义与教育》,王承绪译,人民教育出版社2001年版,第380页。

件"①。克伯屈更是对杜威赞赏有加:"在我看来,他是世界上未曾有过的最伟大的教育家"②。我国亦有学者如此判言:"作为教育学科的研究生,如果不读杜威的《民主主义与教育》,如果不了解杜威的思想,恐怕就难说是一个称职的研究生"③。就此而论,在此借鉴和承接杜威思想来阐发我们的教育与社会之关系,不谓不当。而且,仅仅为着"一个称职的研究生"之念想,笔者也"非如此不可"了! 当然,说在前头的丑话,还是要用到左派一句老掉牙的话来表达:应该"批判地继承"。

"研究教育的社会功能,重要的问题并不在于辨清教育到底有无社会功能,而在于探明教育究竟有何社会功能,以及教育的社会功能是如何形成的。"④本章的任务,是要探明教育究竟应当有何社会功能,以及为何要有这种功能,也就是说,为了"什么样"的社会教育应当履行"什么样"的社会功能。杜威《民主主义与教育》、《学校与社会》这些著作的标题,就彰明较著地显扬了这一问题的答案,其要义就存在于它帕斯卡尔式的⑤语句之中:

> 因为教育是一种社会过程,而世界上又有各色各样的社会,所以教育批判和教育建设的标准,包含一种特定的社会理想。我们选择了两点用来测量社会生活的价值,这两点就是:一个团体的利益被全体成员共同参与到什么程度。换言之,一个不良的社会对内对外都设置重重障碍,限制自由的往来和经验的交流。倘有一个社会,它的全体成员都能以同等条件,共同享受社会的利益,并通过各

---

① [美]布鲁巴克:《政治与教育》。见瞿葆奎主编:《教育学文集·教育与社会发展》,人民教育出版社1989年版,第365页。
② 赵祥麟:《外国教育家评传》(2),上海教育出版社1992年版,第540页。
③ 《以"有涯"追"无涯" 以"严谨"求"真知"——瞿葆奎教授治学谈》,载《教育研究》2003年第2期。
④ 吴康宁:《教育社会学》,人民教育出版社1998年版,第367页。
⑤ 帕斯卡尔说,有一些话能突然出乎意料地使全书的意思弄得一清二楚,一碰到这些话,我们对全书的特征就不会再有任何疑问了,一切模糊之处顿时消失了。譬如,马基雅维里所说的一个君主的教师必须为"半人半兽",就是这类的话。参见[德]恩斯特·卡西尔:《国家的神话》,范进等译,华夏出版社1999年版,第184页。

种形式的联合生活的相互影响,使社会各种制度得到灵活机动的重新调整,在这个范围内,这个社会就是民主主义社会。这种社会必须有一种教育,使每个人都有对于社会关系和社会控制的个人兴趣,都有促进社会的变化而不致引起社会混乱的心理习惯。①

不难看出,杜威的核心旨趣就在于探寻社会与教育的关系,惟先要确知"什么样的社会"与"什么样的教育"之关系。杜威努力唤起人们首先注意的就是民主主义与教育间的"内在的、重要的、有机的关系","这种关系可以从教育或学校方面和从民主主义的意义方面看出来(来探讨)"。② 正如克雷明(L. A. Cremln)对杜威《学校与社会》一书进行专门研究后得出的结论说,这里面"新的主要的东西是他的社会改良主义";赵祥麟就此评论道:"其实,杜威的全部著作分析到最后,都可以归结到这一点。"③而"这一点"——"社会改良主义"——正是笔者所要从杜威那里汲取的精华。

那么,杜威所心仪的是什么样的社会呢?是良好的社会,民主的社会,进步的社会,公正的社会!其标准有两方面:"社会内部共同兴趣(利益)的程度,和发展共同兴趣的和个人的新的兴趣的自由"④,换言之,就是以社会成员共享利益的多寡以及本社会和其他社会能否交流互惠为尺度。具体说就是①利益共享、平等相待、荣辱与共的社会;②开放型而非封闭型的,人类共存、共利和共赖的社会⑤;③"民治,民有,民享"的

---

① [美]约翰·杜威:《民主主义与教育》,王承绪译,人民教育出版社2001年版,第109~110页。
② [美]约翰·杜威:《人的问题》,傅统先、邱椿译,上海人民出版社1965年版,第32页。
③ 赵祥麟:《外国教育家评传》(2),上海教育出版社1992年版,第539页。
④ [美]约翰·杜威:《民主主义与教育》,王承绪译,人民教育出版社2001年版,第382页。
⑤ 滕大春:《杜威和他的〈民主主义和教育〉》。见[美]约翰·杜威:《民主主义与教育》,王承绪译,人民教育出版社2001年版,第10页。

社会①。

　　这里稍需阐明的是,杜威所谓的民主,并非人们通常认为的某种政府组织形式(通过这种形式,普通公众选举出他们的管理者,这种政府组织形式进而意味着一系列的程序与机构:定期的公开选举、普选权、出版自由、政党,等等。因此,民主通常被等同于它的程序工具;人们仅仅把民主理解为一个"政治概念",一种国家形式)。杜威说,如果我们这样来理解民主的话,就误解了它的本质含义。他提出了一种"更广泛和丰富"的民主概念:即"作为生活方式的民主"。据此,国家及与之相应的工具"不是民主的全部",民主的政治机构不是"最终的目的和价值",毋宁说,它们是实现"一种真正人道生活"的方法;也就是说,民主在本质上是一个"社会概念","一种相互联系的生活方式"②。相应地,杜威所谓的良好的社会(民主社会),绝不是囿于(就像它常常被误解的那样)一国、一族或一阶级的立场而立言的。相反,他旗帜鲜明地声言:"我们反对,正确地反对,借口于对祖国忠诚而灌输夸大的片面的民族主义,但青年不能完尽其所承担的伟大责任,直到我们的学校明了在一切社会关系中,什么是爱公众的精神和良好的公民资格";不仅如此,他极力提倡并切实敦促其母国的公共学校应该进一步完善的,是"去培养对于更伟大的人类的情感,去培养把人类都看成为一个家庭的成员的情感",以超越处于"情感爱好阶段"的"和平观念"之泛泛灌输,从而"进一步使青年认识到和平在世界中的实际意义,认识合作、善意、相互了解的意义"。③

　　这种进步的社会急切需要人与人之间以及社会与社会之间思想感情的交通融合,而这是"顷刻离不开教育的"④。了然于此,杜威在《我的教育信条》中提出如下基本论点:"教育是社会进步和社会改革的基本方法","教育是达到分享社会意识的过程中的一种调节作用,而以这种社

---

① 上海师范大学教育系、杭州大学教育系:《杜威教育论著选》,1977年版(内部印刷),第149页。
② [美]罗伯特·B.塔利斯:《杜威》,彭国华译,中华书局2002年版,第86页。
③ [美]约翰·杜威:《人的问题》,傅统先、邱椿译,上海人民出版社1965年版,第32页。
④ 滕大春:《杜威和他的〈民主主义与教育〉》。见[美]约翰·杜威:《民主主义与教育》,王承绪译,人民教育出版社2001年版,第10页。

会意识为基础的个人活动的适应是社会改造的唯一可靠方法"。① 民主社会所离不开的,正是民主的教育、良好的教育、自由的教育。而良好的教育目的的标准有①现行条件的产物。②有灵活性。③必须导致各种自由的活动,符合这三条标准的教育目的同时也须是促进民主的目的;由此,一切好的教育目的运用于教育中就具备了如下三个特点①它们建立在学生的活动和需要的基础上。②它们有助于学生的相互合作。③它们是专门、直接的,而不是"普遍适用的、最终的"。②

这里需澄清的一个命题就是杜威的"教育无目的"论。一方面,民主教育的目的是获得更多更好的教育,别无其他目的;这种教育即生长、生活的需要,生长和生活永远前进,在其扩充、提高、更新、重组的过程中,儿童和青少年逐步成长而终于成为(良好的)社会的合格成员。③ 另一方面,把教育看成生长,就意味着这是一个民主的社会,因为只有在相互交往和社会变革的环境中才能够生长;生长意味着民主,教育并不从属于教育过程之外的任何目的,民主作为一种目的就在过程之中。④ 可见杜威的"教育无目的论"乃是对脱离儿童而由成人决定教育目的的旧教育的纠正,并非根本上放弃或取消教育目的;祁尔德(J. L. Child)一语中的地道出了杜威心目中的教育目:"民主的生活方式"和"科学的思想方法"⑤。笔者以为,杜威是以"反弹琵琶"的方式来求索教育目的的,即以"民主(良好的)社会"作为(民主)教育的依据与指归。他认为教育乃民主社会的基本条件⑥,民主主义本身便是一个教育的原则,一个教育

---

① 赵祥麟、王承绪:《杜威教育论著选》,华东师范大学出版社1981年版,第11页。
② [美]霍恩:《杜威的教育目的论述评》(上)。见瞿葆奎主编:《教育学文集·教育目的》,人民教育出版社1989年版,第563~572页。
③ 滕大春:《杜威和他的〈民主主义与教育〉》。见[美]约翰·杜威:《民主主义与教育》,王承绪译,人民教育出版社2001年版,第9、19页。
④ 霍恩:《杜威的教育目的论述评》(上)。见瞿葆奎主编:《教育学文集·教育目的》,人民教育出版社1989年版,第558~559页。
⑤ 滕大春:《杜威和他的〈民主主义与教育〉》。见[美]约翰·杜威:《民主主义与教育》,王承绪译,人民教育出版社2001年版,第22页。
⑥ [美]西摩·马丁·李普塞特:《政治人——政治的社会基础》,张绍宗译,上海人民出版社1997年版,第31页。

的方针和政策①。这正如本章篇首引言所述:"如果没有我们通常所想的狭义的教育,没有我们所想的家庭教育和学校教育,民主主义便不能维持下去,更谈不到发展;教育不是唯一的工具,但它是第一的工具,首要的工具,最审慎的工具,通过这种工具,任何社会团体所珍视的价值,其所欲实现的目标,都被分配和提供给个人,让其思考、观察、判断和选择。"杜威特竟征用贺来斯·孟恩格言式的语句来强调教育作为民主主义首要的、审慎的工具的地位:"教育是我们唯一的政治安全;在这个船以外只有洪水","公共学校是人类的最大发现,其他社会机关是医疗和补救的,这个机关是预防的和解毒的。"②

如何"为着良好的社会"来施展民主教育呢?在与本文题旨攸关的地方,杜威也留下了不菲的遗产可资镜鉴。譬如,对于美国学校教育中的宣誓效忠仪式,杜威难能可贵地进行了反诘、反思和反省:

> 我们反对,正确地反对,极权国家为了压制一切自由和自由研究所作的虚伪宣传之潮流,但在这些关系上,我们(美国)的情况又怎样呢?我知道在许多学校中有奇异的宣誓仪式,六岁以上的儿童都站起来并宣誓效忠于国旗,效忠于国旗所代表的一个不可分的国家、正义和自由。我们把符号当作现实的替代品,这样自欺已到什么程度呢?我们的公民、立法者、教育工作者认为只要使儿童背诵誓词,即已灌输了爱国主义,他们这样欺骗自己的良心已到什么程度呢?他们知道什么是效忠和忠诚吗?当政党竞争和阶级区分依然使我们的国家处于或多或少的分裂状态之下的时候,他们所谓一个不可分的国家是什么意思呢?那就是一个不可分的国家吗?背诵口头誓词便在教育上保证了一个不可分的国家之存在吗?关于自由和正义,我亦提出疑问。我们做了些什么事情,使自由和正义的观念,从形式的仪节中,变为学校男孩和女孩的理解、识见和真正

---

① [美]约翰·杜威:《人的问题》,傅统先、邱椿译,上海人民出版社1965年版,第25页。

② [美]约翰·杜威:《人的问题》,傅统先、邱椿译,上海人民出版社1965年版,第34页。

的忠诚?①

教育是工具,是通达良好社会的第一工具;民主的社会、进步的社会、良好的社会就是教育的目的。对此,杜威容易招致的两个相互抵牾的指责或误解就是:"教育工具化论"与"儿童中心论"。前一种指责是说杜威把教育变成了社会的"工具"了。显然,这是以个人与社会的二分乃至对立为前提假设的。如果我们不健忘的话,应该记起导论中所引查尔斯·霍顿·库利(杜威曾受其影响)的良言:社会和个人并不是两个事物,而只是表示同一事物的个体方面与集体方面,把两者分裂并将它们置于对立的位置上这样一种普遍的观点是一个"极大的错误"。对此,杜威本人说得更深刻也更明白,他强调教育过程有两个方面:一是心理学的,一是社会学的;两者并列并重,不能偏废:"我相信受教育的个人是社会的个人,而社会便是许多个人的有机结合。如果儿童身上舍去社会的因素,我们便只剩下一个抽象的东西;如果我们从社会方面舍去个人的因素,我们便只剩下一个死板的、没有生命力的集体。"②

在破解囿于"个人与社会对立"而推导的"教育工具化论"之后,尚需对"儿童中心论"作一清思。不少研究者动辄祭起"杜威儿童中心论"的大旗,提出"儿童究竟属于谁",以及相应的"还儿童本来的面目和自由"之类的"问题"。所以在问题上加了具有讽刺意味的引号,原因在于我以为它是个假问题。这有两层涵义。第一,"杜威儿童中心论"本身就是个旁人赋义的问题。诚然,一般人认为,杜威一直强调儿童的兴趣和需要、儿童个人的完全自由和自我表现;他在批判旧教育消极对待儿童时,确实也说过:"我们教育中将引起的改变是重心的转移……这里,儿童变成了太阳,而教育的一切措施则围绕着他们转动,儿童是中心"③。可是杜威本人说的很明白:④与芝加哥实验学校开办以来许多参观者带回去的

---

① [美]约翰·杜威:《人的问题》,傅统先、邱椿译,上海人民出版社1965年版,第31页。
② 赵祥麟、王承绪:《杜威教育论著选》,华东师范大学出版社1981年版,第3页。
③ 赵祥麟、王承绪:《杜威教育论著选》,华东师范大学出版社1981年版,第32页。
④ 赵祥麟:《外国教育家评传》(2),上海教育出版社1992年版,第537页。

实验学校必然是"儿童中心"的印象相反,实验学校把"教育的社会方面"放在第一位,意图上让"社会中心",因为"儿童中心"是就心理因素,即方法论说的,"社会中心"是就社会因素,即教育目的说的。杜威认为心理发展的过程主要是一个社会的过程,一个参与的过程,"目的在于培养个人和别人共同生活和合作共事的能力"①。纵然我们非要把"儿童中心"的名号赋予杜威,那它也仅仅是在"教育过程"及"方法论"的意义上才具有一定的意义;而且,它始终是服务于"(良好的)社会中心"这一"目的论"的。第二,说"儿童(青少年)属于谁"是个假问题,并非指儿童不属于任何组织或单元,而是说,儿童确凿无疑地属于其中的一个或多个。譬如在中国,儿童是属于家—国的,"齐家、治国、平天下"即是自古的期待;而今,少先队加入仪式更是几收所有适龄儿童于国家——具体地说是政党——之怀中。对此,前文已作详述,兹不赘言。又譬如在西方,古希腊先哲柏拉图、亚里士多德师徒均对思想的一致性和社会秩序的稳定性情有独钟,主张必须把所有人都视为国家的,因为每个人都是国家的一个部分,部分的处理自然是受整体的处理所决定的。即便是自由主义者如路德(Martin Luther King)、孔多塞(Condorcet)、拉夏洛泰(La Chalotais)等也与柏拉图一脉相承,黑格尔更是赞同亚里士多德而抱持个人属于国家的观点。他们大多认为人的天赋、本性、能力不可平均分配,个体(儿童)都属于国家,惟教育所希冀的是一种"按适当比例"来培养儿童(青少年),以便寻求一种柏拉图所谓的几何学对称。(就此说来,下列判识虽沮丧却平实:自由及平等主义,自古以来显然是一种攻击陈旧恶习的有力武器,但绝不是建设一种新的社会秩序的工具②;"平等如同童贞一样,在理论上受到尊敬而在实践中则被违犯,这种形势使那些宣传它的人和那些试图实现它的人归于失败"③;即令现代西方社会所标举的"自由、平等、博爱"之启蒙运动,亦不过是一种"甜蜜的悲哀":一方面人

---

① 赵祥麟、王承绪:《杜威教育论著选》,华东师范大学出版社1981年版,第322页。
② [美]布鲁巴克:《政治与教育》。见瞿葆奎主编:《教育学文集·教育与社会发展》,人民教育出版社1989年版,第351页。
③ [美]艾伦·沃尔夫:《合法性的限度》,沈汉等译,商务印书馆2005年版,第4页。

有权利从各种外在社会中解放出来,另一方面这种解放与资本主义造成的剥削和殖民主义侵略的悲哀可分①。)鉴此种种,倘若非要天真地追求所谓儿童的自由或"纯粹的"儿童,那只有教育史上的狼孩卡玛拉和阿玛拉了,而其结果可想而知。是以儿童必须、只能,且首先属于家庭、民族以至国家,属于政治动物,拥有公民的身份,否则就成了如阿玛拉一样没有权利的自然的生命、"赤裸的"生命——如此,也就没有了人之为人的一切了,这也是为什么在执行死刑前要剥夺罪犯之政治(公民)权利的原由:赤裸的生命方可处死。

于是,问题便从"儿童属于谁"变成了"儿童应该属于谁"。因为我们确知儿童确凿无疑地属于有时空情境的家庭、社区、民族或国家;全部的问题就在于,教育如何把受教育者(儿童)从一己之利的单元(家庭、组织、政党、阶级、民族或国家等)的独霸性(结构性、预定性)"掳掠"中解救出来,培养成具有杜威所说的"人类的感情",从而为达致良好的社会创造必要的条件。就教育而言,就是如何尊重、尊敬儿童,在儿童所不得不属于的单元(谁与谁)之间求得平衡与和谐。而这是一个非常棘手的难题,对此,许多先哲都身陷困境。典例有三。一则如柏拉图就卷入了"恶性循环":②他主张一种适当的教育依赖一个适当的国家,但一个适当的国家在能够知道适当国家的轮廓以前,是不可能建立一种适当的教育的,柏拉图把避开这一循环的唯一希望寄托于哲学王的出现以及哲学王统治国家的到来。二则如卢梭,他主张把人和公民区分开来,但他同样面临着两难推理,与柏拉图不同的是,他不等待哲学王的偶然出现,而是通过与被腐化的人(公民)相对的未受污染的自然人的教育来寻求社会的改造,其结果于是也就只能流于愿望而已。三则如亲身实践所谓"儿童自由"教育理念的蒙台梭利、罗素、杜威等人,但只能在相当有限的范围内减少权力对儿童的干涉,且后两者的实验学校均以失败或未达预期目标而告终。终极以论,纵然把问题从"儿童属于谁"转提为"儿童应该

---

① [美]马歇尔·萨林斯:《甜蜜的悲哀》,王铭铭、胡宗泽译,生活·读书·新知三联书店2000年版。

② [美]布鲁巴克:《政治与教育》。见载瞿葆奎主编:《教育学文集·教育与社会发展》,人民教育出版社1989年版,第340、351页。

属于谁",这个"索引性表达"背后的千丝万网也是我们无力捋清的。至少恐怕在目前,人类暂时无法活出"人是生而自由的,但却无往不在枷锁之中"①的吊诡。

因此之故,对于"杯水何妨救车薪"的任务担当,最好,也只能将杜威的理想——良好的社会与相应的良好的教育——以及他为此而达到的高度谨记于此,作为后来者攀沿的位阶:

> 我们曾根据这个观点(民主社会与相应的教育)研究了历史上三派有代表性的教育哲学。柏拉图的教育哲学思想,在形式上与我们所讲的观点很相似,但是在他把这个理想付诸实施时,却把阶级作为社会的单位,而不是把个人作为社会的单位,从而放弃了这个理想。18世纪启蒙时期的所谓个人主义,把社会看得和人类一样广大,个人是社会进步的器官。但是,这一派哲学缺乏任何发展其理想的机构,它的求助于自然就是证明。19世纪的制度化的唯心主义哲学,把民族国家作为实现其理想的机关,弥补了这个缺陷。但是,在实施中又把社会目的的概念限于同一政治单位的成员,重新引进了个人从属于制度的思想。②

这段评估性的引文出自《民主主义与教育》,该著问世于民主路线演进了一个世纪之后而不是开端之时。其时,杜威站在20世纪的初叶,回顾历史,指点江山,"没有一个人像杜威那样能掌握19世纪全部教育趋势的广泛的和持久的意义,并提出指导未来教育活动的综合的建设性的理论"③。撑起杜威豪迈之气的,就是隐含在这段评论中的弦外之音,即他的哲学和他谋求的使教育有助于"实现一个良好的和公正的社会"的研究宏旨及其成就。尽管二战后兴起的英国分析教育哲学曾一度强烈

---

① [法]卢梭:《社会契约论》,何兆武译,商务印书馆2003年版,第4页。
② [美]约翰·杜威:《民主主义与教育》,王承绪译,人民教育出版社2001年版,第110页。着重为笔者所加。
③ [美]布鲁巴克:《政治与教育》。见瞿葆奎主编:《教育学文集·教育与社会发展》,人民教育出版社1989年版,第366页。

地削弱了杜威此一成就长期以来的统治地位,但到了20世纪70年代,其研究重新受到注意并活跃起来。其时,诸如"杜威的哲学模式在服务人类事务上显然具有持久性"〔J. 索尔蒂斯(Soltis, J. F.)〕、"杜威对于形式主义以及许多在学校里仍然流行的不合理的东西的革命,仍然是中肯的"〔R. 彼得斯(Peter, R. L.)〕之类的评价①,即是明证。

当下,我国正在提倡和积极构建的"和谐社会"何尝不是为着"实现一个良好的和公正的社会"呢?中共中央十六届六中全会提出和谐社会的6个具体目标就是:民主法制、公平正义、诚信友爱、充满活力、安定有序、人与自然和谐相处。② 对于"和谐",有研究者这样释义:有"禾"人"口"是为"和",人"皆"能"言"谓之"谐"。前者讲的是民生和社会保障,后者讲的是民主和言论自由,二者具则"和谐"达矣。并认为,这与前述中共中央提出的6个目标是相通的,无疑体现了一种"上下共识"③。为着这样的和谐社会,教育的目的必然是要培养现代公民所应具备的素质,而不能仅仅是培养"接班人"。在此意义上说,1993年《中国教育和改革发展纲要》提出的(旨在全面提升人的素质的)"素质教育"可谓意义重大。但把"素质教育"与"应试教育"并举或对立(尤其在不少研究者那里),不仅逻辑上不通,而且也把"素质教育"本身异化了。素质教育与应试教育是不同类因而也就不可比,但又是完全可以交叉、重叠的范畴:④"素质教育"是就教育目的而言的,它以全面提升人的素质为目的,与之可比的是以培养某种"信仰者"为目的的意识形态教育、以培养好勇斗狠者为目的的尚武教育(斯巴达式教育)、以增加"工具理性"为目的的唯智教育、以培养对某人的忠诚为目的的奴性教育,等等;而"应试教育"则是就教育过程(包括过程阶段性起终点的入学、毕业等)中成就评估、资源竞争、资格认证的一种测量手段而言,与之可比的是不以分数而以个人的赏识为标准的"推荐、保送教育"以及以出身为标准的"伯乐相马式教

---

① 赵祥麟主编:《外国教育家评传》(2),上海教育出版社1992年版,第541页。
② 《中共中央关于构建社会主义和谐社会若干重大问题的决定》(2006年10月11日中共六中全会公报)
③ 秦晖:《和谐社会:难得的全民共识》,载《南方周末》2006年10月12日,第A1版。
④ 秦晖:《问题与主义:秦晖文选》,长春出版社1999年版,第469~470页。

育",以长官意志(或以可轻易强奸的"民意")为标准的"种姓教育"、"成分教育",以财力为标准的商业化教育,等等。更进一步,也有学者就"教育的根本任务是提高全民族素质,培养德、智、体等方面全面发展的社会主义事业的建设者和接班人"这一"素质教育"的提法(表述)指出了质疑,认为"素质教育"这个概念本身具有不确定性,词义含混,可以为任何性质的教育所使用(按:它是一个中性词);况且,社会不是由接班人和建设者组成的,而是由公民组成的,何不把教育目的直接定性为培养合格的公民?① 的确,"今天的学校教育,对于公民的培育和成长来说,是最为关键的场所,所以许多国家和地区都非常强调中小学的公民教育课程建设,纷纷开发出不同的公民教育标准,以便为民主政治制度的顺利运行和健康发展培养出合格的、有知识和参与技能的公民"②。

  关于教育目的以及学校教育与社会民主的关系,笔者的绵薄之力到此将尽。也许,这与其说是解决了问题,不如说只是提交了问题。不过,"就最高目标本身来说,即使没有达到,也比那完全达到了较低的目标,要更有价值"③。何况,"一般而言,任何对杜威思想的研究都不会有结论";也"正因为当前主宰我们生活的社会机构——我们的学校、我们的工厂、我们的家庭等——通常是反民主的,我们的使命才是不容易的"④。所以无论如何,我们都当铭记本章篇首艾略特的格言:"一个问题的解决将会旷日持久,而且需要几代人都予以重视,这样一个事实不应成为人们推迟研究该问题的正当理由。在生死存亡的关头,情况终会证明,是我们所推迟解决或忽略不管的问题,而不是尽了力却不能解决的问题,会反过来使我们遭殃。"遵此精神,下文仍将继续付出不可为而为之的努力,拟就学校教育中的——因而也为民主社会奠基的——民主与言论自由稍作讨论。

---

  ① 墨公等:《"素质教育"能培养现代公民吗?》,载《南方周末》2005 年 8 月 18 日,第 D27 版。
  ② 刘军:《通过教育捍卫民主》,载《开放时代》2006 年第 6 期。
  ③ 《歌德的格言与感想集》,程代熙、张惠民译,中国社会科学出版社 1982 年版,第 94 页。
  ④ [美]罗伯特·B.塔利斯:《杜威》,彭国华译,中华书局 2002 年版,第 92 页。

二、从失衡臻于和谐——学生的自由发问

上一节主要汲取杜威的思想来阐发,本节将主要借鉴罗素的灼见来建构。对话罗素的原因有三:一是罗素作为英国最有权威的哲学大师,曾对杜威十分激赏——他尝言:"任何对于人类的未来发展感到兴趣的人,应当特别对美国进行研究。就我看来,本世纪(20世纪)内在哲学和心理学方面最杰出的成就产生于美国。聪明机智的美国在其粉碎欧洲的桎梏而成功时,已经发展了一种不同于传统的崭新眼光,这主要是詹姆斯和杜威的研究所结成的硕果";"杜威的见解,我几乎完全赞同"[①]——这在一定程度上可以避免笔者所借鉴的资源(杜威)与资源(罗素)之间的"短路"。二是罗素一生在学术成就与社会责任两方面都未偏废,而且达到了"铁肩担道义,妙手著文章"的两个高峰:其学术著作,冰清玉洁,如不食人间烟火;其时评争论,则道义澎湃,每当社会发生重大事件,都能听到他不畏权势的激越抗议。[②] 而罗素90年前(1920年)的来华讲学,虽遭遇当时国人"始而期望、继而失望、最后是讥评四起"的尴尬与双重失望的窘局,但那主要是因为其时中国人急需(短程需要)的是一副陌生而遥远的"西药",而罗素给中国开出的恰是治本不治标的"中药"(譬如,在社会政治思想方面,罗素固守英国哲学传统中源远流长的怀疑精神,同时亦不缺乏法国人文传统中的热血担当;又譬如,他号召中国人迅速发展工业大生产,同时又劝中国人警惕社会有机化对个人自由的侵害;他建议中国人效法苏俄走"国家社会主义"的捷径,同时又指出"国家社会主义"的政治体制并不美妙且弊病丛生;他鼓动中国人迅速培养起爱国热情,同时又要求中国人必须将爱国热情严格控制在足以救国的高度;他赞成中国人从事社会政治运动,但又要求中国人保持平和沉静的心态;他希望"少年中国"中间产生成千上万"果敢坚毅之士",但又避而不谈是否应该组成纪律严明的政党这样一种政治思想,既非英国的保守主义又非法国的激进主义,实乃剔除了它们各自负面因

---

① 滕大春:《杜威和他的〈民主主义与教育〉》。见[美]约翰·杜威:《民主主义与教育》,王承绪译,人民教育出版社2001年版,第35页。
② 朱学勤:《书斋里的革命》,云南人民出版社2006年版,第299页。

素,综合了两种知识传统的正面因素。这对当时习惯于非此即彼的国人来说实在难以把握)。① 惟其如此,这份早到近 90 年的思想于今日中国仍不乏现实意义。第三也是最主要的是,与杜威相似,罗素也主张经由学校改造社会,以下主要据此阐述。

本着"方法无国界,问题要原生"的对话精神与借鉴原则,这里对学校教育中"言论自由"的探讨不妨从中国的问题意识入手。

1. 问题意识:学生"失语"了

凡稍有学校生活经历的人,对如下这一现象大概不会陌生:随着年龄及年级的递增,我国学生的自由发问却与日递减——从小学生"嗷嗷待哺"的举手抢答,到中学生"欲言还羞"的被动答问,再到大学生"无动于衷"的漠然失语,学生没有问题,学生"失语"了! 对此,我们不得不反思,理由至少在于:造成学生自由发问缺失乃至根绝的教育已然难成其为"和谐教育"——无论这个词语的意涵多么丰富,不管人们对它的解读多么分歧。如何反思? 不妨这样追问:儿童爱好学习及自由发问的"天性"何以在"受教育"的过程中日消殆尽? 或问:是什么因素导致了学生自由发问的缺失乃至根绝?

答案当然不止一二,但若据罗素自由教育思想来审视,似可发现学生自由发问的两大羁绊:教育者的"武断"可谓学生自由发问的一大克星;而教育对学生"礼貌"的崇拜乃是自由发问之另一隐蔽而巧妙的樊篱。至少,这两者是造成儿童本性扭曲的直接缘由。

在揭开这两道樊篱的面纱之前,有必要析及罗素自由教育思想的要津。罗素坚信,只要对儿童的身体、情感及智力予以恰当的处理,就可以在儿童身上十分普遍地培养出诸如活力、勇气和智慧之类的品性来。②他所谓的"恰当的处理",是指在教育过程中要遵循尽可能多地发展个人自由的原则,采用让儿童有更多自由的方法。这种自由教育的主张是罗素教育思想的核心所在。但罗素的"自由"教育观与其时许多"自由教育"思想迥异,他认为教育中的自由对儿童情感和理智的发展至关重要,主张教育的目的及功能只是为儿童的成长提供各种机会与条件,消除各

---

① 朱学勤:《书斋里的革命》,云南人民出版社 2006 年版,第 298~309 页。
② B. Russell. On Education, London: Allen and Unwin, 1928. 48.

种不良因素的影响与羁绊;他将教育的其他功能看作是"消极"的,尤其反对以教育的其他功能来销蚀乃至牺牲儿童的自由。此即罗素的自由(或"消极")教育思想。而其本质内涵与根本特点即在于:在必要的权威及纪律的伴随下,尽可能给儿童以更多的自由,但是要按照自由精神或原则来行使权威和运用纪律。须指出,罗素从未主张过完全的"自由教育"(free education),相反,他在《社会改造原理》及《教育与社会秩序》中都陈明了纪律和约束的必要性。① 罗素秉持"美好生活"(good life)之教育目的,极力倡导且躬身践行的是"一种真正的现代教育":它既不训练儿童维护各种传统的偏见,也不教给他们新的教条,而是努力帮助儿童独立思考和独立活动,从而使他们能解决在他们的成长过程中必然会遇到的这个变化着的世界的各种问题。正如有评论者指出,将罗素的自由("消极")教育思想简单指责为"无政府主义",多是出于对他的"误解"。②

既如此,要追询我国学校教育中以"学生失语"为表征的教育失谐问题,罗素的自由教育思想无疑就是一个可资鉴析的选择。所谓鉴析,乃是一种批判性的分析及借鉴,而非简单的挪移或推崇。准此,下文的笔触将切实地延伸于我们的教育实践之纵深,探讨作为自由发问之樊篱的"武断"与"礼貌"。

2. 教育者的"武断"

这里的"教育者"无疑主要是指教师及相关教育工作者,但他们同时无疑也是国家的代理人,受国家的委托对学生进行"教育"。是以教育者的"武断"并非仅仅是教师及教育工作者个人的任意武断,同时也是国家意志的鲜明体现。"武断"在此并非贬义之辞,只是一个描述性的概念,表示教育对学生的"预定"以及据此而采用的"教育"方式。这种"武断"在儿童入学伊始乃至之前即已定好,"少先队"加入仪式可谓其中典型一例。导论已述,仪式,作为坎贝尔所说的母腹之外的"第二子宫",对于人

---

① B. Russell. Education and the Social Order, London: Allen and Unwin, 1932, 34~40;[英]伯特兰·罗素:《社会改造原理》,张师竹译,上海人民出版社2001年版,第92~109页。

② 魏贤超:《罗素》。见赵祥麟编:《外国教育家评传》(3),上海教育出版社1992年版,第423~449页;[英]罗素:《美好生活的教育目的》。见瞿葆奎主编:《教育学文集·教育目的》,人民教育出版社1989年版,第484~506页。

的第二次诞生(第一次是生命的诞生)意义非凡,对于我国的教育而言,其意义更是非同小可。因为自民国以降,中国逐渐成为一个现代民族—国家,其间,中国社区与国家关系的变化经历了传统时代县以下社区的相对独立性向一个世纪以来的行政"细胞化"转变。尤其是1949年以后的中国,国家权力日隆,社会控制直达乡村,国家与社会高度融合;而伴随着义务教育的普及,"生在新中国长在红旗下"的每一个适龄儿童都几无例外地在"少先队"的入队仪式中获得了第二次诞生——"我们是共产主义接班人"。由此,来自家庭的"幼儿"被直接预定为"接班人",并在以后的教育中朝向这个规格而不断被锻造,这几乎是一个由"国家保证"的常识。若推而广之,其实任何国家的教育大约都是在培养自己的接班人,这是国家办教育的题中之义;对青少年进行适宜的理想及信仰教育也是教育的本然使命。这些都十分必要而且无可厚非。

问题在于,在"接班人"这个宏大的教化主题与学生稚嫩的心智之间,至少,或者首先存在着理解与内化上的鸿沟及紧张。因此,儿童常有诸如"什么是共产主义?"、"什么是接班人?"、"什么是烈士呀?"、"红领巾为什么是用血染红的?"之类的"自由发问"。对此,教育者(以及家长)往往难以甚或不愿作答(这其实也正是老师,尤其使教政治课的老师以及班主任常犯愁的事),因而学生遇到的不是武断就是冷酷的沉默,久而久之,他们自然就不敢、不想或者不必再发问了。据此说来,"共产主义接班人"这个宏大的主题于稚嫩的儿童而言,就难免有些超负荷的"武断",结果可能是欲速则不达。至少,儿童在学校中首先习得了"服从武断"这一始基性的思维定势与支配性想像。实践及研究也屡屡表明,"对于今天一年级儿童(甚至是五六年级儿童)来说,'共产主义'、'接班人'、'革命先烈的鲜血'等等,都是如坠云里雾里的'大词'。这些'大词'过于'崇高',与儿童的'当下生活'相去甚远,儿童无法进行关联;过于'庄严',与儿童的'游乐心灵'相去甚远,儿童很难产生兴趣;过于'深奥',与儿童的'知识基础'相去甚远,儿童实在无法理解";在我们的学校教育中,这些"云里雾里的'大词'使用多了,慢慢地也就心口两异了,渐渐地也就言不由衷了,'大词'本来用以表达的'庄严'事项到头来也就很容易被当作儿戏了"①。

若细究起来,"接班人"其实是个涵义复杂的概念。而其要者似有两点:一是国家对于未来一代(现时的学生)的社会角色期待,二是学生个人(连同家庭)对自己未来社会角色的想像或预期。在国家的期待与个人的预期之间实际上存在着或"协调一致"或"互不吻应"抑或"彼此矛盾"等多种可能的关系,且"接班人"的具体涵义也因境、随时而异。但有一点需要指出:就国家一方来讲,"接班人"的培养因基于"社会稳定"——这可能是任何政权的首要任务或"最大的政治"——的考虑,不外乎存在两种基本喻指(角色期待):或是站在维护现状的立场造就反对变革的下一代,或是为了保持新的社会平衡而造就积极投身革命(变革)的新一代。这两种造就其实都是"社会控制的逻辑",而且是异曲同工的社会控制之逻辑。就此而论,罗素所言确实不无道理:"这两造之间,没有一造考虑到儿童本身……如果我们尊重儿童的权利,那么教育就不能成为政治上的武器。"②然而,客观地说,历史上过去不曾有、恐怕将来也不会有那种完全脱离政治的教育,惟这种现象在我们的教育中比较明显而已。

显例之一便是,教师因被赋予"灵魂工程师"的使命而显得异常"武断"乃至"专横跋扈"③,这首先表现在师生关系的严重失衡上。虽然在教学领域,已屡见有"教学民主"或"民主化教学"的呼吁与尝试,但在道德教育——毋宁说是政治、思想教育——领域,则绝少有类似的主张与实践;教师在道德教育过程中的"霸气"远远甚于其在知识过程中的"霸气",且常常会"文过饰非";教师实际上被看成是矗立于学生面前的代表社会意志的制度权威、说一不二的思想首领、永远正确的价值法官。④学生只是书本和分数(政治思想及道德评定也以分定论)的奴隶,只能唯

---

① 吴康宁:《红领巾是用什么做的》,载《教育参考》2006 年 12 月号。
② [英]伯特兰·罗素:《社会改造原理》,张师竹译,上海人民出版社 2001 年版,第 93 页。
③ 程天君:《"蜡烛"、"灵魂工程师"还是"教育家"——教师冠名现象之析疑》,载《当代教育科学》2003 年第 4 期。
④ 吴康宁:《教会选择:面向 21 世纪的我国道德教育的必由之路》,载《华东师范大学学报》(教科版)1999 年第 3 期。

教师是从、唯书本是尊,从而在其身体变成"书橱"的同时,心灵则成了强势意识形态观念的"跑马场",最终导致其思想依附,灵魂萎缩。其次,教育者的"武断"也表现在教育教学话语方式上。基于上述师生观的定位,在我们习以为常的政治、思想及道德教育中,多宣传、灌输,少探索、启蒙;多指示、命令,少对话、交流;多统一思想,少丰富认识;多消极防范,少尊重及信任,一言以蔽之,更多的是教师的"武断"与"霸权"。再次,这种"武断"还表现在教学内容的解读方式上。讲小说必须分清好坏人,农夫与蛇、东郭先生与狼意喻分清敌我,《项链》仅被解读为批判资产阶级的虚荣心,曹禺笔下周朴园的性格特征被规限为自私、虚伪,洛克菲勒被说成一个唯利是图的金融寡头……此等仪式化的解读是做过学生者大都领受过的。还有,在作文话语方式上,更是充斥了说假话、说套话、说别人的话的可悲现象。非常时期专门训练学生说政治话语;就平常时期而言,农村的孩子写作文大都是如何帮助老爷爷找到丢失的猪或羊;城市的则几无例外的是帮助老奶奶过马路或拾到几角钱交给警察叔叔。作文中多有陈旧格式和文字游戏而鲜见率真活泼和生活体验的切实表达……这种僵化的作文模式不仅限抑了学生的想像力和创造力,更可怕的是还构制了学生的双重人格,磨灭了个性。

而所有这些都由如下一点得以确保:我们的教材不遗余力地告诉学生只有一种东西是正确的,并且用一整套考试制度强制学生接受并相信这一种东西。学生因此只能拥有最单一的知识与观念,精神变得非常单一。既如此,哪里还需要、还容得下"自由发问"呢?于此而言,或许我们不可忘记罗素的警语:"只要教学的目标是产生信仰而不是思维,是强迫青年对可疑的事情持有一定的意见,而不是使他们看到可疑之点来鼓励他们独立思考,那么,防止自由发问是无可避免的。"①

3. 学生的"礼貌"

与教育者的"武断"相伴而生的便是学生的服从。这里的关键词是耳熟能详的"听话教育"。无论是教师心目中的"好学生"标准,还是学生进校门前家长仪式化的叮咛——"到学校好好听话!",都确凿无疑地表

---

① [英]伯特兰·罗素:《社会改造原理》,张师竹译,上海人民出版社2001年版,第99页。

明了这一点。而学生的"礼貌"自然也就成了"听话教育"的一个最好表征和起码要求。要是学生凭着"自由发问"的精神问了老师难以回答或不愿回答的问题,就在无形中成了一个不懂礼貌的学生,不听话的学生。有时,哪怕学生是据理与老师稍微争辩一下,就天然地被老师(甚至连同家长)判为"无理"、"狡辩",甚至被"勒令写出检查"。[①]

这种对"礼貌"的崇拜及其养成热望,在儿童入学乃至"入园"伊始就即刻达于至上的标高。走进田野不难发现,幼儿园的小朋友经常得到的指示是:一二三,手背后! 闭嘴! 不许讲话! 先举手,再发言! 趴下,静息! 和老师顶嘴不礼貌! 再讲话站墙角! ……还可发现,幼儿园的小朋友或小学生见到老师每每会撵在后面进行仪式化的叫喊:"老师好!"(还常伴随着行队礼),那些不愿向老师问好的学生(尤其高年级的小学生或中学生)只是以应付的方式进行这种仪式化的问候:"老师好!";而老师则只是若有若无地"回应"学生的问候,甚至常常不"还礼"——仿佛学生讲礼貌是天经地义的,或者就是教师生就不需要讲"礼貌"。

对于这个颇具社会学意味的现象,不妨作如下分析。师生之间的这种互动——尽管不对等,而这恰是其意味所在——在本质上是受一个交换动力调节的交谈与仪式,而学生在这种互动中所做的一件事情就是展现顺从与风度:"顺从"(deference)即展现向他人表示尊敬姿态的过程;姿态的实际展现就是"风度"(demeanor)。顺从和风度紧密结合在一起,它们也和交谈与仪式结合在一起,因为顺从与风度趋于仪式化,而且地位不平等的人之间的交谈与仪式最能展现顺从与风度。[②] 个人之间这种日常礼节、尊重、礼貌和权威的整个结构的存在,"就是因为它被视为理所当然的,但通常它所赖以支撑之物,除了那些相信其稳固性的人对违背者的潜在的社会谴责之外别无他物"[③]。可见,这种基于学生"礼貌"要求而形成的师生见面礼仪,是前文所述(不平等)师生关系的一个

---

① 景盛:《教育惯习点击》,载《教育参考》2006 年 12 月号。
② [美]乔纳森·特纳:《社会学理论的结构》(上),邱泽奇等译,华夏出版社 2001 年版,第 194~196 页。
③ [美]兰德尔·柯林斯、迈克尔·马科夫斯基:《发现社会之旅——西方社会学思想述评》,李霞译,中华书局 2006 年版,第 414~415 页。

生动体现。这里值得进一步追问的是：学生的礼貌到底对其有什么意义和价值？换言之，为什么学生在明知教师不"还礼"①的情况下仍"热情依旧"或"迫不得已"地实践这种见面礼仪？谚语"小利可以生大财"似可作答，"小小的举动常得大大的称许……那就'好像一封永久的荐书一样'"②；而"礼貌的普遍意义在于，它能给具备它的人带来特别的好处，尽管我们应该靠本事和德性来博得别人的尊敬。……那些流于表面的东西往往更能打动那些只注重外表的人们，尤其是迎合他们愿望的时候"③。这即是说，行见面礼于教师而言，至少迎合了其"好孩子"的期待心理；于学生而言，则多少在形式上表明"我是个好学生"。更兼在我们这个"礼仪之邦"里，"礼貌"也是人之为人最起码的涵养，且我们的社会素有"礼多人不怪"、"伸手不打笑脸人"、"笑面虎讨人爱"、"谦虚使人进步"之类的俗语及常道，这一切都使人觉得，教育对于学生礼貌的养成不仅必要，而且无可厚非。这在一定程度上是合理的。

不过，事情还得一分为二地看待。

诚如罗素对我们大有帮助的提示，教育对学生"礼貌"的崇拜，是为阻止(学生)自由发问而采取的"隐蔽而巧妙的形式"，它对于生活和思想，跟中世纪的教会有着同样的危害性④：他论证说，"礼貌"跟表面的虚心是很配合的，但它并不合于根本的虚心，也不是内心准备重视另一方面的意见，它的本质自以为最重要的事情是一种待人接物的行为而已。罗素还说明了"礼貌"的坏处发生于两个来源：它的完全相信自己的正确，和它的相信正确的礼节比智力或艺术的创造、生命的活力或任何其他世界进步的来源更为重要。而这种完全自信，照它的本身来说，足以

---

① 其实，学生也没指望着老师"还礼"，这已经在学生心里形成一个定势，因为大多数老师经常是不还礼或"无礼"的，即便偶有老师还礼，学生在老师还没说完就"已经跑很远了"。见高德胜：《生活德育论》，人民出版社2005年版，第103页。

② [英]弗兰西斯·培根：《培根论说文集》，水天同译，商务印书馆1983年版，第183页。

③ [德]N.埃利亚斯：《文明的进程》(第一卷)，王佩莉译，生活·读书·新知三联书店1998年版，第68页。

④ [英]伯特兰·罗素：《社会改造原理》，张师竹译，上海人民出版社2001年版，第98页。

使有此自信的人的思想进步受到阻碍。如果它还兼有轻视大思想家所几乎必有的傲骨和不知礼节,那它对于一切和它接触的人就变成了一种破坏的来源。可见,"礼貌"本身是死的,不能生长的,而且由于它对那些没有它的人的态度,它把自己的死气传播于许多本来可以有生命的人。故此,教育中对于"礼貌"的崇拜,一方面有可能使教育者怀着陶工的心态,把那些活泼、自由、有生命的个体型塑为懂礼貌而乖巧的"盆景",所谓"最早的管理,最一般的管理和不断自发地重新开始的管理,是遵守礼仪的管理"①。另一方面也可能使学生失去自由发问的可贵精神而熏染"讨好"的堕落气质,甚至养成一种谄上骄下的虚假民主。所罗门有言:"看风的人将不能下种,看云的人将不能收获。"

可见,同"武断"相仿,对"礼貌"的崇拜何尝不是学生自由发问的又一樊篱呢?要说有什么不同,只是后者更加巧妙、更加隐蔽而已。"武断"与"礼貌",昭示并隐喻着学生必须迫于社会权力而屈身服从。但服从有无界限呢?其界限又在哪里呢?这是需要进一步追询的问题。

4. 服从因"尊敬"而称义

追询之前需要声明,上文所述绝无全然否认教育中的权威以及对于学生"礼貌"的教养之意。胡克(Sidney Hook)曾就教育权威说过:"在学生足够成熟,接管他们自己的教育的方向以前,教师对学生的作用和在理智上的权威必然是一种不对称的现象。在认真对待课程的人们中,进步主义教育的过分做法使进步主义教育成为笑柄,就是由于没有认识到这一点。"②培根对礼节也曾有过雄辩的认识:"全不讲礼仪就等于教别人也不要讲求礼仪,结果是使人对于自己减少尊敬之心,尤其是在与生人交往或办理正事的时候不可不讲礼节;但是专讲礼节,并且把礼节推崇到比月亮还高的地位,那不但是繁冗可厌,并且要减少人家对言者的信任了。"③

---

① [美]E. A. 罗斯:《社会控制》,秦志勇、毛永政译,华夏出版社1989年版,第190页。
② [美]约翰·杜威:《民主主义与教育》,王承绪译,人民教育出版社2001年版,第386页。
③ [英]弗兰西斯·培根:《培根论说文集》,水天同译,商务印书馆1983年版,第184页。

这表明,教育的"武断"、对"礼貌"的崇拜以及由此而带来的权力及其服从,绝不是漫无天际的。对此,罗素之言甚善:"权力在教育上是不可避免的,所需要的是尊敬。……凡是施教的人必须找到一条按照自由精神来行使权力的道路。"①这即是说,由"武断"与"礼貌"而表征的社会权力及学生服从,只能限制在对学生自由精神尊敬的范围之内,"服从"只因"尊敬"而称义。遗憾的是,正如罗素所言,在普遍的教育中,有从政府机关发出的法令规章,有大的班级、固定的课程和工作过度的教师,有决心要产生同一水平的平凡的中等人才,而对于儿童缺乏尊敬则几乎是普遍的。我国的教育更多的是要求学生中规中矩,是"静听"、"笔记"、"背诵",是考试时的"提取"和"再现"。一言以蔽之,是贬斥自由发问,倡扬灌输—服从。

罗素说,使服从在学校里好像成为必要的原因,在于由虚伪的经济学所引起的人数众多的班级和工作过度的教师所造成的。② 于我们而言,除去这个原因而外,恐怕还有一个更具本土特色的原因,那就是我们的"刻苦"学习观——学习既然是件苦差,服从、刻苦自然也就是顺理成章的事。作为"万世师表"的孔夫子就曾云:"爱之,能勿劳乎? 忠之,能勿诲乎?"③孟夫子说得更直白:"天将降大任于斯人也,必先苦其心志,劳其筋骨,饿其体肤,空乏其身,行拂乱其所为,所以动心忍性,曾益其所不能。"④中国人素有"学海无涯苦作舟"的劝训,也有"头悬梁锥刺股"的告诫,还有"程门立雪"的典故,更不乏"不吃苦中苦、哪得甜中甜"的俗

---

① [英]伯特兰·罗素:《社会改造原理》,张师竹译,上海人民出版社2001年版,第94页。

② [英]伯特兰·罗素:《社会改造原理》,张师竹译,上海人民出版社2001年版,第101页。

③ 《论语·宪问》。尽管孔夫子也曾云:"学而时习之,不亦说乎?"(《论语·学而》)但此"说"怕是需以彼"劳"及"诲"为前提或代价的。还有,林语堂也曾有言:大凡交过情人的人都知道"读书苦"是骗人的鬼话,真正的读书好比交情人,犹如蜜一般的甜。不过,此语的"反向副本"分明是在说中国人多是主张"苦"读的(这其实正是林公提出"情人读书法"的靶心所在)。况且,一般的"凡夫俗子"哪能都有"风流才子"的那般甜蜜体验呢?

④ 《孟子·告子下》。

语。古时儿童不仅要背四书五经(现在也有人主张复此古),还要挨戒尺板子。今人也常于"十年寒窗苦"之后再以"板凳甘坐十年冷,文章不写一字空"自勉。这一切大有"练此功先自宫"的决心与悲怆。总之,正像有人总结的那样,学习一事在西方人看来快乐无比,而在我们眼中则毫无乐趣,如同一个太监面对后宫佳丽;东西方两种学习观和智慧观的差别,不仅仅是驴和马的区别,而且是叫驴和骟马的区别。① 此论言虽近谑,却也颇中肯綮。君不见,由这种"刻苦"学习观,加上作为"价值法官"的教师的武断以及教育对学生"礼貌"的崇拜所导致的学生被动服从与被动接受,业已成为我们教育的一个鲜明特征乃至"整体性生态"。罗素在近一个世纪之前(1916 年)即已指出,这种被动服从、被动接受式的教育之后果,于教师而言是"高度的疲倦"与"易受刺激的神经";于学生而言则可能形成一个被动服从与接受的习惯——在后来的生活中这是一个不幸的习惯,它教人寻求一个领袖,而且接受任何一个稳坐在领袖位置上的人作为他的领袖。② 如此,学生自由发问的本性消亡了,遑论独立之人格、自由之精神。

质而言之,过分强调学生服从的教育已很难成其为"和谐教育"。全部的理由就在于,它以政治、经济或社会文化的指标而压制、代替乃至牺牲了学生个体发展的需求。换言之,这种教育没有在促进社会发展与学生个体发展两者之间取得应有的平衡,更没有顾及培养"人类的感情",因而也就无"和谐"可谈了。

5. 一种"和谐教育"观

如何把社会权力及学生服从限制在"尊敬"学生自由精神的范围之内,从而铸就一种社会与个人和谐发展的教育观呢? 由小及大似有三个必经之点。

首先是如罗素所主张的,在师生之间需形成一种友谊型而非强制甚

---

① 王小波:《思维的乐趣》,中国人民大学出版社 2005 年版,第 100~107 页。作者说,在西方,学习大抵是乐事。譬如,哲学即是"爱"智慧;罗素说他赞成不计成败利钝地追求客观真理;维特根斯坦在临终时,回顾自己一生的智力活动时说:告诉他们,我度过了美好的一生;还有一个物理学家说:我就要死了,带上两道难题去问上帝。

② [英]伯特兰·罗素:《社会改造原理》,张师竹译,上海人民出版社 2001 年版,第 101~105 页。

或敌对型关系。这种师生关系形成的一个前提条件就是儿童观的改变，蒙台梭利"儿童是成人之父"的观点对此似颇有启迪意义。蒙氏认为，儿童不仅作为一种物体存在，更作为一种精神存在，它能给人类的改善提供一个强有力的刺激，正是儿童的精神可以决定文明。难能可贵的是，她并非仅仅停留于庸俗的进化论及生物学路线来论说"儿童是成人之父"，而是凭此信念设法把服从与纪律减至最低限度，从而使教育得到好处。蒙台梭利的躬身践行及所取得的巨大成就，被罗素称许为一个令世人惊叹的"奇迹"，因而受到最高的赞扬亦属当之无愧。① 于我们而言，这又何尝不是一个使儿童"自由发问"的精神活着——罗素认为这是达到进步不可缺少的最低限度的要求②——的可资借鉴的"样例"呢？不错，当下的教育实践中是办了不少"蒙氏班"，但是否都领悟了蒙夫人的真谛？还是有人在卖狗悬羊，假名敛财呢？这恐怕是一件需要扪心自问的事。

另一个必经之点恐怕是还要到作为"社会控制中介"的课程上来寻找。这里的课程主要是指历史社会、思想政治之类的"文科"课程，因为这些课程更具有社会学分析的价值及着力点。罗素指出，在每一个国家里，历史教学总是要赞美国家，向学生灌输对自己国家及人物颂扬性的信仰，这很容易被吸收，而且几乎从来没有被后来所得的知识把它从本能方面驱逐出去。在各国所教的关于世界历史的虚伪的观念，是属于鼓励斗争和培养顽固的国家主义那一类。对此罗素建议，如果要保持国与国之间的良好关系，第一步就应当把一切历史的教学提交给一个国际性的委员会，由他们来编出一套中立性的课本，从而摆脱那种到处所要求的爱国主义偏见。③ 这虽是一个近乎奢望的理想，且是罗素为反对第一次世界大战、宣传和平而写的(1916年)，但它对保护学生自由而明辨的精神，以及正视当下国际格局似也不无现实意义。尤其是，近年日本右

---

① ［英］伯特兰·罗素：《教育与美好生活》，杨汉麟译，河北人民出版社1998年版，第18～20页。

② ［英］伯特兰·罗素：《社会改造原理》，张师竹译，上海人民出版社2001年版，第100页。

③ ［英］伯特兰·罗素：《社会改造原理》，张师竹译，上海人民出版社2001年版，第96～97页。

翼势力有所抬头,日本与临国关系骤然降温,其修改历史教科书问题更是招致众声谴责。而我们对此似应本着理性而客观的精神,澄清史实,让学生以史明鉴。倘若有人让自己的激情越离了理性之门及历史真相,与些许日本反华分子的喧嚣进行对骂,这非但不能表明自己的爱国情操,反而陷入了与其性质同种的混蛋逻辑,还捎带着表露了"以牙还牙、以血还血"的劣根性。而若让这种对骂的东西"感染"了历史课程及其教学,那只能在双方各自形成一套仇恨对仇恨的偏执之见。从小处说,这有碍学生自由明辨精神的形成;往大处讲,它也不符合、不利于中日两国"一衣带水"之友好邻邦的大局定位及长远利益。同理,就一国之内而言,课程也宜在不同党派、族群、阶层、团体、群体等之间尽量求得"中立"。因为,"中立性"的课程观及相应的教学观,虽富于理想,但它既是学生自由精神之养料,也是和谐教育之必需,因而不失为一个值得努力追求的远景。

  再一点就是建立个人与社会协调发展的和谐教育观。无疑,人们对教育的两大角色期待就是促进个体的发展与促进社会的发展,而全部的问题就在于如何处理和协调这两者的关系。前文所言将社会的权力及学生的服从限制在"尊敬"学生自由精神的范围之内,意在针对教育中以"社会发展之求"来压制乃至取代"个体发展之需"所造成的弊端,这断不意味着学生可以越离历史及现实的时空而任意自由地发展。事实上,个体的发展与社会的发展是彼此联系而不可割裂开来的,而较为"合理的选择"是教育当促进学生健康发展与社会结构和谐发展的统一[①]。具体说来,对于教育促进个体发展与促进社会发展关系的处理,有研究者提出了富有建设性的"四原则"[②],颇值征引于此:一是使社会的发展与个体的发展达到最大限度的统一和被兼顾,尤其要顾及到容易被忽视的个体发展需求中不同于社会发展的方面,即不能用教育的经济、政治及社会文化的指标来代替个体身心发展的指标;在思想上应重视个体符合人类社会进步的独立性和创造性的形成,并在制度上作出保证。二是在教

[①] 吴康宁:《学校的社会角色:期待、现实及选择——基于社会学的审视》,载《教育研究与实验》2005年第4期。

[②] 叶澜:《教育概论》,人民教育出版社1991年版,第299~335页。

育与人的发展关系上,要坚持人即目的之原则。三是"社会主义教育是否能提培养独立个性"的问题,答案是肯定的,全部的问题在于发展怎样的个性。发展个性未必一定是反社会的;况且,社会主义社会如果不能培养出一大批一代接一代的具有各种独特才能和创造能力的,并具有健全人格和丰富个性的人,社会主义事业的最终胜利就缺乏保证。四是由于教育具有长效性和滞效性的特征,所以教育应该被尊重,同时自身也应该主动保有一定的独立性,而不宜出现盲目跟随、左右摇摆的状态。

至此可总结说:学生"自由发问"(这是进步不可缺少的最低限度的要求)缺失的直接缘由乃在于教育者的"武断"及教育对学生"礼貌"的崇拜;其根本症结则出自教育在促进个体发展与社会发展两种角色期待之间的失衡,即以政治、经济或社会文化的指标压制、代替乃至牺牲学生个体发展的需求。如此,教育便失去和谐。臻于和谐教育之境,需要树立友谊型的师生关系观、中立性的课程观以及个体与社会和谐发展的教育观。如此,才能培养现代社会公民,也才能培养真正的社会主义事业的接班人。

三、藉冲突达致共识——学校的班级建设

如果说本章第二节是承接第一节的立意——确立一种理想的教育与社会关系观——而对教育者的"霸权"进行挞伐,也就是以一种和谐教育观对教育者进行"削权"的话,那么,本节将顺此脉络而下,以班级建设为突破口来为受教育者"增势"。此乃所以辟专节致力班级建设的依据之一。依据之二是,"班级社会学的大部分研究属于微观角度的研究"①,所以此节"班级建设"可谓对从宏观的"教育与社会关系观"(教育目的观)到微观的"和谐教育观"的一种具体落实。依据之三也是至关重要的,是基于对班级在学校教育中主阵地之地位的考虑。"在大部分国家,学校的教学与生活指导都是以班级为单位来实施的……学校的大部分日常教育计划及实践可以说都是在班级中进行的"②;并且,正是因为

---

① [日]片冈德雄:《班级社会学》,贺晓星译,北京教育出版社1993年版,第100页。
② [日]片冈德雄:《班级社会学探讨》,吴康宁译,载《华东师范大学学报》(教科版)1985年第3期。

有了班级这一"非同寻常的亚组织",学校组织才有了区别于其他社会组织的诸多特征①。依据之四是,自 20 世纪 60 年代以降——在此之前,班级研究系以(教育)心理学为主导,兴趣主要在于设计有效的教学技术与环境,以促进学生的学习成绩或行为适应——由于学生杌陧不安及学业荒废的现象日趋严重,人们越来越重视教育过程这一"黑匣"以及班级之"社会层面"因素的研究,遂使班级社会学在 20 世纪 70 年代大为兴盛;迄今,班级研究已成为教育社会学"一个最新的研究领域"乃至"重要领域之一",且在整个教育社会学中所占的地位将日趋重要②,而笔者亦有推进此研究之愿望。

推进班级社会学研究的愿望,当建立在对既有班级研究进行评析基础之上,这最好基于一个可操作性的框架上来进行。为此缘故,在研究进路上,本节仍将依持与前人对话的方式来推展。与本章第一节主要借鉴杜威思想、第二节主要汲取罗素资源相仿,本节将杂糅科塞"功能冲突论"、哈里斯"文化唯物主义"的认识论以及吉鲁(H. A. Girous)"批判教育学"(critical pedagogy)③的解放策略论来搭建框架并据此探讨。拟订的任务在于,把学校的班级从成人眼中的"效率工具"、"规训工具"或"虚构的家园",补充建设成为学生(以及教师)心目中的一种"对抗的武器"、"冲突的力量"或"抗衡的联合体"。一句话,要促发并形成一种"学生权势"的意识与观念,以求得个体/学生(要自由,又希望被保护)与制度(要规限,又要保护)之间的平衡相生④,并由此形成藉由冲突达致共识的班

---

① 吴康宁:《教育社会学》,人民教育出版社 1998 年版,第 275 页。
② [日]片冈德雄:《班级社会学》,贺晓星译,北京教育出版社 1993 年版,第 100 页;张建成:《批判的教育社会学研究》,学富文化事业有限公司 2002 年版,第 77~78 页。
③ 有必要说明,此节所主要借鉴的吉鲁"批判教育学"与第一节杜威思想并不"短路",相反,两者还有亲缘关系。吉鲁明言:"我的观点受惠于(indebted to)杜威但试图扩展(attempt to extend)他的民主主义事业(democratic project)。"See Girous H. A., Schooling and the Struggle for Public Life: Critical Pedagogy in the Modern Age, University of Minnesota Press, 1988. 202.
④ 此一思想,来自于吴康宁教授的授课专题:"学生与班级的社会学分析"(2006年5月16日)。我所致力的,就是朝此一方向推进;且不仅主张班级作为学生与教师(制度)抗衡的武器,还认为它自身也是既争斗又联合(包括师生联合抗击社会不当权力)的"抗衡的联合体"。

级历程与班级生活,养成未来民主社会生活的素质。

1. 分析框架

综观来说,迄今为止的班级研究或关于班级的观念,不说全是,至少也多是基于自上而下、由外而内的对象性的角度来进行的,也就是以研究者、管理者、决策者或社会的要求与理想,而不是以学生(当事人)的想法或需要为前提和着眼点来对班级进行设计或构想的。这当然与班级生就具有的功能——班级本就是作为提高效率的工具(作为"把一切知识教授给一切人"的"大生产"组织)而被创立,沿用至今,已在相当程度上成为规训学生的工具——有着原始性的联系;但研究者的惯常视角与路径依赖也不能说不是加强、固化此一倾向的一个因素。正如一位连续阅读中国教育期刊长达 20 年的外国人所评:"就方法而言,绝大多数中国教育研究采取的都是一种'由上到下'的理论视野,而且常常是在研究者与管理者之间的内部交流中进行……多数论文所表达的内容都是作者根据一些相关的理论资料和政策文献得出的主观意见,最后的结论往往也在意料之中,不外是告诉你中国教育应该怎么样,而不是描述中国教育的真实状况。"因此其呼吁:"让我们有机会能够听到中国数以亿计的平凡人物的声音,尤其是学生、家长以及普通教师的声音,让我们透过他们的眼光来观察这个世界。"[①]

这种自上而下、自外而内的对象性视角与路径其实就是一种"客位研究法",由此而得出的班级观,也就多是一种"客位的"班级观。因出版《文化唯物主义:为一门文化科学的斗争》(1980 年)而在美国人类学界独树一帜的马文·哈里斯,借用语言学家帕克(Kennth Pike)取自 Phonetic(语音的)和 Phonemic(音素的)两个词,提出了主位观点(emics)与客位观点(etics)这一文化唯物主义的认识论的核心概念。所谓主位观点,就是以参与者或文化负荷者的观念和范畴为准,也就是以本地提供消息的人的描述和分析的恰当性为最终的判断;检验主位分析是否恰当是看他们产生本地人承认是真实的、有意义的或恰当的论述的能力如何。而客位操作方法的特点是,提高旁观者的地位——把他在描述和分

[①] 曹诗弟:《中国的教育研究重要吗?》。见丁钢主编:《中国教育:研究与评论》(第 2 辑),教育科学出版社 2002 年版。

析中使用的范畴和概念作为最终的判断;对客位叙述的恰当程度的检验,仅仅是看它们产生有关社会文化差异和相似之处的原因、富有科学成效的理论能力如何。① 换言之,主位观点表达的就是"本地人(当事人,内部人或文化负荷者)如何看待他们自己";而客位观点则是"旁观者(观察者、局外人或文化研究者)如何看待本地人(当事人,内部人或文化负荷者)"。哈里斯的重大贡献在于他超越"物质决定意识"、"物质是'现实的'"这样一种难以检验的唯物主义的困厄与窘境,认为"物质(比如所谓'现实的人')既不比思想(比如所谓'抽象的人')更现实,也不比思想更不现实"②。为此,他主张区分心理流事件和行为流事件,并廓清了主位观点、客位观点和客观性之间,以及主位观点、客位观点和提供消息者之间的多重复杂关系,最终把"客观性"作为认识论的原则。所谓"客观性",就是区分观察者团体与被观察者团体的认识论状态:虽然对于那些被观察的人来说客观地看问题是可能的,但这仅仅意味着他们依靠操作化的科学认识暂时或永久地加入了观察者团体;客观性不仅仅是互为主观性,它是由科学团体同意服从的鉴别性逻辑和经验的学科所建立起来的互为主观性的一种特殊形式。③ 也就是说,客观的并不是采取一种客位的观点,主观的也不是采取一种主位观点,客位不等于客观,主位不等于主观;反之亦然。人们有可能客观地看待,也有可能主观地看待主位现象和客位现象;研究的目的不是从主位观点转换成客位观点,或是从客位观点转换成主位观点,而是描述这两种观点,如果可能的话,用一种解释另一种观点。④

哈里斯"作为一种研究策略"的文化唯物主义及其"主—客位观点互释"的认识论,比较"中庸"(尽管他声称反对辩证法)地解决了人类学乃至人文社会科学中研究者与研究对象之间的关系处理这样一个困扰性

---

① [美]马文·哈里斯:《文化唯物主义》,张海洋等译,华夏出版社1989年版,第34～38页。
② [美]马文·哈里斯:《文化唯物主义》,张海洋等译,华夏出版社1989年版,第36页。
③ [美]马文·哈里斯:《文化唯物主义》,张海洋等译,华夏出版社1989年版,第40～41页。
④ 王铭铭:《西方与非西方:文化人类学述评选集》,华夏出版社2003年版,第271页。

难题①,也就是在"他们(本地人)如何看待他们自己"与"我们(研究者)如何看待他们"这条钢丝绳上,保持了大致的平衡。

为说明这一点,不妨援用哈里斯关于"印度圣牛"的典例(如图5-1②):在印度南部卡拉拉邦特里凡得琅地区,哈里斯询问那里农民自家的牛的死因,所有农民都坚持说他们决不故意杀死或饿死一头牛,而是强烈地肯定了印度教不准屠杀家牛的规定的合法性。但哈里斯却发现小公牛的死亡率往往比小母牛高出近一倍。当询问当地农民原因时,农民解释小公牛较虚弱,易生病或吃得少;但谁也不说卡拉拉邦很少需要畜力,由于饲料短缺,公牛就被剔除,而母牛则得以优先饲养。按主位观点看,谁也没有故意缩短牛的生命;而客位研究的结果确信,根据当地生态环境和经济的需要,优先选择"饿死小公牛"的方法,有步骤地调整牛的性比率。

	主位的	客位的
行为的	I	II
思想的	III	IV

图5-1 行为/思想、主位/客位组图

哈里斯此例意在表明主位知识与客位知识之间的差别的"无比重要性"。他强调,"不能区分心理流事件和行为流事件、不能区分主位操作

---

① 这一难题(隐忧)因人类学的祖师爷马林诺夫基的遗孀(擅自)出版《严格感觉意义上的日记》而抖搂了出来,使得"严格以当地文化持有者的观点来看待事物的戒律"破灭了。进而,围绕着此一"马林诺夫基从坟墓里发出的声音"的持续讨论,使得这个关于人类面对职业道德困境的话题更加戏剧化了,命题规则早已被多样化为"内部的"对应"外部的",或"第一人称的"对应"第三人称的"的描写,"现象学方法"对应"纯客观方法的",或"认知理性的"对应"行为理性的理论";或者,也许更为普遍的是用"内部描写"来对应"外部描写"的分析方式,以至"近经验的"和"远经验的","局内人的"和"局外人的"等种种对应。参见[美]克利福德·吉尔兹:《地方性知识:阐释人类学论文集》,王海龙、张家瑄译,中央编译出版社2004年版,第72页。

② 资料来源:[美]马文·哈里斯:《文化唯物主义》,张海洋等译,华夏出版社1989年版,第38~45页。图名称为笔者所加。

方法和客位操作方法的研究策略,就不能发展出包括研究社会文化的差异和相似之处的起因的首尾一致的理论网。由此推断,人们可以说那些唯一限于主位观点或唯一限于客位观点的研究策略,不像那些两种观点都包括的研究策略那样有效地符合目标定向的社会科学的标准"①。由此,他提出在社会文化研究领域中应该有 4 种客观的、可以在操作上下定义的范围。用印度圣牛的例子说明,就是:

Ⅰ 主位的/行为的:"没有小牛被饿死。"
Ⅱ 客位的/行为的:"小公牛被饿死。"
Ⅲ 主位的/思想的:"所有小牛都有生存权。"
Ⅳ 客位的/思想的:"当饲料不足时让小公牛饿死。"

如果说印度圣牛的例子意在凸显主位知识与客位知识之间的差别的重要性,那么"巴西鞋子"的例子则道明了哈里斯"通往思想生活的客位知识的道路上充满了陷坑和死巷",以及"人类学家(研究者)应该少量地把客位研究方法用于思想生活"的忠告②。哈里斯在巴西的一个小镇看见小孩子们常常只穿一只鞋子,当问他们解释为什么这样做时,孩子们很为难,并说他们那只没穿鞋的脚很痛。但因哈里斯从未见到他们所说的那只脚有什么毛病,他便作出了一个错误推论:孩子们愿意光着脚上学;鉴于那样做是不允许的,他们就采取了不得已求其次的办法——穿一只鞋。但是后来提供消息的人说:穿两只鞋上学当然更好;只穿一只鞋的原因是为使他们的兄弟或姐妹能够共穿一双鞋,为的是节省!

这里所以铺叙主位操作方法与客位操作方法这一文化唯物主义的认识论的核心,除了捎带补充解答导论中我所提到的"社会学很难做到纯粹的,因而是一种相对的中立、尽量的客观"这一问题而外,还意欲表明,既有的班级研究及相应的班级观多是基于客位方法与视角来进行

---

① [美]马文·哈里斯:《文化唯物主义》,张海洋等译,华夏出版社 1989 年版,第 39 页。
② [美]马文·哈里斯:《文化唯物主义》,张海洋等译,华夏出版社 1989 年版,第 46~47 页。

的。也就是说,多是以"研究者(管理者)把班级看作……"的方式来进行的。正如有研究者指出,"班级社会学倾向于把学校中的教学单位——班级看作是一种社会体系,即一系列集中起来的,相互依赖相互影响、富有生气的社会行为单位"。问题不在于"把班级视为……",而在于"谁把班级视为……",或者"从谁的立场看班级是……"。套用上文哈里斯的策略,可以得出管理者、研究者和学生眼中不同的班级观,譬如至少有:

Ⅰ 客位的/思想的:"班级是保护学生的(是为学生学习及生活好的)。"

Ⅱ 主位的/思想的:"班级是规限我们的(把我们拴在教室里死用功)!"

Ⅲ 客位的/行为的:"学生服从班级管理,维持其秩序。"

Ⅳ 主位的/行为的:"我(们)就是要反抗,就是要摆脱束缚!"

这绝不意味着学生总与班级的管理者对着干,而是表明:个体(学生)可能遵从制度(班级秩序);但无论如何也不能排除学生进行抵制乃至反抗的可能性。事实上,教育上的任何范畴都是人与制度的结合:个体需要被保护,但也要自由;制度可能是保护性的,但更可能是规限性的。对成人而言,班级可能是学生成长的场所,但也可能是其控制学生的工具;对学生而言,班级可能是其认命的"枷锁",但也可能是其对抗的武器。

对于这种观点,尚需进一步阐明。从思想流事件上考察,对于班级(制度)的态度主要是遵从或抵制,不外包括①师生都持遵从观;②师生都持抵制观;③教师持遵从观而学生持抵制观;④教师持抵制观而学生持遵从观。据常理及俗道,②④有悖常数,几可不计,①虽理想,但几不可企及,③则是常态。这表明(A):从客位的/思想的观点看,学生往往应该遵从班级制度;而从主位的/思想的观点看,学生则常常想要抵制班级制度。从行为流事件上考察,班级机制及其运行主要表现为保护性的或规限性的两种效果,不外由以下几种情况所致①班级制度同时保护了师生的自由与权利;②班级制度规限了师生的自由与权利;③班级制度成了教师规限学生自由与权利的工具;④班级制度成了学生规限教师自由与权利的工具。据常情及现实,②④不合常态,几可不计,①虽最好,但几无可能,③则是常态。这表明(B):从客位的/行为的观点看,班级往往保护了学生的自由与权利;而从主位的/行为的观点看,班级则规限了学生的自由与权利。由此(A+B):略其末梢(异数)、抽其大要(常态),从对于班级的态度——也就是思想流事件——是遵从(客位)还是抵制(主位),以及班级机制与运行的效果——也就是行为流事件——是保护(客位)还是规限(主位)两个维度,可以大略组合区分出如图 5-2 所示的主位、客位班级观(关于其具体分析,散见于下文)。

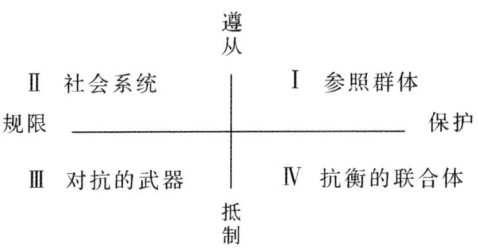

图 5-2　客位(Ⅰ Ⅱ)、主位(Ⅲ Ⅳ)班级观区分

2. 既有班级观略述

由上图可发现,既有班级观主要是基于客位视角来对班级进行分析或构想的,也就是说,它们主要集中在图中横轴以上的部分。从上述分析可知,在实际情况中,这种客位的班级观很可能只是"冰山之一角"(异数),而横轴以下的"水中部分"(常态)则鲜有人探及。在既有的班级观中,有代表性的观点主要有三类:一是把班级视作保护性的,因而学生应该遵从的群体,可称之为浪漫主义的客位班级观:包括"参照群体"班级观、"初级群体"班级观以及"共同体"班级观;二是把班级视作(或者事实上是如此操作的)管理(控制)性的,因而需要学生顺从的集体/体系,可称之为管理(工具)主义的客位班级观:包括"集体主义"班级观、"社会系统"班级观;三是价值评判色彩较淡而社会学分析色彩较浓的"特殊社会组织"班级观,为方便起见,暂称之为社会学主义的"客位"班级观——所以在"客位"上加引号,是因为这种班级观尽管是,或者首先是客位的;但它不就是,或者不仅仅是客位的,同时也为主位的班级观点留出了一道门缝,使主位的和客位的目光交流或互相解释拥有了可能(正因如此,对

于该观点的分析放在下一小节进行)。① 下面先评析作为浪漫主义的"初级群体"班级观。

"初级群体"班级观。

将"初级群体"、"参照群体"及"共同体"之类的班级观称为浪漫主义客位班级观,是由于它们往往都是以"良好的愿望"来打量班级的②,有时甚至到了怀想的地步。譬如,针对所谓现实的班级管理中往往有一种以教师为中心与重心、不尊重或忽视学生个性心理特征和自主性的教育习俗,以及一种盲目强调教师的职业权威、忽视教师的管理素能训练的现象和倾向这类"班级活动中的管理主义"倾向,谢维和提出了"初级群体"这一班级观,并论证了把班级作为初级群体的"价值"及"意义"在于:有助于学生的全面和健康发展,可以更好地发挥学生的主体作用,促进教育教学目标的实现,可以使班级中各种非正式群体得到较合理的对待,从而发挥不同学生的特色和优势,增强学生的认同感和归属感,提高班级的凝聚力;同时他也批驳了把班级作为"社会组织"的弊端:即容易导致班级活动中的管理主义倾向,把管理绝对化,为管理主义提供了更

---

① 采用"浪漫主义"、"工具主义"及"社会学主义"这些名称把班级观分成三大种类,是想尽量囊括既有主要班级观点,这些称呼本身并无褒贬之义。把各种具体的班级观归置于各个称呼下的理由,除了这里的陈述以外,另有其他研究可作补充性依据。譬如,谢维和在对中外关于班级研究的各种不同观点进行总结后认为,"如果暂且将(帕森斯)社会体系的观点放下,我们可以发现,关于学校班级的讨论实际上主要集中在班级是一种社会组织,还是一种社会群体的分歧上"(见谢维和:《教育活动的社会学分析——一种教育社会学的研究》,教育科学出版社 2000 年版,第 179~180 页)。需说明的是,笔者不敢苟同谢维和关于苏联学者的"集体"班级观与"社会组织"班级观有类通性这一观点,而是把前者与被他"暂且放下"的帕森斯"社会系统"论一并归属于工具(管理)主义班级观,并由此完成三大种类的划分。

② 这在他们相互之间亦有认同,譬如,"初级群体"观的持有者谢维和本人就认为,"片冈德雄的'学习集体'(参照群体)理论较多的倾向于将班级作为一种社会的初级群体"。见谢维和:《教育活动的社会学分析——一种教育社会学的研究》,教育科学出版社 2000 年版,第 179 页。

大的"合法性"。① 这种观点及设想确实不乏一定启发意义,但也有值得进一步推敲之处。

首先,从理论上,有必要澄清"初级群体"与"社会组织"之原意。"初级群体"概念是由美国早期社会学家查尔斯·库利提出的(1909年)。他认为,无论是在日常生活中,还是在工作场所,我们都会遭遇与自己关系亲疏有别、互动规则相异的两类基本群体,即初级群体(又称首属群体)和次级群体(又称次属群体)。初级群体最突出的特征就是小规模群体成员之间面对面的、自由的互动,它融入了强烈的情感和强烈的认同感。初级群体的基本条件是"面对面互动",只有面对面的互动才能形成其他群体所没有的特征;而面对面互动的条件则是"小规模",如果规模很大,就不可能保证每个成员之间面对面的互动,例如,家庭是典型的初级群体。当库利在《社会组织》一书中提出"初级群体"概念的时候,并不是从人类的群集性和人的所属群体出发来讨论这个问题的,其兴趣点在于家庭和嬉戏群体,认为这是人们获得社会化的两个基本群体,是这两个群体培养了人的本性。显然,他提出了社会学家们不曾注意的问题:即"人生来就是群体的人"。在库利之后,人们不仅用初级群体来指称家庭和儿童嬉戏群体,也用来指称与这两个群体类似的人类社会群体,譬如儿童的"小集团"、运动队等具有强烈认同感的群体。② 然而现代社会中许多集群不是初级群体(primary group);诸如商业组织、大学里的班级、俱乐部以及宗教的、教育的、休闲活动中的集群大多是"次级群体"(secondary group);次级群体日益庞大和复杂,以至于其成员互动模式往往须以书面形式进行清晰的规约,这样便产生了"正式的社会组织"(formal organization)。③ 可见,用库利的"初级群体"概念来指称班级,显然偏离了该词的原意。当然,"在现实生活中,尽管初级群体更多地表现为自然的赋予,譬如家庭,但这并不意味着初级群体与次级群体在时

---

① 张巍、谢维和:《班级作为"初级群体"的理论探讨》,载《教育理论与实践》1996年第5期;谢维和:《班级:社会组织还是初级群体》,载《教育研究》1998年第11期,《论班级活动中的管理主义倾向》,载《教育研究》2000年第6期。
② 邱泽奇:《社会学是什么》,北京大学出版社2002年版,第207～208页。
③ Joel M. Charon. The Meaning of Sociology-4th ed, Prentice-Hall, Inc., 1993. 49.

空上是截然分离的……次级群体中也可以产生初级群体"①。在此意义上,也仅仅在此意义上,应当说,对于班级的社会属性不能绝对化,即要么是"初级群体",要么是"正式的社会组织";而"次级群体"(也可称之为一种特殊的社会组织,或者一种正式的社会组织的雏形)似可基本达意。班级,在总体上可视作"次级群体"(特殊的社会组织),但其中常常可以发展出一些初级群体,如一部分学生因彼此投缘而结成的"小集团",组成的各种非正式群体,大多即属于初级群体。

其次,就现实而论,"初级群体"班级观显然难以落实。为"使得"班级"成为"一种初级群体,其持有者举出我国一些地方的"小班化教育"实践作为应对的策略或论据,以期在班级中形成一种类似于在"家"的环境中才有的"无拘无束"的感受。② 且不说"小班化教育"能否在现下的中国比较广泛地推行,仅以班级人数"小到什么程度"(目前个别地方推行的所谓小班化教育的班级人数从二三十到四五十人不等——那些濒临招生困难而美其名曰"小班化教育"的做法不在此列)才能达致"如家的感觉"、才能符合库利"初级群体"之原意这一问题而论,就足以让人悲观失望而又疑窦丛生。由此观之,以"小班化教育"作为"初级群体"的立论基础,同时又作为其追求目标,不仅是在抒发一种用心良苦的愿望,也难免存有一种削足适履的嫌疑。

"参照群体"班级观。

这是以班级社会学研究见长,且强调研究理论对教育实践之"直接

---

① 邱泽奇:《社会学是什么》,北京大学出版社2002年版,第209页。需说明,对于邱泽奇"次级群体是社会的主要组织形式,除了初级群体以外的所有群体都是次级群体",以及"初级群体中也可以产生次级群体"的绝对化、泛化判言,笔者并不苟同。笔者主张,毋宁如Joel M. Charon那样,把"次级群体"看作是"初级群体"与"正式的社会组织"之间一种"过渡的"或"中间的"组织形式。

② 谢维和:《论班级活动中的管理主义倾向》,载《教育研究》2000年第6期。

贡献"的日本教育社会学家片冈德雄的观点。① 片冈德雄所心仪的班级,"乃是以有计划的学习为唯一目的、由担任领导者的教师与学生所组成的参照集体",他"把成长和学习作为班级的最主要目标",一言以蔽之,班级乃是"人的成长和学习集体"。基于此他主张,班集体毋宁是一种崇尚个性与创造的"不定型集体",而不是崇尚划一和控制的"定型集体";班集体毋宁是一种个人主观上所期望归属其中的"参照群体"(reference group),而不是个人客观上所从属其中的"所属集体"(membership group);班级的组织毋宁是"从成长的角度"出发,而不是"从效率的角度"出发;班级的管理毋宁是"集体的感情"的凝聚,而不仅仅是囿于效率视角的"教师中心型管理"抑或"民主集中制型管理"。为此,他也切身致力于"参照群体"形成方法的探索及班级中"支持型气氛"营建策略的建构,提出了诸如"一人一个角色的全体参与"、"以课题为中心的小组"、"和谁都能在一个小组里"、"集体的原则和情感"等诸多颇具建设性和可操作性的班级组织方法及管理策略。凡此种种,都表明片冈德雄对(现实中)那种效率主义、控制主义、工具主义班级观念及其实践的不满,以及对理想的班级思想及其相应实践的向往。在此意义上可以认为,他不是没有意识到图 5-1 中"冰山之水中部分",而是冀望把它当作"反面的东西"加以排除或转化罢了;在此意义上还可认为,他与上文中(晚于他提出的)"初级群体"班级观点实乃名异实同(尽管片冈德雄的研究要精当得多、精准得多、精致得多),都可谓一种浪漫主义的客位班级观。②

"社会系统"班级观。

把帕森斯(Talcott Parsons)归入工具主义的班级观阵营,既属"迫

---

① 参见片冈德雄的以下著述:《班级社会学探讨》,吴康宁译,载《华东师范大学学报》(教科版)1985 年第 3 期;《论班级的组织与管理》,贺晓星译,见张人杰主编:《国外教育社会学基本文选》,华东师范大学出版社 1989 年版,第 531~538 页;《班级社会学》,贺晓星译,北京教育出版社 1993 年版。

② 同属"浪漫主义"这一类别的,还有"共同体"班级观,惟其怀想成分更甚、几近主观臆测而已。譬如,可见毛景焕:《班级作为一个共同体:成员的相互平等和资源共享》,载《教育研究与实验》2003 年第 3 期。

不得已"之举,也有"失之精准"之处。说"迫不得已"是因为,帕森斯在著名的《班级作为一种社会系统》①一文中宣称,班级既是社会化的重要阵地,也是筛选人才的关键场所。该文的副标题——"它在美国社会系统中的**某些**功能"(着重为笔者所加)——就预示着帕森斯既窄化(忽视)了班级的那"**另一些**"社会功能,又泛化(扩大)了班级的这"**某些**"社会功能:"窄化"是说,他只言及(实乃只期待)班级的正向(有利于社会的)功能而不计其可能的负向(不利于社会的)后果;"泛化"是说,"他所阐述的'社会化'与'选拔'与其说是学校班级的两个重要功能,不如说其实也是整个现代学校教育系统的两个基本功能"。② 但不管窄化还是泛化,都表明了帕森斯把教育作为其 AGIL 模式中的 L(模式维持)来驱使,也就是把班级乃至学校棋子化、工具化的思想。因此,这里"迫不得已"把帕森斯"社会系统"班级观归入工具主义的观点。

说"失之精准"是因为,帕森斯这种工具主义的客位班级观同时又不脱怀想式的"浪漫主义"底色,他"将学校(班级)的功能与人们对学校(班级)的期待紧紧联系在一起,并将前者实际上视为后者的自然实现与必然结果"③,用默顿的话说就是,他以主观范畴的期待代替了客观范畴的结果。这就难怪帕森斯迎得了被我称之为浪漫主义者的片冈德雄的同情性理解与仰慕性夸赞:"美国社会学家帕森斯的堪称为'古典'的班级社会学的论文'作为社会体系的班级',为我们在这方面(班级社会学)开拓了一片新天地和树立了一个研究的楷模。"④也难怪马文·哈里斯对帕森斯式的策略有如此精准的打击:"结构—功能主义,即 1940 年到 1965 年期间在美国和英国的社会科学中最有影响的策略,是文化唯心主义的变种,它由于不能说明社会演变和政治—经济的冲突而受到强烈

---

① [美]塔寇特·帕森斯:《班级作为一种社会系统:它在美国社会中的某些功能》,蓝建译。见厉以贤主编:《西方教育社会学文选》,五南图书出版公司 1992 年版,第 138~160 页。
② 吴康宁:《教育社会学》,人民教育出版社 1998 年版,第 371~376 页。
③ 吴康宁:《教育社会学》,人民教育出版社 1998 年版,第 373 页。
④ [日]片冈德雄:《班级社会学》,贺晓星译,北京教育出版社 1993 年版,第 101 页。

的批评。这种策略的倾向性包含在对主位的和思想的项目——如认同取向、共有的目标、规范的调节和情感的表达方式——的所谓功能前提(按:为了一定的或期待的目标,必须具备某种功能)的强调中。"① 把哈里斯的话说得通俗点就是,帕森斯工具化的班级观点在相当程度上是以客位视角(也就是研究者主观期待的或想当然的观点)来度量或凌驾于主位的观点(也就是班级成员自己的观点)的。故此,把"失之精准"准确化应当说,帕森斯"社会系统"班级观应是一种"浪漫主义的工具主义"观点。② 这再次催逼我们不能仅仅浮游于班级观之"冰山之一角",而要向那些遗漏的,或者说另可选择的(alternative)"水中部分"潜探。

3. 遗漏的补充,或另可选择的观点

浪漫主义的班级观和工具(管理)主义的班级观大都是基于客位视角,即以研究者(管理者)认为学生应当"遵从"班级秩序、以追求适应(和谐)为出发点和前提假设的。所不同的是,工具主义者如"社会系统"论与"集体主义"观认为班级制度是规范(限)的,因而学生应该服从(适应社会化需要);而浪漫主义者如"参照群体"观与"初级群体"观认为班级应该是保护(保护学生的个性发展)的,因而需要学生遵从。其实,后者只不过是在"反话正说",是想把"现实的"规限观转化为"理想的"保护观。两者虽貌似相左(譬如"参照群体"论者片冈德雄就贬斥工具主义者如"集体主义"班级观);但实则相向而行、殊途同归,它们背后支撑的都仅仅是"遵从—适应"的结构功能主义社会观,而没有或缺少"冲突—平

---

① [美]马文·哈里斯:《文化唯物主义》,张海洋等译,华夏出版社1989年版,第60页。

② 与帕森斯"社会系统"论同属管理(工具)主义班级观的还有苏联(以及影响到我国)的"班级集体"理论,惟后者纲领性要求更强(故本文称之为"集体主义"班级观)。因为该理论(经由多人奠基、发展与完善)认为:集体是群体的高级形式,并非任何群体都能称之为集体,有共同价值、共同的活动目的与任务且具有凝聚力的高度组织起来的群体才是集体;集体是在社会主义社会中形成和发展的人际关系的高级特殊形式;作为社会主义社会的一种共同体,班级集体应该不仅与儿童个人相统一,而且与成年人的社会主义劳动集体相统一,它具有"高度的社会倾向性、高度的组织性及高度的社会主体性"之社会本质特征。参见鲁洁主编:《教育社会学》,人民教育出版社1990年版,第387~389页。

衡"的冲突社会观,由此得出的班级观就多是一种客位(作为旁观的研究者)的观点。这种班级观点是不可或缺的,但仅止于此亦是不全面的(它们只是图5-1中横轴以上的部分)。这是因为,浪漫主义的班级观点虽反对对于儿童(学生)的压制,主张释放其主动性和创造性,但却耽溺于不切实际的班级构想而未能探究儿童(学生)受压抑和宰制背后的意识形态问题以及学生的抵抗潜能与权力,以致流于一厢美意之上;而工具主义班级观则在径直投诚社会主流意识形态或主动领受既定秩序的前提下,把学生连同教师自身一起变成了强势群体的代言人和社会制度的走卒,"把教育目的跟褊狭的国家主义或各种令人窒息的沙文主义捆绑在一起"①,其结果将可能导向一种"到处都是匍匐在小事上,努力向上爬的小配角、小人物的"世界②。

接下来就水中部分,即遗漏的或另可选择的(alternative)视角,也就是主位的班级观点进行探讨,这分三步进行。

(1)班级第一性:"我们身不由己!"

主位、客位互释的班级观的探讨需从那"一道门缝",即吴康宁的"特殊社会组织"班级观开始。判定"特殊社会组织"班级观是客位视角和主位视角之间交流目光、互相解释(别忘了这是哈里斯化唯物主义的认识论的精髓所在)的"一道门缝",基本依据有三。

首先,作者一反班级社会学分析的传统角度(譬如沃勒的"群体"角度、帕森斯的"系统"角度),而选取"第一性的角度",即"组织",对班级社会属性进行"合乎科学研究程序的教育社会学考察"③,因为"班级首先是,并始终是一种社会组织,班级社会组织建立在先,班级社会群体及班级社会系统形成在后,且其性质也只能是班级社会组织中的群体或系统"④。这即是说,从行为流事件(实际情况)上看,"社会组织"是班级的首要社会属性。原因显而易明,"在实施义务教育国家中,学校班级乃是

---

① 张建成:《批判的教育社会学研究》,学富文化事业有限公司2002年版,第83页。
② [美]西摩·马丁·李普塞特:《政治人——政治的社会基础》,张绍宗译,上海人民出版社1997年版,第8页。
③ 吴康宁:《教育社会学视野中的班级:事实分析及其价值判断》,载《教育研究》1999年第7期。
④ 吴康宁:《教育社会学》,人民教育出版社1998年版,第275页。

一个人出生后所'加入'的第一个社会组织。且无论学校教育带有多少道德色彩,班级对学生而言都是一种'强制性存在':不论儿童是否愿意上学,到了一定年龄,都得跨进学校大门、'加入'某一班级;学生进入哪一个班级,并不能自己决定,而是学校指定的结果;学生即便对其所在班级不满意,也无法按照自己的意愿调换班级"①。一言以蔽之,对于学生而言,"我们身不由己"地属于"第一性",即社会组织的班级。

不用说,"社会组织"首先也是作者(研究者)对于班级的判识,即客位的观点,但关键在于这是"行为的/客位的"观点,即作者所说的"第一性的角度"。惟其如此,它对"学生既无'不加入'学校及班级组织的权利,也无'改变'在其中的地位的权利,更无自由'退出'的自由"这一行为流事件的描述,恐怕是学生深有感受,因而也会备加认同的。这即是说,"社会组织"班级观就不仅仅是客位的(研究者的)观点,它还得到主位的观点(当事人/学生)的分享与赞同,至少不会否认!这是日常的经验事实。而从理论上讲,"从行为者的观点看,行为流的描述很少被当作仅仅是想像力的虚构事物而置之不理,并且也很少被划归为纯思想的范围。……在许多情况下,行为者和观察者关于世界上在发生什么事情的看法是很接近一致的。当印度农民讨论采取措施来移植水稻或给一头难以驾驭的牛挤奶时,他们对行为流实践的主位描述同任何一位民族学家的客位描述一样精确"②。

这样说并不是意味着浪漫主义者及工具主义者就不能发现这"显而易见"的行为流实践;要害在于,他们或者没有抓住班级第一性而径直谈论期待的班级理想(如初级群体论),或者试图否定班级第一性而急于取代它(如参照群体论),或者干脆认领了班级第一性而让学生服从它(如社会系统论)。由此便引出我所以称之为"一道门缝"的第二个依据:与班级"群体"论者(沃勒)、"初级群体"论者(谢维和)以及"参照群体"论者

---

① 吴康宁:《教育社会学视野中的班级:事实分析及其价值判断》,载《教育研究》1999年第7期。

② [美]马文·哈里斯:《文化唯物主义》,张海洋等译,华夏出版社1989年版,第45～46页。

(片冈德雄)都把"教师"视为班级成员不同[①],"特殊社会组织"论者(吴康宁)则认为教师不属于班级成员,因为作为社会代表者的教师在班级目标上与作为受教育者的学生"没有共同指向",在班级机构方面超越其上,在班级规范方面亦不受其约束(而受制于教师工作规范)。[②] 这在实质上和客观上,已为同时通过主位的和客位的观点来研究班级留下了通道与空间。这自然不是说教育者(制度)与受教育者就是(要)"势不两立",但制度之为制度以及个体与制度之间控制与反控制的题中之义,恐怕是难以消弭或排除的;教师与学生即便不是"你束我挣",至少也不会是"共融一家",即便是"共融一家",也还有长幼之分、尊卑之别,竟或"以下犯上"的斗争。

于是便有第三个依据,正因为班级是一种(不包括教师的)"学生组织",它才是一个"特殊的社会组织"而具有明显区别于其他社会组织的两个重要特征,即"自功能性"和"半自治性":"自功能性"是班级在其功能对象方面的主要特征,即较之于工厂、医院之类的"他功能性组织"之"外指向性"的生存目标(如"制造产品"、"医治病人"),班级组织的生存目标则具有"内指向性",它所产生的首先是与其成员(学生)自身发展密切相关的功能即学习,因此班级首先是一种"自功能性组织";"半自治性"是班级在其运行机制方面的主要特性,因为无论是学生的自主意识水平,还是学生的组织调控技能,抑或是学生的相对地位,都使得班级组织的运行趋向于、滞限于或被控于半自治。[③] 而班级之"治"的"另一半",便需求助于、干预于、控制于成人社会的代表(教师)了。

综合以上三点可知,从主位(作为班级成员的学生)的观点看,学生"身不由己":班级是其只得生于斯、学于斯、长于斯的社会组织。剩下的

---

① 在这个问题上,片冈德雄的态度不及前两者明朗:他一边说班级最初对于学生和教师来说都是具强制性的所属群体,另一边又说"参照群体(班级建设的目标)由教师与学生组成",同时还说教师是与班级集体成员的之间存在距离("从天而降")的"领导者"〔见片冈德雄:《班级社会学探讨》,吴康宁译,载《华东师范大学学报》(教科版)1985年第3期〕。一个中原委,盖在于他过于拘泥于"一厢情愿"的客位视角而造成了"美梦难圆"的重重矛盾。

② 吴康宁:《教育社会学》,人民教育出版社1998年版,第276页。

③ 吴康宁:《论作为特殊组织的班级》,载《教育理论与实践》1994年第4期。

问题就在于:"我们为何相处?"以及"我们如何相处?"这就终于涉及到本文"班级建设"所要弥补的关键遗漏:作为"对抗的武器"班级观以及作为"抗衡的联合体"班级观。

(2)为民主社会奠基:"我们为何相处?"

教师虽不属于班级成员,但却与学生一道组成班级里两股重要的影响力量;而且通常情况下,在班级组建伊始,教师与学生一样,也被"无可选择"地归属于某一班级(任教、做班主任)并与学生相遇。在此意义上,也仅仅在此意义上,班级对于教师,一如对于学生,是一种片冈德雄所谓的强制性的"所属群体"。但具有决定意味的差异在于,作为教育者的教师是"奉旨行事",作为受教育者的学生则被假定处于"听命状态"。问题在于,教师虽"是学校的代表,站在制度或成人的立场,负责管教学生,领导他们达成组织的目标;但是,学生对于教师的领导,却非一成不变地全盘接受,因为他们拥有自己的价值和需要,希望参照同侪的方式来行事,尤其是同侪之间的相互声援,更是他们对抗教师的最佳防卫"[1]。这即是说,作为班级成员的学生,与作为制度/成人代表的教师之间可能存在着控制与反控制的斗争! 由此,班级可能成为学生据以对抗教师的武器(尽管也可能成为教师控制学生的工具)! 与此同时,学生同辈之间亦并非铁板一块,他们之间可能因为家庭背景有别、成就取向多样、"小集团"归属不一、地位等级分化而呈现出或强或弱、各显神通以及相互争斗的状态。这即是说,作为"自功能性"与"半自治性"组织的班级成员之间,有可能形成一个既联合(学生联合对抗教师,也可能是师生并肩对抗社会权力),又竞争(彼此争斗)的"抗衡的联合体"。实际上,以吉鲁的"批判教育学"观之,学校(教室)不仅是个教育的场所,更是个文化斗争的场所,是个"文化政治"(critical politics)的场所,不同出身背景的个人及群体,齐聚这个场域,相互竞逐知识、文化的解释权与产销权,进行着控制与反抗、怀柔与抵制、垄断与解放的斗争。[2]

---

[1] 张建成:《批判的教育社会学研究》,学富文化事业有限公司2002年版,第78页。

[2] 张建成:《批判的教育社会学研究》,学富文化事业有限公司2002年版,第46、84页。

这里有必要说明的是,以这样的观点来看待学校的班级,在实践上既有行为流的经验事实作基础,在思想上也并非主张为了斗争而冲突,要搞"破坏"——如此认为多是对冲突的一种误解。据科塞的观点,冲突可以区分两种:"现实性冲突"与"非现实性冲突"。前者是作为手段的冲突,即那些由于在关系中的某种要求得不到满足以及由于对其他参与者所得所做的估价而发生的冲突,或目的在于追求没有得到的目标的冲突;后者是作为目标的冲突,即不是由于互动中对立双方竞争性的目标引起的冲突,而是起因于至少其中一方释放紧张状态的需要,在这种情况下,对于对立者的选择并不直接依赖与引起争论的问题有关的因素,也不是以获得某种结果为取向,它所要寻求的满足是进攻手段本身而不是结果。① 而人们把冲突仅仅视为"起分裂作用"的消极因素这一成见,或者一味把冲突看作"社会病"而无视其正向功能的偏见,端在于他们"对现实性冲突视而不见"之缘故。② 尤其是对于强调"和为贵"、"大一统"及"社会稳定"的中国人来说,更是制约于"误解、蔑视和避免冲突"的刻板逻辑,而无视"社会冲突"及建基其上的不同社会群体"利益表达机制"的建设。君不见,纵然到了在器物层面上业已相当"现代化"的今天,我国由农村和城市贫困人口所组成的弱势群体也难以行使诸如游行、请愿、罢工等国际上通用的弱势群体表达利益的制度化方式;因此之故,处于"非制度化生存"中的社会群体(无论强弱)的行事逻辑往往就是,也只能是找"熟人"、求"通融"以及拉"关系"(腐败的温床由此铺好),而处于"非制度化生存"中的弱势群体譬如被强行拆迁房屋的城市居民除了依靠"很少能解决问题"的上访而外,又如被无辜拖欠工资的"农民工"除了采取爬吊车威胁自杀而外,再少有其他有效地保护自己利益的手段,广大农民基本权利得不到保障的现象更是普遍存在。③ 对此,有学者鉴诸西方社会在资本原始积累过程中由持续不断的工人运动而逐步形成的

---

① [美]L.科塞:《社会冲突的功能》,孙立平等译,华夏出版社1989年版,第34~37页。

② [美]L.科塞:《社会冲突的功能》,孙立平等译,华夏出版社1989年版,前言及第39页。

③ 孙立平:《权利失衡、两极社会与合作主义宪政体制》,载《书屋》2007年第1期。

雇主组织、劳工组织和政府组织之间的合作主义(大体保持权利均衡)制度框架(其结果反倒维护了社会稳定,工人运动越来越少),提出走出我国自20世纪90年代以来形成的"失衡与断裂社会"的道路只能从制度的合理设定与安排中寻找,并由此给出一种"权利高水平均衡"的"合作主义宪政体制"的回答。① 不难看出,这种"权利高水平均衡"的"合作主义宪政体制"精到地把控了"冲突"与"平衡"、"斗争"与"稳定"之间的辩证关系:其均衡乃是一种基于抗衡之上的均衡,其和谐乃是一种基于斗争之上的和谐,其合作乃是一种基于冲突之上的合作。这正是科塞"社会冲突的功能"之命题的鲜活要义所在,他就冲突与社会结构关系的讨论得出结论说:"如果没有或只有不充分的对冲突的容忍和冲突的制度化,冲突将会是反功能的……威胁这种结构均衡的东西,并不是冲突,而是自身结构的僵化",由僵化积累的敌意一旦爆发,就会形成断裂性的有力的冲击。②

于当下以及未来的中国而言,这种宏观的制度架构上的"合作主义宪政体制"固然相当重要而且十分迫切;而为了此种"良好社会"的来临,教育尤其是班级里的"革命"亦需循于此、为了此、在此过程之中而进行。"冲突清洁了空气,"齐美尔说,"没有暴风雨,将是一个多么污浊的天空。"③那么,在班级中,作为手段的冲突即现实性冲突的目的何在?为了学生(主体)的自我实现(吴康宁)、为了学生的成长(片冈德雄)、为了学生全面和健康的发展(谢维和)④、为了培养良好社会的公民的素质:即国人心理基因的改良和国民性格的刷新(这是笔者在此文中念兹在兹

---

① 孙立平:《权利失衡、两极社会与合作主义宪政体制》,载《书屋》2007年第1期;郭于华:《转型社会学的新议程——孙立平"社会断裂三部曲"的社会学述评》,载《社会学研究》2006年第6期。

② [美]玛格丽特·波洛玛:《当代社会学理论》,孙立平译,华夏出版社1989年版,第89页。

③ [美]L.科塞:《社会冲突的功能》,孙立平等译,华夏出版社1989年版,第25、33页。

④ 由此可说,在班级建设的目的上,不少研究者并无多大分歧;差别主要在于达此目的的班级建设手段、途径与方式上;后者正是笔者决议推进班级社会学研究的关键及着力点所在。

的题旨所在——这同时也有利于减少因压抑现实性冲突而酿成的"为了斗而斗"的非现实性冲突)。仅仅在这一意义上,何妨套用两句口号来表达:"一切为了学生,为了一切学生,为了学生的一切";因为,学生是"祖国的花朵和未来的希望",是"早晨八九点钟的太阳"! 未来系于今日,希望系于学生,公民系于儿童,社会系于教育。

(3)基于抗衡的合作主义:"我们如何相处?"

我们(包括学生,也包括教师)身不由己地相处于班级之中;我们为了平衡、公正、和谐而在班级中冲突;由此而下,围绕着"冲突与抗衡"—包括师生之间、师生与社会权力之间,以及学生相互之间—的班级观来探讨班级中"我们如何相处?"的问题,便有三个维度可供分析:教师权威的施展、学生同辈的竞争与斗争以及教师权力与学生权势的互动。

教师权威的施展。

无论班级是一个管理的工具、参照群体,还是学生对抗教师的武器、"抗衡的联合体",都离不开班级的重要影响力量之一,即教师及其权威这一因素。惟集体主义、工具(管理)主义班级观仅仅从作为成人及制度的代表者教师的立场出发,强调教师在上、学生在下的不对等的教育关系,扩张了教师的权力。这从思想上说有背"为了学生的成长和发展"之教育理念,从实际上看也不利于教师权威,即一种公认正当的权力(legitimate power)的树立。因为"如果施发权力的前者,不愿接受权力影响的后者可能产生的抗拒而一意孤行,虽然也能透过强烈的或压迫的力量达到目的,但总有竭力反噬的一天……如果教师权力运用的基础不为学生所认可,那么学生在班级历程中所表现的行为,自然充满冲突和对立"①。尤其对于课堂教学社会系统的运行来说,最重要的学生因素并非是其扮演的角色,而是对其角色扮演起决定作用的因素之一——"学生势力",即学生所具有的保护自己、表现自己乃至扩展自己的力量。②是以从大者即"为了学生的成长和发展"之教育理念出发,从小者即为了教师的权力能够获得师生双方的认可而正当化、有效化(也不妨说就是

---

① 张建成:《批判的教育社会学研究》,学富文化事业有限公司2002年版,第79页。
② 吴康宁等:《课堂教学社会学》,南京师范大学出版社1999年版,第243页。

为了教师在于学生的冲突中能够取得平衡)而论,教师如何树立、施展及维持权威就是一个需要研究者追问、教师本人努力的课题。

论及权威者,当推马克斯·韦伯关于权威之三类型,亦即权力正当性的三基础:法理型权威、传统型权威和克理斯玛(人格魅力)型权威。有研究者正是根据法理型权威与科层体制的相关理论,并结合目前教育专业的发展,将专门知识的能力的权力基础分立出来,增列一项专家的权威,具体说明了教师的四种权威及其与班级功能体系的复杂关系,如图 5-3[①] 所示:由图中设定四条对角虚线可以明显看出,教师的四种权威不但与学校的目标(图之最外层)、班级的功能(图之次外层)以及学生的期望与动机(图之第三层)具有密切的关系,而且彼此还是流通与连锁的。这表明,教师的权力运用,宜同时兼备法理、传统、人格魅力、专家等四种权威构成基础,无所偏废,才能满足学生的多元需要,消弭班级历程中的歧见与争执。换言之,教师权力运用的基础愈多,其监控取向就愈低,学生疏离的程度也愈底。正如张建成中肯的评论,图 5-3 所示的内涵虽不脱功能论的浓厚色彩,但至少跨出了重要的一步:即在班级历程及师生关系的探讨中加入了"双向认可"的权力元素,不再认为教师在上、学生在下的不对等关系是一种必要而适当的教育关系,亦不再无视因为生活在同一个班级里的学生之间会发展出的集体性体性防御机制的反作用力量。[②] 这让人依稀看到基于学生的立场,即主位视角来审视班级的曙光,让人隐约瞥见主位与客位班级观互释的"那道门缝"在缓缓开启,同时也让人微妙感到班级成为学生据以对抗教师(制度的代表)的武器之可能性越来越大。

---

① 资料来源:Spady,W. G.,Mitchell,D. E.. Authority and the Management of Classroom Activities. In Duke,D. L. (Ed.),Classroom Management,Chicago: University of Chicago Press,1979. 113. 见张建成:《批判的教育社会学研究》,学富文化事业有限公司 2002 年版,第 79~83 页。

② 张建成:《批判的教育社会学研究》,学富文化事业有限公司 2002 年版,第 83~84 页。

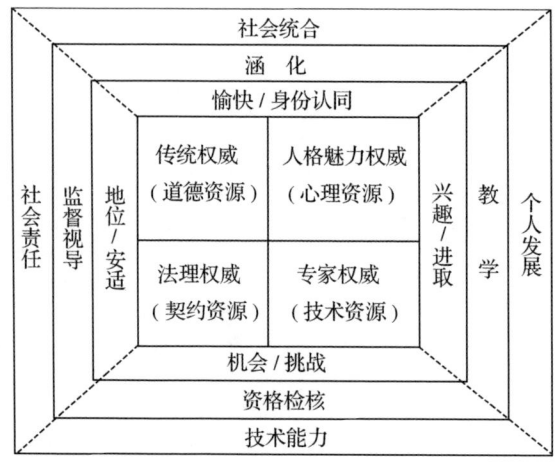

图 5-3　教师权威类型与班级功能体系的关系

倘要进一步打开那扇缓缓启动之门,彻底摆脱功能主义宰制于既定秩序与意识形态而不自知或甘愿领受的缺憾,并执著于"为了学生的成长"、"为了良好的社会奠基"之教育目的,那么,教师就需要修立一种吉鲁"批判教育学"(critical pedagogy)所主张的"解放的权威"(emancipatory authority)观,而与学生并肩进行一场"文化政治"的战争:教师要摆脱"技术员"的角色期待与被动担当而成为一种"转化型的知识分子",教育学生勇于冒险患难(take risks),并与学生一道,坚持一种"边界教育学"(border pedagogy)思想而不断进行"跨越边界"(crossing border)的思考、研究和行动,跟现行的权力关系进行斗争;以让他们的声音在班级内外都被听到,阐述一种振奋人心的社会民主观念,宏扬一种"迈向希望的政治",促使大社会中尚未实现的可能性,指向更为人道、更为民主的未来。①

学生同辈的竞争与斗争。

把截至目前的讨论小结一下可以说,班级有可能是学生的枷锁,也有可能是学生据以对抗成人代表教师的武器,还有可能成为师生共同悄悄展开"文化政治"之战、跨越现行权力界限的据地。而所有这些,都遮掩不了班级成员即学生同辈群体之间的竞争与斗争,尽管也不排除其间的合作与联合。

学生同辈之间的竞争与斗争的第一个因素,就源自成人代表教师以学业取向为主导对学生进行评价而造成的学生地位分等。凡有等级者,盖有竞争与斗争。一般而言,"差生"被认为处于学业等级的低位,并连带性地在其他一些方面也成了低位者。譬如,聚焦一个班级,对学生在此场域中的境况做一扫描我们不难发现:那些靠边角落座的学生大都被视为"差生",他们要么被隐匿于教室后角以便教师"眼不见心不烦",同时又不影响和干扰别的学生;要么被暴露于前排或前角,以便教师从前近距离控制、学生在后大范围"群众监督";那些或被勒令贴后墙站立者,或沿门外走廊垂手反省者,或悬于讲台"示众"者,甚或被教师武力逐出教室者,十之八九是"差生"。我们又会发现:那些低头、趴下躲避教师目光者可能是"差生";那些穿戴不整洁、爱流鼻涕者,那些长相不机灵或身有残疾者大都被看作"差生";那些在课堂上担惊受怕、噤若寒蝉、沉郁寡欢者是"差生"。我们还会发现:那些因考试成绩靠后而被教师冷眼相看者是"差生";那些性格内向、回答问题不熟练而被教师"一棍子打死"者是"差生";那些很少被提问或者偶尔提问一次又沉默不语者,抑或即便

---

① Girous, H. A.. Pedagogy and the politics of Hope: Theory, Culture, and Schooling, Boulder, Clorado: Westview Press, 1997; Girous, H. A.. Mclaren, P. (Eds.). Critical Pedagogy, the State and the Cultural Struggle, Albany: SUNY Press, 1989. 125~151. (见张建成:《批判的教育社会学研究》,学富文化事业有限公司 2002 年版,第 47、83~84 页);Girous, H. A.. Democracy, Freedom, and Justice after September 11th: Rethinking the Role of Educators and the Politics of Schooling. Teachers College Record, 2002. 104(6). 1138~1162. (见谭光鼎、王丽云主编:《教育社会学:人物与思想》,高等教育文化事业有限公司 2006 年版,第 452 页。)

答对了也招来同学怀疑的目光或惊奇的尖叫者是"差生"。总之,"差生"既被抛置在班级物理场域的不利边缘,又被定格于教师和同辈群体心理场域的弱势地带,他们是与错误相联系的符号,是教师表扬先进贬抑落后的道具和树立"善恶是非"标准的另一面,是教师随意斥责和宣泄的出气筒,是"好生"课间饭后的谈资与笑料。他们脸上张贴着"差生"、"笨蛋"之类的标签,犹言他们是被钉在耻辱柱上的异类,他们就这样扭曲着长大自己的身体。①

但"差生"在学业取向上以及连带方面的低位,并不必然意味着他们在所有方面都处低位。一个十几年在班级里噤若寒蝉的"差生"很有可能炼就成一种非凡的毅力,一个语数外方面的"差生"也可能在文体活动中为班级挣得那些"光学习好"的学生所望尘莫及的荣誉,一个学业成绩平平的"差生"还可能因极好的组织能力或良好的"人缘"而成为班级活动的出色组织者或班级亚群体的"小首领"。学生同辈群体中的强与弱、好与差、输与赢,不会一成不变,而会随着评量取向的不同以及班级事件的发生而流变转换或者此消彼长。

这里,我想以一项个人的自传意义上的事例来说明。或许有人认为,这可不是一项研究应该涉及的话题;但我所以甘冒忌讳,是因为这起"现身说法"的事件也包含着客观人类学上的意义。1991年春季开学不久,我所在的X县重点高中文科高三(5)班发生了轰动全校的"罢课"事件。起因是该班班主任L(任历史课)自高三接手本班以来,"为了高考"而实行的一项铁的纪律是:凡违反班规校纪者,一律打入有85人的教室的"冷宫":后三排"差生"堆里(因学生太多,后几排课桌之间没有通道,教师无法过去辅导、答问);后来又严加规定:拆除一张课桌,违纪者贴后墙站着听课,直到下一名违纪者来替换方有座位。逐渐地,包括笔者在内的不少"好学生"纷纷被处理到了那个"冷宫"。后来,在另外几位老师如Y、G等的暗中支持下,包括笔者在内的"好学生"终于爆发罢课:约定某日上午从第一节G老师的课开始罢课,(商定好)由G老师去校长、书记处"报案"。罢课者近30人进入校长办公室的第一件事,就是被勒令自报在班级中的成绩排名,得知罢课者中包括了班级前25名的学生以

---

① 程天君:《"差生"问题的社会学分析》,载《教育参考》2003年第9期。

后,校长连忙起身询问复课的条件。学生的要求是:撤换班主任 L 老师,由 G 老师担任;更换历史课老师 L;从速完成,否则,"我们转学到另一所重点高中"(该校在升学方面的劲敌)。经过校领导紧急磋商,第三天达成妥协结果:在教室里由书记、校长主持,现场进行班主任交接(G 代替 L)仪式;L 老师继续担任历史课;不许再有学生或老师闹事,不许积怨,一切为了高考。后来的情况是,班级大体上分成两大"阵营":"差生"群体与 L 老师的交往持续增多,并在班级中日益扬眉吐气;"好学生"则心神不宁,且因为罢课"斗争"过程中的态度强弱不一而彼此关系分散;L 老师的历史课上不少参与罢课的"好学生"如坐针毡,且高考结果多不理想。

此例意在表明,班级确实在一定的条件下可能成为学生据以抗拒教师的武器,同时其内部又充满了彼此的竞争与斗争。后者的发生,是因为"学生之同辈次文化,可能因其强调的地位期望(按:比如学业成就、体育活动成就、人际交往地位、组织能力等)不同,而呈现多样化的类型"[1],并且彼此影响,流变转换[2]。比如,有研究者以中小学生在班级团体中的两大同辈地位期望——学业取向和活动取向——之高低,把学生同辈文化区分为四种类型(如图 5-4[3] 所示):学业及活动取向均高的学生属于统整型的次级文化,学业取向高但活动取向低的学生属于主知型次级文化,学业取向低但活动取向高的学生属于社交型次级文化,学业取向及活动取向皆低的学生属于冷漠型的学生;由此,不同类型的学生(对于学校及班级的)疏离感、规范感、失意感、奉献感等各有不同。即便是在学生的非正式群体内部,相关研究也表明了学生地位的不同,譬如有"受欢迎者"、"受争议者"、"受孤立者"、"受忽略者"、"受遗忘者"等多

---

① 张建成:《批判的教育社会学研究》,学富文化事业有限公司 2002 年版,第 85 页。
② 笔者所以呈现自己所亲历的这次班级斗争的结果,足见把班级视作斗争的武器以及据之而行动的不易与艰险。因而,在倡导一种"斗争的武器"的班级观的同时,笔者也主张需要谨慎对待、理性行动。在此意义上讲,作为"斗争的武器"或"抗衡的联合体"的班级观,也仅仅是一种班级"观"而已;倘若有了这种"观念"、这种"意识",笔者就此研究的目的的"第一步"可谓达矣。
③ 资料来源:张建成:《批判的教育社会学研究》,学富文化事业有限公司 2002 年版,第 86～91 页。

种类型；少数的"受欢迎者"是班级组织中的实际首领，他们在很大程度上主导着班级组织的氛围，众多的"受忽略者"则充当着"受欢迎者"的支持者的角色，"受孤立者"通常代表着与班级大多数成员的价值取向相悖的文化并自觉不自觉地干扰班级组织现有氛围，"受遗忘者"实乃班级组织正式结构的"局外人"而对其他成员几无影响。① 由此说来，学生与学校、班级及教师之间，以及学生同辈群体之间存在多重复杂态度及相应的行为表现也就在所难免。惟从批判教育学的观点看来，那些在功能论眼中的偏差现象，诸如在只有挫折、失败、压迫而没有成功、自由之后所产生的疏离或抗拒（捣乱、旷课、恶作剧、奇装异服等），正是他们逃离宰制、寻求解放的可能性所在。这是教育工作者及研究者必须正视而不能简单否定或忽视的问题。

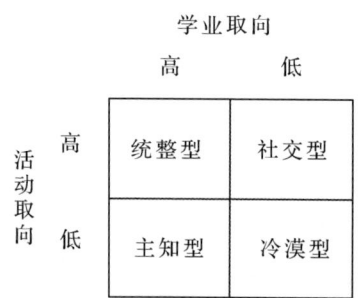

图 5-4　学生同侪文化的类型

教师权力与学生权势的互动。

总结以上讨论可以这样说，班级有可能是控制学生的枷锁，或者是学生甘愿遵从的工具；但在更多的或经常的情况下，则可能是学生据以对抗成人代表者即教师的武器，同时也伴随着学生同辈群体之间的竞争与斗争而是一个抗衡的联合体。无论是主位的班级观还是客位的班级观，不管是工具主义班级观还是浪漫主义的班级观，抑或是这里一直在申述的斗争—抗衡的班级观，都有一个基本的相似之处，那就是或多或少都承认或希望班级成为一个平衡、有序、和谐的群体，不妨说是类似

---

① 吴康宁：《教育社会学》，人民教育出版社1998年版，第287～288页。

"参照群体"、"家园"、"共同体"之类的东西。问题端在于,如何达到此一目标?从根本上说,这须建立在共识的基础之上;而共识,说到底乃是一种经过陌生与熟悉、控制与反抗、冲突与抗衡等一系列摩擦过程之后的各自退让、互相制约以及彼此妥协。教师与学生,作为班级中两股重要的影响力量,分别代表着制度—规约和个体—自由两个方面,在最初几无选择地被抛于"所属群体"的班级而"相遇"时,各自的观念假设与行动策略就是使班级的运行维持在最有利于自己的状态,或者使其不利于己的情况最小化。这种最"原始"也是最"基本"的"一厢情愿",会随着师生各自采取不同的行动策略而出现"以眼还眼"、"冷却相安"或"兵来将挡"等不同状态;倘朝向好的方面发展下去,则可能经过相互"协商"、磨合、妥协而达成共识。如图5-5①所示:在达成共识之前,教师与学生多采取"片面策略"来进行控制与反控制的斗争,从宰制/抗拒开始,经由操控/规避、照章办事/静观其变之"开放协商"阶段的摩擦,彼此尝试接受并适应对方的利益,最终有可能达成基于抗衡的共识状态。

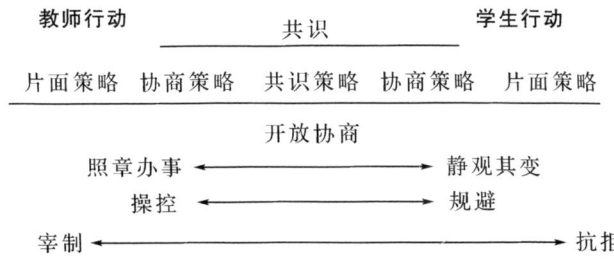

图 5-5 师生互动策略的模式

当然,这种师生互动策略所达成的"基于抗衡的合作主义"的班级观,在很大程度上毋宁说是一种马克斯·韦伯意义上的"理念类型"或"理想类型"(ideal types)——这两种译法正好揭示了 ideal types 这一概念的两个面向:一是这种类型存在于人的观念中而不是现实中,因此它

---

① 资料来源:Burgess. R. C.. Sociology, Education andSchools, New York: Nihols Publishing Company. 1986.194. 见张建成:《批判的教育社会学研究》,学富文化事业有限公司2002年版,第92页。

是一种理念;二是这种类型代表的某种或某类现象是接近于典型的,是一种理想化的典型,现实中的社会现象只能与之近似,不会完全一致,用韦伯自己的话说,这种"精神建构"是一种"乌托邦"(utopia)①。惟其是一种理想化的典型,才值得去追求。尤其是在我国,由于学校对学生的组织工作主要是通过班主任和任课教师对班级的控制来进行——包括两条途径,一条是通过班主任来控制学生的日常活动,另一条是通过教师来控制学生的课堂行为——教师于是便成了班级的正式权威,且这种权威既不受教师本人在教师群体中的地位的影响,也不会被其他教师所取代;而我国中小学班级活动与课堂教学在某一特定时间(如一节课)里均只由一个教师负责的状况更加强化了教师的正式权威从而使其具有"独霸性";这就使得本来就是学校组织中相对独立的亚组织的班级的"独立王国色彩"更为浓厚,以至最终多半都演变为封闭型组织,中小学生多半都处于本班教师控制之下。② 这就更需要我们树立这种冲突与抗衡的班级意识和班级观念,以逐渐消融、打破、改观班级由教师独霸的"独立王国"状况。

"基于抗衡的合作主义"班级观(见图5-2)作为一种"理想型",其要义有三:其一,这种班级观至少会在思想上得到学生的某种赞同和教师的某种理解,且在行为流上确有类似事件的发生(可能往往发生),因而可以说是一种主位(首先是主位的)、客位互释的班级观。其二,这种班级观的基本目标是,班级成为学生据以抗拒成人代表者即教师压迫自己的武器,抵抗教师对于学生的过分压制而健康地发展。其三,这种班级观的最高理想是,班级成为师生并肩抵制社会不当权力的据地。如此,班级对于师生来说都是保护性的组织(家园)③:教师树立解放型权威观,成为转化型知识分子;学生通过良好的班级政治生活炼就未来社会

---

① 周晓虹:《西方社会学历史与体系》(第一卷),上海人民出版社2002年版,第360~361页。

② 吴康宁:《教育社会学》,人民教育出版社1998年版,第260~262页。

③ 这就是我为什么把"抗衡的联合体"这一"基于抗衡的合作主义"班级观的典例归置于图5-2中第Ⅳ项的原因。附带说明,图5-2中第Ⅰ项"参照群体"是浪漫主义班级观的代表,第Ⅱ项"社会系统"是工具主义班级观的代表,第Ⅲ项"对抗的武器"及第Ⅳ项"抗衡的联合体"则是"基于抗衡的合作主义"班级观的两种形式。

良好政治生活的必备素质。总之,对于这种班级观来说,冲突是手段,抗衡是机制,合作、和谐、发展是目标。班级生活如此,未来社会生活亦然,故曰基于"抗衡"的"合作""主义"。

这样说并不意味着教师生就与学生为敌,也不意味着国家/社会权力天然就与学生或教师为敌,更不意味着学生必然受制度(教师)的压迫因而会奋起反抗。实践及一些相关研究亦表明,在师生互动的过程中,教师会采取诸如社会化、宰制、协商、合流、回避、照章办事、职能治疗、自我安慰等不同的"生存策略"(survival stateges);而面对教师,学生也可能采取如取悦老师的支持性策略、试探老师的抗拒性策略、漠不关心的分离性策略,等等。① 这说明,班级的运行以及关于班级的观点是复杂多样的:学生受制于、顺从于、甘愿于班级控制乃至宰制的情况是可能的;但仅止于此,看不到或不承认班级也可能是学生据以抗衡教师的武器(同时也彼此竞争),看不到或不承认教师也可能与学生一道进行一场"文化政治"的解放之战,则是不够全面的观点,是拘囿于"客位视角"的观点,是遗漏了"另可选择的观点"的观点。

不用说,对于笔者补充,准确地说是倡导的这种"抗衡的联合体"之班级观,一些研究者、教师、家长乃至学生很可能会质疑说:"谁敢抗争?""无法对抗!"甚至会说:"你来试试?!"但至少,或首先来说,我们可以,也应当树立这样一种班级意识。有了这种意识,对于学生而言,"事情常常是这样,我们缺少的不是办法,而是思想,有了思想就不愁没有办法"②;对于教师而言,"教育就是政治! 这是一个伟大的发现。当一个教师发现他是一个政治家时,他同样会问,我在教室里用的是什么观点? 也就是说,作为一名教师,我支持谁? 又在反对谁?"③。先树立意识,再付诸行动。这种"知难而进"的策略所以必须的最大理由就是,抵制也好,抗争也好,制衡也好,它们都不仅仅是为了个体自由精神的斗争,而是"为

---

① 转引自张建成:《批判的教育社会学研究》,学富文化事业有限公司2002年版,第92~95页。

② 高清海等:《人的"类生命"与类哲学——走向未来的当代哲学精神》,吉林人民出版社1998年版,序。

③ Freire P., Shor, I.. Pedagogy for Liberation, London: Macmillan, 1987. 46.

着公共生活的斗争"①(struggle for public life);"就个体而言要有精神自由,对群体而言要有公共精神,唯有具有公共精神的自由,才能建立起一个自由的社会"②。

---

① Girous, H. A.. Schooling and the Struggle for Public Life: Critical Pedagogy in the Modern Age, University of Minnesota Press, 1988.
② 杨鹏:《从新文化运动到新人文运动》,载《南方周末》2006年12月14日。

第六章　迈向学校政治社会学

　　人天生就是一种政治动物。因此,人们即便并不需要其他人的帮助,照样要追求共同的生活,共同的利益也会把他们聚集起来,各自按照自己应得的一份享受美好的生活。对于一切共同体或个人来说,这是最大的目的。①

——亚里士多德(前384—前322)

　　就当代政治学写一本书,即便只是设想,看来不是骁勇之举,便是愚蠢之行。②

——艾伦·沃尔夫(1977年)

　　经过前文第一至五章的求索与跋涉,业已完成基于学校中的政治仪式考察"'接班人'的诞生"这一研究任务。在作为"结语"的这一章里,我将简要作一提升性的总结,呼应导论中的研究允诺,迈向"学校政治社会

---

① [古希腊]亚里士多德:《政治学》,颜一、秦典华译,中国人民大学出版社2003年版,第82页。

② [美]艾伦·沃尔夫:《合法性的限度》,沈汉等译,商务印书馆2005年版,第1页。

学"(political sociology of schooling)。

  常言道,万事开头难。其实,"结语"何其难,一如"开头"何其难!打个比方说,文章开头如求偶,想说爱你羞启齿;文章结语似分手,要道再见难合口。结语,它既不能仅仅像《新闻联播》结束前的"下面再向您播送一下这次节目的主要内容",也不能抛开既有所陈而海谈他题。分寸还是有人拿捏得好:"真正的结语,只能是问题的延绵,也必定是问题的延绵。"①延绵者,如绵之延,或延之若绵也;既需抽离得出来,又要藕断而丝连,有所深化、有所提升。这谈何容易!惟其不易,这里所说的迈向学校政治社会学,也就仅仅是"迈向"而已,就是先把问题"点到",先打个"地基",待来日建筑。但同时需说明的是,我在导论中曾说,本研究也可名之为"学校政治社会学",只是觉得如此一来论文就"有题无目"了,于是便以"'接班人'的诞生"作了题目。实际上,这里可以坦白另外一个不称之为"学校政治社会学"的原由,那就是,既为一门"学",就理当要有严谨的范畴与体系,而这是笔者未来努力完善的方向。不过,先前的行文在指导思想上确实是紧紧围绕着下文将要谈的"学校政治社会学"之"地基"(可以说后者是前者的脚本)而进行的。在此意义上,也无妨把本研究看作"学校政治社会学"研究的备料或初步。若是这样,这里的"迈向"也可以说是一种"回望"与"提升"。不管怎样,无论是称之为本研究实际上所依循的"脚本",还是视之为未来将要开拓的"学校政治社会学"的"地基",这里都有必要简约地呈现出其大致轮廓来。

  若说是打"地基",那关键的问题是选址与定桩问题。

  正如导论以及第一至五章的分析表明,"'接班人'的诞生"这一论题是"学校政治社会学"这一论域的"眼睛",整个研究的核心旨趣亦即出发点和归宿点就是:人是政治动物,人自幼就政治地生活;学校里的人怎样政治地生活,为着他们现在以及将来更好的政治地生活,学校教育可有怎样的新作为?这是对亚里士多德"人天生就是政治动物"命题的回归,惟亚里士多德在"何者算'人'、'谁人'方可政治地生活"的问题上褊狭不小,尚需吾辈超越。此乃地基之一点。

---

  ① 马维娜:《局外生存——相遇在学校场域中》,北京师范大学出版社2003年版,第253页。

地基之另一点,就是要回到继承并发扬亚里士多德而成为"政治社会学"领域主要奠基者之一的天才学者李普塞特(Seymour Martin Lipset),正是他那本"确实有名"的《政治人》(1959年),"首次给出了政治社会学之学术研究的思路"①。其思路是:政治社会学的首要任务之一是分析促进民主的社会条件,而研究促进民主的条件,必须把重点放在分歧和共识的根源上。循此而上,还有必要回到被李普塞特尊为政治社会学主要学术创始人的马克思和托克维尔,以及韦伯和米歇尔斯。前两者关于冲突和共识的理论以及后两者关于官僚(科层)政治和民主的理论,构成了现代政治社会学的基本问题。②

地基之第三点,就是要回到坚决扬弃"把政治社会学仅仅视作民族社会的权力、政府、权威和指挥的学问"的传统观点,而积极致力于"把它看作是一切社会和一切人类团体(群体)的学问"的"最流行的"观点——政治社会学乃权力(国家权力、非国家权力以及介乎其间的模糊性力量)之学而非仅仅是国家之学——的迪韦尔热,以此考察学校(schooling)的政治社会学图景。以下依次逐作探讨。

1. 人本性是政治动物:亚里士多德命题的回归及其超越

人天生就是政治动物。这是西方政治研究的鼻祖亚里士多德(公元前384—前322)的至理名言。这里的"政治"为何意呢?这得从他的政治学思想说起。亚里士多德主张把国家和其他社会团体分开,并突出国家的地位和作用——其目的是实现"最高的善"。他一方面认为国家是由家庭到村落由村落到国家这个"历史的"过程发展的结果,另一方面又用"人的本性"(man's nature)这一概念来阐释国家之所以为"最高的"团体的理论依据。亚里士多德把事物的本性看成是一个发展的过程,认为发展到最高阶段才算体现了它们的本性、本然或"自然"。就像一根树苗,虽然具有其所以为树的本性,但只有经过长期发展成长为一棵大树的时候,才能成其为十足意义上的树。正是在这个意义上他说,"人的本

---

① [美]安东尼·奥罗姆:《政治社会学导论》(第4版),张华青等译,上海人民出版社2006年版,第84页。
② [美]西摩·马丁·李普塞特:《政治人——政治的社会基础》,张绍宗译,上海人民出版社1997年版,第1~9页。

性就是政治的动物"。这即是说,就个人而论,他不是"自足的",人只有经过家庭生活到村落生活再到国家的时候,才算完成了"人的本性",只有国家才能实现人的快乐而光荣的生活。人只有经过、跨越家庭这一狭隘的领域并"升"入政治领域,才能过上"得体的生活"(它不仅仅是一种比普通的生活更舒适、更无忧无虑或更高贵、质量完全不同的生活,而且,它之所以是"得体"的,是因为它达到了这一程度:由于已经拥有了纯粹的生活必需品,由于已经从劳作中解脱出来,并且克服了所有生物对自身生存的迫切要求,生物性的生活进程不再受制约),才能成其为十足的政治人、"政治动物";而在此之前的生活则是一种"前政治生活",这种生活的必需品是一种"前政治现象"。①

可见,亚里士多德所谓"人天生就是一种政治动物"这句话中的"人",不过是奴隶主富有阶层的代称而已,因为他把国家视为公民的联合体;而他所谓的"公民",则是既有治人的能力也能被治的人。这样,在公民中不但排除了和他们同是圆颅方趾而只是不当作"人"来看待的奴隶,也排除了劳动阶层。因为在他看来,奴隶和匠人过于依赖他人的命令而没有统治能力,所以不适宜享有公民的特权。对此,只有将亚里士多德第二个著名的定义即"人是会说话的动物"(zoo logon ekhon)加上去,才能完全理解他的意思。在这两个著名的定义中,亚里士多德形成了城邦关于人类及政治生活方式的观点:城邦之外的每一个人——奴隶和野蛮人——都仅仅是 zoo logon,他们被剥夺的当然不是说话的本能,而是一种生活方式,在这种生活方式中,说话而且只有说话才是有意义的,所有公民(当然不包括 zoo logon)关注的中心就是彼此间相互进行交谈。② 要想从事政治,要想生活在城邦中,就意味着所有的事情都要通过言辞和劝说而不是通过强制与暴力来决定。在此意义上,将亚里士多德评判为"一切剥削阶级政治学的创始人"③倒也不冤枉。

---

① 吴恩裕:《论亚里士多德的〈政治学〉》。见[古希腊]亚里士多德:《政治学》,吴寿彭译,商务印书馆1965年版。
② [美]汉娜·阿伦特:《人的条件》,竺乾威等译,上海人民出版社1999年版,第21页。
③ 吴恩裕:《论亚里士多德的〈政治学〉》。见[古希腊]亚里士多德:《政治学》,吴寿彭译,商务印书馆1965年版。

诚然，亚里士多德是说过："人天生就是一种政治动物。因此，人们即便并不需要其他人的帮助，照样要追求共同的生活，共同的利益也会把他们聚集起来，各自按照自己应得的一份享受美好的生活。对于一切共同体或个人来说，这是最大的目的。"诚如斯言，倒无可厚非。但在整本《政治学》中，亚里士多德的逻辑起点就是他的二元人性假设：天生的主人与天生的奴隶。这导致他的思想充满了循环论证的逻辑矛盾。譬如，他认为，人分为天生的统治者与天生的被统治者，统治者（公民）和臣民的差别属于种属差别；两者都有德性，但前者在本性上有统治的德性，后者在本性上有服从的德性。[1] 又譬如，他论证说，因为奴隶的德性与公民的德性不同，所以奴隶和匠人不是公民；否则，奴隶和公民的德性就一样了。[2] 再譬如，他对社会"分工"也是这样认为的，统治者（必须有公民资格）从事的是治人之术，被统治者从事的是低等的贱业，公民可以轮番统治，而奴隶则只能轮换贱业，但好公民或统治者不必做贱业；否则主奴（身份）就无从分辨了。[3] 那么，人为什么要结合在一起呢？他说是为了"共同的利益"。虽然亚里士多德一直念念不忘的是整体优于部分、部分为整体服务[4]，但这个"共同的利益"其实是以"公民"（治人者）的利益为基轴的，说白了，就是为了维护主人（统治者）的利益，而且这种维护"有益且公正"。对此，亚里士多德直言不讳地反复强调，正确的政体只是对公民而言的正确，公正是对某些人而言[5]；那被统治者的利益呢？它只是统治者利益的"必要条件"[6]而已。阿伦特曾就此指明，"政治生

---

[1] ［古希腊］亚里士多德：《政治学》，颜一、秦典华译，中国人民大学出版社2003年版，第2、7～9、12、22、25页。
[2] ［古希腊］亚里士多德：《政治学》，颜一、秦典华译，中国人民大学出版社2003年版，第26、78、80页。
[3] ［古希腊］亚里士多德：《政治学》，颜一、秦典华译，中国人民大学出版社2003年版，第9、22、31、79、83、268页。
[4] ［古希腊］亚里士多德：《政治学》，颜一、秦典华译，中国人民大学出版社2003年版，第4、30、77、268页。
[5] ［古希腊］亚里士多德：《政治学》，颜一、秦典华译，中国人民大学出版社2003年版，第10～12、84、87、95页。
[6] ［古希腊］亚里士多德：《政治学》，颜一、秦典华译，中国人民大学出版社2003年版，第2、7～9、83页。

活是建立在支配的基础上……政治动物的定义,无形中就区分为以下三种范畴的人:为他人劳动的奴隶;虽然为自己劳动、是自由的,但是不能参与政治(politikon)的人;统治奴隶和支配自己生活以外的劳动的政治动物(dzoa politika)——自由市民"①。

　　撇开亚里士多德是否为所谓"剥削阶级"代言这种意识形态评判不论,仅从学理上来说,他也有需要超越之处。那就是,他的这种意识形态偏向决定或者说导致了作为"国家之学"的政治社会学观,这种观点仅仅把政治社会学看成了国家、政府、统治、指挥、治人(在亚里士多德眼里,只有公民才有资格享有这些权力)的学问。亚里士多德虽然强调了公民参与和国家政治生活的必要性和重要性,但他所谓的"公民参与"无非就是"统治者的俱乐部"而现代政治社会学研究所主张的公民参与(冲突与共识),恰恰是与国家相对应(对峙)的公民社会(其主体很可能就是由亚氏眼中那些天生的被统治者组成)的作用。

　　因此,亚里士多德的"政治"概念有着特殊的涵义。根据古希腊人的思想,人类建立政治组织的能力与建立自然组织(核心是家庭)的能力不仅不同,而且是截然相反的。城邦国家的兴起意味着人们除其私人生活之外的第二生活,即政治生活(bios politikos)。亚里士多德认为,在人类共同体所需以及产生过的所有行为中,只有行动(praxis)和语言(lexis)这两种被视为具有政治性,并构成了他所谓的 bios politikos②。由此,亚里士多德的政治不仅是面向少数人的政治,同时也是一个"狭义"的政治。或许正因为如此,阿奎那(Thomas Aquinas)把亚里士多德"政治动物"(zoon politikon)翻译为"社会动物"(animal socialis)的做法被阿伦特称之为一种无意识的转换和"标准的误译",它"使希腊人对政治的原有理解荡然无存"③。但阿伦特紧接着又不无矛盾地说道,阿奎那将

---

　　① [美]汉娜·阿伦特:《马克思与西方政治思想传统》,孙传钊译,江苏人民出版社2007年版,第37、17页。

　　② [美]汉娜·阿伦特:《人的条件》,竺乾威等译,上海人民出版社1999年版,第19~20页。

　　③ [美]汉娜·阿伦特:《人的条件》,竺乾威等译,上海人民出版社1999年版,第19、21页。

孟德斯鸠(Charles de Secondat，Baron de Montesquieu)可谓近代政治学的开创人物。不过，包括孟氏在内的18世纪左右的西方政治研究有一个明显的倾向，这就是对它的法学世界观，其基本含义在于相信国家和法律是决定社会关系的，因而只要变更了国家的体制和法律体制，整个社会体制就会改观——这种思想在某种意义上与当时资产阶级面临的推翻封建政治上层建筑的任务有关，但它实质上会阻碍政治社会学的有效发展。① 到了19世纪，社会学大显身手，形成"社会学世界观"取代"法学世界观"的趋势。孔德、斯宾塞(Herbert Spencer)被认为是奠基现代社会学的开拓者，圣西门(Saint-Simon)、傅立叶(Fourier)、欧文(Robert Owen)、蒲鲁东(Pierre Joseph Proudhon)、托克维尔等人，均在这个观点下考察政治问题；及至20世纪，政治社会学异军突起，在社会学与政治学领域中都独霸一方。② 而今的情况，正如迪韦尔热所言，西方最流行的政治社会学概念是把它看作是一切社会和一切人类团体(群体)而不仅仅是民族社会的权力、政府、权威和指挥的学问。③ 提出类似见解的，是创作《政治人》这部各国的政治学研究和教学之"必读书目"的李普塞特。他承续亚里士多德所开创的传统，并致力于推陈出新的尝试，基本观点是把现代社会生活中的人视为"政治人"，所有的人都是生活在政治生活中的，生活在政治关联中的；另一方面，所有参与政治的人又都是生活在社会之中的，与错综复杂、斑驳陆离的社会生活水乳交融。——这就是公治之以"人的政治性和政治的社会性"为题给该书的中译本作序的用意所在。④

一切政治都具有社会性，所有社会都具有政治性。而"政治，就其本质而言，表现为控制稀缺的物质资源和象征性资源(或观念上的资源)的

---

① [美]安东尼·奥罗姆：《政治社会学——主体政治的剖析》，张华青等译，上海人民出版社1989年版，中译本序，第3～4页。
② [美]西摩·马丁·李普塞特：《政治人——政治的社会基础》，张绍宗译，上海人民出版社1997年版，序言，第5～6页。
③ [法]莫里斯·迪韦尔热：《政治社会学——政治学要素》，杨祖功、王大东译，华夏出版社1987年版，第3、13、16页。
④ [美]西摩·马丁·李普塞特：《政治人——政治的社会基础》，张绍宗译，上海人民出版社1997年版，中译本序。

持续冲突"①。这便意味着,学校政治社会学的研究事实对象,也不脱权力和名位的斗争。这并不是要把成人世界的研究对象套搬到儿童(学生)身上;相反,是紧紧抓住了"人是'天生的'('本性就是')政治动物"这个牛鼻子而得出的判识。人,是天生的政治动物;人,自幼就政治地生活,成人的政治地生活是由儿童的政治地生活开始的;为了未来成人的更好的(广义上的好)政治地生活,须始自今日儿童(学生)的更好的政治地生活。这正是学校政治社会学研究的关怀所在。

进而言之,权力和权威是指导政治社会学家研究的两个基本概念,所有政治社会学研究政治和一般的社会事物,对权力和权威问题都有着一种强烈的自觉;权力和权威是他们研究领域中共同关注的概念,因为权力和权威所扮演的角色就像物理学家研究中的原子(甚至中子)。②导论中所引迪韦尔热的话也说过,人类社会的一个基本特点就是,无论怎样掩饰,影响、统治、权力和权威都无处不在。这不是政治社会学偏好冷眼看斗争,实乃是由人类自身的命运和特点决定的。在涂尔干眼中,社会即上帝;在托克维尔看来,上帝看中的是人的特点③;布迪厄在法兰西学院的就职演说词中更是把"社会即上帝"的道理说到了深入骨髓而又真真切切的份上:

> 人注定是要死的,而这一结局不能成为一种目的,所以,人是一种没有存在理由的存在。正是社会,而且仅有社会,在不同程度上给予存在以辩护和理由;也正是社会,通过产生据说是"重要的"事情或位置,而产生出被自己以及他人视为"重要的"行动和行动者——由此,各色人等在客观上和主观上都获得自己的价值,并因

---

① [美]安东尼·奥罗姆:《政治社会学导论》(第4版),张华青等译,上海人民出版社2006年版,第43页。
② [美]安东尼·奥罗姆:《政治社会学导论》(第4版),张华青等译,上海人民出版社2006年版,第2、4页。
③ 刘小枫、陈少明:《回想托克维尔》,华夏出版社2006年版,第157页。

此摆脱了无关紧要和微不足道的状态。①

正是触摸到了人之生命的这种极其可怜、脆弱和不堪一击的本性，佩尔尼奥拉(Mario Perniola)对那种认为生命是不可抑制的源泉的说法一向不以为然，对什么"生命是无穷的创造力、拥有无法抗拒的力量"的说法嗤之以鼻。他令人折服而又意味深长地低吟道："生命是一丝极为柔弱的气息，需要找到一个可以安身立命的外壳才能存在，需要穿上外衣，再继承某种行为。假如它既找不到任何东西，又排斥所有东西的话，那么它注定会消亡。……从这一点看，仪式、庆典和机构不但一点也没有对生命的迹象和成长造成妨碍，相反却是生命的存在条件。"②

从某种程度上讲，这些都不脱亚里士多德"人天生就是一种政治动物"，即"人合群并争斗着"的要义。对此，古今中外的贤能，盖无断然否认者。稍晚于亚里士多德的荀子(约公元前298—前238)说得同样精彩，并且捎带给出了解药："人生而有欲，欲而不得则不能无求。求而无度量分界则不能不争。争则乱，乱则穷。先王恶其乱也，故制礼义以分之，以养人之欲，给人之求，使欲不必穷乎物，物不必屈于欲。"③倘有不屑于"欲"，或自称不"争"者("出世"者、"隐居"者甚或大言不惭的"大隐隐于市"者)，那若不是出于一种"吃不到葡萄说葡萄酸"的心理(被指责的恰恰是在暗中渴求的)，则不外乎如下几种情况：那不是在过多地体验诸如悲哀、愤恨、嫉妒、害怕失败以及希望和追求这些"耗费生命的激情"(争斗！)之后而渴望"隐退"，就是因为时代不给他们提供与他们的雄心和谐的工作而在宗教中避难，用彼世的理想补偿现世的失望(骨子里还是渴望成功)，或者至多是像梭罗(Henry David Thoreau)那样"隐居"在

---

① P. Bourdieu. In Other Words：Towards a Reflexive Sociology,1990. 见［法］皮埃尔·布尔迪厄：《科学的社会用途》，刘成富、张艳译，南京大学出版社2005年版，"布尔迪厄的用途"，第7~8页。

② ［意］马里奥·佩尔尼奥拉：《仪式思维》，吕捷译，商务印书馆2006年版，第42页。

③ 《荀子·礼论》。

瓦尔登湖畔,通过改变斗争的策略而"在社会秩序中获得了自由,而不是脱离了社会秩序"①。即令循迹山林者如陶渊明,悠悠逍遥者如庄子,佯狂纵情者如阮籍、刘伶,不愿摧眉折腰事权贵者如李白,大约仍都在争。所争哪般?争的是那类"不为五斗米折腰"的美名,争的是那种并不怎么逍遥的"逍遥",争的那份伺机东山再起。"不少隐士正是恪守'危邦不入,乱邦不居。天下有道则见,无道则隐'(《论语·泰伯》)的安身立命信条,来把握出入官场的机遇。在他们的心底,实际上无时不有干政的期待和弄权的欲求,如诸葛孔明、王安石之辈那样,虽结庐南阳,携妓东山,却未尝不以平一宇内,跻致生民为意。总之,无论是看破红尘的假隐士,还是蓄势待发的真隐士,都是以权力为中心所表现出来的特殊的政治行为。"②

　　社会即上帝,社会即人存在的依凭。那为什么偏偏是社会中的斗争、冲突而不是团结、和谐成了人们赖以存在的理由或常态?这要从"社会学眼中的社会"来找到学理依据。关于何谓"社会"的问题,言人人殊,见仁见智,但有一点是肯定的,即人们的观点是各异的。正是基于此,笔者从精英—民众和褒扬—贬抑两个维度,把各种不同的"社会"观加以组合、区分,由此得出四种基本类型(见图6-1③):第一种是受到褒扬的精英群体,可谓之"主流社会/群体";第二种是与之相对的即受到贬抑的民众阶层,可谓之"亚/反文化群体";第三种是受到褒扬的民众社会,可谓之"市/公民社会";与之对立/应的第四种就是受到贬抑的精英阶层,可谓之"(反动)统治阶层/级"。大致说来,林林总总的"社会"观,盖不出此四种基本类型。

---

①　[美]查尔斯·霍顿·库利:《人类本性与社会秩序》,包凡一、王源译,华夏出版社1999年版,第177、181、302页。
②　马庆钰:《告别西西弗斯——中国政治文化分析与展望》,中国社会科学文献出版社2002年版,第164页。
③　程天君:《教育社会学的学科发展及其生存困境》,载《教育研究与实验》2007年第1期。

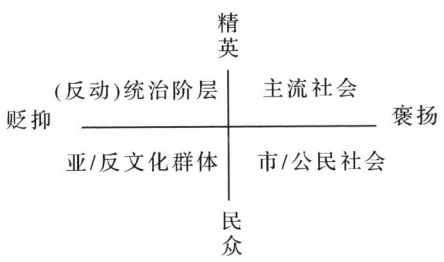

图 6-1 "社会"观分类图

对于这种抽象化的组合、区分,需辅以三个限制性的具体说明。第一,这种组合、区分是无法穷尽的。它可以照此逻辑继续乃至无限组合、区分下去,一如帕森斯的社会系统、子系统、子子系统……每一个都具有 AGIL 四个部分的功能一样。第二,这里的二维"标准"是相对的。精英还是民众,褒扬还是贬抑,很大程度上要依赖于群体的性质及其成员的立场,即要看"谁"在讲话或者站在"谁"的立场看问题。譬如,一个为了本国人民之"公共"利益的民主政府,在相当程度上可被视为"主流社会"或好的治理者。但当它在国际会议里为自己国家争利益而不惜牺牲世界和平和别国合法权益时,也不过是为了一己(国)私利而已;公还是私,褒抑或贬,都是相对而言的。① 再譬如,"在任何社会群体,甚至一伙盗贼,我们都找到了共同的利益和一定的相互作用以及和其他群体合作的往来。从这两个特点我们可以导出我们的(即主流认可的——笔者按)标准"②。又譬如,投诚支配阶层的"知识分子",对于下层民众而言可算作属于统治阶级,但同时他们又是"统治阶级中的被统治者"③;而坚守社会良心的"公共知识分子",可能是反主流文化的边缘者(属于亚文化群体),但是在某些公共论坛之上或在其崇拜者与追随者心目之中,他们又是十分耀眼的"社会精英"。第三,这些"社会"观的组合、区分是复杂

---

① 费孝通:《乡土中国 生育制度》,北京大学出版社 1998 年版,第 30 页。
② [美]约翰·杜威:《民主主义与教育》,王承绪译,人民教育出版社 2001 年版,第 93 页。
③ 包亚明编:《文化资本与社会炼金术——布尔迪厄访谈录》,包亚明译,上海人民出版社 1997 年版,第 19~91 页。

而又变动的。天下没有不散的宴席;没有永久的敌人,只有永恒的利益;"砍头不要紧,只要主义真";受人钱财,替人消灾;"有奶便是娘"……诸如此类的俗语、常道、信仰及相应的行为,就是对这一点的真实写照。譬如,一个社会(国家)的绝大部分乃至全体民众可以(一时)模糊到"万众一心",构成一个"想像的共同体",从而"全民皆兵"或者"全民炼钢",追逐着整体一致的集体信仰和相应的社会行动;另一个社会(地区)也可能朝野对垒、战乱频仍,从而陷入四分五裂乃至一盘散沙,进行着永无休止的信仰冲突或者利益争斗。由此说来,社会是复杂的,是散裂的,是为着权位和利益斗争的,因而说到底,社会其实就是各种不同的人群、团体、组织或阶层。一言以蔽之,"社会"其实就是各种不同的群体①,这些群体内部以及相互之间存在着权位的强弱、利益的多寡、斗争的输赢,以及所有这一切的模糊转换和此消彼长。这便是社会学眼中的"社会",这便是社会学所要研究的"社会"。

学校是社会的一个机构,其自身也是一个社会子系统并且有社会属性。学校(schooling)决非"净土",它里面充满了没有硝烟的战争,那是一种"文化政治"(cultural politics)之战。一如前文的分析所表明,其中首要的战役就在国家与学生之间打响(主要见第二、三章):国家,像个"医生"那样掳掠、治理学生,并声称是为了像"病人"一样的学生的好;学生在与国家且战且合的斗争中获取未来生存的本钱与凭照,并有可能出乎意料地制造出有违国家初衷的效果。战役也在国家/社会与学校之间拉开(主要见第四章):学校作为国家的代理人,既受制于前者的逻辑并与之合谋,联手进行既定秩序的再制;同时也悄然以"学校的逻辑"进行抵抗,维护自身的生产与再生产。最激烈的"巷战"当然是教师与学生之间以及学生与学生之间的短兵相接(主要见第五章):就前者而言,学生与作为社会和成人代表的教师之间常常进行着控制与反控制的明争暗斗;就后者而论,学生与学生之间往往发起"所有人同所有人"的竞争。大致说来,所有这些竞争、冲突与斗争,为的要么就是权力的支配(如国

---

① 有学者认为,"社会"、"团体"、"集体"、"社团"、"群体"这些术语都是同义词,是通用的概念。见[法]莫里斯·迪韦尔热:《政治社会学——政治学要素》,杨祖功、王大东译,华夏出版社 1987 年版,第 3、16 页。

家、政党对于儿童,教师对于学生,优势对于弱势),要么就是名位的争夺(如占据位置,获得符号,享有资源)。

3. 冲突与共识的平衡:学校政治社会学研究的价值期待

然而,现实再怎么残酷,也丝毫不能作为为了斗争而斗争的理由。再次重温亚里士多德的命题:人虽然必须合群且又离不开争斗,但人的独特之处在于其具有语言以及诸如公正与不公正之类的感觉。这就意味着人们有这样一种价值期待,即人"各自按照自己应得的一份享受美好的生活"。这正是海明威(Ernest Hemingway)式的哲学主题:没有谁是一座孤岛,不要问丧钟为谁而鸣,它为每一个人——他们不可分离——而鸣,别人的痛苦可能就是自己的痛苦。个人与社会(他人)应该共同成长、相互依赖、相互塑造,其中既有争执、对立,也有统一、一致;是矛盾,但不应归结为对抗,社会存在总体,不是个人的异乡,而就是他的故乡。① 在此一意义上,也仅仅在此意义上,前引布迪厄"社会是人存在的依托"可以说只是个暂时的依托、过程中的依托,最终的意义还是要归属于马克思之高境界的理想。马克思说,人之所以为人的标志"不是人的胡子、血液、抽象的肉体的本性,而是人的社会特质",也即人的社会性;"人不仅是合群的动物,而且是只有在社会中才能独立的动物";"人天生就是社会的动物,而且只有在社会中才能发展自己的天性"。② 贯穿马克思一生的主题之一就是"异化",为消除人之"异化",他冀望一个崇高的理想即共产主义。他一生将几种矛盾的角色即哲学家、历史学家、社会学家(作为社会和观念研究者)和革命者(作为实践的人)集于一身而为此奋斗,他与终身之友恩格斯并肩参加巷战的壮举着实令那些至多是在"文化的脂肪上搔痒"的"书斋里的革命者"汗颜,他是视冲突为政治学主要研究旨趣的首席发言人。问题也出在这里,那就是马克思"为了理想而不惜手段"。在马克思看来,一个社会要么是以不断的冲突为特征,要么是以保持共识为特征,"他把冲突和共识与其说是视为两种可能平衡的相悖的趋势,不如说是视为非此即彼的选择:一方面,他设想共

---

① 康健:《是家乡,不是异乡:个人存在的真实性及其限度》,中央编译出版社2000年版。

② 蒋云根:《政治人的心理世界》,学林出版社2000年版,第13页。

识、和谐和一体化将会出现在共产主义的未来(某种程度上也曾出现在共产主义的往昔);另一方面,他把冲突和专制看作是古代共产主义与即将到来的无产阶级革命胜利之间长期存在的历史事实"①。这样,为了达到那个共识、和谐,消除异化的共产主义,或者说在这个理想实现之前,全部的问题就是斗争、冲突和暴力革命,以消灭阶级、消灭压迫、消灭国家。更决绝的是,马克思甚至也没有为共产主义下的民主留下余地,因为只有两种相互排斥的社会类型:冲突的社会与和谐的社会;当第一种社会被摧毁而实现了第二种社会的时候,冲突的根源也随之消灭了,所以不需要民主了。②

马克思的冲突观虽是科塞所谓"现实性冲突"(作为手段的冲突),惟其太尽其极,而未免太"残酷",未免失去在冲突与共识之间的必要平衡,未免欲速则不达。学校中的教育与政治生活(乃至现实的社会生活),是消受不了这种冲突的,这方面的教训前文已有所分析,历史上也屡见不鲜。与马克思相比,另一个政治社会学的创始人马克斯·韦伯则可以说是"昧于理想而认作囚徒"。面对与马克思同样的异化问题,韦伯查明的病因与马克思不同,马克思坚守唯物主义哲学而倚重社会现象的经济因素解释路径,而韦伯强调观念以及行政(科层)机构及其管理方式对权力的规约以及人的异化作用。因此,对韦伯(以及米歇尔斯)来讲,问题的提问方式改变了:现代政治问题不在于资本主义还是社会主义,而在于官僚(科层)政治与民主的关系。③ 但遥望(民主、共识、和谐的)漫漫前景,韦伯长嘘短叹。他认为,随着社会与经济生活的理性化过程不断继续,"人们最多能够理解那些造就了过去的主题,但却不能够轻易洞察未来发展的轮廓",正因为如此,他的著作并不像马克思的那样包含有目的

---

① [美]西摩·马丁·李普塞特:《政治人——政治的社会基础》,张绍宗译,上海人民出版社1997年版,第4页。
② [美]西摩·马丁·李普塞特:《政治人——政治的社会基础》,张绍宗译,上海人民出版社1997年版,第5页。
③ [美]西摩·马丁·李普塞特:《政治人——政治的社会基础》,张绍宗译,上海人民出版社1997年版,第7~8页。

论意义上的终极目的或人类正在迈向的终极目标(因此之故,不同于马克思,他主张严格区分学者身份和行动者身份①);由此他总结道,我们是现代世界的各种制度所打造的"铁笼"中的"囚徒"②。但是,韦伯并没有如常人以为的那样"彻底失望"。明察秋毫的毛姆森(Wolfgang Mommsen)还是从韦伯淡然(不求历史规律及未来终极)抑或绝望(铁笼中的囚徒、规则的丛林)的眼神底色中,窥见一丝企望,那就是,韦伯坚定地信仰民主,惟这是一种由仁义贤达的领袖(大人物)所引领的制度性的法律和力量之下的民主,因为既然他最终坚信"政治行动一直都是由'少数原则'来决定的,在巨型国家中,这种帝政主义(caesarist,独裁)的因素是根深蒂固、无法祛除的"③。由此我们也不难理解,为什么韦伯致力于"克理斯玛"(charisma)型(魅力型)政治权威的研究。

与抱负过高、手段过硬的马克思相比,韦伯的见解显得平实而又沮丧。他在认领 caesarist 式统治的前提下冀望 charisma 式的大人物的出现。且不论这是否符合现代公民社会发展的潮流,仅就这一冀望本身来说,也不无隐忧:问题不在于此类事情是否可以企及,而在于其危险重重。因此,在冲突与共识的平衡这一题旨,亦即在政治社会学的首要议题上,还是有必要回到托克维尔那里去乞灵。

托克维尔因两部至今魅力不减的著作——《旧制度与大革命》和《美国的民主》(上、下卷)——而被当代社会学家公认为在政治社会学和比较社会学方面作出了划时代的贡献。④ 前者考察了1789年法国大革命和旧政权崩溃的原因以及大革命的后果,后者分析了他所心仪的美国社会的民主与平等的成因及条件。就这里的主题而言,托克维尔的公民社会与政治思想论述颇有借鉴之处。其一,他查明了何以"追求自由的法

---

① 他有一句名言:"讲台不是先知和煽动家应该呆的地方。"见[德]马克斯·韦伯:《学术与政治》,冯克利译,生活·读书·新知三联书店1998年版,第37页。

② [美]安东尼·奥罗姆:《政治社会学导论》(第4版),张华青等译,上海人民出版社2006年版,第40～45页。

③ [美]安东尼·奥罗姆:《政治社会学导论》(第4版),张华青等译,上海人民出版社2006年版,第41、47页。

④ 周晓虹:《西方社会学历史与体系》(第一卷),上海人民出版社2002年版,第122～123页。

国革命"导致了事与愿违的原因:"当发动大革命的精力旺盛的一代人被摧残或丧失锐气时……当对自由的热爱按照这类事件的自然规律,在无政府状态和人民专政中被挫伤而软弱无力时,当慌乱的民族摸索着寻找他的主人时,专制政府便有了重新建立的极好机会",这样,革命带来的"混乱和暴力,使得人民向往起原先的旧主子,那时,他们在日常生活中起码是安全的。如此,以自由的名义进行的革命却可能导致比它推翻的专制更甚的专制"。① 正因如此,托克维尔认为,民主社会是而且应该是一个缺乏革命激情并趋于保守的社会,因为革命会使拥有一定的财产和平等地位的人数众多的阶级遭受损失。② 其二,他分析了理想社会的民主(主要是法律面前人人平等)的条件与原因:自由(主要是人在行动、意识和生活方式上的自主),尤其是自由地养成政治结社的习惯是民众平等的必要条件;出版自由与言论自由是民主性平等的关键因素;总之,托克维尔既不像马克思那样以阶级来划分社会,也不同韦伯那样由国家来控制社会,而主张一种由大量的结社和组织所支撑和维持的公民社会(同时,他也辩证地看到,"暴政"的措施太少也会威胁民主本身)。③ 李普塞特正是捕捉到了托克维尔的敏锐和才智,方把政治社会学的首要任务放在分析促进民主的社会条件上,并把研究促进民主的条件的重点放在分歧和共识的根源上。

此一脉络下来,都不脱人是"政治动物",即人无法离群索居——人合群并争斗着——人有公正善恶之感——社会需由冲突达致共识的抗衡之义理。这也是笔者所说的"学校政治社会学研究的价值期待"所在,尤其体现在第五章"基于抗衡的合作主义班级观"上。当然,用政治社会学的要旨和原理来指导学校政治社会学研究,想必方向没错;而如何体现学校政治社会学研究自身的理论特性以及方法、体系等问题,则是笔者未来的一个努力方向。不过,我想在此稍作争辩的是,那种认为"政治

---

① 周晓虹:《西方社会学历史与体系》(第一卷),上海人民出版社 2002 年版,第 131 页。

② 周晓虹:《西方社会学历史与体系》(第一卷),上海人民出版社 2002 年版,第 137 页。

③ [美]安东尼·奥罗姆:《政治社会学导论》(第 4 版),张华青等译,上海人民出版社 2006 年版,第 78~82 页。

只是成年人的事、不能有意识地让儿童接触复杂的政治"的常识,未见得尽然合理。本文一再重申的命题,就是"人天生就是一种政治动物"。儿童是逐渐形成关于政治生活的态度和情感的,"这实际上符合个体政治社会化的自然过程,如果一定要等到(事实上不可能等到)人们在心理上和生理上发展成熟后再让他们接触和参与各方面的政治活动,那就为时过晚了"①。成人的政治生活是由儿童开始的,而不是相反。在人对事物的接触和模仿(社会化)方面,成人往往总夸大自己与儿童的差别,认为儿童更容易受影响(因而怕儿童过早习得不良)、更容易接受(因而想到了一定时候再让其政治社会化)。这是一种误解或假象,其原因在于:一是我们没有发现儿童在模仿过程中运用思考和意志付出的努力,而误以为他们做出的行为是机械的;实际上,任何年龄阶段的人都一样,一个人越是进步和富有活力,他越积极地去学习并取益于他选择的模特。第二个原因是成年人的模仿(社会化)行为范围更大,因而模仿特色就不很明显,于是他就戴上了富有独立性(因而好像能辨别良莠似的)这样一个欺骗性的面具;实际上,就个人影响对人们的道德(和政治)思想的作用而言,成年人的生活与儿童并无明显区别。② 涂尔干、杜威、帕森斯等诸多人物把学校(教育)看作社会改革的中心或第一手段,均证明了儿童政治社会化的重要性与必要性;培养"接班人"更是对此一命题的生动写照与高调诉说。所以,从"成人的政治生活是由儿童开始"(人天生就是一种政治动物)这一意义上讲,似乎没有多大必要强调学校政治生活的特殊性;政治社会学与学校政治社会学,实质与精神相通(前者是后者的指导,后者为前者的充实),惟形式或材料不一而已。

最后一个问题:为什么是 political sociology of schooling(学校政治社会学)而不是 political sociology of school 或 political sociology of education?

School 是一个普通名词,往往指学校、校舍、(学校)建筑物、训练班

---

① 蒋云根:《政治人的心理世界》,学林出版社 2000 年版,第 22 页。
② [美]查尔斯·霍顿·库利:《人类本性与社会秩序》,包凡一、王源译,华夏出版社 1999 年版,第 48、270~271 页。

或学院、学派等意思,这不是本研究的主题。

　　Education 的涵义最广,有教育、培养、学识、技术、教育学等义项;仅就其"教育"意义而论,就可说义务教育(free and compulsory education)、阶级教育(class education)、政治教育(political and ideological education)、初等、中等、高等教育(elementary, secondary and higher education),等等。乍一看,好像说 political sociology of education 最为合适(关于这方面的稀有的提法就是这样说的:"教育政治社会学"),实则不然。说"教育政治社会学"(political sociology of education)弊端有二:从外延上说,它泛化了研究对象,因为"教育"(education)除了指各级各类的"学校教育"而外,还可指"广义的教育"或"泛教育"①,而这是本研究力所不逮、也无意于此的。② 从内涵上论,它又窄化了研究对象,因为无论再怎么广义的教育(education),其题中之义都不脱"培养"之宗旨,用日本学者村井实的话说,教育是"使儿童变成善良的活动","善"或"使之善"是"教育"的本质,只有把"善"和"使之善"摆在教育学研究的中心,教育学才切实地获得了独立的学术自主性。③ 以此衡量,(政治)社会学就看不出学校教育(schooling)活动中的压制、规训或意外后果了。倒过来说,也就不需要用(政治)社会学的眼光来审视学校教育(schooling)活动了——既然全都是"善"的活动了!显然,这于理说不通,于实更不相符。

---

　　① 项贤明:《泛教育论——广义教育学的初步探索》,山西教育出版社2002年版。

　　② 笔者以为,无论是研究对象的界说还是研究结论的推展,最好都要有个限度或边界,对于"大教育"、"大课程"、"大德育"之类的"以大为美"的概念以及以真理在握的"大口气"发布的实践指令,笔者多不敢苟同。致命的理由就在于,当一个东西被推举为"无所不包"、"无所不是"之时,也就是它行将"一无所有"、"一无所是"之际;研究者对于研究对象的过分气球化难免将之"捧杀"(鲁迅语),对于研究"结论"的无限推广难免大而无当。参见程天君:《质疑"大德育"观》,载《中小学管理》2002年第12期;《课程:"私人事件"还是"法定知识"——基于社会学的课程概念重申》,载《教育科学研究》2006年第6期;《学究谬误与上帝句式——教育研究中的别一种"原创"》,载《教育科学论坛》2007年第3期;《"理论指导实践"论的终结——基于反思社会学的教育理论与实践关系重审》,载《教育理论与实践》2007年第2期。

　　③ [日]大河内一男等:《教育学的理论问题》,曲程、迟凤年译,教育科学出版社1984年版,第319~323页。类似地,我国学者黄向阳在其专著《德育原理》(华东师范大学出版社2000年版)中也认为,"教育"是一个规范词,一个评介词,一个道德词。

于是，笔者把这里的研究领域界定为"学校政治社会学"(political sociology of schooling)。

schooling 是一个意味深长的中性词，主要指正规的学校教育，有"教育"、"教授"、"授课"、"训诫"、"斥责"、"练马"、"骑术训练"等涵义。学校政治社会学(political sociology of schooling)，就是要揭示 schooling 之中性的，尤其是"贬义"的活动及事项的机理与成因，考察其过程与结果；当然也有对其"褒义"向度(使之"善")上的期待与关怀。那为何不称作"'学校教育'政治社会学"呢？这是因为，schooling 本身就常常指正规的学校教育，说"'学校教育'政治社会学"难免啰嗦或同意重复，且容易导向(被误解到)"使之善"的"教育"上来。不错，直接说"学校政治社会学"也多少容易让人误作 political sociology of school，但中文里找不出一个像 schooling 那样传神的词，所以为方便起见，就径直称作"学校政治社会学"，并往往紧随其后注明"political sociology of schooling"。当然，笔者这里的辨析，多是一种"我的地盘我做主"似的一管之见。妥当与否，有待读者批评与教正。

参考文献

1. [美]B.安德森:《想像的共同体:民族主义的起源及其散布》,吴睿人译,上海人民出版社2003年版。
2. [美]C.赖特·米尔斯:《社会学的想像力》,陈强、张永强译,生活·读书·新知三联书店2001年版。
3. [美]E. A.罗斯:《社会控制》,秦志勇、毛永政译,华夏出版社1989年版。
4. [英]E.霍布斯鲍姆、T.兰格:《传统的发明》,顾杭等译,译林出版社2004年版。
5. [美]L.科塞:《社会冲突的功能》,孙立平等译,华夏出版社1989年版。
6. [德]N.埃利亚斯:《文明的进程》(第一卷),王佩莉译,生活·读书·新知三联书店1998年版。
7. [法]P.布尔迪厄:《国家精英——名牌大学与群体精神》,杨亚平译,商务印书馆2004年版。
8. [法]P.布尔迪约、J.-C.帕斯隆:《继承人——大学生与文化》,邢克超译,商务印书馆2002年版。
9. [美]T.帕森斯:《社会行动的结构》,张明德等译,译林出版社2003年版。
10. [美]阿里夫·德里克:《革命与历史:中国马克思主义历史学的起源,1919—1937》,翁贺凯译,江苏人民出版社2005年版。
11. [法]阿列克西·托克维尔:《论美国的民主》(上、下卷),董果良译,商务印书馆1988年版。
12. [德]埃利亚斯·卡内提:《群众与权力》,冯文光等译,中央编译出版社2003年版。
13. [美]艾伦·沃尔夫:《合法性的限度》,沈汉等译,商务印书馆2005年版。
14. [法]爱弥尔·涂尔干:《道德教育》,陈光金等译,上海人民出版社2006年版。
15. [法]爱弥尔·涂尔干:《社会学与哲学》,梁栋译,上海人民出版社2002年版。
16. [法]爱弥尔·涂尔干:《宗教生活的基本形式》,渠东、汲喆译,上海人民出版社1999年版。
17. [美]安东尼·奥罗姆:《政治社会学导论》(第4版),张华青等译,上海人民出版社 2006 年版。

18. [美]保罗·康纳顿:《社会如何记忆》,纳日碧力戈译,上海人民出版社 2002 年版。

19. [德]本雅明:《摄影小史、机械复制时代的艺术作品》,王才勇译,江苏人民出版社 2006 年版。

20. [英]伯特兰·罗素:《社会改造原理》,张师竹译,上海人民出版社 2001 年版。

21. [英]布赖恩·特纳:《BLACKWELL 社会学理论指南》,李康译,上海人民出版社 2003 年版。

22. [美]查尔斯·霍顿·库利:《人类本性与社会秩序》,包凡一、王源译,华夏出版社 1999 年版。

23. [日]大河内一男等:《教育学的理论问题》,曲程、迟凤年译,教育科学出版社 1984 年版。

24. [德]恩斯特·卡西尔:《国家的神话》,范进等译,华夏出版社 1999 年版。

25. [法]古斯塔夫·勒庞:《乌合之众:大众心理研究》,冯克利译,中央编译出版社 2004 年版。

26. [美]哈罗德·D·拉斯韦尔:《政治学——谁得到什么?何时如何得到?》,杨昌裕译,商务印书馆 1992 年版。

27. [英]海登·怀特:《形式的内容:叙事话语与历史再现》,董力河译,文汇出版社 2005 年版。

28. [美]汉娜·阿伦特:《人的条件》,竺乾威等译,上海人民出版社 1999 年版。

29. [美]华勒斯坦等:《学科·知识·权力》,刘健之等编译,生活·读书·新知三联书店 1999 年版。

30. [美]吉尔伯特·罗兹曼:《中国的现代化》,"比较现代化"课题组译,江苏人民出版社 1988 年版。

31. [英]杰弗里·亚历山大编:《迪尔凯姆社会学》,戴聪腾译,辽宁教育出版社 2001 年版。

32. [英]卡尔·波普尔:《开放社会及其敌人》(第一、二卷),陆衡等译,中国社会科学出版社 1999 年版。

33. [美]克利福德·格尔兹:《文化的解释》,纳日力碧戈等译,上海人民出版社 1999 年版。

34. [美]克利福德·吉尔兹:《地方性知识:阐释人类学文集》,王海龙、张家瑄译,中央编译出版社 2004 年版。
35. [法]克洛德·列维-斯特劳斯:《野性的思维》,李幼蒸译,中国人民大学出版社 2006 年版。
36. [英]拉尔夫·达仁道夫:《现代社会冲突》,林荣远译,中国社会科学出版社 2000 年版。
37. [美]兰德尔·柯林斯、迈克尔·马科夫斯基:《发现社会之旅——西方社会学思想述评》,李霞译,中华书局 2006 年版。
38. [法]雷蒙·阿隆:《社会学主要思潮》,葛智强等译,华夏出版社 2000 年版。
39. [法]列维-布留尔:《原始思维》,丁由译,商务印书馆 2004 年版。
40. [法]卢梭:《爱弥尔》,李平沤译,商务印书馆 1978 年版。
41. [美]罗伯特·B.塔利斯:《杜威》,彭国华译,中华书局 2002 年版。
42. [美]罗伯特·F·墨菲:《文化与社会人类学引论》,王卓君、吕迺基译,商务印书馆 2004 年版。
43. [美]罗伯特·金·默顿:《论理论社会学》,何凡兴等译,华夏出版社 1990 年版。
44. [英]罗伯特·莱顿:《他者的眼光》,蒙养山人译,华夏出版社 2005 年版。
45. [德]马克思、恩格斯:《马克思恩格斯选集》(第一、二、三、四卷),人民出版社 1972 年版。
46. [德]马克斯·韦伯:《社会学的基本概念》,胡景北译,上海人民出版社 2005 年版。
47. [意]马里奥·佩尔尼奥拉:《仪式思维》,吕捷译,商务印书馆 2006 年版。
48. [意]马利亚苏塞·达瓦尼瓦:《宗教现象学》,高秉江译,人民出版社 2006 年版。
49. [美]马文·哈里斯:《文化唯物主义》,张海洋等译,华夏出版社 1989 年版。
50. [美]玛格丽特·波洛玛:《当代社会学理论》,孙立平译,华夏出版社 1989 年版。
51. [英]迈克尔·欧克肖特:《政治中的理性主义》,张汝伦译,上海译文出版社 2003 年版。

52. [美]麦克尔·赫兹菲尔德:《什么是人类常识》,刘珩等译,华夏出版社 2005 年版。
53. [法]米歇尔·福柯:《规训与惩罚》,刘北成、杨远婴译,生活·读书·新知三联书店 2003 年版。
54. [法]米歇尔·福柯:《临床医学的诞生》,刘北成译,译林出版社 2001 年版。
55. [美]西摩·马丁·李普塞特:《政治人——政治的社会基础》,张绍宗译,上海人民出版社 1997 年版。
56. [法]莫法里斯·哈布瓦赫:《论集体记忆》,毕然、郭金华译,上海人民出版社 2002 年版。
57. [法]莫里斯·迪韦尔热:《政治社会学——政治学要素》,杨祖功、王大东译,华夏出版社 1987 年版。
58. [法]皮埃尔·布迪厄、[美]华康德:《实践与反思:反思社会学引论》,李猛、李康译,中央编译出版社 1998 年版。
59. [法]皮埃尔·布迪厄:《实践感》,蒋梓骅译,译林出版社 2003 年版。
60. [法]皮埃尔·布尔迪厄:《言语意味着什么——语言交换的经济》,褚思真、刘晖译,商务印书馆 2005 年版。
61. [日]片冈德雄:《班级社会学》,贺晓星译,北京教育出版社 1993 年版。
62. [英]齐尔格特·鲍曼:《通过社会学去思考》,高华等译,社会科学文献出版社 2002 年版。
63. [美]乔尔·斯普林格:《脑中之轮:教育哲学导论》,贾晨阳译,北京大学出版社 2005 年版。
64. [美]乔纳森·特纳:《社会学理论的结构》(上),邱泽奇等译,华夏出版社 2001 年版。
65. [美]乔治·马尔库斯、米开尔·费彻尔:《作为文化批评的人类学:一个人文学科的实验时代》,王铭铭、蓝达居译,生活·读书·新知三联书店 1998 年版。
66. [英]维克多·特纳:《仪式过程:结构与反结构》,黄剑波、柳博赟译,中国人民大学出版社 2006 年版。
67. [美]悉尼·胡克:《理性·社会神话和民主》,徐崇温译,上海人民出版社 2006 年版。
68. [古希腊]亚里士多德:《政治学》,颜一、秦典华译,中国人民大学出版社 2003 年版。

69. [美]伊曼纽尔·沃勒斯坦:《知识的不确定性》,王昺等译,山东大学出版社 2006 年版。

70. [奥]伊万·伊利奇:《非学校化社会》,吴康宁译,台北桂冠图书股份有限公司 1992 年版。

71. [美]约翰·杜威:《民主主义与教育》,王承绪译,人民教育出版社 2001 年版。

72. [美]约翰·杜威:《人的问题》,傅统先、邱椿译,上海人民出版社 1965 年版。

73. [美]约翰·霍尔、玛丽·尼兹:《文化:社会学的视野》,周晓虹、徐彬译,商务印书馆 2002 年版。

74. [美]詹姆斯·克利福德、乔治·马库斯:《写文化》,高丙中等译,商务印书馆 2006 年版。

75. [法]朱莉亚·克里斯多瓦:《汉娜·阿伦特》,刘成富译,江苏教育出版社 2006 年版。

76. 《大学·止于至善》。

77. 《论语·宪问》。

78. 《孟子·告子下》。

79. 《孟子·滕文公》。

80. 《荀子·礼论》。

81. 包亚明:《文化资本与社会炼金术——布尔迪厄访谈录》,上海人民出版社 1997 年版。

82. 陈桂生:《教育原理》(第二版),华东师范大学出版社 2001 年版。

83. 陈映芳:《图像中的孩子——社会学的分析》,山东画报出版社 2003 年版。

84. 邓小平:《邓小平文选》(一九七五——一九八二),人民出版社 1983 年版。

85. 丁钢:《中国教育:研究与评论》(第 2 辑),教育科学出版社 2002 年版。

86. 费孝通:《乡土中国 生育制度》,北京大学出版社 1998 年版。

87. 冯友兰:《中国哲学简史》,新世界出版社 2004 年版。

88. 高瑞泉:《向着新的理想社会——李大钊文选》,上海远东出版社 1995 年版。

89. 高宣扬:《布迪厄的社会理论》,同济大学出版社 2004 年版。

90. 郭军、曹雷雨:《论瓦尔特·本雅明:现代性、寓言与语言的种子》,吉林人民出版社 2003 年版。

91. 郭沫若:《中国古代社会研究》,人民出版社1954年版。

92. 郭于华:《仪式与社会变迁》,社会科学文献出版社2000年版。

93. 胡志毅:《神话与仪式:戏剧的原型阐释》,学林出版社2001年版。

94. 黄东兰:《身体·心性·权力》,浙江人民出版社2005年版。

95. 黄金麟:《历史 身体 国家:近代中国的身体形成(1895—1937)》,新星出版社2006年版。

96. 江山野:《简明国际教育百科全书·课程》,教育科学出版社1991年版。

97. 蒋云根:《政治人的心理世界》,学林出版社2000年版。

98. 金生鈜:《规训与教化》,教育科学出版社2004年版。

99. 瞿葆奎:《教育学文集》(教育目的、教育与教育学),人民教育出版社1989年版。

100. 李安宅:《〈仪礼〉与〈礼记〉之社会学的研究》,上海人民出版社2005年版。

101. 李书磊:《村落中的"国家"——文化变迁中的乡村学校》,浙江人民出版社1999年版。

102. 厉以贤:《西方教育社会学文选》,五南图书出版公司1992年版。

103. 梁启超:《中国历史研究法》,上海古籍出版社2006年版。

104. 林甘泉、田人隆、李祖德:《中国古代史分期讨论五十年》,上海人民出版社1982年版。

105. 刘少奇:《刘少奇论党的建设》,中央文献出版社1991年版。

106. 刘小枫:《现代性社会理论绪论——现代性与现代中国》,上海三联书店1998年版。

107. 刘云杉:《学校生活社会学》,南京师范大学出版社2000年版。

108. 鲁洁:《教育社会学》,人民教育出版社1990年版。

109. 鲁迅:《鲁迅全集》(第一、二、三、四卷),人民文学出版社1981年版。

110. 马庆钰:《告别西西弗斯——中国政治文化分析与展望》,中国社会科学文献出版社2002年版。

111. 马维娜:《局外生存:相遇在学校场域中》,北京师范大学出版社2003年版。

112. 毛泽东:《毛泽东选集》(第三、四卷),人民教育出版社1991年版。

113. 彭兆荣:《文学与仪式:文学人类学的一个文化视野》,北京大学出版社2004年版。

114. 秦晖:《问题与主义:秦晖自选集》,长春出版社1999年版。

115. 邱泽奇:《社会学是什么》,北京大学出版社 2002 年版。
116. 师永刚、刘琼雄:《雷锋:1940—1962》,生活·读书·新知三联书店 2006 年版。
117. 施良方:《学习论》,人民教育出版社 2000 年版。
118. 石中英:《教育学的文化性格》,山西教育出版社 1999 年版。
119. 史宗:《20 世纪西方宗教人类学文选》(上、下卷),上海三联书店 1994 年版。
120. 孙隆基:《中国文化的深层结构》,广西师范大学出版社 2004 年版。
121. 孙培青:《中国教育史》,华东师范大学出版社 1992 年版。
122. 孙喜亭:《教育原理》,北京师范大学出版社 1993 年版。
123. 谭光鼎、王丽云:《教育社会学:人物与思想》,台北高等教育文化事业有限公司 2006 年版。
124. 王家范:《百年颠沛与千年往复》,上海远东出版社 2001 年版。
125. 王列生:《中国日常问题》,四川人民出版社 2002 年版。
126. 王铭铭:《"裂缝间的桥":解读摩尔根〈古代社会〉》,山东人民出版社 2004 年版。
127. 王铭铭:《人类学是什么》,北京大学出版社 2002 年版。
128. 王铭铭:《社会人类学与中国研究》,广西师范大学出版社 2005 年版。
129. 王铭铭:《西方与非西方:文化人类学述评选集》,华夏出版社 2003 年版。
130. 王小波:《思维的乐趣》,中国人民大学出版社 2005 年版。
131. 王尧:《在汉语中出生入死》,春风文艺出版社 2005 年版。
132. 王元化:《思辨录》,上海古籍出版社 2004 年版。
133. 吴康宁:《教育社会学》,人民教育出版社 1998 年版。
134. 吴康宁:《课程社会学研究》,江苏教育出版社 2004 年版。
135. 项贤明:《泛教育论——广义教育学的初步探索》,山西教育出版社 2002 年版。
136. 谢维和:《教育活动的社会学分析——一种教育社会学的研究》,教育科学出版社 2000 年版。
137. 杨东平:《艰难的日出:中国现代教育的 20 世纪》,文汇出版社 2003 年版。
138. 杨念群:《中层理论——东西思想会通下的中国史研究》,江西教育出版社 2001 年版。

139. 叶澜:《教育概论》,人民教育出版社 1991 年版。

140. 余杰:《铁磨铁》,上海三联书店 2003 年版。

141. 查建英:《八十年代:访谈录》,生活·读书·新知三联书店 2006 年版。

142. 张建成:《批判的教育社会学研究》,学富文化事业有限公司 2002 年版。

143. 张汝伦:《现代中国思想史研究》,上海人民出版社 2001 年版。

144. 赵汀阳:《长话短说》,东方出版社 2001 年版。

145. 赵祥麟、王承绪:《杜威教育论著选》,华东师范大学出版社 1981 年版。

146. 赵祥麟:《外国教育家评传》(2)、(3),上海教育出版社 1992 年版。

147. 周晓虹:《西方社会学历史与体系》(第一卷),上海人民出版社 2002 年版。

148. 朱炳祥:《社会人类学》,武汉大学出版社 2004 年版。

149. 朱光潜:《艺文杂谈》,安徽人民出版社 1981 年版。

150. 朱学勤:《书斋里的革命》,云南人民出版社 2006 年版。

151. A. Van Gennep. The Rite of Passage, London: Routlege & Kegan Paul, 1965.

152. B. Russell. Education and the Social Order, London: Allen and Unwin, 1932.

153. Bellah, Robert N. "Civil Religion in America". In R. N. Bellah, Beyond Belief. Essays on Religion in a Post-Traditional World, New York: Harper and Row, 1970.

154. David I Kertzer. Ritual, Politics and Power, Yale University Press, 1988.

155. Freire P., Shor I.. Pedagogy for Liberation, London: Macmillan, 1987.

156. Girous H. A., Mclaren P. (Eds.). Critical Pedagogy, the State and the Cultural Struggle, Albany: SUNY Press, 1989.

157. Girous H. A.. Pedagogy and the Politics of Hope: Theory, Culture, and Schooling, Boulder, Clorado: Westview Press, 1997.

158. Girous H. A.. Schooling and the Struggle for Public Life: Critical Pedagogy in the Modern Age. University of Minnesota Press, 1988.

159. Joel M. Charon. The Meaning of Sociology-4th ed., Prentice-Hall, Inc., 1993.

160. Joyc L. Epstein. Attainable Goals? The Spirit and Letter of the No Child Left Behind Act on Parental Involvement, Sociology of Education. Vol. 78, April, 2005.

161. Perter Mclaren. Schooling as a Ritual Performance: toward a Political Economy of Educational Symbols and Gestures-3rd ed., Rowman & Littlefield Publishers, Inc., 1999.

162. R. N. Bellah. Philip Hammond, Varieties of Civil Religion, San Francisco: Harper and Row, 1980.

163. Steven Lukes. Political Ritual and Social Integration, Sociology, Vol. 9, No. 2, 1975.

164. Thurston Domina. Leveling the Home Advantage: Accessing the Effectiveness of Parental Involvement in Elementary School, Sociology of Education. Vol. 78, July, 2005.

165.《国务院关于基础教育改革与发展的决定》(2001)。

166.《小学生日常行为规范》(2004)。

167.《中共中央关于教育体制改革的决定》(1985)。

168.《中共中央关于无产阶级文化大革命的决定》(1966)。

169.《中国大百科全书》(教育卷),中国大百科全书出版社1985年版。

170.《中国共产党章程》(2002)。

171.《中国共产主义青年团章程》(2003)。

172.《中国教育改革和发展纲要》(1993)。

173.《中国历史》(初级中学课本共四册),人民教育出版社1981年版。

174.《中国少年先锋队章程》(1995)。

175.《中国新民主主义青年团中央关于建立中国少年儿童队的决议》(1949)。

176.《中华人民共和国教师法》(1993)。

177.《中华人民共和国教育大事记(1949—1982)》,教育科学出版社1983年版。

178.《中华人民共和国教育法》(1995)。

179.《中华人民共和国学位条例》(1980,2004)。

180.《中华人民共和国义务教育法》(1986,2006)。

181.《中小学生守则》(2004)。

后　记

　　本书是在我的同名博士学位论文的基础上修订而成。除了根据导师、答辩委员及书稿编审提出的建议进行局部调整和技术性改进而外，没有太大的修改。这主要是因为，既然它是源于博士学位论文，我想尽量保存原滋原味。当然，其中的稚嫩与青涩，当属我能力有限，权且把它看作"爱因斯坦的第一只小板凳"吧。

　　倘容我找一点客观理由的话，我想说，从去年论文答辩到今日书稿付梓，匆匆一年半载。在此期间，我结束了此前连续六年单枪匹马——攻读硕士、博士学位的"逍遥"生活（那更多的是一种只身居斗室的奋斗！），过起了刘备兵败新野时"扶老携幼"般的日子：老子、妻子、孩子、房子还有学子，样样都等着我来尽职负责、劳心奔波。一时间，我仿佛不能适应从"单枪匹马"到"居家过活"的转型，总想忙里偷闲，跑到学校图书馆坐一会儿，去凭吊那逝去的研究生时光。可惜，来也匆匆，去也匆匆，中间更是哈欠连连！我在读时就常常这样认为、如今更是深信不疑：攻读博士学位即便是坐牢，我也宁愿把牢底坐穿，永不出来！无奈，我现在只能像马克吐温《警察与赞美诗》中那个"想入牢门而不得"的索皮一样，不时跑到图书馆去偷那"过去的"片刻。

　　博士毕业后留校工作，使我得以继续在南京师大生活和学习。这在一定程度上是否也实现了我那个"索皮的愿望"？特别是，当年我是怀着朝圣的心来南京师大考博的，能够继续这条朝圣之路，实属人生幸事。在湖南师大攻读硕士学位时，导师刘要悟先生的宽容，让我得以马放南山，逐水草而游牧，很快，就播下了"身在长沙、心在金陵"的种子。最终，在与志同而道异的好友容中逵切磋三载之后，我二人决定考博，从橘子洲头出发，我一心奔金陵，他魂牵皇城根儿。凡事乐观的中逵说："我们要做南北二雄！"凡事不易乐观的我说："搞不好就是南北二凤！"。赶考前，好友段发明和魏永峰特意摆了桌壮行酒，祝我"马到成功"。我说："除非太阳打西边出来！我只是去南京朝圣一趟罢了。"不料，考试的当天，一早醒来，我吓了一跳，心想："睡过头了？太阳都落山了！"急忙问服务员，她说那是初升的太阳！原来我在南京迷向，至今东西南北整个颠倒。"太阳从西边出来了！"天随人愿，我得以师从吴康宁老师。高水红说，智慧如老师者，可遇不可求；我同时更感到，风范如老师者，难遇更难求。老师对我智识上的启迪、品性上的陶冶和生活上的关怀，令我既感且愧，只能永远铭感于心。

感谢南京师范大学教育社会学沙龙！作为一种集体坚持的学术活动，沙龙已延续十载有余。如同不少新来者一样，我从最初对沙龙的敬畏与沉默；到积极投入其中，作一学期的主持人；再到后来与同仁们时而谈论得幽默自如，时而辩论得面红耳赤，每每乐在其中、思在其中、学在其中。感谢沙龙同仁给予我的震慑、锻炼和启迪，感谢沙龙对于本书潜移默化的影响和贡献。

沙龙毕竟是正式的大规模集团"作战"：会议室、靠背椅、主持人，有时不免正襟危坐，略显拘谨。幸运的是，在攻读博士学位期间，我还结识了不少其他专业的玩伴与诤友，相互探讨，彼此勉励。数科院的钟志华与我交厚，他治学塌实，喝酒"好而不照"（"照"为安徽一带口语，意思是"行"），我很喜欢。文学院的王力，颇有魏晋风度，能在学术探讨时给我不少打击和激励，也能把猪头肉放在宿舍鞋柜上待友，酒过三巡，还敢拿臭皮鞋当"筷笼"，或如刘伶那样"以屋室为裤衣"。教育哲学专业的周兴国长我十岁，是我同年及第的"年兄"。我不叫他"周老师"免得一般化，也不叫他"老周"免得把他老化，嘴上直呼"兴国"，心中牢记"兄长"。他不时邀我参加"金门聚会"（金生鈜老师指导的教育哲学方向的博士生聚会），那常常是"烟酒"、研究与口才的"较量"，我因此在同学中落下了"单刀赴金门"的称号。难忘我们之间的交流、争论与友谊，毕竟，教育哲学与教育社会学是两个很有张力因而也很有对话空间的研究视角。最得意的一次，是我提议的按照"哲学方式"——"说理"输者喝，而不是逐个与我碰杯（这等于他们对我"群殴"）——喝酒，因为他们此前已经喝得舌头不怎么利索了，我以逸待劳，"舌战群儒"；喝到最后王本余撑不住了，就耍赖，还跳着脚要退席，最后我封他个"撒泼的哲学家"，才将他"文静"下来。这里，还要特别感谢陈学军、魏峰，作为最初的读者，他们指出了文稿中的一些错漏之处。

我爱人刘萍为我的学业、工作及家庭担负了很多、牺牲了很多、承受了很多。她的文静恬淡与无为心态，往往抚平我的心绪。我在外读书的六年里,她将工作、孩子、家务忙于一身,并把女儿程锦养育得健康、开朗。上小学四年级的女儿看到我在校阅书稿,惊奇地问:"爸爸,你也能写书啊?"我说:"是啊,白云不是出了《月子》,黑土不是也准备出《伺候月子》吗? 我怎么就不能出书啊?"她的回答让我哭笑不得:"程秀才(看《武林外传》里的吕秀才想到的,有时直呼我为'吕秀才'),白云写《月子》时,6 天憋了 7 个字,你这本 20 多万字的书憋了多少天?"这丫头两岁半与我分开,六年后才团聚,加上我略微相信"子要穷养,女要富养"的思想,因此比较宠爱她,以至她时常没大没小地对我调皮。不亦乐乎?

感谢南京师范大学出版社及本书所有的编审。我的这本处女著作有幸成为张莉女士编辑的第一本著作,她既坚持原则又尊重作者,既一丝不苟又效率极高,特别让我感动的,是她花了较多精力,细致地查找并补充了一些国外人名的英译,核校了不少疏漏之处。各位编审的付出使得本书能够及时出版,并为之增色不少。

就是以上这些零散的好事、趣事作为后记吧,也算艰苦的写作之后的放松。长时间阅读"灰色"的政治学理论和写作现实主义的论文,不免让人觉得思绪苦涩和情绪被困,以至懒得思考和追问自己:"你的局限在哪里?"——尽管这个问题经由刘云杉的当面提出后,就更加明显地纠缠着我。也许,正如日本学者加藤节在《政治与人》一书中所说:"学问大概可以分为两类:快乐的和不那么让人感到快乐的。……作为一名政治学家,至今为止对于政治学的研究从来没有让我感受任何的愉悦或者快乐。……恐怕我无法从政治学研究中感到快乐的最主要原因,应该从政治本身所具有的那种灰暗的特性中去寻找。"(见潘一禾:《西方文学中的政治》,浙江大学出版社 2006 年版,第 296 页。)

程天君
2008 年岁末于南京北东瓜市